駿台

東大入試詳解25年 古典

第2版

問題編

駿台文庫

◇目次◇

○古文

○漢文

古文編

二〇一九年

第　二　問（文理共通）

次の文章は、闌更《らんこう》編『誹諧世説《はいかいせせつ》』の「嵐雪《らんせつ》が妻、猫を愛する説」である。これを読んで、後の設問に答えよ。

嵐雪が妻、唐猫《からねこ》のかたちよきを愛して、美しきふとんをしかせ、食ひ物も常ならぬ器に入れて、朝夕ひざもとをはなさざりけるに、門人・友どちなどにアもうるさく思ふ人もあらんと、嵐雪、折々は、「獣《けもの》を愛するにも、イ程あるべき事なり。人にもまさりたる敷き物・器、食ひ物とても、忌むべき日にも、猫には生《なま》ざかなを食はするなど、よからぬ事」とつぶやきけれども、妻しのびてもこれを改めざりけり。

さてある日、妻の里へ行きけるに、留守《るす》の内、外へ出でざるやうに、かの猫をつなぎて、例のふとんの上に寝させて、さかななど多く食はせて、くれぐれ綱ゆるさざるやうに頼みおきて出で行きぬ。嵐雪、かの猫をいづくへなりとも遣はし、妻をたばかりて猫を飼ふ事をやめんと思ひ、かねて約しおける所ありければ、遠き道を隔て、人して遣はしける。妻、日暮れて帰り、まづ猫を尋ぬるに見えず。「猫はいづくへ行き侍る」と尋ねければ、「されば、そこのあとを追ひけるにや、しきりに鳴き、綱を切るばかりに騒ぎ、毛も抜け、首もしまるほどなりけるゆゑ、あまり苦しからんと思ひ、綱をゆるしてさかななどあてけれども、食ひ物も食はで、ただうろうろと尋ぬるけしきにて、門口《かどぐち》・背戸口《せどぐち》・二階など行きつ戻りつしけるが、それより外へ出で侍るにや、近隣を尋ぬれども今に見えず」と言ふ。妻、泣き叫びて、ウ行くまじき方までも尋ねけれども、帰らずして、三日、四日過ぎければ、妻、袂《たもと》をしぼりながら、

猫の妻いかなる君のうばひ行く　　妻

かく言ひて、ここちあしくなり侍りければ、妻の友とする隣家の内室、これも猫を好きけるが、嵐雪がはかりて他所へ遣はしける事を聞き出だし、ひそかに妻に告げ、「無事にて居侍るなり。必ず心を痛め給ふ事なかれ。エ我が知らせしとなく、何町、何方へ取

り返しに遣はし給へ」と語りければ、妻、「かかる事のあるべきや。我が夫、猫を愛する事を憎み申されけるが、オさては我をはかりてのわざなるか」と、さまざま恨みいどみ合ひける。嵐雪もカあらはれたる上は是非なく、「実《げ》に汝《なんぢ》をはかりて遣はしたるなり。常々言ふごとく、キ余り他《た》に異なる愛し様《やう》なり。はなはだ悪しき事なり。重ねて我が言ふごとくなさずば、取り返すまじ」と、さまざま争ひけるに、隣家・門人などいろいろ言ひて、妻にわびさせて、嵐雪が心をやはらげ、猫も取り返し、何事なくなりけるに、

睦月《むつき》はじめの夫婦《めをと》いさかひを人々に笑はれて

喜ぶを見よや初ねの玉《たま》ばは木《き》　嵐雪

〔注〕
○嵐雪——俳人。芭蕉の門人。
○唐猫——猫。もともと中国から渡来したためこう言う。
○門口・背戸口——家の表側の出入り口と裏側の出入り口。
○内室——奥様。
○玉ばは木——正月の初子《はつね》の日に、蚕《かいこ》部屋を掃《は》くために使う、玉のついた小さな箒《ほうき》。

設問

(一) 傍線部ア・イ・カを現代語訳せよ。

(二) 「行くまじき方までも尋ねけれども」(傍線部ウ)を、誰が何をどうしたのかわかるように、言葉を補い現代語訳せよ。

㈢ 「我が知らせしとなく、何町、何方へ取り返しに遣はし給へ」（傍線部エ）とあるが、隣家の内室は、どうせよといっているのか、説明せよ。

㈣ 「さては我をはかりてのわざなるか」（傍線部オ）とあるが、嵐雪は妻をどうだましたのか、説明せよ。

㈤ 「余り他に異なる愛し様」（傍線部キ）とあるが、どのような「愛し様」か、具体的に説明せよ。

※㈢・㈤は文科のみ。

（解答枠は㈠＝各12.6センチ×1行、㈡～㈤＝13.5センチ×1行）

二〇一八年

第二問（文理共通）

次の文章は『太平記』の一節である。美しい女房の評判を聞いた武蔵守高師直《こうのもろなお》は、侍従の局《つぼね》に仲立ちを依頼したが、すでに人妻となっている女房は困惑するばかりであった。これを読んで、後の設問に答えよ。

侍従帰りて、「かくこそ」と語りければ、武蔵守いと心を空に成して、「たび重ならば情けに弱ることもこそあれ、文をやりてみばや」とて、兼好と言ひける能書の遁世者をよび寄せて、紅葉襲《もみぢがさね》の薄様《うすやう》の、取る手も燻《く》ゆるばかりに焦がれたるに、言葉を尽くしてぞ聞こえける。返事遅しと待つところに、使ひ帰り来て、「御文をば手に取りながら、アあけてだに見たまはず、庭に捨てられたるを、人目にかけじと、懐《ふところ》に入れ帰りまゐつて候ひぬる」と語りければ、師直大きに気を損じて、「いやいや物の用に立たぬものは手書きなりけり。今日よりその兼好法師、これへ寄すべからず」とぞ怒りける。

かかるところに薬師寺次郎左衛門公義《きんよし》、所用の事有りて、ふとさし出でたり。師直かたはらへ招いて、「ここに、文をやれども取つても見ず、けしからぬ程に気色《けしき》つれなき女房のありけるをば、いかがすべき」とうち笑ひければ、公義「人皆岩木《いはき》ならねば、いかなる女房も、慕ふに靡《なび》かぬ者や候ふべき。今一度御文を遣はされて御覧候へ」とて、師直に代はつて文を書きけるが、イなかなか言葉はなくて、

返すさへ手や触れけんと思ふにぞウわが文ながらうちも置かれず

押し返して、仲立ちこの文を持ちて行きたるに、女房いかが思ひけん、歌を見て顔うちあかめ、袖に入れて立ちけるを、仲立ちさてはエたよりあしからずと、袖をひかへて、「さて御返事はいかに」と申しければ、「重きが上の小夜衣《さよごろも》」とばかり言ひ捨てて、内へ紛れ入りぬ。暫《しばら》くあれば、使ひ急ぎ帰つて、「かくこそ候ひつれ」と語るに、師直うれしげにうち案じて、やがて薬師寺をよび寄せ、「この女房の返事に、『重きが上の小夜衣』と言ひ捨てて立たれけると仲立ちの申すは、衣・小袖をととのへて送れとにや。そ

の事ならば、いかなる装束なりとも仕立てんずるに、いと安かるべし。これは何と言ふ心ぞ」と問はれければ、公義「いやこれはさやうの心にては候はず、新古今の十戒《じっかい》の歌に、

さなきだに重きが上の小夜衣わがつまならぬつまな重ねそ

と言ふ歌の心を以つて、人目ばかりを憚《はばか》り候ふものぞとこそ覚えて候へ」と歌の心を釈しければ、師直大きに悦《よろこ》んで、「ああ御辺《ごへん》は弓箭《ゆみや》の道のみならず、歌道にさへ無双の達者なりけり。いで引出物せん」とて、金作《こがねづく》りの丸鞘《まるざや》の太刀《たち》一振り、手づから取り出だして薬師寺にこそ引かれけれ。兼好が不祥、公義が高運、栄枯一時に地をかへたり。

〔注〕
○兼好――兼好法師。『徒然草』の作者。
○紅葉襲の薄様――表は紅、裏は青の薄手の紙。
○薬師寺次郎左衛門公義――師直の家来で歌人。
○仲立ち――仲介役の侍従。
○小夜衣――着物の形をした寝具。普通の着物よりも大きく重い。
○十戒の歌――僧が守るべき十種の戒律について詠んだ歌。
○丸鞘――丸く削った鞘。

設問

㈠　傍線部ア・イ・エを現代語訳せよ。

㈡　「わが文ながらうちも置かれず」（傍線部ウ）とあるが、どうして自分が出した手紙なのに捨て置けないのか、説明せよ。

㈢　「さやうの心」（傍線部オ）とは、何を指しているか、説明せよ。

㈣　「わがつまならぬつまな重ねそ」（傍線部カ）とはどういうことか、掛詞に注意して女房の立場から説明せよ。

㈤　「人目ばかりを憚り候ふものぞ」（傍線部キ）とあるが、公義は女房の言葉をどう解釈しているか、説明せよ。

※㈡・㈣は文科のみ。

（解答枠は㈠＝各12.6センチ×1行、㈡〜㈤＝13.5センチ×1行）

二〇一七年

第　二　問（文理共通）

次の文章は、『源氏物語』真木柱巻の一節である。玉鬘《たまかずら》は、光源氏（大殿）のかつての愛人であった亡き夕顔と内大臣との娘だが、両親と別れて筑紫国で育った。玉鬘は、光源氏の娘として引き取られ多くの貴公子達の求婚を受けるかたわら、光源氏にも思慕の情を寄せられ困惑する。しかし意外にも、求婚者の中でも無粋な鬚黒《ひげくろ》大将の妻となって、その邸に引き取られてしまった。以下は、光源氏が結婚後の玉鬘に手紙を贈る場面である。これを読んで、後の設問に答えよ。

二月にもなりぬ。大殿は、さてもつれなきわざなりや、いとかう際々《きはぎは》しうとしも思はでたゆめられたる妬《ねた》さを、人わろく、すべて御心にかからぬをりなく、恋しう思ひ出でられたまふ。宿世《すくせ》などいふものおろかならぬことなれど、わがあまりなる心にて、かく人やりならぬものは思ふぞかしと起き臥《ふ》し面影にぞ見えたまふ。大将の、をかしやかにわららかなる気《け》もなき人に添ひゐたらむに、はかなき戯《たはぶ》れ言《ごと》もつつましうあいなく思《おぼ》されて、念じたまふを、雨いたう降りていとのどやかなるころ、かやうのつれづれも紛らはし所に渡りたまひて、語らひたまひしさまなどの、いみじう恋しければ、御文奉りたまふ。右近がもとに忍びて遣はすも、かつは思はむことを思すに、何ごともえつづけたまはで、ただ思はせたることどもぞありける。

「かきたれてのどけきころの春雨にふるさと人をいかにしのぶや

つれづれに添へても、恨めしう思ひ出でらるること多うはべるを、いかでかは聞こゆべからむ」などあり。

隙《ひま》に忍びて見せたてまつれば、うち泣きて、わが心にもほど経るままに思ひ出でられたまふ御さまを、まほに、「恋しや、いかで見たてまつらむ」などはえのたまはぬ親にて、げに、いかでかは対面もあらむとあはれなり。時々むつかしかりし御気色《けしき》を、心づきなう思ひきこえしなどは、この人にも知らせたまはぬことなれば、心ひとつに思しつづくれど、右近はほの気色見けり。いかなりけることならむとは、今に心得がたく思ひける。御返り、「聞こゆるも恥づかしけれど、おぼつかなくやは」とて書きたまふ。

「ながめる軒《のき》のしづくに袖ぬれてうたかた人をしのばざらめや

ほどふるころは、げにことなるつれづれもまさりはべりけり。あなかしこ」とゐやゐやしく書きなしたまへり。

ひきひろげて、玉水のこぼるるやうに思さるるを、人も見ばうたてあるべしとつれなくもてなしたまへど、胸に満つ心地して、かの昔の、尚侍《かむ》の君を朱雀院《すざくゐん》の后の切《せち》にとり籠《こ》めたまひしをりなど思し出づれど、さし当たりたることなればにや、これは世づかずぞあはれなりける。好いたる人は、心からやすかるまじきわざなりけり、今は何につけてか心をも乱らまし、似げなき恋のつまなりや、とさましわびたまひて、御琴掻《か》き鳴らして、なつかしう弾きなしたまひし爪音《つまおと》思ひ出でられたまふ。

〔注〕○つれなきわざ——鬚黒が玉鬘を、光源氏に無断で自分の邸に引き取ったこと。
○紛らはし所——光源氏が立ち寄っていた玉鬘の居所。
○右近——亡き夕顔の女房。玉鬘を光源氏の邸に連れてきた。
○隙に忍びて——鬚黒が不在の折にこっそりと。
○うたかた——泡がはかなく消えるような少しの間も。
○尚侍の君を朱雀院の后の切にとり籠めたまひしをり——当時の尚侍の君であった朧《おぼろ》月夜《づきよ》を、朱雀院の母后である弘徽《こき》殿《でん》大后が強引に光源氏に逢えないようになさった時のこと。現在の尚侍の君は、玉鬘。

設　問

㈠　傍線部ア・イ・オを現代語訳せよ。

㈡「げに、いかでかは対面もあらむとあはれなり」（傍線部ウ）とは誰のどのような気持ちか、説明せよ。

㈢「いかなりけることならむ」（傍線部エ）とは、誰が何についてどのように思っているのか、説明せよ。

㈣「ゐやゐやしく書きなしたまへり」（傍線部カ）とあるが、誰がどのようにしたのか、説明せよ。

㈤「好いたる人」（傍線部キ）とは、ここではどういう人のことか、説明せよ。

※㈡・㈣は文科のみ。

（解答枠は㈠＝各12.6センチ×1行、㈡～㈤＝13.5センチ×1行）

二〇一六年

第　二　問（文理共通）

次の文章は、鎌倉時代成立とされる物語『あきぎり』の一節である。これを読んで、後の設問に答えよ。なお、本文中の「宰相」は姫君の「御乳母《めのと》」と同一人物であり、「少将」はその娘で、姫君の侍女である。

（尼上ハ）まことに限りとおぼえ給へば、御乳母を召して、「今は限りとおぼゆるに、この姫君のことのみ思ふを、ア なからむあとにも、かまへて軽々しからずもてなし奉れ。今は宰相よりほかは、誰をか頼み給はむ。我なくなるとも、父君生きてましまさば、さりともと心安かるべきに、誰に見譲《ゆづ》るともなくて、消えなむのちのうしろめたさ」を返す返すも続けやり給はず、御涙もとどめがたし。

まして宰相はせきかねたる気色にて、しばしはものも申さず。ややためらひて、「いかでかおろかなるべき。イ おはします時こそ、おのづから立ち去ることも侍らめ、誰を頼みてか、かたときも世にながらへさせ給ふべき」とて、袖を顔に押し当てて、たへがたげなり。姫君は、ましてただ同じさまなるにも、かく嘆きをほのかに聞くにも、なほもののおぼゆるにやと、悲しさやらむかたなし。げにただ今は限りと思《おぼ》して、念仏高声に申し給ひて、眠り給ふにやと見るに、はや御息も絶えにけり。

姫君は、ウ ただ同じさまにと、こがれ給へども、かひなし。誰も心も心ならずながら、さてもあるべきことならねば、その御出《い》で立ちし給ふにも、われさきにと絶え入り絶え入りし給ふを、「何事もしかるべき御ことこそましますらめ。消え果て給ひぬるは、いかがせむ」とて、またこの君の御ありさまを嘆きゐたり。大殿もやうやうに申し慰め給へども、生きたる人とも見え給はず。

その夜、やがて阿弥陀《あみだ》の峰といふ所にをさめ奉る。むなしき煙と立ちのぼり給ひぬ。エ 悲しとも、世の常なり。大殿は、こまごまものなどのたまへること、夢のやうにおぼえて、姫君の御心地、さこそとおしはかられて、御乳母を召して、「かまへて申し慰め奉れ。御忌み離れなば、オ やがて迎へ奉るべし。心ぼそからでおはしませ」など、頼もしげにのたまひおき、帰り給ひぬ。

中将は、かくと聞き給ひて、姫君の御嘆き思ひやり、心苦しくて、鳥辺野《とりべの》の草とも、さこそ思し嘆くらめと、あはれなり。夜な夜なの通ひ路も、今はあるまじきにやと思すぞ、いづれの御嘆きにも劣らざりける。少将のもとまで、

　カ鳥辺野の夜半《よは》の煙に立ちおくれさこそは君が悲しかるらめ

とあれども、キ御覧じだに入れねば、かひなくてうち置きたり。

〔注〕○御出で立ち――葬送の準備。
○しかるべき御こと――前世からの因縁。
○阿弥陀の峰――現在の京都市東山区にある阿弥陀ヶ峰。古くは、広くこの一帯を鳥辺野と呼び、葬送の地であった。
○御忌み離れなば――喪が明けたら。
○中将――姫君のもとにひそかに通っている男性。

【人物関係図】

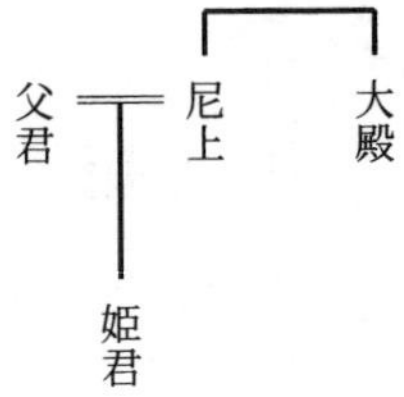

設問

㈠　傍線部エ・オ・キを現代語訳せよ。

㈡　「なからむあとにも、かまへて軽々しからずもてなし奉れ」（傍線部ア）とはどういうことか、説明せよ。

㈢　「おはします時こそ、おのづから立ち去ることも侍らめ」（傍線部イ）を、主語を補って現代語訳せよ。

㈣　「ただ同じさまにと」（傍線部ウ）とはどういうことか、説明せよ。

㈤　「鳥辺野の夜半の煙に立ちおくれさこそは君が悲しかるらめ」（傍線部カ）の和歌の大意をわかりやすく説明せよ。

※㈢・㈣は文科のみ。

（解答枠は㈠＝各12.6センチ×1行、㈡～㈤＝13.5センチ×1行）

二〇一五年

第二問（文理共通）

次の文章は、平安後期の物語『夜の寝覚』の一節である。女君は、不本意にも男君（大納言）と一夜の契りを結んで懐妊したが、男君は女君の素性を誤解したまま、女君の姉（大納言の上）と結婚してしまった。その後、女君は出産し、妹が夫の子を生んだことを知った姉との間に深刻な溝が生じてしまう。いたたまれなくなった女君は、広沢の地（平安京の西で、嵐山にも近い）に隠棲《いんせい》する父入道のもとに身を寄せ、何とか連絡を取ろうとする男君をかたくなに拒絶し、ひっそりと暮らしている。以下を読んで、後の設問に答えよ。

さすがに姨捨山《をばすてやま》の月は、夜更《ふ》くるままに澄みまさるを、めづらしく、つくづく見いだしたまひて、ながめいりたまふ。

　ア ありしにもあらずうき世にすむ月の影こそ見しにかはらざりけれ

そのままに手ふれたまはざりける箏《さう》の琴《こと》ひきよせたまひて、かき鳴らしたまふに、所からあはれまさり、松風もいと吹きあはせたるに、そそのかされて、ものあはれに思《おぼ》さるるままに、聞く人あらじと思せば心やすく、手のかぎり弾《ひ》きたまひたるに、入道殿の、仏の御前におはしけるに、聞きたまひて、「あはれに、言ふにもあまる御琴の音《ね》かな」と、うつくしきに、聞きあまりて、イ 行ひさしてわたりたまひたれば、弾きやみたまひぬるを、「なほあそばせ。念仏しはべるに、『極楽の迎へちかきか』と、心ときめきせられて、たづねまうで来つるぞや」とて、少将に和琴《わごん》たまはせ、琴かき合はせなどしたまひて遊びたまふ程に、はかなく夜もあけぬ。かやうに心なぐさめつつ、あかし暮らしたまふ。

つねよりも時雨《しぐれ》あかしたるつとめて、大納言殿より、

　ウ つらけれど思ひやるかな山里の夜半《よは》のしぐれの音《おと》はいかにと

雪かき暮らしたる日、思ひいでなきふるさとの空さへ、とぢたる心地して、さすがに心ぼそければ、端《はし》ちかくゐざりいでて、白

き御衣《ぞ》どもあまた、エなかなかいろいろならむよりもをかしく、なつかしげに着なしたまひて、ながめ暮らしたまふ。ひととせ、かやうなりしに、大納言の上と端ちかくて、雪山つくらせて見しほどなど、思しいづるに、つねよりも落つる涙を、らうたげに拭《のご》ひかくして、

「思ひいでは　あらしの山になぐさまでオ雪ふるさとはなほぞこひしき

我をば、かくも思しいでじかし」と、推《お》しはかりごとにさへ止《とど》めがたきを、対《たい》の君カいと心ぐるしく見たてまつりて、「くるしく、いままでながめさせたまふかな。御前に人々参りたまへ」など、キよろづ思ひいれず顔にもてなし、なぐさめたてまつる。

〔注〕○姨捨山――俗世を離れた広沢の地を、月の名所である長野県の姨捨山にたとえた表現。「我が心なぐさめかねつ更級《さらしな》や姨捨山に照る月を見て」（古今和歌集）を踏まえる。
○そのままに――久しく、そのままで。
○少将――女君の乳母の娘。
○対の君――女君の母親代わりの女性。

設　問

㈠　傍線部ア・イ・カを現代語訳せよ。

㈡　「つらけれど思ひやるかな」（傍線部ウ）を、必要な言葉を補って現代語訳せよ。

㈢　「なかなかいろいろならむよりもをかしく」（傍線部エ）とはどういうことか、説明せよ。

㈣　「雪ふるさとはなほぞこひしき」（傍線部オ）とあるが、それはなぜか、説明せよ。

㈤　「よろづ思ひいれず顔にもてなし」（傍線部キ）とは対の君のどのような態度か、説明せよ。

※㈡・㈤は文科のみ。

（解答枠は㈠＝各12.6センチ×1行、㈡〜㈤＝13.5センチ×1行）

二〇一四年

第二問（文理共通）

次の文章は、井原西鶴の『世間胸算用』の一節である。これを読んで、後の設問に答えよ。

分限《ぶんげん》になりける者は、その生まれつき格別なり。ある人の息子《むすこ》、九歳より十二の歳の暮れまで、手習《てならひ》につかはしけるに、その間《あひだ》の筆の軸《ぢく》を集め、そのほか人の捨てたるをも取りためて、ほどなく十三の春、我が手細工《てざいく》にして軸簾《ぢくすだれ》をこしらへ、一つを一匁《もんめ》五分《ふん》づつの、三つまで売り払ひ、はじめて銀四匁五分まうけしこと、我が子ながらただものにあらずと、親の身にしては嬉《うれ》しさのあまりに、手習の師匠に語りければ、師の坊、このことをよしとは誉《ほ》めたまはず。「我《われ》、この年まで、数百人《すひやくにん》子供を預かりて、指《し》南《なん》いたして見およびしに、その方の一子《いつし》のごとく、ア気のはたらき過ぎたる子供の、末に分限に世を暮らしたるためしなし。また、乞食《こじき》するほどの身代《しんだい》にもならぬもの、中分《ちうぶん》より下の渡世《とせい》をするものなり。かかることには、さまざまの子細あることなり。そなたの子ばかりを、かしこきやうに思《おぼ》しめすな。それよりは、イ手まはしのかしこき子供あり。我が当番の日はいふにおよばず、人の番の日も、箒《はうき》取りどり座敷掃《は》きて、あまたの子供が毎日つかひ捨てたる反古《ほうぐ》のまろめたるを、一枚一枚皺《しわ》のばして、日ごとに屏風《びやうぶ》屋《や》へ売りて帰るもあり。これは、筆の軸を簾の思ひつきよりは、当分《たうぶん》の用に立つことながら、これもよろしからず。またある子は、紙の余慶持ち来たりて、紙つかひ過ごして不自由なる子供に、一日一倍ましの利にてこれを貸し、年中に積もりての徳、何ほどといふ限りもなし。ウこれらは皆、それぞれの親のせちがしこき気を見習ひ、自然と出《いづ》るおのれおのれが知恵にはあらず。その中にもひとりの子は、父母の朝夕《てうせき》仰《おほ》せられしは、『ほかのことなく、手習を精に入れよ。成人してのその身のためになること』との言葉、エ反古にはなりがたしと、明け暮れ読み書きに油断なく、後には兄弟子《あにでし》どもにすぐれて能書になりぬ。オこの心からは、ゆくすゑ分限になる所見えたり。その子細は、一筋《ひとすぢ》に家業かせぐ故《ゆゑ》なり。惣《そう》じて親よりし続きたる家職のほかに、商売を替へてし続きたるはまれなり。手習子《てならひご》ども、カおのれが役目の手を書くことはほかになし、若年《じやくねん》の時よりすすどく、無用の欲心なり。それゆゑ、第一の、手は書かざることのあさまし。その子なれども、さやうの心入れ、よき事とはいひがたし。キとかく少年の時は、花をむしり、紙鳥《いか》をのぼし、知恵《ちえ》付時《づきどき》に身を持ちかためたるこそ、道の常なれ。七十になる者の申せしこと、ゆくすゑを見給へ」と言ひ置かれし。

〔注〕
○分限――裕福なこと。金持ち。
○一匁五分――一匁は約三・七五グラム。五分はその半分。ここは銀貨の重さを表している。
○屛風屋へ売りて――屛風の下張り用の紙として売る。
○当分の用に立つ――すぐに役に立つ。
○紙の余慶――余分の紙。
○すすどく――鋭く抜け目がなく。
○紙鳥――凧《たこ》。

設問

㈠　傍線部ア・エ・カを現代語訳せよ。

㈡　「手まはしのかしこき子供」(傍線部イ)とは、どのような子供のことか。

㈢　手習の師匠は、「これらは皆、それぞれの親のせちがしこき気を見習ひ、自然と出るおのれおのれが知恵にはあらず」（傍線部ウ）と言っているが、これは軸簾を思いついた子の父親のどのような考えを戒めたものか。

㈣　手習の師匠が、手習に専念した子供について、「この心からは、ゆくすゑ分限になる所見えたり」（傍線部オ）と評したのはなぜか。

㈤　「とかく少年の時は、花をむしり、紙鳥をのぼし、知恵付時に身を持ちかためたるこそ、道の常なれ」（傍線部キ）という手習の師匠の言葉の要点を簡約にのべよ。

※㈢・㈤は文科のみ。

（解答枠は㈠＝各12.6センチ×1行、㈡〜㈤＝13.5センチ×1行）

二〇一三年

第二問（文理共通）

次の文章は、近世に成立した平仮名本『吾妻鏡』の一節である。源平の合戦の後、源頼朝《よりとも》（二位殿）は、異母弟の義経《よしつね》（九郎殿）に謀反の疑いを掛け、討伐の命を出す。義経は、郎党や愛妾《あいしょう》の静《しずか》御前を引き連れて各地を転々としたが、静とは大和国吉野で別れる。その後、静は捕らえられ、鎌倉に送られる。義経の行方も分からないまま、文治二年（一一八六）四月八日、鎌倉・鶴岡八幡《つるがおかはちまん》宮《ぐう》に参詣した頼朝とその妻・北条政子（御台所《みだいどころ》）は、歌舞の名手であった静に神前で舞を披露するよう求める。静は再三固辞したが、遂に扇を手に取って舞い始める。以下を読んで、後の設問に答えよ。

静《しづか》、まづ歌を吟じていはく、

　吉野山みねのしら雪踏み分けて入りにし人の跡ぞこひしき

また別に曲を歌うて後、和歌を吟ず。その歌に、

　しづやしづしづのをだまき繰り返し昔を今になすよしもがな

かやうに歌ひしかば、社壇《しやだん》も鳴り動くばかりに、ア上下いづれも興をもよほしけるところに、二位殿のたまふは、「今、八幡の宝前にて我が芸をいたすに、もつとも関東の万歳《ばんぜい》を祝《いは》ふべきに、人の聞きをもはばからず、反逆《ほんぎやく》の義経を慕《した》ひ、別の曲を歌ふ事、はなはだもつて奇怪《きくわい》なり」とて、イ御気色《きしよく》かはらせ給《たま》へば、御台所はきこしめし、「あまりに御怒《いか》りをうつさせ給ふな。我が身において思ひあたる事あり。君すでに流人とならせ給ひて、伊豆の国におはしまししころ、われらと御ちぎりあさからずといへども、平家繁昌《はんじやう》の折ふしなれば、父《ちち》北条殿も、さすが時をおそれ給ひて、ウひそかにこれを、とどめ給ふ。しかれどもなほ君に心をかよはして、エくらき夜すがら降る雨をだにいとはず、かかぐる裳裾《もすそ》も露ばかりの隙《ひま》より、君のおはします御閨《ねや》のうちにしのび入り候《さぶら》ひ

しが、その後君は石橋山の戦場におもむかせ給ふ時、ひとり伊豆の山にのこりゐて、オ御命いかがあらんことを思ひくらせば、日になに程か、夜にいく度《たび》か、たましひを消し候ひし。そのなげきにくらべ候へば、今の静が心もさぞあるらむと思はれ、いたはしく候ふ。かれもし多年《たねん》九郎殿に相《あひ》なれしよしみをわすれ候ふ程ならば、カ貞女のこころざしにてあるべからず。今の静が歌の体《てい》、外には露ばかりの思ひをよせて、内には霧ふかき憤《いきどほ》りをふくむ。もつとも御あはれみありて、まげて御賞翫《しやうくわん》候へ」と、のたまへば、二位殿きこしめされ、ともに御涙《なみだ》をもよほしたる有様にて、キ御腹立《ふくりふ》をやめられける。しばらくして、簾中《れんちう》より卯の花がさねの御衣を静にこそは下されけれ。

〔注〕
○吉野山〜――「み吉野の山のしら雪踏み分けて入りにし人のおとづれもせぬ」(古今和歌集)を本歌とする。
○しづやしづ〜――「いにしへのしづのをだまき繰り返し昔を今になすよしもがな」(伊勢物語)を本歌とする。「しづ(倭文)」は古代の織物の一種で、ここでは静の名を掛ける。「をだまき(苧環)」は、紡いだ麻糸を中を空洞にして玉状に巻いたもの。
○社壇――神を祭ってある建物。社殿。
○怒りをうつす――怒りの感情を顔に出す。
○流人――平治の乱の後、頼朝の父義朝《よしとも》は処刑、頼朝は十四歳で伊豆国に配流された。
○石橋山――神奈川県小田原市。治承四年(一一八〇)の石橋山の合戦の地。頼朝は平家方に大敗する。
○伊豆の山――静岡県熱海市の伊豆山《いずさん》神社。流人であった頼朝と政子の逢瀬の場。
○卯の花がさね――襲《かさね》の色目の名。表は白で、裏は青。初夏(四月)に着用する。

設　問

㈠　傍線部ア・エ・オを現代語訳せよ。

㈡　「御気色かはらせ給へば」（傍線部イ）とあるが、なぜそうなったのか、説明せよ。

㈢　「ひそかにこれを、とどめ給ふ」（傍線部ウ）とあるが、具体的には何をとどめたのか、説明せよ。

㈣　「貞女のこころざし」（傍線部カ）とは、ここではどのような心のさまをいうのか、説明せよ。

㈤　「御腹立をやめられける」（傍線部キ）とあるが、政子の話のどのような所に心が動かされたのか、説明せよ。

※㈡・㈣は文科のみ。

（解答枠は㈠＝各12.6センチ×1行、㈡～㈤＝13.5センチ×1行）

二〇一二年

第　二　問（文理共通）

次の文章は、『俊頼髄脳』の一節で、冒頭の「岩橋《いはばし》の」という和歌についての解説である。これを読んで、後の設問に答えよ。

岩橋《いはばし》の夜の契《ちぎ》りも絶えぬべし明くるわびしき葛城《かづらき》の神

この歌は、葛城の山、吉野山とのはざまの、はるかなる程をめぐれば、ア事のわづらひのあれば、役《えん》の行者《ぎやうじや》といへる修行者の、この山の峰よりかの吉野山の峰に橋を渡したらば、事のわづらひなく人は通ひなむとて、その所におはする一言主《ひとことぬし》と申す神に祈り申しけるやうは、「神の神通《じんづう》は、仏に劣ることなし。イ凡夫《ぼんぶ》のえせぬ事をするを、神力《じんりき》とせり。願はくは、この葛城の山のいただきより、かの吉野山のいただきまで、岩をもちて橋を渡し給へ。この願ひをかたじけなくも受け給はば、ウたふるにしたがひて法施《ほふせ》をたてまつらむ」と申しければ、空《そら》に声ありて、「我この事を受けつ。あひかまへて渡すべし。ただし、エ我がかたち醜くして、見る人おぢ恐《おそ》りをなす。夜な夜な渡さむ」とのたまへり。「願はくは、すみやかに渡し給へ」とて、心経《しんぎやう》をよみて祈り申ししに、オその夜のうちに少し渡して、昼渡さず。役の行者それを見ておほきに怒《いか》りて、「しからば護法《ごほふ》、この神を縛《しば》り給へ」と申す。護法たちまちに、葛《かづら》をもちて神を縛りつ。その神はおほきなる巌《いはほ》にて見え給へば、葛のまつはれて、掛け袋などに物を入れたるやうに、カひまはざまもなくまつはれて、今におはすなり。

〔注〕○葛城の山――大阪府と奈良県との境にある金剛山。
○吉野山――奈良県中部の山系。
○役の行者――奈良時代の山岳呪術者。葛城山に住んで修行し、吉野の金峰山・大峰などを開いた。
○一言主と申す神――葛城山に住む女神。

○法施――仏や神などに対し経を読み法文を唱えること。
○心経――般若心経。
○護法――仏法守護のために使役される鬼神。
○掛け袋――紐をつけて首に掛ける袋。

設問

㈠　傍線部ア・イ・ウを現代語訳せよ。

㈡　「我がかたち醜くして、見る人おぢ恐りをなす」（傍線部エ）とあるが、どういうことか、わかりやすく説明せよ。

㈢　「その夜のうちに少し渡して、昼渡さず」（傍線部オ）とあるが、一言主の神はなぜそのようにしたのか、説明せよ。

㈣　「ひまはざまもなくまつはれて、今におはすなり」（傍線部カ）とあるが、どのような状況を示しているのか、主語を補って簡潔に説明せよ。

㈤　冒頭の和歌は、ある女房が詠んだものだが、この和歌は、通ってきた男性に対して、どういうことを告げようとしているか、わかりやすく説明せよ。

※㈢・㈣は文科のみ。　（解答枠は㈠＝各12.6センチ×1行、㈡～㈤＝13.5センチ×1行）

二〇一一年

第二問（文理共通）

次の文章は『十訓抄』第六「忠直を存すべき事」の序文の一節である。これを読んで、後の設問に答えよ。

孔子のたまへることあり、ア「ひとへに君に随《したが》ひ奉る、忠にあらず。ひとへに親に随ふ、孝にあらず。あらそふべき時あらそひ、随ふべき時随ふ、これを忠とす、これを孝とす」。

しかれば、主君にてもあれ、父母、親類にてもあれ、知音、朋友にてもあれ、悪しからむことをば、必ずいさむべきと思へども、イ世の末にこのことかなはず。人の習ひにて、ウ思ひ立ちぬることをいさむるは、心づきなくて、言ひあはする人の、心にかなふやうにもおぼゆれば、天道はあはれとも思《おぼ》すらめども、主人の悪しきことをいさむるものは、顧みを蒙《かうむ》ること、ありがたし。さて、することの悪しきさまにもなりて、しづかに思ひ出づる時は、エその人のよく言ひつるものをと思ひあはすれども、また心の引くかたにつきて、思ひたることのある時は、むつかしく、またいさめむずらむとて、オこのことを聞かせじと思ふなり。これはいみじく愚かなることなれども、みな人の習ひなれば、腹黒からず、また心づきなからぬほどにはからふべきなり。

すべて、人の腹立ちたる時、強《こは》く制すればいよいよ怒る。さかりなる火に少水をかけむは、その益なかるべし。しかれば、カ機嫌をはかりて、やはらかにいさむべし。君もし愚かなりとも、賢臣あひ助けば、その国乱るべからず。親もしおごれりとも、孝子つつしんで随はば、その家全くあるべし。重き物なれども、船に乗せつれば、沈まざるがごとし。上下はかはれども、ほどほどにつけて、キ頼めらむ人のためには、ゆめゆめうしろめたなく、腹黒き心のあるまじきなり。陰《かげ》にては、また冥《みやう》加《が》を思ふべきゆゑなり。

〔注〕　○冥加——神仏が人知れず加護を与えること。

設問

㈠　傍線部ア・ウ・カを現代語訳せよ。

㈡　「世の末にこのことかなはず」（傍線部イ）を「このこと」の内容がよくわかるように現代語訳せよ。

㈢　「その人のよく言ひつるものをと思ひあはすれども」（傍線部エ）を、内容がよくわかるように言葉を補って現代語訳せよ。

㈣　「このことを聞かせじと思ふなり」（傍線部オ）とあるが、それはなぜか、説明せよ。

㈤　「頼めらむ人のためには、ゆめゆめうしろめたなく、腹黒き心のあるまじきなり」（傍線部キ）とは、どういうことか説明せよ。

※㈡・㈤は文科のみ。

（解答枠は㈠＝各12.6センチ×１行、㈡～㈤＝13.5センチ×１行）

二〇一〇年

第二問（文理共通）

次の文章を読んで、後の設問に答えよ。

白河院の御時、天下殺生禁断せられければ、国土に魚鳥のたぐひ絶えにけり。そのころ、貧しかりける僧の、年老いたる母を持ちたるありけり。その母、魚なければ物を食はざりけり。たまたま求め得たる食ひ物も食はずして、やや日数ふるままに、老いの力いよいよ弱りて、今はア頼むかたなく見えけり。

僧、悲しみの心深くして、尋ね求むれども得がたし。思ひあまりて、つやつや魚捕る術《すべ》も知らねども、みづから川の辺にのぞみて、衣に玉襷《たまだすき》して、魚をうかがひて、はえといふ小さき魚を一つ、二つ捕りて持ちたりけり。禁制重きころなりければ、官人《くわんにん》見あひて、からめ捕りて、院の御所へゐて参りぬ。

まづ子細を問はる。「殺生禁制、世に隠れなし。イいかでかそのよしを知らざらん。いはんや、法師のかたちとして、その衣を着ながらこの犯しをなすこと、ウひとかたならぬ科《とが》、逃るるところなし」と仰せ含めらるるに、僧、涙を流して申すやう、「天下にこの制重きこと、皆うけたまはるところなり。たとひ制なくとも、法師の身にてこの振る舞ひ、さらにあるべきにあらず。ただし、我、年老いたる母を持てり。ただ我一人のほか、頼める者なし。齢《よはひ》たけ身衰へて、朝夕の食ひ物たやすからず。我また家貧しく財《たから》持たねば、エ心のごとくに養ふに力堪へず。中にも、魚なければ物を食はず。このごろ、天下の制によりて、魚鳥のたぐひ、いよいよ得がたきによりて、身の力すでに弱りたり。これを助けんために、心のおきどころなくて、魚捕る術も知らざれども、思ひのあまりに川の端にのぞめり。オ罪をおこなはれんこと、案のうちにはべり。ただし、この捕るところの魚、今は放つとも生きがたし。カ身のいとまを聴《ゆ》りがたくは、この魚を母のもとへ遣はして、今一度あざやかなる味を進めて、キ心やすくうけたまはりおきて、いかにもまかりならん」と申す。これを聞く人々、涙を流さずといふことなし。

院聞こしめして、孝養《けうやう》の志あさからぬをあはれみ感ぜさせたまひて、さまざまの物どもを馬車に積みて賜はせて、許されにけり。乏《とも》しきことあらば、かさねて申すべきよしをぞ仰せられける。

（『古今著聞集』）

〔注〕○白河院――白河上皇（一〇五三～一一二九）。譲位後、堀河・鳥羽天皇の二代にわたり院政を行う。
○殺生禁断――仏教の五戒の一つである不殺生戒を徹底するため、法令で漁や狩りを禁止すること。
○はえ――コイ科の淡水魚。

設　問

㈠　傍線部エ・オ・カを現代語訳せよ。

㈡　「頼むかたなく見えけり」（傍線部ア）とあるが、どういうことか説明せよ。

㈢　「いかでかそのよしを知らざらん」（傍線部イ）を、「そのよし」の内容がわかるように現代語訳せよ。

㈣　「ひとかたならぬ科」（傍線部ウ）とは、どういうことか説明せよ。

㈤　「心やすくうけたまはりおきて、いかにもまかりならん」（傍線部キ）を、内容がよくわかるように現代語訳せよ。

※㈢・㈤は文科のみ。

（解答枠は㈠＝各12.6センチ×1行、㈡～㈤＝13.5センチ×1行）

二〇〇九年

第　二　問（文理共通）

次の文章は、左大将邸で催された饗宴《きようえん》で、源仲頼（少将）が、左大将の愛娘《まなむすめ》、あて宮（九の君）をかいま見た場面である。これを読んで後の設問に答えよ。

かくて、いとおもしろくア遊びののしる。仲頼、屏風《びやうぶ》ふたつがはさまより、御簾《みす》のうちを見入るれば、母屋《もや》の東面《ひむがしおもて》に、こなたかなたの君たち、数を尽くしておはしまさふ。いづれとなく、あたりさへ輝くやうに見ゆるに、魂《たましひ》も消え惑ひてものおぼえず、あやしくきよらなる顔かたちかなと、ここちそらなり。なほ見れば、あるよりもいみじくめでたく、あたり光り輝くやうなる中に、天女くだりたるやうなる人あり。仲頼、これはこの世の中に名立《なだ》たる九の君なるべし、と思ひよりて見るに、せむ方なし。限りなくめでたく見えし君たち、このいま見ゆるにあはすれば、イこよなく見ゆ。仲頼、いかにせむと思ひ惑ふに、今宮ともろともに母宮の御方へおはする御うしろで、姿つき、たとへむ方なし。火影《ほかげ》にさへこれはかく見ゆるぞ。少将思ふにねたきこと限りなし。ウわれ何せむにこの御簾のうちを見つらむ。かかる人を見て、ただにてやみなむや。いかさまにせむ。生けるにも死ぬるにもあらぬここちして、例の遊び、はたまして心に入れてしゐたり。夜ふけて、上達部《かむだちめ》、親王《みこ》たちもものかづき給《たま》ひて、いちの舎人《とねり》までものかづき、禄《ろく》なんどしてみな立ち給ひぬ。

仲頼、帰るそらもなくて、家に帰りて五六日、エかしらももたげで思ひふせるに、いとせむ方なくわびしきこと限りなし。になくめでたしと思ひし妻《め》も、ものともおぼえず、かたときも見ねば恋ひしく悲しく思ひしも、前に向かひゐたれども、目にも立たず。身のならむことも、すべて何ごとも何ごとも、よろづのこと、さらに思ほえであるときに、「などか常に似ず、まめだちたる御けしきなる」といふ。少将、「御ためにはかくまめにこそ。オあだなれとやおぼす」などいふけしき、常に似ぬときに、女、「いでや、

　あだごとはあだにぞ聞きし松山や目に見す見すも越ゆる波かな」

といふときに、カ少将思ひ乱るる心にも、なほあはれにおぼえければ、

「浦風の藻《も》を吹きかくる松山もあだし波こそ名をば立つらし

あがほとけ」といひて泣くをも、キわれによりて泣くにはあらずと思ひて、親の方へ往《い》ぬ。

（『うつほ物語』）

〔注〕○こなたかなたの君たち――左大将家の女君たち。

○今宮――仁寿殿の女御（あて宮の姉）腹の皇女。左大将の孫にあたる。

○母宮――あて宮の母。

○あだごとはあだにぞ聞きし――あなたの浮気心は、いい加減な噂《うわさ》と聞いていました。

○松山――陸奥国《みちのくに》の歌枕《うたまくら》。本文の二首の歌は、ともに、『古今和歌集』の「君をおきてあだし心をわが持たば末の松山波も越えなむ（もし、あなた以外の人に、私が浮気心を持ったとしたら、あの末の松山を波も越えてしまうでしょう。そんなことは決してありません）」を踏まえる。

○あだし波こそ名をば立つらし――いい加減な波が、根も葉もない評判を立てているようです。

設　問

㈠　傍線部ア・ウ・オを現代語訳せよ。

㈡　「こよなく見ゆ」（傍線部イ）について、必要な言葉を補って現代語訳せよ。

㈢ 「かしらももたげで思ひふせる」（傍線部エ）とあるが、どのような様子を述べたものか説明せよ。

㈣ 「思ひ乱るる心にも、なほあはれにおぼえければ」（傍線部カ）を、状況がわかるように現代語訳せよ。

㈤ 「われによりて泣くにはあらずと思ひて」（傍線部キ）を、必要な言葉を補って現代語訳せよ。

※㈡・㈣は文科のみ。

（解答枠は㈠＝各12.6センチ×1行、㈡～㈤＝13.5センチ×1行）

二〇〇八年

第　二　問（文理共通）

次の文章を読んで、後の設問に答えよ。

今は昔、たよりなかりける女の、清水《きよみづ》にあながちに参るありけり。参りたる年月積りたりけれど、アつゆばかりその験《しるし》とおぼゆることなく、いとどたよりなくなりまさりて、果ては、年来《としごろ》ありけるところをも、そのこととなくあくがれて、寄りつく所もなかりけるままには、泣く泣く観音を恨みたてまつりて、「いみじき前《さき》の世の報いなりといふとも、ただ少しのたより賜《たま》り候《さぶら》はん」といりもみ申して、御前《まへ》にうつぶしたりける夜《よ》の夢に、「御前より」とて、「かくあながちに申すは、いとほしくおぼしめせど、少しにても、あるべきたよりのなければ、その事をおぼしめし嘆くなり。これを賜はれ」とて、御帳《みちやう》の帷《かたびら》をいとよくうちたたみて、前に打ち置かると見て、夢さめて、御燈明《みあかし》の光に見れば、夢に賜はると見つる御帳の帷、ただ見つるさまにたたまれてあるを見るに、「さは、これよりほかに、賜《た》ぶべき物なきにこそあんなれ」と思ふに、イ身のほど思ひ知られて、悲しくて申すやう、ウ「これ、さらに賜はらじ。少しのたよりも候はば、錦《にしき》をも、御帳の帷には、縫ひてまゐらせんとこそ思ひ候ふに、この御帳ばかりを賜はりて、まかり出づべきやう候はず。返しまゐらせ候ひなん」と口説《くど》き申して、犬防《いぬふせ》ぎの内にさし入れて置きつ。さて、またまどろみ入《い》りたるに、また夢に、「など、さかしうはあるぞ。ただ賜《た》ばん物をば賜《たま》はらで、かく返しまゐらするは、エあやしき事なり」とて、また賜はると見る。さて、醒《さ》めたるに、また同じやうに、なほ前にあれば、泣く泣く、また返しまゐらせつ。かやうにしつつ、三度《みたび》返したてまつるに、三度ながら返し賜びて、はての度は、この度返したてまつらば、無礼《むらい》なるべきよしを戒められければ、オ「かかりとも知らざらん僧は、御帳の帷を放ちたるとや疑はんずらん」と思ふも苦しければ、まだ夜深《よぶか》く、懐にさし入れて、まかり出でにけり。「これをば、如何《いか》にすべきならん」と思ひて、引き広げて見て、「着るべき衣《きぬ》もなし。さは、これを衣にして着ん」と思ふ心つきぬ。それを衣や袴《はかま》にして着てける後、見と見る男にまれ、女にまれ、あはれにいとほしきものに思はれて、すずろなる人の手より物を多く得てけり。大事なる人の愁《うれ》へをも、その衣を着て、知らぬやんごとなき所にも、まゐりて申させければ、かならず成りけり。かやうにしつつ、人の手より物を得、よき男にも思はれて、楽しくてぞありける。さればその衣をば収めて、かならずせんと思ふ事の折りにぞ、取り出でて着てける。かならず叶《かな》ひけり。

（『古本説話集』）

〔注〕○清水――京都の清水寺。本尊は十一面観音。
○いりもみ申して――執拗《しつよう》にお願い申し上げて。
○御帳の帷――本尊を納めた厨子《ずし》の前に隔てとして垂らす絹製の布。
○犬防ぎ――仏堂の内陣と外陣を仕切る低い格子のついたて。
○人の愁へ――訴訟。

設　問

㈠　傍線部ア・ウ・エを現代語訳せよ。

㈡　「身のほど思ひ知られて」（傍線部イ）を、「身のほど」の内容がわかるように現代語訳せよ。

㈢　「かかりとも知らざらん僧」（傍線部オ）を、「かかり」の内容がわかるように現代語訳せよ。

㈣　「かならず成りけり」（傍線部カ）とあるが、何がどうであったというのか、簡潔に説明せよ。

㈤　「楽しくてぞありける」（傍線部キ）とあるが、「楽しくて」とはどのような状態のことか、簡潔に説明せよ。

※㈡・㈣は文科のみ。

（解答枠は㈠＝各12.6センチ×1行、㈡〜㈤＝13.5センチ×1行）

二〇〇七年

第二問（文理共通）

次の文章は、堀河院をめぐる二つの説話である。これを読んで後の設問に答えよ。

堀河院は、末代の賢王なり。なかにも、天下の雑務を、ことに御意に入れさせ給ひたりけり。職事《しきじ》の奏したる申し文をみな召し取りて、御夜居《よゐ》に、文こまかに御覧じて、所々に挿《はさ》み紙をして、「このこと尋ぬべし」、「このこと重ねて問ふべし」など、御手づから書きつけて、次の日、職事の参りたるに賜《たま》はせけり。ア一遍こまかに聞こしめすことだにありがたきに、重ねて御覧じて、イさまでの御沙汰ありけん、いとやんごとなきことなり。すべて、人の公事《くじ》つとむるほどなどをも、ウ御意に入れて御覧じ定めけるにや、追《つい》儺《な》の出仕に故障申したる公卿《くぎやう》、元三《ぐわんさん》の小朝拝《こてうはい》に参りたるをば、ことごとく追ひ入れられけり。「去夜《きぞ》まで所労あらんものの、いかでか一夜のうちになほるべき。いつはれることなり」と仰せられけり。白河院はこれを聞こしめして、エ「聞くとも聞かじ」とぞ仰せられける。あまりのことなりと思《おぼ》しめしけるにや。

堀河院、位の御時、坊門左大弁為隆《ためたか》、職事にて、大神宮《だいじんぐう》の訴へを申し入れけるに、主上御笛を吹かせ給ひて、御返事もなかりければ、為隆、白河院に参りて、「内裏《うち》には御物《もの》の気《け》おこらせおはしましたり。御祈りはじまるべし」と申しけり。院おどろかせ給ひて、内侍《ないし》に問はせ給ひければ、オ「さること、夢にも侍らず」と申しけり。あやしみて為隆に御尋ねありければ、「そのことに侍り。一日、大神宮の訴へを奏聞し侍りしに、御笛をあそばして勅答なかりき。これ御物の気などにあらずは、あるべきことにあらずと思ひて、申し侍りしなり」と申しければ、院より内裏へそのよし申させ給ひけり。御返事には、カ「さること侍りき。ただのことにはあらず。キ笛に秘曲を伝へて、その曲を千遍吹きし時、為隆参りてことを奏しき。今二、三遍になりたれば、吹き果てて言はんと思ひしほどに、尋ねしかば、まかり出《い》でにき。それをさ申しける、いとはづかしきことなり」とぞ申させ給ひける。

（『続古事談』）

〔注〕○堀河院――堀河天皇（一〇七九～一一〇七）。白河天皇の皇子。
○職事――蔵人。天皇に近侍し、政務にかかわる雑事をつとめる。
○公事――朝廷の儀式。
○追儺――大晦日の夜、悪鬼を追い払う宮中の行事。
○小朝拝――元日、公卿・殿上人が天皇に拝礼する儀式。
○白河院――白河上皇（一〇五三～一一二九）。堀河天皇に譲位した後も、政務に深くかかわった。
○為隆――藤原為隆（一〇七〇～一一三〇）。
○大神宮――伊勢神宮。
○内侍――天皇に近侍する女官。

設問

㈠ 傍線部ア・ウを現代語訳せよ。

㈡ 「さまでの御沙汰ありけん」（傍線部イ）について、必要なことばを補って現代語訳せよ。

㈢ 『聞くとも聞かじ』とぞ仰せられける」（傍線部エ）とあるが、ここには白河院の、だれに対する、どのような気持ちが表れているか、説明せよ。

㈣ 傍線部オ「さること」、傍線部カ「さること」は、それぞれ何を指すか、説明せよ。

㈤　「尋ねしかば、まかり出でにき」(傍線部キ)を、だれの行為かがわかるように、ことばを補って現代語訳せよ。

※㈡・㈣カは文科のみ。

(解答枠は㈠・㈣=各12.6センチ×1行、㈡・㈢・㈤=13.5センチ×1行)

第　二　問（文理共通）

次の文章は、物語の一節である。「男」には、同居する「女」（もとからの妻）があったが、よそに新しい妻をもうけた。その新しい妻を家に迎えることになり、「男」は「女」に、しばらくどこかに居てほしいと頼んだ。以下は、「女」が家を出て行く場面である。これを読んで後の設問に答えよ。

「今宵《こよひ》なむものへ渡らむと思ふに、車しばし」

となむ言ひやりたれば、男、「あはれ、いづちとか思ふらむ。行かむさまをだに見む」と思ひて、いまここへ忍びて来ぬ。女、待つとて端《はし》にゐたり。月のあかきに、ア泣くことかぎりなし。

我が身かくかけはなれむと思ひきや月だに宿をすみはつる世に

と言ひて泣くほどに来れば、さりげなくて、イうちそばむきてゐたり。

ウ「車は、牛たがひて、馬なむはべる」

と言へば、

「ただ近き所なれば、車は所せし。さらば、その馬にても。夜のふけぬさきに」

と急げば、いとあはれと思へど、かしこ（注）には皆、あしたにと思ひためれば、のがるべうもなければ、エ心ぐるしう思ひ思ひ、馬引き出《い》ださせて、簀子《すのこ》に寄せたれば、乗らむとて立ち出でたるを見れば、月のいとあかきかげに、ありさまいとささやかにて、髪はつややかにて、いとうつくしげにて、丈《たけ》ばかりなり。

男、手づから乗せて、ここかしこひきつくろふに、オいみじく心憂けれど、念じてものも言はず。馬に乗りたる姿、かしらつきいみじくをかしげなるを、あはれと思ひて、カ「送りに我も参らむ」

と言ふ。

キ「ただここもとなる所なれば、あへなむ。馬はただいま返したてまつらむ。そのほどはここにおはせ。見ぐるしき所なれば、人に見すべき所にもはべらず」

と言へば、「さもあらむ」と思ひて、とまりて、尻《しり》うちかけてゐたり。

この人は、供に人多くはなくて、昔より見なれたる小舎人童《ことねりわらは》ひとりを具して往《い》ぬ。男の見つるほどこそ隠して念じつれ、門《かど》引き出づるより、いみじく泣きて行く。

（『堤中納言物語』）

〔注〕　○かしこには――新しい妻のところでは。

設　問

㈠　傍線部イ・ウ・キを現代語訳せよ。

㈡　「泣くことかぎりなし」（傍線部ア）とあるが、「女」の気持ちについて、和歌を参考にして簡潔に説明せよ。

㈢　「心ぐるしう思ひ思ひ」（傍線部エ）について、だれの、どのような気持ちを言うのか、簡潔に説明せよ。

㈣　「いみじく心憂けれど、念じてものも言はず」（傍線部オ）を、必要なことばを補って現代語訳せよ。

㈤　「送りに我も参らむ」（傍線部カ）には、「男」のどういう気持ちがこめられているか、説明せよ。

※㈡・㈤は文科のみ。

（解答枠は㈠＝各12.6センチ×1行、㈡＝13.5センチ×2行、㈢〜㈤＝13.5センチ×1行）

二〇〇五年

第　二　問（文理共通）

次の文章は、ある事情で身を隠して行方知れずになった姫君の一行（姫君・侍従・尼君）を、長谷寺の観音の霊夢に導かれた男君（中将）が、住吉社で捜しあてる場面である。これを読んで後の設問に答えよ。

さらぬだにも、旅の空は悲しきに、夕波千鳥、あはれに鳴きわたり、岸の松風、ものさびしき空にたぐひて琴の音《ね》ほのかに聞こえけり。この声、律に調べて、盤渉調《ばんしきでう》に澄みわたり、これを聞き給《たま》ひけん心、いへばおろかなり。「あな、ゆゆし。人のしわざには、よも」など思ひながら、その音に誘はれて、何となく立ち寄りて聞き給へば、釣殿の西面《にしおもて》に、若き声、ひとり、ふたりが程、聞こえてけり。琴かき鳴らす人あり。「冬は、をさをさしくも侍《はべ》りき。このごろは、松風、波の音もなつかしくぞ。都にては、かかる所も見ざりしものを。あはれあはれ、心ありし人々に見せまほしきよ」とうち語らひて、「秋の夕《ゆふべ》は常よりも、旅の空こそあはれなれ」など、をかし声してうちながむるを、侍従に聞きなして、「あな、あさまし」と胸うち騒ぎて、「聞きなしにや」とて聞き給へば、

　尋ぬべき人もなぎさの住の江にたれまつ風の絶えず吹くらん

と、うちながむるを聞けば、姫君なり。

「あな、ゆゆし。仏の御験《しるし》は、あらたにこそ」とうれしくて、簀《す》の子に立ち寄りて、うち叩《たた》けば、「いかなる人にや」とて、侍従、透垣《すいがい》の隙《ひま》よりのぞけば、簀の子に寄り掛かり居給へる御姿、夜目にもしるしの見えければ、「あな、あさましや、少将殿のおはします。いかが申すべき」と言へば、姫君も、「あはれにも、おぼしたるにこそ。さりながら、人聞き見苦しかりなん。我はなしと聞こえよ」とあれば、侍従、出《い》であひて、「いかに、あやしき所までおはしたるぞ。あな、ゆゆし。その後、姫君うしなひ奉りて、慰めがたさに、かくまで迷ひありき侍るになん。見奉るに、いよいよ古《いにしへ》の恋しく」など言ひすさびて、あはれなるままに、涙のかき

くれて、物もおぼえぬに、中将も、いとどもよほすここちぞし給ふ。「侍従の、君のことをばしのび来しものを、うらめしくも、のたまふものかな」と、「御声まで聞きつるものを」とて、浄衣《じやうえ》の御袖《そで》を顔に押しあて給ひて、「うれしさもつらさも、なかばにこそ」とのたまへば、侍従、ことわりにおぼえて、「さるにても、御休みさぶらへ。都のこともゆかしきに」とて、尼君に言ひあはすれば、「ありがたきことにこそ。たれもたれも、もののあはれを知り給へかし。まづ、これへ入《い》らせ給ふべきよし、聞こえ奉れ」と言へば、侍従、「なれなれしく、なめげに侍れども、そのゆかりなる声に。旅は、さのみこそさぶらへ。立ち入らせ給へ」とて、袖をひかへて入れけり。

（『住吉物語』）

〔注〕○律――邦楽の旋法の一つ。秋の調べとされる。
○盤渉調――律の調子の一種。
○をさをさし――ここでは「ろくになじめない」の意。
○少将殿――姫君たちは、この年の正月に、男君が少将から中将に昇進したことをまだ知らないため、こう呼んだ。
○浄衣――潔斎のために男君が着用していた白い装束。
○そのゆかりなる声に――「姫君のゆかりである私の声をお尋ね下さったのですから」の意。

設　問

㈠　傍線部ア・イ・オを、必要な言葉を補って現代語訳せよ。

㈡　傍線部ウについて、何を何と「聞きなし」たと思ったのか、簡潔に記せ。

㈢　傍線部エの歌「尋ぬべき人もなぎさの住の江にたれまつ風の絶えず吹くらん」を、掛詞に注意して現代語訳せよ。

㈣　傍線部カ「うれしさもつらさも、なかばにこそ」とあるが、なぜそのように感じたのか、簡潔に説明せよ。

㈤　傍線部キについて、「さのみ」の「さ」の内容がわかるように言葉を補って現代語訳せよ。

※㈠オ・㈢は文科のみ。
理科には次の〔注〕が入る。
○おぼしたるにこそ――「少将さまは、わたしのことを思っていらっしゃったのね」の意。

（解答枠は㈠＝各12.6センチ×1行、㈡・㈣・㈤＝13.5センチ×1行、㈢＝13.5センチ×2行）

二〇〇四年

第二問（文理共通）

次の文章は、尾張藩名古屋城内に仕える女性が、七年ぶりに江戸の実家に帰る場面である。これを読んで後の設問に答えよ。

こゆるぎの磯《いそ》ちかき苫屋《とまや》の内にも、雛《ひひな》遊びするをとめどもは、桃、山吹の花など、アこちたきまで瓶《かめ》にさし、けふの日の暮るるを惜しと思へるさまなり。野に出《い》でてははこなど摘むもあるは、けふの餅《もちひ》のためなるべし。

七とせのむかし、この所を過ぎけるは九月九日にて、別れ来し親はらからのことなど思ひ出でて悲しかりしに、けふは一二日《ひとふたひ》のうちに逢《あ》ひみんことを思へば、うれしきあまり、心さへときめきして、それとなくイうち笑みがちなるを、かたへなる人らは、ものぐるほしきにやなども思ふらんよ。明日は府にまゐれば、公私《おほやけわたくし》の用意ありとて、男のかぎり、みな戸塚の宿にといそぐままに、ひとりのどかにも行きがたくて、同じさまにやどりにつきぬ。

三日の夜より雨ふりいでて、つとめてもなほやまず。金川《かながは》、河崎、品川などいふ駅々《うまやうまや》もただ過ぎに過ぎきて、芝にまゐる。ここより大路のさま、ウたかき賤《いや》しき袖《そで》をつらね、馬、車たてぬきに行きかひ、はえばえしく賑《にぎ》はへるけしき、七とせのねぶり一ときにさめし心地して、エうれしさいはんかたなし。その夜は御館《みたち》にありて、三月五日といふに、ふるき家居にはかへりぬ。

いふかひなけれど、親族《しぞく》のかぎり、近きはをば、いとこなど待ちあつまりて、とりどりに何事をいふも、まづおぼえず。をさなき妹のひとりありしも、オいつかねびまさりて、髪などあげたれば、わが方には見わすれたるを、カかれよりうち出でんもつつましくやありけん、をばの後ろにかくれて、なま恨めしと思へるけしきに見おこせたるまま、キなほ心得ずして、「そこにものし給《たま》ふは、いづれよりの客人《まらうど》にかおはす。ゆゆしげなることには侍《はべ》れど、ク過ぎ行き侍りし母のおもかげに、あさましきまで似かよひ給ふめるは」と問へば、かれはうつぶしになりて、つらももたげず。をばも鼻せまりてものいひやらず。みな「は」と笑ふにぞ、はじめて心づきぬ。

（『庚子道の記』）

〔注〕○こゆるぎの磯――神奈川県大磯町付近の海辺。歌枕。
○ははこ――ゴギョウのこと。まぜて草餅を作る。
○府――江戸。
○戸塚の宿――東海道五番目の宿場。日本橋より一日分の行程。
○金川・河崎・品川――それぞれ東海道三番目・二番目・一番目の宿場。
○芝――現東京都港区。飯倉神明宮・増上寺などがある。
○御館――尾張藩の江戸藩邸。

設問

㈠　傍線部ア・オ・カ・クを現代語訳せよ。

㈡　傍線部イについて、「うち笑みがち」なのはなぜか、簡潔に説明せよ。

㈢　傍線部ウは、どういう光景を述べたものか、簡潔に説明せよ。

㈣　傍線部エ「うれしさいはんかたなし」とあるが、なぜうれしいのか、簡潔に説明せよ。

㈤　傍線部キ「なほ心得ずして」とあるが、何を「心得」なかったのか、説明せよ。

※㈠ク・㈢は文科のみ。

（解答枠は㈠＝各12.6センチ×1行、㈡・㈣・㈤＝13.5センチ×1行、㈢＝13.5センチ×2行）

二〇〇三年

第二問（文理共通）

次の文章は、北国の山寺に一人籠《こ》もって修行する法師が、雪に閉じこめられ、飢えに苦しんで観音菩薩に救いを求めている場面から始まっている。これを読んで、後の設問に答えよ。

「などか助け給はざらん。高き位を求め、重き宝を求めばこそあらめ、ただ今日食べて、命生くばかりの物を求めて賜《た》べ」と申すほどに、乾《いぬゐ》の隅の荒《あば》れたるに、狼《おほかみ》に追はれたる鹿入り来て、倒れて死ぬ。ここにこの法師、「ア観音の賜びたるなんめり」と、「食ひやせまし」と思へども、「年ごろ仏を頼みて行ふこと、やうやう年積もりにたり。イいかでかこれをにはかに食はん。聞けば、生き物みな前《さき》の世の父母なり。われ物欲《ほ》しといひながら、親の肉《しし》を屠《ほふ》りて食らはん。物の肉を食ふ人は、(注)仏の種《たね》を絶ちて、地獄に入る道なり。よろづの鳥獣《けだもの》も、見ては逃げ走り、怖《お》ぢ騒ぐ。菩薩も遠ざかり給ふべし」と思へども、この世の人の悲しきことは、後の罪もおぼえず、ただ今生きたるほどの堪へがたさに堪へかねて、刀を抜きて、左右の股《もも》の肉を切り取りて、鍋《なべ》に入れて煮《に》食ひつ。その味はひの甘《うま》きこと限りなし。

さて、物の欲しさも失《う》せぬ。力も付きて人心地おぼゆ。「ウあさましきわざをもしつるかな」と思ひて、泣く泣くゐたるほどに、人々あまた来る音す。聞けば、「この寺に籠もりたりし聖《ひじり》はいかになり給ひにけん。人通ひたる跡もなし。エ参り物もあらじ。人気《け》なきは、もし死に給ひにけるか」と、口々に言ふ音す。「この肉を食ひたる跡をいかでひき隠さん」など思へど、すべき方なし。「まだ食ひ残して鍋にあるも見苦し」など思ふほどに、人々入り来ぬ。

「オいかにしてか日ごろおはしつる」など、廻《めぐ》りを見れば、鍋に檜《ひのき》の切れを入れて煮食ひたり。「これは、食ひ物なしといひながら、木をいかなる人か食ふ」と言ひて、いみじくあはれがるに、人々(注)仏を見奉れば、左右の股を新しく彫《ゑ》り取りたり。「これは、この聖の食ひたるなり」とて、「カいとあさましきわざし給へる聖かな。同じ木を切り食ふものならば、キ柱をも割り食ひてんものを。など仏を損《そこ》なひ給ひけん」と言ふ。驚きて、この聖見奉れば、人々言ふがごとし。「さは、ありつる鹿は仏の験じ給へるにこそありけれ」と思ひて、ありつるやうを人々に語れば、あはれがり悲しみあひたりけるほどに、法師、泣く泣く仏の御前に参りて申す。「もし仏のし給へることならば、もとの様にならせ給ひね」と返す返す申しければ、人々見る前に、もとの様になり満ちにけり。

（『古本説話集』）

〔注〕　○仏の種を絶ちて――成仏する可能性を絶って。
　　　○仏――ここでは観音菩薩像のこと。

設問

㈠　傍線部ア・イ・エ・オ・キを現代語訳せよ。

㈡　傍線部ウおよびカの「あさましきわざ」は、それぞれどのような内容を指すか、簡潔に記せ。

㈢　傍線部クについて、具体的な内容がわかるように現代語訳せよ。

※㈠ア・エ・キは文科のみ。

（解答枠は㈠・㈡＝各12.6センチ×1行、㈢＝13.5センチ×1.5行）

二〇〇二年

第二問（文理共通）

次の文章は、千人の后をもつ大王が、一人の后（菩薩女御）に愛情を傾け、その后が懐妊したという話に続く場面である。これを読んで、後の設問に答えよ。

九百九十九人の后たち、第一より第七に当たる宮に集まり、いかがせんとぞ歎《なげ》き合はせられける。ただこの王子の果報のほどを（注1）知らんとて、ある相人《さうにん》を召して、この王子のことを問はれけり。「菩薩女御の孕《はら》みたまへるは、王子か姫宮か。また ア果報のほどを相し申せ。不審におぼゆる」とありければ、相人、文書を開き申しけるは、「孕みたまへる御子は王子にておはしますが、御命は八千五百歳なり。国土安穏にして、この時、万民みな自在快楽《けらく》の王者にあるべし」とぞ占ひ申しける。后たち相人に仰せられけるは、「この王子の御事をば、大王の御前にて我らが言ふままに相し申せ。禄《ろく》は望みにしたがふべし。この王子は、生じたまひては七箇日といはば、九足八面の鬼となりて、身より火を出《い》だし、都をはじめとして、一天をみな焼失すべし。この鬼は三色にして、身長は六十丈に倍すべし。大王食はれたまふべし」。また言はく、「鬼波国《きばこく》より九十九億の鬼王来りて、大風起こし、大水出だして、一天をばみな海と成すべしと申せ」とて、おのおの分々にしたがひて、禄を相人に賜ふ。あるいは金五百両、あるいは千両なり。しかのみならず、綾錦《あやにしき》の類は莫大なり。相人は喜びて、「承りぬ」とて答へ申しける。后たちは、「あなかしこ、あなかしこ」とぞ口秘《ひ》しめしたまひける。相人、「イいかでか違へたてまつるべき」と申し立つ。

中一日ありて、后たち、大王の御前に参りて、申し合はせられけるは、「后の御懐妊のこと、王子とも姫宮ともいぶかし。早く承らん。ウ相人を召して聞こしめすべし。余りにおぼゆるものかな」。時にしかるべしとおぼしめして、件《くだん》の相人を召す。后たち、仰せられける菩薩女御の御産のことを、何の子ぞと申せと言ひながら、エ約束を違へんずらんと、おのおの心内はひとへに鬼のごとし。相人は雑書（注2）を開きて目録を見たてまつるに、王子の御果報めでたきこと申すに及ばず、この后の御年齢はいかばかりと申すに、三百六十歳とおぼえたり。やがて相人は目録にまかせて見れば、涙もさらに留まらず。これほどめでたくおはします君を、あらぬ様に申さんことの心憂さよとは思へども、前の約束のごとく占ひ申しけり。大王はこのことを聞こしめし、「親となり、子となること、たまたまもありがたし。この世一つならぬこと(注3)。今日までに子といふ者いまだ見ず。いかなる鬼とも生まれ来らば来れ。親と子と知られ、一日も見て後にともかくもならんことは苦しからじ」とて、御用ゐもなかりけり。

（『神道集《しんとうしゅう》』）

〔注〕（1）この王子――これから生まれてくる子のこと。
（2）雑書――運勢・吉凶などを記した書。
（3）この世一つならぬこと――この世だけではない、深い因縁があることなのだ。

設問

㈠　傍線部ア・イを現代語訳せよ。

㈡　傍線部ウ「相人を召して聞こしめすべし」について、何を「聞こしめす」というのか、内容がわかるように現代語訳せよ。

㈢　傍線部エ「約束」の内容を簡潔に記せ。

㈣　傍線部オ・カ・キを現代語訳せよ。

※㈢・㈣オは文科のみ。

（解答枠は㈠・㈣キ＝各12.6センチ×1行、㈡＝13.5センチ×1.5行、㈢＝13.5センチ×1行、㈣オ＝12.6センチ×1.5行、㈣カ＝6センチ×1行）

二〇〇一年

第二問（文科）

次の文章を読んで、後の設問に答えよ。

かくて四条の大納言殿は、内《うら》の大殿《おほとの》の上の御事の後《のち》は、よろづ倦《うん》じはて給ひて、つくづくと御おこなひにて過ぐさせ給ふ。法師と同じさまなる御有様なれど、「アこれ思へばあいなきことなり。一日《ひとひ》にても出家の功徳、世にイ勝《すぐ》れめでたかんなるものを、今しばしあらば、御匣殿《みくしげどの》の御事など出で来《い》て、いとど見捨てがたく、わりなき御絆《ほだし》にこそおはせめ。さらば、このほどこそよきほどなれ」と思《おぼ》しとりて、人知れずさるべき文《ふみ》ども見したため、御庄《みしやう》の司《つかさ》ども召して、ウあるべき事どものたまはせなどして、なほ今年と思すに、女御の、なほ人知れずあはれに心細く思されて、「人の心はいみじういふかひなきものにこそあれ。などておぼゆべからむ」と、エいと我ながらもくちをしう思さるべし。何ごとかはあると思しまはしつつ、人知れず御心ひとつを思しまどはすも、いみじうあはれなり。この御本意《ほい》ありといふことは、女御殿も知らせ給へれど、オいつといふことは知らせ給はず。かかるほどに、椎《しひ》を人の持てまゐりたれば、女御殿の御方へ奉らせ給ひける。御箱の蓋《ふた》を返し奉らせ給ふとて、女御殿、

　カありながら別れむよりはなかなかになくなりにたるこの身ともがな

と聞こえ給ひければ、大納言殿の御返し、

　奥山の椎が本《もと》をし尋ね来《こ》ばとまるこの身を知らざらめやは

女御殿、いとあはれと思さる。

（『栄花物語』）

〔注〕○四条の大納言殿――藤原公任《きんとう》（九六六～一〇四一）。
○内の大殿の上の御事――藤原教通《のりみち》の室であった公任の娘の死を指す。
○御匣殿の御事――公任の孫娘生子が東宮妃となる事。
○さるべき文ども見したため――出家を決意して領地の地券などの処置をして。
○御庄の司――公任の所有する荘園の管理人。
○女御・女御殿――公任の姉妹で、花山院女御の諟子。
○椎――シイの木の実。

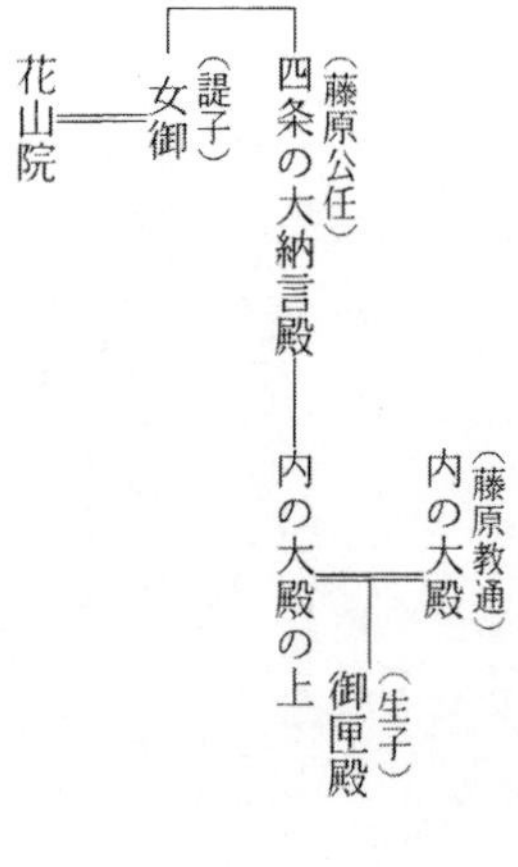

設　問

(一)「これ」（傍線部ア）はどういうことを指しているか、説明せよ。

(二)傍線部イ・ウを現代語訳せよ。

(三)「いと我ながらもくちをしう」（傍線部エ）とあるが、何が「くちをし」いのか、簡潔に説明せよ。

(四)傍線部オについて、具体的な内容がよくわかるように現代語訳せよ。

(五)傍線部カの歌について、一首の大意を述べよ。

（解答枠は(一)・(四)＝13.5センチ×1行、(二)＝各12.6センチ×1行、(三)・(五)＝13.5センチ×1.5行）

第二問（理科）

次の文章を読んで、後の設問に答えよ。

九条民部卿顕頼《あきより》のもとに、あるなま公達《きんだち》、年は高くて、近衛司《このゑづかさ》を心がけ給ひて、ある者して、「よきさまに奏し給へ」など言ひ入れ給へるを、主《あるじ》うち聞きて、「年は高く、今はあるらむ。ア なんでふ、近衛司望まるるやらむ。出家うちして、かたかたに居給ひたれかし」とうちつぶやきながら、「細かに承りぬ。イ ついで侍るに、奏し侍るべし。このほど、いたはることありてなむ。かくて聞き侍る、いと便《びん》なく侍りと聞こえよ」とあるを、この侍《さぶらひ》、さし出づるままに、「申せと候ふ。年高くなり給ひぬらむ。なんでふ、近衛司望み給ふ。かたかたに出家うちして、居給ひたれかし。さりながら、細かに承りぬ。ついで侍るに奏すべしと候ふ」と言ふ。

この人、「エ しかしかさま侍り。思ひ知らぬにはなけれども、前世の宿執《しゆくしふ》にや、ウ このことさりがたく心にかかり侍れば、本意《ほい》遂《と》げてのちは、やがて出家して、籠《こも》り侍るべきなり。隔てなく仰せ給ふ、いとど本意に侍り」とあるを、そのままにまた聞こゆ。主、手をはたと打ち、「いかに聞こえつるぞ」と言へば、「しかしか、仰せのままになむ」といふに、すべていふはかりなし。

この使《つかひ》にて、「いかなる国王、大臣の御事をも、内々おろかなる心の及ぶところ、さこそうち申すことなれ。それを、オ この不覚人、ことごとくに申し侍りける。カ あさましと聞こゆるもおろかに侍り。すみやかに参りて、御所望のこと申して、聞かせ奉らむ」とて、そののち少将になり給ひにけり。まことに、言はれけるやうに、出家していまそかりける。

（『十訓抄』）

〔注〕○九条民部卿顕頼――藤原顕頼（一〇九四～一一四八）。
○近衛司――近衛府の武官。長官は大将、次官は中将・少将。
○かたかたに――片隅に。
○しかしかさま侍り――おっしゃる通りです。

設　問

㈠　傍線部ア・イ・エ・カを現代語訳せよ。

㈡　傍線部ウを、具体的な内容がよくわかるように現代語訳せよ。

㈢　傍線部オについて、顕頼がこの侍を「不覚人」と呼んだのはどういう理由からか、簡潔に説明せよ。

（解答枠は㈠＝各13センチ×1行、㈡・㈢＝13.5センチ×1行）

二〇〇〇年

第二問（文理共通）

次の文章は、唐土へ出立する息子成尋阿闍梨《じょうじんあじゃり》を思う母のものである。作者は成尋のもとにいたが、門出の直前にそこから仁和寺へと移された。そのことを嘆き、作者は成尋に別れを悲しむ歌を送った。その翌朝、成尋から手紙をもらったところから、この文章は始まる。結局成尋は、母に会わずに出発してしまった。これを読んで、後の設問に答えよ。

その朝《あした》、文《ふみ》おこせ給へる。つらけれど急ぎ見れば、「夜のほど何事か。昨日の御文見て、よもすがら涙もとまらず侍りつる」とあり。見るに、文字もたしかに見えず。涙のひまもなく過ぎ暮らす。

からうじて起き上がりて見れば、仁和寺の前に、梅の木にこぼるるばかり咲きたり。居る所など、みなし置かれたり。ア心もなきやうにて、いづ方《かた》西なども覚えず。目も霧《き》りわたり、夢の心地《ここち》して暮らしたるまたの朝、京より人来て、「今宵《こよひ》の夜中ばかり出《い》で給ひぬ」と言ふ。起き上がられで、言はん方なく悲し。

またの朝に文あり。目も見あけられねど、見れば、「参らんと思ひ侍れど、イ夜中ばかりに詣《ま》で来つれば、返す返す静心《しづごころ》なく」とあり。目もくれて心地も惑《まど》ふやうなるに、送りの人々集まりて慰むるに、ゆゆしう覚ゆ。「やがて八幡《やはた》と申す所にて船に乗り給ひぬ」と聞くにも、おぼつかなさ言ふ方なき。

船出する淀《よど》の御神《みかみ》もウ浅からぬ心を汲《く》みて守りやらなむ

と泣く泣く覚ゆる。

エ「あさましう、見じと思ひ給ひける心かな。あさましう」と、心憂きことのみ思ひ過ぐししかば、またオ「この人のまことにせんと思ひ給はんことたがへじ」など思ひしことの、阿闍梨《あざり》に従ひて、カかかることもいみじげに泣き妨げずなりにし、この日ごろの過ぐるままにくやしく、「手を控《ひか》へても、居てぞあるべかりける」とくやしく、涙のみ目に満ちて物も見えねば、

しひて行く船路《ふなぢ》を惜しむ別れ路《ぢ》に涙もえこそとどめざりけれ

（『成尋阿闍梨母集』）

〔注〕○八幡――京都府南西部の地名。淀川に面し、石清水《いわしみず》（男山《おとこやま》）八幡宮《はちまんぐう》がある。

設問

㈠　傍線部ア・ウ・エ・オを、わかりやすく現代語訳せよ。

㈡　傍線部イを、事情がよくわかるように現代語訳せよ。

㈢　傍線部カはどのような作者の心情を述べたものか、説明せよ。

※㈠オ・㈡は文科のみ。

（解答枠は㈠＝各12.9センチ×1行、㈡・㈢＝13.6センチ×1.5行）

一九九九年

第三問（文理共通）

次の文章を読んで、後の設問に答えよ。

ある夜、雪いたう降りて、表の人音ふけゆくままに、衾《ふすま》引きかづきて臥《ふ》したり。あかつき近うなつて、障子ひそまりあけ、盗人の入り来る。娘おどろいて、「助けよや人々。よや、よや」とうち泣く。野坡《やば》起き上がりて、盗人に向かひ、「わが庵《いほ》は青氈《せいせん》だもなし。されど、飯《めし》一釜、よき茶一斤《きん》は持ち得たり。柴《しば》折りくべ、暖まりて、ア人の知らざるを宝にかへ、明け方を待たでいなば、我にも罪なかるべし」と、談話常のごとくなれば、盗人もうちやはらいで、イ「まことに表より見つるとは、貧福、金と瓦《かはら》のごとし。さらばもてなしにあづからん」と、覆面《ふくめん》のまま並びゐて、数々の物語す。中に年老いたる盗人、机の上をかきさがし、句の書けるものをうち広げたるに、

　　草庵の急火をのがれ出《い》でて

　わが庵の桜もわびし煙《けぶ》りさき　　野坡

といふ句を見つけ、「この火いつのことぞや」。野坡がいはく、「しかじかのころなり」。盗人手を打ちて、ウ「御坊にこの発句させたるくせものは、近きころ刑せられし。火につけ水につけ発句して遊び給《たま》はば、今宵《こよひ》のあらましも句にならん。願はくは今聞かん」。野坡がいはく、エ「苦楽をなぐさむを風人といふ。今宵のこと、ことにをかし。されどありのままに句に作らば、オ我は盗人の中宿なり。ただ何ごとも知らぬなめり」と、かくいふことを書きて与ふ。

　垣くぐる雀《すずめ》ならなく雪のあと

（『芭蕉翁頭陀物語』）

〔注〕○野坡――芭蕉の門人の志太《しだ》野坡。　○青氈――家の宝物。　○一斤――「斤」はお茶などの重量の単位。

設問

㈠　傍線部ア・イ・ウ・エを、わかりやすく現代語訳せよ。

㈡　「ありのままに句に作らば、我は盗人の中宿なり」（傍線部オ）とあるが、野坡はどういうことを心配しているのか、説明せよ。

㈢　傍線部カは何をぼかして言ったものか、簡潔に答えよ。

（解答枠は㈠＝各12.9センチ×1行、㈡＝13.6センチ×1行、㈢＝6.8センチ×1行）

第　六　問（文科）

次の文章を読んで、後の設問に答えよ。

右大将道綱の母

嘆きつつひとり寝《ぬ》る夜のあくる間はいかに久しきものとかは知る

『拾遺集』恋四、「入道摂政まかりたりけるに、門をおそく開けければ、立ちわづらひぬと言ひ入れて侍《はべ》りければ、詠みて出《い》だしける」とあり。今宵もやとわびながら、独りうち寝る夜な夜なの明けゆくほどは、いかばかり久しきものとか知り給《たま》へる、となり。ア門開くる間をだに、しかのたまふ御心にひきあてておぼしやり給へと、イこのごろ夜がれがちなる下の恨みを、ことのついでにうち出でたるなり。『蜻蛉《かげろふ》日記』に、この門たたき給へることを、つひに開けずして帰しまゐらせて、明くるあした、こなたより詠みてつかはせしやうに書けるは、ひがごとなり。ウ「ひとり寝る夜のあくる間は」といひ、「いかに久しき」といへるは、門開くるあひだのおそきを、わび給ひしにくらべたるなり。つひに開けずしてやみたらんには、何にあたりてか、「あくる間は」とも、「久しき」とも詠み出づべき。

（『百首異見』）

〔注〕○入道摂政――藤原兼家（九二九―九九〇）。道綱の母の夫。　○『蜻蛉日記』――道綱の母の日記。

設問

㈠「門開くる間をだに、しかのたまふ」（傍線部ア）を、「しか」の内容が明らかになるように現代語訳せよ。

㈡「このごろ……うち出でたるなり」（傍線部イ）とはどういうことか、簡潔に説明せよ。

㈢「『ひとり寝る夜のあくる間は』といひ……くらべたるなり」（傍線部ウ）とあるが、この解釈にしたがって、「嘆きつつ……」の歌を現代語訳せよ。

（解答枠は㈠・㈡＝13.6センチ×1行、㈢＝13.6センチ×2行）

一九九八年

第三問（文理共通）

次の文章を読んで、あとの設問に答えよ。

今は昔、丹後国《たんごのくに》に老尼ありけり。地蔵菩薩《ちざうぼさつ》は暁ごとに歩き《あり》給《たま》ふといふ事をほのかに聞きて、暁ごとに地蔵見奉らんとて、ひと世界惑ひ歩くに、博打《ばくうち》の打ちほうけてゐたるが見て、「尼君は寒きに何わざし給ふぞ」と言へば、「地蔵菩薩の暁に歩き給ふなるに、あひ参らせんとて、かく歩くなり」と言へば、「地蔵の歩かせ給ふ道は我こそ知りたれば、ア<u>いざ給へ</u>、あはせ参らせん」と言へば、「あはれ、うれしき事かな。地蔵の歩かせ給はん所へ我を率《ゐ》ておはせよ」と言へば、「我に物を得させ給へ。イ<u>やがて率て奉らん</u>」と言ひければ、「この着たる衣《きぬ》奉らん」と言へば、「いざ給へ」とて隣なる所へ率て行く。

尼よろこびて急ぎ行くに、そこの子にぢざうといふ童《わらは》ありけるを、それが親を知りたりけるによりて、「ぢざうは」と問ひければ、親、「遊びに往《い》ぬ。今ウ<u>来</u>なん」と言へば、「くは、ここなり。ぢざうのおはします所は」と言へば、尼、うれしくて紬《つむぎ》の衣を脱ぎて取らすれば、エ<u>博打は急ぎて取りて往ぬ</u>。

尼は「地蔵見参らせん」とてゐたれば、親どもは心得ず、「などこの童を見んと思ふらん」と思ふほどに、十ばかりなる童の来たるを、「くは、ぢざう」と言へば、尼、見るままに是非も知らず臥《ふ》し転《まろ》びて拝み入りて、土にうつぶしたり。童、楉《すはえ》を持て遊びけるままに来たりけるが、その楉して手すさびのやうに額をかけば、額より顔の上まで裂けぬ。裂けたる中よりオ<u>えもいはず</u>めでたき地蔵の御顔見え給ふ。尼拝み入りてうち見あげたれば、かくて立ち給へれば、涙を流して拝み入り参らせて、やがて極楽へ参りけり。されば心にだにも深く念じつれば、仏も見え給ふなりけりと信ずべし。

（『宇治拾遺物語』）

〔注〕○博打——ばくちうち。　○楉——木の細い若枝。

設問

㈠　傍線部ア・イ・オを現代語訳せよ。

㈡　「来」（傍線部ウ）の読みを記せ。

㈢　「博打は急ぎて取りて往ぬ」（傍線部エ）とあるが、「博打」はなぜこのような行動を取ったのか、説明せよ。

㈣　この話の語り手は老尼に生じた奇跡をどのように意義づけているのか、説明せよ。

（解答枠は㈠＝各13センチ×1行、㈢＝13.5センチ×1行、㈣＝13.5センチ×1.5行）

第六問（文科）

次の文章は、姫君たちの父が、七日の予定で、阿闍梨《あじゃり》のいる山寺に籠《こ》もって念仏修行をすることになり、その父の帰りを待つ姫君たちの様子と、山寺の様子を語る一節である。これを読んで、後の設問に答えよ。

かの行ひたまふ三昧《さんまい》、今日はてぬらむと、いつしかと待ちきこえたまふ夕暮に、人参りて、「今朝よりなやましくてなむ、え参らぬ。風邪《かぜ》かとて、とかくつくろふとものするほどになむ。さるは、例よりもア対面心もとなきを」と聞こえたまへり。胸つぶれて、いかなるにかと思《おぼ》し嘆き、御衣《ぞ》ども綿厚くて急ぎせさせたまひて、奉れなどしたまふ。二三日はおりたまはず。イいかにいかにと人奉りたまへど、「ことにおどろおどろしくはあらず、そこはかとなく苦しうなむ。すこしもよろしくならば、いま、念じて」など、言葉にて聞こえたまふ。

阿闍梨つとさぶらひて、仕うまつりけり。「はかなき御なやみと見ゆれど、ウ限りのたびにもおはしますらむ。君たちの御事、何か思し嘆くべき。人はみな御宿世といふもの異々《ことごと》なれば、御心にかかるべきにもおはしまさず」と、いよいよエ思し離るべきことを聞こえ知らせつつ、「いまさらにな出《い》でたまひそ」と諫《いさ》め申すなりけり。

（『源氏物語』）

〔注〕○三昧——心に仏を念じて経文などを唱《とな》えること。　○阿闍梨——僧の称号。

設問

(一) 傍線ア・ウを現代語訳せよ。

㈡「いかにいかにと人奉りたまへど」（傍線部イ）とあるが、誰《だれ》のどんな気持から出た、どのような行為か、説明せよ。

㈢「思し離るべきこと」（傍線部エ）とはどんなことか、説明せよ。

（解答枠は㈠＝各8.7センチ×1行、㈡・㈢＝13.5センチ×1行）

一九九七年

第　三　問（文理共通）

次の文章は、親・兄を殺した「樊噲《はんかい》」というあだ名の盗賊が、小猿・月夜という手下とともに那須野《なすの》の殺生石《せっしょうせき》に到り、通りすがりの一人の僧と出会う場面である。これを読んで、後の設問に答えよ。

下野《しもつけ》の那須野の原に日入りたり。小猿・月夜いふ。「この野は道ちまたにて、暗き夜には迷ふこと、すでにありき。ここにしばらく休みたまへ。ア あない見てこむ」とて、走りゆく。殺生石とて、毒ありといふ石の垣のくづれたるに、火切りてたきほこらしをる。僧一人来たる。目も落とさで過ぐるさまにくし。「法師よ、物あらばくはせよ。旅費あらばおきてゆけ。イ むなしくは通さじ」といふ。法師立ちとどまりて、「ここに金一分《いちぶ》あり。とらせむ。くふ物は持たず」とて、はだか金を樊噲が手に渡して、返り見もせずゆく。「ゆく先にて若き者ら二人立つべし。ウ『樊噲に会ひて物おくりし』というて過ぎよ」といふ。「応《お》」と答へて、足しづかに歩みたり。片時にはまだならじと思ふに、僧立ち帰りて、「樊噲おはすか。我、発心のはじめより偽りいはざるに、ふと物をしくて、いま一分残したる、心清からず。これをも与ふぞ」とて、取り与ふ。手にすゑしかば、エ ただ心さむくなりて、「かく直き法師あり。我、親・兄を殺し、多くの人を損ひ、盗みして世にあること、あさましあさまし」と、しきりに思ひなりて、法師に向ひ、「御徳に心あらたまり、今は御弟子となり、行ひの道に入らむ」といふ。法師感じて、「いとよし。来よ」とて、つれだちゆく。小猿・月夜、出できたる。「おのれらいづこにも去り、いかにもなれ。我はこの法師の弟子となりて修行せむ。オ 襟《えり》もとの虱《しらみ》、身につくまじ。また会ふまじきぞ」とて、目おこせて別れゆく。「無益の子供らは捨てよかし。懺悔《ざんげ》ゆくゆく聞かむ」とて、先に立ちたり。

（『春雨物語』）

1997年　入試問題

設問

㈠　傍線部ア・イを現代語訳せよ。

㈡　「『樊噲に会ひて物おくりし』というて過ぎよ」（傍線部ウ）を、人物関係が明らかになるように現代語訳せよ。

㈢　「ただ心さむくなりて」（傍線部エ）について、なぜ樊噲はそう感じたのか、説明せよ。

㈣　「襟もとの虱、身につくまじ」（傍線部オ）とはどういう意味か、説明せよ。

（解答枠は㈠＝各13.1センチ×１行、㈡〜㈣＝13.8センチ×２行）

第六問（文科）

次の文章は、一条天皇の中宮藤原彰子の生んだ若宮（第二皇子の敦成《あつひら》親王）が東宮に決定した後の、中宮とその父藤原道長（殿の御前）との対話を記したものである。若宮には、皇后藤原定子の生んだ兄宮（第一皇子の敦康《あつやす》親王）がいる。兄宮は、自分が東宮になれるものとの期待をもっていた。これを読んで、後の設問に答えよ。

中宮は若宮の御事の定まりぬるを、ア例の人におはしまさば、ぜひなくうれしうこそは思《おぼ》しめすべきを、「上は道理のままにとこそは思しつらめ、かの宮も、『さりともさやうにこそはあらめ』と思しつらむに、『かく世の響きにより、引き違《たが》へ思し掟《おき》つるにこそあらめ、さりとも』と御心の中《うち》の嘆かしうやすからぬことには、これをこそ思しめすらむに、いみじう心苦しういとほしう、若宮はまだいと幼くおはしませば、おのづから御宿世《すくせ》にまかせてありなむものを」など思しめいて、殿の御前にも、「なほイこのこといかでさらでありにしかなとなむ思ひはべる。かの御心の中には、年ごろ思しめしつらむことの違《たが》ふをなむ、いと心苦しうわりなき」など、泣く泣くといふばかりに申させたまへば、殿の御前、「げにウいとありがたきことにもおはしますかな。またさるべきことなれば、げにと思ひたまへてなむ掟て仕うまつるべきを、上おはしまして、あべいことどもをつぶつぶと仰せらるるに、『いな、なほ悪《あ》しう仰せらるることなり。次第にこそ』と奏し返すべきことにもはべらず。世の中いとはかなうはべれば、かくて世にはべるをり、エさやうならむ御有様も見たてまつりはべりなば、後の世も思ひなく心やすくてこそはべらめとなむ思ひたまふる」と申させたまへば、またこれもことわりの御事なれば、返しきこえさせたまはず。

（『栄花物語』）

〔注〕○上――一条天皇。

設　問

㈠　傍線部アを現代語訳せよ。

㈡　「このこといかでさらでありにしかな」（傍線部イ）を、「このこと」「さらで」の内容が明らかになるように現代語訳せよ。

㈢　傍線部ウで、何が「いとありがたきこと」なのか、わかりやすく説明せよ。

㈣　「さやうならむ御有様」（傍線部エ）とはどういうことか、わかりやすく説明せよ。

（解答枠は㈠〜㈣＝13.8センチ×1行）

一九九六年

第三問（文理共通）

次の文章を読んで、後の設問に答えよ。

初秋風けしきだちて、艶ある夕暮に、大臣渡り給ひて見給へば、姫君、薄色に女郎花《をみなへし》などひき重ねて、几帳《きちやう》に少しはづれてゐ給へるさまかたち、常よりもいふよしなくアあてに匂ひみちて、らうたく見え給ふ。御髪いとこちたく、五重《いつへ》の扇とかやを広げたらむさまして、少し色なる方にぞ見え給へど、筋こまやかに、額より裾までまよふ筋なく美し。ただ人にはげに惜しかりぬべき人がらにぞおはする。几帳おしやりて、わざとなく拍子《ひやうし》うちならして、御箏《こと》ひかせたてまつり給ふ。折しも中納言まゐり給へり。「こち」とのたまへば、うちかしこまりて、御簾《みす》の内にさぶらひ給ふさまかたち、この君しもぞまたいとめでたく、あくまでしめやかに、心の底ゆかしう、イそぞろに心づかひせらるるやうにて、こまやかになまめかしう、すみたるさまして、あてに美し。いともてしづめて、騒ぐ御胸を念じつつ、用意を加へ給へり。笛少し吹きならし給へば、雲ゐにすみのぼりて、いとおもしろし。御箏の音ほのかにらうたげなる、かきあはせのほど、ウなかなか聞きもとめられず、涙うきぬべきを、エつれなくもてなし給ふ。撫子《なでしこ》の露もさながらきらめきたる小袿《こうちき》に、御髪はこぼれかかりて、少しかたぶきかかり給へるかたはら目、まめやかに光を放つとはかかるをやと見え給ふ。オよろしきをだに、人の親はいかがは見なす。ましてかくたぐひなき御ありさまどもなめれば、よにしらぬ心の闇にまどひ給ふも、ことわりなるべし。

（『増鏡』）

〔注〕○大臣——右大臣山階《やましな》実雄。　○姫君——実雄の娘、佶子《きつし》。　○中納言——佶子の兄、公宗《きんむね》。

○心の闇——「人の親の心は闇にあらねども子を思ふ道にまどひぬるかな」（『後撰集』・藤原兼輔）による。

設　問

㈠　傍線部ア・ウを、だれのことか明らかになるように現代語訳せよ。

㈡　「そぞろに心づかひせらるるやうにて」（傍線部イ）とはどういうことか、説明せよ。

㈢　「つれなくもてなし給ふ」（傍線部エ）とあるが、だれがどのような気持で、どのようにしたのか、わかりやすく説明せよ。

㈣　「よろしきをだに、人の親はいかがは見なす」（傍線部オ）とはどういうことか、説明せよ。

（解答枠は㈠＝各13.1センチ×1行、㈡＝13.8センチ×1行、㈢・㈣＝13.8センチ×2行）

第六問（文科）

次の文章を読んで、後の設問に答えよ。

むかし相如《しやうじよ》といふ人ありけり。世にたぐひなきほどに貧しくてわりなかりけれど、よろづのことを知り、才学ならびなうして、琴をぞめでたくひきける。卓王孫といふ人のもとに行きて、月の明かき夜もすがら琴をしらべてゐたるに、この家あるじの娘に卓文君と聞こゆる人、あはれにいみじくおぼえて、常はこれをのみめで興じけるを、この文君が父母、相如に近づくことをいとひ憎みけれど、琴の音をやあはれと思ひしみにけむ、この男にあひにけり。女方の父、よろづのたからに飽きみちて、世のわびしきことを知らざりけり。かかれども、このわび人にあひ具したることを、いと心づきなきさまに思ひとりて、いかにも娘のゆくへを知らざりけれど、つゆちり苦しと思はでなむ、年月を過ぐしける。この夫、蜀《しよく》といふ国へ行きける道に、昇仙橋《しようせんけう》といふ橋ありけり。それを歩み渡るとて、橋柱に物を書きつけけり。我、大車肥馬に乗らずは、またこの橋を帰り渡らじと誓ひて、蜀の国にこもりにけり。そののち思ひのごとくめでたくなりてなむ、橋を帰り渡りたりける。女、年ごろ貧しくてあひ具したるかひありて、親しき、うとき世の中の人々にも、たぐひなくうらやまれける。

沈みつつわが書きつけしことの葉は雲ゐにのぼるはしにぞありける

心長くて身をもてけたぬは、今もむかしもなほいみじくこそ聞こゆれ。

（『唐物語』）

〔注〕○相如――司馬相如。前漢の人。

設問

㈠　傍線部ア・イ・ウを現代語訳せよ。

㈡　「我、大車肥馬に乗らずは、またこの橋を帰り渡らじ」（傍線部エ）とはどういうことか、説明せよ。

㈢　「雲ゐにのぼるはし」（傍線部オ）とは何をいおうとしているのか、説明せよ。

（解答枠は㈠＝各13.1センチ×1行、㈡・㈢＝13.8センチ×2行）

一九九五年

第　三　問（文理共通）

次の文章を読んで、後の設問に答えよ。

世の物知り人の、人の説《ときごと》のあしきをとがめず、ア一《ひと》むきにかたよらず、これをもかれをも捨てぬさまにイあげつらひをなすは、多くはおのが思ひとりたる趣をまげて、世の人の心に、あまねくかなへむとするものにて、まことにあらず、心ぎたなし。たとひ世の人は、いかにそしるとも、わが思ふすぢをまげて、したがふべきことにはあらず。人のほめそしりにはかかはるまじきわざぞ。大かた一むきにかたよりて、他《あだし》説《ときごと》をば、わろしととがむるをば、心せばくよからぬこととし、一むきにはかたよらず、他説をも、わろしとは言はぬを、ウ心広くおいらかにて、よしとするは、エなべての人の心なめれど、かならずそれさしもよき事にもあらず。よるところ定まりて、そを深く信ずる心ならば、かならず一むきにこそよるべけれ。オそれに違へるすぢをば、とるべきにあらず。よしとしてよるところに異なるは、みなあしきなり。これよければ、かれはかならずあしきことわりぞかし。しかるを、これもよし、またかれもあしからずと言ふは、よるところ定まらず、信ずべきところを、深く信ぜざるものなり。よるところ定まりて、そを信ずる心の深ければ、それに異なるすぢのあしきことをば、カおのづからとがめざることあたはず。これ信ずるところを信ずるまめごころなり。人はいかに思ふらむ、われは一むきにかたよりて、他説をばわろしととがむるも、キかならずわろしとは思はずなむ。

（『玉勝間』）

設問

㈠　傍線部イ・ウ・エ・カを現代語に訳せ。

㈡　「一むきにかたよらず」（傍線部ア）とはどういうことか、説明せよ。

㈢　「それ」（傍線部オ）は、どのような内容を指すか。

㈣　「かならずわろしとは思はずなむ」（傍線部キ）について、なぜそのように言えるのか、説明せよ。

（解答枠は㈠＝各13.1センチ×1行、㈡・㈢＝13.7センチ×1行、㈣＝13.7センチ×1行＋6.8センチ×1行）

第六問（文科）

次の文章は、都から九州に渡った姫君が、土地の豪族に結婚を迫られ、取るものも取りあえず、その地から逃れて帰京するという話の一節である。文中の豊後介《ぶんごのすけ》は、姫君の乳母《めのと》の長男である。これを読んで、後の設問に答えよ。

かく逃げぬるよし、おのづから言ひ出《い》で伝へば、ア負けじ魂にて追ひて来なむと思ふに心もまどひて、早舟といひて、さまことになむ構へたりければ、思ふ方の風さへ進みて、危きまで走り上りぬ。ひびきの灘《なだ》もなだらかに過ぎぬ。「海賊の舟にやあらむ、小さき舟の飛ぶやうにて来る」など言ふ者あり。海賊のひたぶるならむよりも、かの恐ろしき人の追ひ来たるにやと思ふにせむ方なし。

うきことに胸のみ騒ぐひびきにはイひびきの灘もさはらざりけり

川尻といふ所近づきぬと言ふにぞ、すこし生き出づる心地する。例の、舟子《ふなこ》ども、「唐泊《からどまり》より川尻おすほどは」と、うたふ声のなさけなきもあはれに聞こゆ。豊後介、あはれになつかしううたひすさびて、「いとかなしき妻子《めこ》も忘れぬ」とて、思へば、「げにぞ、みなうち捨ててける。ウいかがなりぬらむ。はかばかしく身の助けと思ふ郎等どもは、みな率《ゐ》て来にけり。我をあしと思ひて、追ひまどはして、いかがしなすらむ」と思ふに、心幼くもかへりみせで出でにけるかなと、すこし心のどまりてぞ、エあさましきことを思ひつづくるに、心弱くうち泣かれぬ。

（『源氏物語』）

〔注〕　○ひびきの灘——播磨《はりま》灘。航行の難所であった。　○川尻——淀川の河口の地名。　○唐泊——播磨国の港の名。
○おす——舟の櫓《ろ》を押す。

設問

㈠　傍線部ア・ウを、内容が明らかになるように現代語訳せよ。

㈡　「ひびきの灘もさはらざりけり」（傍線部イ）にはどのような気持ちがこめられているか、説明せよ。

㈢　「あさましきこと」（傍線部エ）とはどういうことか、具体的に説明せよ。

（解答枠は㈠＝各13.1センチ×1行、㈡＝13.7センチ×1行、㈢＝13.7センチ×1行＋6.8センチ×1行）

漢文編

二〇一九年

第三問（文理共通）

次の文章を読んで、後の設問に答えよ。ただし、設問の都合で送り仮名を省いたところがある。

学校ハ所二‐以養レフ士ヲ也。然レドモ古之聖王、其ノ意a不二僅此一也。必ズ使下メ治ムル二天下ヲ一之具ヲシテ皆出デ中於学校上ヨリ、而ル後ニ設クル二学校ヲ一之意始メテ備ハル。天子之所レ是トスル未ダ二必ズシモ是一ナラ、天子之所レ非トスル未ダ二必ズシモ非一ナラ。天子亦遂ニb不三敢自為二非是一、而シテ公ニス二其ノ非是ヲ於学校一ニ。是ノ故ニ養フレ士ヲ為ルモ二学校之一事一、而学校不二僅為一レ養レ士而設一也。

三代以下、天下之是非一ニ出ヅ二於朝廷一ヨリ。天子栄トスレバレ之ヲ則チ群趨《はし》リテ以テ為シレ是ト、天子辱トスレバレ之ヲ則チ群擿《なげう》チテ以テ為スレ非ト。而シテ其ノ所謂学校ナル者ハ、科挙モテ囂《がう》争《さう》シ、富貴モテ熏《くん》心《しん》ス。亦遂ニc以テ二朝廷之勢利ヲ一一二‐変ス其ノ本領ヲ一。而シテ士之有ル二才能学術一者、且ツ往往ニシテ自ラ抜キンデ二於草野之間一、d於イテ二学校一ニ初メヨリe無レ与也。究《きう》竟《きやう》養フレ士ヲ一事亦失レ之矣。

（黄宗羲『明夷待訪録』による）

〔注〕○三代以下――夏・殷・周という理想の治世が終わった後の時代。

○囂争――騒ぎ争う。

○熏心――心をこがす。

設問

(一) 傍線部a・d・eの意味を現代語で記せ。

(二) 「不三敢自為二非是一」（傍線部b）を平易な現代語に訳せ。

(三) 「以二朝廷之勢利一一二変其本領一」（傍線部c）とはどういうことか、わかりやすく説明せよ。

(四) 「亦失レ之矣」（傍線部f）とあるが、なぜ「亦」と言っているのか、本文の趣旨を踏まえて説明せよ。

※(三)は文科のみ。

（解答枠は(一)＝各6センチ×1行、(二)・(三)＝13.5センチ×1行、(四)＝13.5センチ×1.5行）

二〇一八年

第三問（文理共通）

次の文章は、宋の王安石が人材登用などについて皇帝に進言した上書の一節である。これを読んで、後の設問に答えよ。ただし、設問の都合で送り仮名を省いたところがある。

先王之為《をさむルヤ》二天下一《ヲ》、不《シテ》レ患《へ》二人之不《ルヲ》レ為《なサ》而患《へ》二人之不《ルヲ》レ能《ハ》、不《シテ》レ患《へ》二人之不《ルヲ》レ能《ハ》而a患《フ》二己之不《ルヲ》レ勉《メ》。

何《ヲカ》謂《フ》下不《シテ》レ患《へ》二人之不《ルヲ》レ為《サ》而患《フト》中人之不《ルヲ》上レ能《ハ》。人之情《ノ》所《ノ》レ願《フ》レ得《ルヲ》者《ハ》、善行・美名・b尊爵・厚利也。而《シテ》先王能《ク》操《とリ》レ之《ヲ》以《テ》臨《ム》二天下之士一《ニ》。天下之士、有《レバ》二能《ク》遵《したがヒテ》レ之《ニ》以《テ》治《ムル》者一、則《チ》悉《ク》以《テ》二其《ノ》所《ノ》レ願《フ》レ得《ルヲ》者一《ヲ》以《テ》与《フ》レ之《ニ》。士不《レバ》レ能《ハ》則《チ》c已《ム》矣。苟《シクモ》能《クスレバ》、則《チ》d孰《たれカ》肯《ヘテ》舎《すテテ》二其《ノ》所《ヲ》レ願《フ》レ得《ルヲ》而不《ランヤ》二自《ラ》勉《メテ》以《テ》為《ラ》一レ才《ト》。故《ニ》曰《ハク》、不《レ》患《へ》二人之不《ルヲ》レ為《サ》、患《フト》二人之不《ルヲ》レ能《ハ》。

何《ヲカ》謂《フ》下不《シテ》レ患《ヘ》二人之不《ルヲ》一レ能《ハ》而患《フト》中己之不《ルヲ》上レ勉《メ》。先王之法、所三以待一レ人者尽矣。自《リハ》レ非《ザル》二下愚《ニシテ》不《ル》レ可《カラ》レ移《ル》之才《ニ》一、未《ダ》レ有《ラ》二不《ル》レ能《ハ》レ赴《ク》者一也。然《リ》而《シテ》不《レバ》下謀《ルニ》レ之《ヲ》以《テ》二至誠惻《そく》怛《だつ》之心《ヲ》一力行《シテ》而先《ンゼ》上レ之《ニ》、未《ダ》レ有《ラ》下能《ク》以《テ》二至誠惻怛之心《ヲ》一力行《シテ》而応《ズル》レ之《ニ》者上也。故《ニ》曰《ハク》、不《シテ》レ患《ヘ》二人之不《ルヲ》一レ能《ハ》而患《フト》二己之不《ルヲ》一レ勉《メ》。

（『新刻臨川王介甫先生文集』による）

〔注〕○先王――古代の帝王。
○下愚不レ可レ移之才――『論語』陽貨篇に「上知と下愚とは移らず（きわめて賢明な者ときわめて愚かな者は、何によっても変わらない）」とあるのにもとづく。
○惻怛――あわれむ、同情する。

設問

㈠ 傍線部a・b・cの意味を現代語で記せ。

㈡ 「孰肯舎二其所レ願得而不二自勉以為一レ才」（傍線部d）とは、誰がどうするはずだということか、わかりやすく説明せよ。

㈢　「所㆓以待㆑人者尽矣」（傍線部ｅ）を平易な現代語に訳せ。

㈣　「不㆘謀㆑之以㆓至誠惻怛之心㆒力行而先之、未㆑有㆘能以㆓至誠惻怛之心㆒力行而応㆑之者㆖也」（傍線部ｆ）とは、誰がどうすべきだということか、わかりやすく説明せよ。

※㈡は文科のみ。

（解答枠は㈠＝各6センチ×1行、㈡・㈣＝13.5センチ×1.5行、㈢＝13.5センチ×1行）

二〇一七年

第三問（文理共通）

次の文章を読んで、後の設問に答えよ。ただし、設問の都合で送り仮名を省いたところがある。

斉奄家《ニ》畜《やしなヒ》二一猫《ヲ》一、自《ラ》奇《トシ》レ之《ヲ》、号《シテ》二於人《ニ》一曰《フ》二虎猫《ト》一。客説《とキテ》レ之《ニ》曰《ハク》、「虎《ハ》誠《ニ》猛《ナルモ》、不《ル》レ如《カ》二龍之神《ナルニ》一也。請《フ》更《ヘ》レ名《ヲ》曰《ハンコトヲト》二龍猫《ト》一」。又客説《キテ》レ之《ニ》曰《ハク》、「龍《ハ》固《もとヨリ》[a]神二於虎一也。龍昇《ルニ》レ天《ニ》、[b]須二浮雲一、雲其《レ》尚《キ》二於龍《ヨリ》一乎。[c]不《ト》レ如《カ》二名《ヅケテ》曰《フニ》一レ雲《ト》」。又客説《キテ》レ之《ニ》曰《ハク》、「雲《うん》靄《あい》蔽《おほフモ》レ天《ヲ》、風倏《たちまチニシテ》散《ズ》レ之《ヲ》。雲固《ヨリ》不《ル》レ敵《かなハ》レ風《ニ》也。請《フ》更《ヘ》レ名《ヲ》曰《ハンコトヲト》レ風《ト》」。又客説《キテ》レ之《ニ》曰《ハク》、「大風飆《へう》起《きスルモ》、維《たダ》屏《ふせグニ》以《テセバ》レ牆《しやうヲ》、斯《すなはチ》足《レリ》レ蔽《フニ》矣。風其《レ》如レ牆《ヲ》何《セン》。[d]名《ヅケテ》レ之《ニ》曰《ハバ》二牆猫《ト》一可《ナリト》」。又客説《キテ》レ之《ニ》曰《ハク》、「維《こレ》牆雖《モ》レ固《ナリト》、維《レ》鼠穴《うがタバ》レ之《ニ》、牆斯《チ》圮《くづル》矣。[e]牆又如レ鼠《ヲ》何《セン》。即《チ》名《ヅケテ》曰《ハバ》二鼠猫《ト》一可也《ト》」。

f
東里ノ丈人嗤《わら》ヒテレ之ヲ曰ハク、「噫《あ》嘻《あ》、捕《フル》レ鼠ヲ者ハ故《もとヨリ》猫也。猫ハ即チ猫ナル耳。胡為ゾ自ラ失ハン二本真ヲ一哉ト」。

（劉元卿『賢奕編』による）

〔注〕○斉奄――人名。　○靄――もや。　○飆起――風が猛威をふるうこと。　○牆――塀。
○圮――くずれること。　○東里――地名。　○丈人――老人の尊称。　○嗤――嘲笑すること。

設問

㈠ 傍線部a・b・cを現代語訳せよ。

㈡ 「名レ之曰ニ牆猫一可」（傍線部d）と客が言ったのはなぜか、簡潔に説明せよ。

㈢ 「牆又如レ鼠何」（傍線部e）を平易な現代語に訳せ。

㈣ 「東里丈人」（傍線部f）の主張をわかりやすく説明せよ。

※㈡は文科のみ。

（解答枠は㈠＝各6センチ×1行、㈡〜㈣＝13.5センチ×1行）

二〇一六年

第三問（文理共通）

次の詩は、北宋の蘇軾（一〇三七～一一〇一）が朝廷を誹謗《ひぼう》した罪で黄州（湖北省）に流されていた時期に作ったものである。これを読んで、後の設問に答えよ。

寓居定《ぢやう》恵《ゑ》院《ゐん》之東、雑花満山、有海《かい》棠《だう》一株、土人不知貴也

江城地瘴《しやう》蕃《しげ》草木　只有名花苦《はなはダ》幽独

嫣《えん》然《ぜん》一笑竹籬間　桃李漫山総粗俗

也《また》知造物有深意　a 故《ことさらニ》遣佳人在空谷

自然富貴出天姿　不待金盤薦華屋

b 朱唇得酒暈《うん》生臉《ほほ》　翠《すい》袖《しう》巻紗《さ》紅映肉

林深霧暗暁光遅　日暖風軽春睡足

雨中有リレ涙亦タ悽惨　月下無クレ人更ニ清淑

先生食飽キテ c 無シ二一事一　散歩逍《せう》遥《えう》シテ自ラ捫《なづ》レ腹ヲ

不レ問ハ三人家ト与《と》ヲ二僧舎一　拄《つ》キレ杖ヲ敲《たた》キレ門ヲ看ル二修竹ヲ一

忽チ逢ヒ三絶艶《えん》ノ照ラスニ二衰朽ヲ一　嘆息無言揩《ぬぐ》フ二病目ヲ一

d 陋《ろう》邦何《いづ》レノ処ニカ得タル二此ノ花ヲ一　無《む》乃《しろ》好《かう》事《ず》ノ移セルカ二西蜀《しよく》ヨリ一

寸根千里不レ易カラレ致シ　銜《ふく》ミテレ子ヲ飛来セルハ定メシ鴻《こう》鵠《こく》ナラン

天涯流落倶ニ可シレ念《おも》フ　e 為《ため》ニ飲ミ二一樽《そん》ヲ一歌フ二此ノ曲ヲ一

明朝酒醒《さ》メテ還《ま》タ独リ来ラバ　雪落チテ紛紛 f 那ゾ忍ビンレ触ルルニ

〔注〕○定恵院——黄州にあった寺。　○海棠——バラ科の木。春に濃淡のある紅色の花を咲かせる。
○土人——土地の人。　○江城——黄州が長江に面した町であることを言う。　○瘴——湿気が多いこと。
○嫣然——にっこりするさま。　○華屋——きらびやかな宮殿。　○紗——薄絹。
○西蜀——現在の四川省。海棠の原産地とされていた。　○鴻鵠——大きな渡り鳥。
○紛紛——乱れ落ちるさま。

設問

㈠ 傍線部a・c・fを現代語訳せよ。

㈡ 「朱唇得レ酒暈生レ臉」（傍線部b）とあるが、何をどのように表現したものか、説明せよ。

㈢ 「陋邦何処得二此花一」（傍線部d）について、作者はどのような考えに至ったか、説明せよ。

㈣ 「為飲二一樽一歌二此曲一」（傍線部e）とあるが、なぜそうするのか、説明せよ。

※㈠a・㈢は文科のみ。

（解答枠は㈠a・c＝6センチ×1行、㈠f＝12.6センチ×1行、㈡・㈢＝13.5センチ×1行、㈣＝13.5センチ×1.5行）

二〇一五年

第三問（文理共通）

次の文章は、清代の文人書画家、高鳳翰（一六八三～一七四九）についての逸話である。これを読んで、後の設問に答えよ。ただし、設問の都合で訓点を省いたところがある。

高西園嘗テ夢ム三一客ノ来リ謁シ、名刺ニ為スヲ二司馬相如ト一。驚キ怪ミテ而寤《さ》ムルモ、ᵃ莫シレ悟ル二何ノ祥ナルカヲ一。越ユルコト数日、無クシテレ意得タリ二司馬相如ノ一玉印ヲ一。古沢斑駁《ばく》、篆《てん》法精妙、真ニ昆吾刀ノ刻也。恒ニ佩《お》ビテレ之ヲ不レ去ラレ身ヨリ、非ザレバ二至ツテ親昵《ちつ》ナル者ニ一、［b］能一見。官タリシ二塩場ニ一時、徳州ノ盧丈為リ二両淮運使一、聞キレ有ルヲ二是ノ印一、燕見セシ時、偶索《もと》ムレ観ンコトヲレ之ヲ。西園離レレ席ヲ半バ跪《ひざまづ》キ、正シレ色ヲ啓シテ曰ハク、「鳳翰一生結ビレ客ヲ、所レ有スル皆可シ下与ニ二朋友一共ニス上、ᶜ其ノ不ルレ可カラレ共ニス者ハ、惟ダ二物ノミ、此ノ印及ビ山妻也ト」。盧丈笑ヒ遣リテレ之ヲ曰ハク、「ᵈ誰カ奪フ二爾ノ物ヲ一者ゾ、何ノ痴カ乃チ爾セント耶ト」。

西園画品絶高、晩ニ得テ二末疾一ヲ、右臂《ひ》偏枯スルモ、乃チ以テ二左臂一ヲ揮毫《がう》ス。雖モ二生硬倔《くつ》強ナリト一、乃チ弥《いよいよ》有リ二別趣一。詩格モ亦タ脱灑《しや》タリ。雖モレ托スト二跡ヲ微官ニ一、蹉《さ》跎《た》トシテ以テ歿《ぼつ》ス。在リテモ二近時士大夫ノ間ニ一、e猶ホ能ク追フ二前輩ノ風流ヲ一也。

（『閲微草堂筆記』による）

〔注〕
○高西園――高鳳翰のこと。　○司馬相如――前漢の文章家（前一七九～前一一七）。
○昆吾刀――昆吾国で作られたという古代の名刀。　○塩場――製塩場。
○徳州盧丈――徳州は今の山東省済南の州名。盧丈は人名。
○両淮運使――両淮は今の江蘇省北部のこと。運使は官名、ここでは塩運使のこと。
○燕――宴。　○山妻――自分の妻を謙遜した呼称。　○末疾――四肢の疾患。
○揮毫――毛筆で文字や画を描くこと。　○蹉跎――志を得ないこと。

設問

㈠ 「莫レ悟二何祥一」（傍線部a）について、その直前に高西園が経験したことを明らかにしてわかりやすく説明せよ。

㈡ 空欄 b にあてはまる文字を文中から抜き出せ。

㈢「其不レ可レ共者」（傍線部c）とあるが、具体的には何を指すか述べよ。

㈣「誰奪二爾物一者、何痴乃爾耶」（傍線部d）をわかりやすく現代語訳せよ。

㈤「猶能追二前輩風流一也」（傍線部e）を主語を補ってわかりやすく現代語訳せよ。

※本文第二段落（西園画品絶高…。）は文科のみの出題。
「末疾」「揮毫」「蹉跎」の〔注〕は文科のみ。
㈤は文科のみ。

（解答枠は㈠・㈣・㈤＝13.5センチ×1.5行、㈢＝13.5センチ×1行）

二〇一四年

第　三　問（文理共通）

次の文章は、唐の太宗と長孫皇后についての逸話である。これを読んで、後の設問に答えよ。ただし、設問の都合で返り点および送り仮名を省いたところがある。

長楽《ちやうらく》公主将ニ㆓出降セント㆒。上以テ㆓公主ハ皇后ノ所㆑ナルヲ生ム、特ニ愛シ㆑之ヲ、勅シテ㆓有司ニ㆒資送スルコト倍セシム㆓於永嘉《えいか》長公主ニ㆒。魏徴諫メテ曰ク、「昔漢ノ明帝欲シテ㆑封ゼント㆓皇子ヲ㆒曰ク、『我ガ子豈ニ得ンヤト㆘与㆓先帝ノ子㆒比《なら》ブヲ㆖』。皆令ム㆑半《なかば》セ㆓楚・淮陽《わいやう》ニ㆒。今資㆔送スルコト公主ニ㆒倍スルハ㆓於長公主ニ㆒、[a]得ンヤト㆑無キヲ㆑異ナルコト㆓於明帝之意ニ㆒乎」。上然リトシ㆓其ノ言ヲ㆒、入リテ告グ㆓皇后ニ㆒。后嘆ジテ曰ク、「妾亟《しばしば》聞クモ㆔陛下ノ称㆓重スルヲ魏徴ヲ㆒、不㆑知ラ㆓其ノ故ヲ㆒。[b]今観テ㆘其ノ引キテ㆓礼義ヲ㆒以テ抑フルヲ㆗人主之情ヲ㆖、乃チ知ル㆓真ノ社稷之臣タルヲ㆒也。妾与㆓陛下㆒結髪シテ為リ㆓夫婦ト㆒、曲《つぶさ》ニ承クルモ㆓恩礼ヲ㆒、毎《ごと》ニ㆑言フ必ズ先ニ候《うかが》ヒ㆓顔色ヲ㆒、不㆔敢ヘテ軽シク犯サ㆓威厳ヲ㆒。[c]況《ま》シテ以テ㆓人臣之疎遠ナルヲ㆒、乃チ能ク抗言《スルコト》如《シ》レ是《クノ》。陛下不《ト》レ可《カラ》レ不《ル》レ従《ハ》」。因《リテ》請《フ》下遣《シテ》二中使《ヲ》一齎《もたらシテ》二銭絹《ヲ》一以《テ》賜《フヲ》上レ徴《ニ》。

上嘗《テ》罷《かへリ》レ朝《ヨリ》、怒《リテ》曰《ク》、「d会《かならズ》須《ラク》レ殺《ス》《シト》二此《ノ》田舎翁《ヲ》一」。后問《フ》レ為《スカヲ》レ誰《ト》。上曰《ク》、「魏徴毎廷辱《はづかしムト》レ我《ヲ》」。后退《キテ》、具《ヘテ》二朝服《ヲ》一立《ツ》二于庭《ニ》一。上驚《キテ》問《フ》二其《ノ》故《ヲ》一。后曰《ク》、「妾聞《クナラク》主明《ナレバ》臣直《ナリト》。今魏徴《ノ》直《ナルハ》、由《ル》二陛下之明《ナルニ》一故也。e妾敢不賀」。上乃《チ》悦《ブ》。

（『資治通鑑』による）

〔注〕
○長楽公主――太宗李世民（在位六二六～六四九）の娘。　○出降――降嫁すること。
○有司――官吏、役人。　○資送――送別のとき金銭や財貨を与えること。
○永嘉長公主――高祖李淵（在位六一八～六二六）の娘。　○魏徴――唐初の政治家（五八〇～六四三）。
○楚・淮陽――楚王劉英と淮陽王劉延のこと。いずれも後漢の光武帝の子、明帝の異母兄弟。
○結髪――結婚すること。　○中使――天子が派遣した使者。
○朝服――儀式の際に身につける礼服。

設問

㈠「得レ無レ異二於明帝之意一乎」（傍線部ａ）を、明帝の意が明らかになるように平易な現代語に訳せ。

(二)　「今観其引礼義以抑人主之情、乃知真社稷之臣也」(傍線部b)を平易な現代語に訳せ。

(三)　「況以人臣之疏遠、乃能抗言如是」(傍線部c)を平易な現代語に訳せ。

(四)　太宗が怒って「会須殺此田舎翁」(傍線部d)と言ったのはなぜか、簡潔に説明せよ。

(五)　長孫皇后はどのようなことについて「妾敢不賀」(傍線部e)と言ったのか、簡潔に説明せよ。

※(二)は文科のみ。

(解答枠は(一)・(二)＝13.5センチ×2行、(三)・(五)＝13.5センチ×1.5行、(四)＝13.5センチ×1行)

二〇一三年

第三問（文理共通）

次の文章を読んで後の設問に答えよ。ただし、設問の都合で送り仮名を省いたところがある。

温達《ハ》、高句麗平岡王《ノ》時《ノ》人也。破衫《さむ》弊履《シテ》、往来《ス》於市井《ノ》間《ニ》。時人目《シテ》之《ヲ》為《ス》愚温達《ト》。平岡王《ノ》少女児好《ク》啼《なク》。王戯《レテ》曰《ク》、「汝常《ニ》啼《キテ》聒《かまびすシ》我《ガ》耳《ニ》、当《ニ》《シト》帰《とつガシム》之《ヲ》愚温達《ニ》」。王毎《ニ》言《フ》之《ヲ》。及《ビ》女年二八《ニ》、王欲《ス》下嫁《セシメント》於高氏《ニ》。公主対《ヘテ》曰《ク》、「大王常《ニ》語《つグ》汝必《ズ》為《レト》温達之婦《ト》。今何故《ニ》改《ムル》前言《ヲ》乎。[a]匹夫猶不欲食言、況至尊乎。故《ニ》曰《ク》『王者《ニ》無《シト》戯言』。今大王之命謬《あやまレリ》矣。妾不《ト》敢《テ》祇《つつしミテ》承《ケ》」。王怒《リテ》曰《ク》、「[b]宜《ク》《シト》従《フ》汝《ノ》所《ニ》適《ク》矣」。於是《テ》《ニ》公主出《デ》宮《ヲ》独《リ》行《キテ》、至《ル》温達之家《ニ》。見《まみエ》盲老母《ニ》、拝《シテ》問《フ》其子《ノ》所《ヲ》在《ル》。老母対《ヘテ》曰《ク》、「惟《レ》我《ガ》息不忍《ビ》飢《ウルニ》、取《ル》楡《ゆ》皮《ヲ》於山林《ニ》。久《シクシテ》而未《ダ》《ト》還《ラ》」。公主出《デ》行《キテ》至《リ》山下《ニ》、見《ル》温達《ノ》負《ヒテ》楡

皮ヲ二而来ルヲ上。公主与レ之言フレ懐ヲ。温達悖《ぼつ》然トシテ曰ク、「此非ズ二幼女子ノ所ニレ宜クキレ行フ一、必ズ非ザルレ人ニ也ト」。遂ニ行キテ不レ顧ミ。公主明朝更ニ入リ、与ニ母子一備《つぶさニ》言フレ之ヲ。温達依違シテ未ダレ決セ。其ノ母曰ク、「吾息至陋、不レ足レ為ニ貴人ノ匹一。吾ガ家至ツテ窶《まずシク》、固ヨリ不トレ宜シカラ二貴人ノ居ニ一」。公主対ヘテ曰ク、「古人言フ『一斗ノ粟猶ホ可クレ舂《つ》ク、一尺ノ布猶ホ可シトレ縫フ』、則チ苟クモ為レバ二同心一、何ゾ必ズシモ富貴ニシテ然ル後ニ可ケンレ共ニスト乎」。乃チ売リテ二金釧《せん》ヲ一、買ヒ二得ス田宅牛馬器物ヲ一。

（『三国史記』による）

〔注〕　○温達——?～五九〇年。後に高句麗の将軍となる。
○平岡王——別名、平原王。高句麗第二十五代の王。在位は五五九～五九〇年。
○破衫——破れた上着。
○公主——王の娘。　○楡皮——ニレの樹皮。　○悖然——怒って急に顔色を変えるさま。
○依違——ぐずぐずすること。　○一斗粟猶可舂、一尺布猶可縫——出典は『史記』淮南衡山列伝。
○釧——うでわ。

設問

㈠ 「匹夫猶不レ欲ニ食一言、況至尊乎」（傍線部 a）を平易な現代語に訳せ。

㈡ 「宜レ従ニ汝所一レ適矣一」（傍線部 b）とはどういうことか、簡潔に説明せよ。

㈢ 「公主与レ之言レ懐」（傍線部 c）とはどういうことか、具体的に説明せよ。

㈣ 「吾息至陋、不レ足レ為ニ貴人匹一」（傍線部 d）を平易な現代語に訳せ。

㈤ 「苟為ニ同心一、何必富貴然後可レ共乎」（傍線部 e）とはどういうことか、わかりやすく説明せよ。

※㈣は文科のみ。
理科では「吾ガ息至ツテ陋《いや》シク、不レ足ラレ為ルニニ貴人ノ匹《たぐひ》ト一。」とルビ・送りがなが入る。

（解答枠は㈠＝13.5センチ×2行、㈡・㈢＝13.5センチ×1行、㈣・㈤＝13.5センチ×1.5行）

二〇一二年

第三問（文理共通）

次の文章は、斉の君主景公と、それに仕えた晏嬰《あんえい》との対話である。これを読んで後の設問に答えよ。

公曰《ハク》、「唯《ダ》拠《ト》与《と》レ我和《スル》夫《かなト》」。晏子対《ヘテ》曰《ハク》、「拠亦《モ》同《スル》也。焉《クンゾ》得《ンヤト》レ為《スヲ》レ和《ト》」。公曰《ハク》、「和《ト》与レ同異《ナルカト》乎」。対《ヘテ》曰《ハク》、「異《ナリ》。和《ハ》如《シ》レ羹《かうノ》焉。水火醯《けい》醢《かい》塩梅以《テ》烹《にテ》二魚肉《ヲ》一、燀《たくニ》レ之《ヲ》以《テス》レ薪《ヲ》。宰夫和《シ》レ之《ヲ》、斉《ととのフルニ》レ之《ヲ》以《テシ》レ味《ヲ》、済《まシテ》二其《ノ》不《ルヲ》レ及《バ》一、以《テ》洩《ヘラス》二其《ノ》過《グルヲ》一。君子食《ラヒテ》レ之《ヲ》、以《テ》平《ラカニス》二其《ノ》心《ヲ》一。君臣《モ》亦然《リ》。君《ノ》所《ニシテ》レ謂《フ》レ可《ト》而有《ラバ》レ否焉、臣献《ジテ》二其《ノ》否《ヲ》一、以《テ》成《ス》二其《ノ》可《ヲ》一。君《ノ》所《ニシテ》レ謂《フ》レ否《ト》而有《ラバ》レ可焉、臣献《ジテ》二其《ノ》可《ヲ》一、以《テ》去《ル》二其《ノ》否《ヲ》一。是《ヲ》以《テ》、政平《ラカニシテ》而不レ干《をかサ》、民無《シ》二争《フ》心一。先王之済《ととのへ》二五味《ヲ》一、和《スルヤ》二五声《ヲ》一也、以《テ》平《ラカニシテ》二其《ノ》心《ヲ》一、成《ス》二其《ノ》政《ヲ》一也。声《モ》亦如《シ》レ味《ノ》。君子聴《キ》レ之《ヲ》、以《テ》平《ラカニス》二其《ノ》心《ヲ》一。今拠《ハ》不レ然《ラ》。君《ノ》所《ハ》レ謂フレ可ト、拠モ亦曰ヒレ可ト、君ノ所ハレ謂フレ否ト、拠モ亦曰フレ否ト。c若シ二以テレ水ヲ済《ま》スガレ水ヲ。誰カ能ク食ラハンレ之ヲ。

若シ二琴《きん》瑟《しつ》之専一ナルガ一。誰カ能ク聴カンレ之ヲ。d同之不ルヤレ可ナラ也如シトレ是クノ」。

（『春秋左氏伝』昭公二十年による）

［注］○拠――梁《りょう》丘拠。景公に仕えた。　○羹――あつもの。具の多い吸い物。

○醯醢塩梅――酢・塩辛・塩・梅などの調味料。　○宰夫――料理人。　○献――提起・進言する。

○不干――道理にそむかない。　○先王――上古の優れた君主。

○五味――酸・苦・甘・辛・鹹《かん》（しおからい）の五種の味覚。　○五声――宮《きゅう》・商《しょう》・角《かく》・徵《ち》・羽《う》の五種の音階。

○琴瑟之専一――琴と瑟の音色に違いがないこと。

設問

(一)「済二其不一レ及、以洩二其過一」（傍線部a）とはどういうことか。簡潔に説明せよ。

(二)「君所レ謂レ可而有レ否焉、臣献二其否一、以成二其可一」（傍線部b）は君臣関係を述べたものである。

(ア) これを、わかりやすく現代語訳せよ。「可」「否」も訳すこと。

(イ) この君臣関係からどのような政治が期待されているか。これについて述べた箇所を文中から抜き出せ。訓点・送り仮名は省いてよい。

㈢　「若ニ以レ水済レ水。誰能食レ之」（傍線部ｃ）をわかりやすく現代語訳せよ。

㈣　「同之不レ可」（傍線部ｄ）とあるが、晏子は拠のどのような態度をとらえてこう述べているか。簡潔に説明せよ。

※㈢は文科のみ。

（解答枠は㈠・㈢・㈣＝13.5センチ×1行、㈡㈦＝12.6センチ×1.5行）

二〇一一年

第三問（文理共通）

次の詩は白居易の七言古詩である。これを読んで、後の設問に答えよ。ただし、設問の都合で送り仮名を省いたところがある。

放ツ二旅雁《がん》ヲ一

元和十年冬ノ作

九江十年冬大イニ雪フリ
江水ハ生ジレ氷ヲ樹枝ハ折ル
百鳥無クシテレ食東西ニ飛ビ
中ニ有リテ二旅雁一声最モ飢ヱタリ
［a］中ニ啄《ついば》ミテレ草ヲ［b］上ニ宿リ
翅《はね》ハ冷エテ騰《のぼ》レドモレ空ニ飛動スルコト遅シ
江童持シテレ網ヲ捕《とら》ヘ将《も》チ去リ
手携入レ市 c生売レ之
我ハ本《もと》北人ニシテ今ハ譴《けん》謫《たく》セラル
人ト鳥ト雖モレ殊ナルト d同ジク是レ客ナリ
見ルハ二此ノ客鳥ヲ一傷マシム二客人ヲ一
e贖《あがな》ヒレ汝ヲ放チテレ汝ヲ飛ビテ入ラシムレ雲ニ
雁ヨ雁ヨ汝ハ飛ビテ向カフ二何処ニカ一
第一ニ莫カレ二飛ビテ西北ニ去ルコト一

淮《わい》西ニ有リレ賊　討ツモ未ダレ平ラカナラ　百万ノ甲兵久シク屯《とん》聚《しゅ》ス

官軍ト賊軍ト相ヒ守リテ老《つか》レ　食尽キ兵窮マリテ将ニレ及バントレ汝ニ

健児ハ飢餓シテ射テレ汝ヲ喫《くら》ヒ　抜キテ二汝ノ翅《し》翎《れい》ヲ一為サン二箭《せん》羽ト一

〔注〕○元和十年――西暦八一五年。この年、白居易は江州司馬の職に左遷された。
○九江――江州のこと。今の江西省九江市。　○江童――川べりの土地に住む子ども。
○謫謫――罪をとがめて左遷すること。　○第一――禁止の意を強める語。決して。
○淮西――今の河南省南部。淮河の上流域。　○賊――国家に反逆する者。
○兵窮――兵器が底をつくこと。　○健児――兵士。　○箭羽――矢につける羽。

設問

㈠　空欄 a と空欄 b にあてはまる文字を、第一句から第四句の中から選んで記せ。なお「 a 中啄レ草 b 上宿」の句は、「花有二清香一月有レ陰」の句のように、前四字と後三字が対応関係にある。

㈡　「生売レ之」(傍線部c)を、「之」が指すものを明らかにして、平易な現代語に訳せ。

㈢　「同是客」(傍線部d)とは作者のどのような心情を表しているか、わかりやすく説明せよ。

(四)「贖レ汝 放レ汝 飛 入レ雲」（傍線部e）とはどういうことか、簡潔に説明せよ。

(五)「将レ及レ汝」（傍線部f）とはどういうことか、具体的に説明せよ。

※(一)は文科のみ。
理科では空欄aは「雪」、bは「氷」となる。

（解答枠は(二)～(四)＝13.5センチ×1行、(五)＝13.5センチ×1.5行）

二〇一〇年

第三問（文理共通）

次の文章を読んで、後の設問に答えよ。ただし、設問の都合で送り仮名を省いたところがある。

一巨商姓段者《ナル》、蓄《やしなフ》二一鸚《あう》鵡《むノ》甚《ダ》慧《ナルヲ》一。能《ク》誦《しようシ》二李白《ノ》宮詞《ヲ》一、毎《ごとニ》二客至《ル》一則《チ》呼《ビ》レ茶《ヲ》、問《フ》二客人《ノ》安否寒暄《くわんヲ》一。a主人惜《ミ》レ之《ヲ》、加《フ》二意《ヲ》籠《ろう》豢《くわんニ》一。一旦段生以《テ》レ事《ヲ》繫《つながル》レ獄《ニ》。半年《ニシテ》方《はじメテ》釈《ゆるサレテ》到《リ》レ家《ニ》、就《キテ》レ籠《ニ》与《ニ》語《リテ》曰《ク》、「鸚《あう》哥《か》、我自《リ》二獄中一半年不《ハ》レ能《ズル》レ出《ヅル》、日夕惟《た》-只《だ》憶《フノミ》レ汝《ヲ》。b家人餧飲、無《キ》レ失《フ》レ時否《ヤ》」。鸚哥語《リテ》曰《ク》、「汝在《ルコト》レ禁《ニ》数月《ニシテ》不《ルハ》レ堪《たへ》、不《ト》レ異《ナラ》二鸚哥《ノ》籠閉《セラレテ》歳《とし》久《シキニ》一」。c其《ノ》商大《イニ》感泣《シ》、乃《チ》特《ニ》具《へ》二車馬《ヲ》一、携《シテ》至《リ》二秦隴《ろうニ》一、掲《ゲテ》レ籠《ヲ》泣《キテ》放《ツ》。其《ノ》鸚哥整《へ》レ羽《ヲ》徘《はい》徊《くわいシ》、似《タリ》レ不《ルニ》レ忍《ビ》レ去《ルニ》。後《ニ》聞《クナラク》止三巣《シ》於官道《ノ》隴樹之末《ニ》二、凡《ソ》呉商《ノ》駆《リテ》レ車《ヲ》入《ル》レ秦《ニ》者《アレバ》、鳴《キテ》二於巣外《ニ》一曰《ク》、「客還《また》見《ルヤ》二我《ガ》段二郎《ノ》安否《ヲ》一。d若《シ》見《まみユル》時《アレバ》、e為《ニ》レ我道三鸚哥甚憶二二郎一」。

（『玉壺清話』による）

〔注〕○宮詞――宮女の愁いをうたう詩。　○安否寒暄――日常の様子や天候の寒暖。　○豢――餌《えさ》。
○段生――生は男性の姓につける呼称。　○鸚哥――鸚鵡。　○餧《ゐ》――餌をやること。　○禁――監獄。
○秦隴――秦も隴も中国西部の地名。現在の陝《せん》西省および甘粛省周辺。　○隴樹――丘の上の木。この隴は丘の意。
○呉――中国東南部の地名。現在の江蘇省周辺。段という姓の商人はこの地方に住んでいた。
○段二郎――二郎は排行（兄弟および従兄弟《いとこ》の中での長幼の序）にもとづいた呼称。

設問

(一)「主人惜レ之、加二意籠豢一」（傍線部a）とはどういうことか。わかりやすく説明せよ。

(二)「家人餧飲、無レ失レ時否」（傍線部b）を、平易な現代語に訳せ。

(三)「其商大感泣」（傍線部c）とあるが、なぜか。わかりやすく説明せよ。

(四)「若見時」（傍線部d）とは、誰《だれ》が誰に会う時か。具体的に説明せよ。

(五)「為レ我道三鸚哥甚憶二二郎一」（傍線部e）を、平易な現代語に訳せ。

※(二)は文科のみ。理科では「家人ノ餧《ゐ》飲、無キャレ失スルコトレ時ヲ否ヤト」とルビ・送りがなが入る。

（解答枠は(一)・(二)・(四)・(五)＝13.5センチ×1行、(三)＝13.5センチ×1.5行）

二〇〇九年

第三問（文理共通）

次の文章は、室町時代の禅僧、万里集九《ばんりしゅうく》が作った七言絶句と自作の説明文である。これを読んであとの問いに答えよ。

宋《そう》之神《しん》廟《べう》謂《ヒテ》二趙《てう》鉄面《ニ》一曰《ク》、「卿《けいノ》入《リタルトキ》レ蜀《しょくニ》、以《テ》二一琴一亀《ヲ》一自《ラ》随《ヘ》、為《スコト》レ政《ヲ》簡易也《ト》」。一日余《ノ》友人、袖《しうシテ》二小画軸《ヲ》一来《リ》、見《ラル》レ需《メ》二賛語《ヲ》一。不レ知《ラ》レ為《ルカヲ》二何《ノ》図一。a掛《クルコト》二壁間《ニ》一逾《こエ》レ月《ヲ》、坐臥《ニ》質《ただス》レ焉《ヲ》。梅《ハ》則《チ》花中《ノ》御史、表《ス》三趙抃《べん》之為《ルヲ》二鉄面御史一。屋頭《ニ》長松之屈蟠《ばんシテ》、而有《ル》二大雅《ノ》風声一者《は》、b豈《ニ》非《ズ》二一張《ノ》琴《ニ》一邪。一亀《モ》亦《タ》浮三游《ス》水上《ニ》一。c神廟之片言、頗《ル》与《と》二絵《ノ》事一合《ス》レ符《ヲ》。名《なづケテ》レ之《ヲ》曰《ヘバ》二「趙抃一亀図《ト》一」、則《チ》可《ナラン》乎。

莫㆑怪ム床頭ニ不ルヲ㆑置カ㆑ d ヲ　長松毎日送ル㆓遺音ヲ㆒

主人ノ鉄面ニ有リヤ㆓何ノ楽シミ㆒　唯ダ使ムルノミ㆔一亀ヲシテ知ラ㆓e此ノ心ヲ㆒

（『梅花無尽蔵』）

〔注〕○神廟──北宋の神宗皇帝（在位一〇六七～一〇八五）。　○趙鉄面──趙抃が剛直だったためについたあだな。

○蜀──地名。今の四川省のあたり。　○余──筆者である万里集九。　○賛語──画面に書きそえる詩やことば。

○御史──官僚の不正行為を糾《ただ》す官職。　○屈蟠──くねくねと曲がる。

○張──弓・琴など弦を張った物を数えることば。　○遺音──音が消えたあとで残る響き。

設　問

㈠　「掛㆓壁間㆒逾㆑月、坐臥質㆑焉」（傍線部a）とあるが、なぜそうしたのか、説明せよ。

㈡　「豈非㆓一張琴㆒邪」（傍線部b）をわかりやすく現代語訳せよ。

㈢　「神廟之片言、頗与㆓絵事㆒合㆑符」（傍線部c）とあるが、ここで「絵事」が指しているものを文中から抜き出して三つあげよ。

㈣　空欄 d にあてはまる文字を、文中から抜き出せ。

㈤　「此心」（傍線部ｅ）とは誰《だれ》のどのような心か。この詩の趣旨をふまえて簡潔に説明せよ。

※㈤は文科のみ。

（解答枠は㈠・㈡＝13.5センチ×1行、㈢＝1～2字分の解答スペース×3、㈤＝13.5センチ×1.5行）

二〇〇八年

第三問（文理共通）

次の文章を読んで、後の設問に答えよ。

周《しう》鉄《てつ》厓《がい》屢《しばしば》試《うクルモ》秋闈《ゐヲ》不售《うカラ》。一日自他処帰、夜泊船村落間。望見臨水一家、楼窓外有碧火如環。舟人見而駭《おどろキテ》曰、「縊鬼求代、多作《なス》此状。此家必有将縊《くびくくリテ》死者。慎勿声、鬼為人所覚、且移禍於人。」周奮然曰、「見人死而不救、非夫也。」登岸、叩門大呼。其家出問、告以故、大驚。蓋姑婦方勃谿《けいシ》、婦泣涕登楼。聞周言、亟《すみヤカニ》共登楼、排《ひらキテ》闥《たつヲ》而入、婦手持帯立牀前、神已痴矣。呼之踰《ゆ》時始覚、挙家共勧慰之、乃已。周次日抵《いたル》家。夢一老人謂之曰、

「子勇《ナリ》二於為《スニ》レ善《ヲ》、宜《シク》《シト》レ食《うク》二其《ノ》報《ヲ》一。」周曰《ク》、「他《ハ》不二敢《ヘテ》望《マ》一、敢《ヘテ》問《フ》我於《イテ》二科名《ニ》一何如《ト》。」老人笑《ヒテ》而示《スニ》以《テス》レ掌《ヲ》。掌中《ニ》有《リ》二 d「何可成《ノ》」三字一。寤《めざメテ》而歎《ジテ》曰《ク》、「科名無《カラント》レ望矣。」其《ノ》明年、竟《ニ》登《ル》二賢書《ニ》一。是《ノ》科《ノ》主試者《ハ》為《たレバ》二何公《ニ》一、e 始《メテ》悟《ル》二夢語之巧合《ヲ》一也。

（兪樾『右台仙館筆記』による）

〔注〕○秋闈——秋に各省で行われる科挙。　○求レ代——亡魂が冥界から人間界へ戻るため、交代する者を求める。
○姑婦——しゅうとめと嫁。　○勃谿——けんか。　○闒——小門。　○踰時——ほどなくして。
○科名——科挙に合格すること。　○登二賢書一——秋闈に合格する。　○主試者——試験の総責任者。
○何公——「何」という姓の人物に対する敬称。

設問

(一)「慎勿レ声」（傍線部a）とあるが、なぜか、わかりやすく説明せよ。

(二)「大驚」(傍線部b)とあるが、なぜか、わかりやすく説明せよ。

(三)「挙家共勧ニ慰之一、乃已」(傍線部c)を、必要な言葉を補って、平易な現代語に訳せ。

(四)「何可成」(傍線部d)を、周鉄厓の最初の解釈に沿って、平仮名のみで書き下せ。

(五)「始悟ニ夢語之巧合一」(傍線部e)とあるが、どういうことか、具体的に説明せよ。

※(二)は文科のみ。

(解答枠は(一)・(二)＝13.5センチ×1.5行、(三)＝13.5センチ×1行、(四)＝6.7センチ×1行、(五)＝13.5センチ×2行)

二〇〇七年

第三問（文理共通）

次の文章を読んで、後の設問に答えよ。

木《ぼく》八《はつ》剌《らつ》、字《ハ》西瑛《えい》、西域《ノ》人《ナリ》。一日、a方《あたリテ》下与レ妻対飯《シ》、妻以《テ》二小金鎞《へいヲ》一刺《シ》二臠《れん》肉《ヲ》一、将《ニ》《ルニ》入《レント》レ口《ニ》、門外《ニ》有《リ》二客《ノ》至《ル》一。西瑛出《テ》粛《すすム》レ客《ヲ》。妻不レ及《バ》レ啖《くらフニ》、且《ク》置《キ》二器中《ニ》一起《チテ》去《ゆキ》治《ム》レ茶《ヲ》。比《およビ》レ回《ルニ》、無《シ》下覓《もとムル》二金鎞《ヲ》一処上。時《ニ》一小婢在《リテ》レ側《ニ》執作《ス》。b意《おもヒ》二其《ノ》窃《ひそカニ》取《ルヲ》一、拷問《スルコト》万端《ナレド》、終《ニ》無《ク》二認《ムルノ》辞一、竟《ニ》至《ル》レ隕《おとスニ》レ命《ヲ》。歳余《アリテ》、召《キテ》二匠者《ヲ》一整《へ》レ屋《ヲ》掃《フニ》二瓦瓴《れいノ》積垢《こうヲ》一、忽《チ》一物落《チテ》二石上《ニ》一有《リ》レ声。取《リテ》視《ルニ》レ之《ヲ》、乃《チ》向《さきニ》所《ノ》レ失《ヒシ》金鎞也。与《ニ》二朽骨一塊一同《ともニ》墜《ツ》。c原《たづヌルニ》二其《ノ》所以《ヲ》一、必《ズ》是《レ》猫来《リテ》偸《ぬすミ》レ肉《ヲ》、故《ニ》帯《ビテ》而去《ル》。【d】偶《たまたま》不レ及《バ》レ見《ルニ》、而《シテ》含《ミテ》レ冤《ゑんヲ》以《テ》死《ス》。哀《シイ》哉。世之事如《キ》レ此《ノ》者甚《ダ》多《シ》。姑《しばらク》書《シ》レ焉《ニ》、以《テ》為《ス》二後人《ノ》鑑《ト》一也。

（『輟耕録』による）

〔注〕○鎞――かんざし。　○臠肉――小さく切った肉。　○粛レ客――客を家の中へ迎え入れる。
○執作――家事の雑用をする。　○匠者――大工。　○瓦甂――かわら。　○垢――ちり。

設問

㈠「方下与レ妻対飯、妻以二小金鎞一刺二臠肉一、将ニ入レ口、門外有二客至一」(傍線部a)を、平易な現代語に訳せ。

㈡「意二其窃取一」(傍線部b)とあるが、誰がどのようなことを思ったのか、具体的に説明せよ。

㈢「原二其所以一、必是猫来偸レ肉、故帯而去」(傍線部c)を、「其」の内容を補って、平易な現代語に訳せ。

㈣空欄 d にあてはまる「含レ冤以死」の主語を、本文中より抜き出して記せ。

㈤筆者がこの文章を記した意図をわかりやすく説明せよ。

※㈡は文科のみ。

(解答枠は㈠・㈢＝13.5センチ×2行、㈡＝13.5センチ×1行、㈤＝13.5センチ×1.5行)

二〇〇六年

第三問（文理共通）

次の文章を読んで、後の設問に答えよ。ただし、設問の都合で送り仮名を省いたところがある。

余《ガ》友劉伯時、嘗《テ》見㆓淮《ユ》西《ノ》士人楊勔《べん》㆒《ニ》。自《ラ》言《ヘラク》中年《ニシテ》得㆓異疾㆒《ヲ》、[a]毎《ニ》㆓発言応答㆒《スル》、腹中輒《チ》有㆓小声《ノ》効《ならフ》㆑之㆒《ニ》。数年《ノ》間、其《ノ》声浸《やうやく》大《ナリ》。有㆓道士㆒《リテ》見《テ》而驚《キテ》曰《ク》、「此《レ》応声虫也。久《シク》不㆑《レバ》治《セ》、延《ひきテ》及㆓《バン》妻子㆒《ニ》。[b]宜《シク》㆑《シ》読㆓《ム》本草㆒《ヲ》。遇㆓《ハバ》虫《ノ》所㆑《ノ》不㆑《ル》応《ゼ》者㆒《ニ》、当㆓《ニ》《シト》取《リテ》服㆑《ス》之《ヲ》。」[c] 如㆑《クス》言《ノ》。読《ミテ》至㆓《レバ》雷丸㆒《ニ》、虫忽《チ》無㆑《シ》声。乃《チ》頓《ニ》餌㆓《セバ》数粒㆒《ヲ》遂《ニ》愈《ユ》。余始《メ》未㆓《ダ》以《テ》為㆑《サ》信㆒《ト》。其《ノ》後至㆓《リ》長汀㆒《ニ》、遇㆓《フ》一丐《かい》者㆒《ニ》。亦《タ》有㆓《リ》是《ノ》疾㆒。[d]環而観者甚衆。因《リテ》教㆑《ヘテ》之《ニ》使㆑《メントス》服㆓《セ》雷丸㆒《ヲ》。[e]丐者謝《シテ》曰《ク》、「某貧《ニシテ》無㆓《シ》他技㆒。所㆔以《ノ》求㆓《ムル》衣食《ヲ》於人㆒《ニ》者《ハ》、唯《ダ》借㆑《ル》此《ヲ》耳《ト》。」

（『続墨客揮犀』による）

〔注〕○淮西――淮水の西方。いまの河南省南部。　○本草――薬材の名称・効能などを記した書物。
○長汀――いまの福建省長汀県。　○丐者――ものごい。

設問

㈠　「毎㆓発言応答㆒、腹中輒有㆓小声効㆑之」（傍線部a）を、平易な現代語に訳せ。

㈡　「宜㆑読㆓本草㆒。遇㆓虫所㆑不㆑応者㆒当㆓取服㆑之」（傍線部b）とは、どういうことを言っているのか、わかりやすく説明せよ。

㈢　空欄 c にあてはまる、「如㆑言」の主語を、文中から抜き出せ。

㈣　「環而観者甚衆」（傍線部d）とは、どのような様子か、そうなったわけも含めて、具体的に説明せよ。

㈤　「丐者謝」（傍線部e）とあるが、「丐者」はなぜ「謝」したのか、「謝」の意味を明らかにして、わかりやすく説明せよ。

※㈣は文科のみ。
理科では「環《リテ》而観《ル》者甚《ダ》衆《シ》。」と送りがなが入る。

（解答枠は㈠・㈡・㈣＝13.5センチ×2行、㈢＝5.3センチ×1行、㈤＝13.5センチ×2.5行）

二〇〇五年

第三問（文科）

次の文章を読んで、後の設問に答えよ。ただし、設問の都合で送り仮名を省いたところがある。

「好ムレ名ヲ之人、能ク譲ルモ二千乗之国ヲ一、苟クモ非レバ二其ノ人ニ一、簞《たん》食《し》豆《とう》羹《かう》モ見ルト二於色ニ一。」此レ真ニ孟子ノ通二達スル世故ニ一語也。余嘗テ見ルニ下慷《かう》慨《がい》之士ノ揮二斥シテ千金ヲ一、毫モ不ルニ二吝《りん》惜《せき》セ一於テ二一二金ノ出納ニ一、或イハ不ルレ免レ二断《ぎん》断《ぎん》タルヲ一者ヲ上、事過グルノ後、在リテレ己ニ未ダ三嘗テ不ンバアラ二失笑セ一也。五《ご》茸《じよう》ノ葉桐山為《たり》二河間ノ通判一、治《ち》二餉《しやう》ス宣府ニ一。当タリ二更代ノ日ニ一、積資余ス二三千金ヲ一。桐山悉《ことごと》ク置キテ不レ問ハ。主《つかさど》ル者遣メ三一吏ヲシテ持シテ至ラ二中途ニ一、以テ二成例ヲ一請フ。桐山曰ク、「不ルハレ受ケレ羨ヲ、即チ吾ガ例也ト。」命ジテ帰レ之。晩ニ居ル二春申ノ故里ニ一、饘《せん》粥《じゆく》不レ継ガ。一日梅雨ノ中、童子張リテレ網ヲ失ス二一大魚ヲ一。桐山為《ため》ニ呀《が》嘆《たん》ス。其ノ妻聞キテレ之ヲ曰ク、「三千金スラ却レ之、一魚能ク値ヒセント二幾何ニ一。」桐山モ亦タ撫《ぶ》シテレ掌ヲ大笑ス。雖モレ然リト、居レバ二今之世ニ一、桐山可ケンレ不《ル》レ謂《ハ》レ賢《ト》乎。

（『庸間斎筆記』による）

〔注〕○千乗之国——兵車千台を出すことのできる国。大国のこと。○簞食豆羹——竹の器に盛った飯と木の器に容れた汁。わずかな食物のこと。○斷斷——言い争うさま。○五茸——地名。今の上海市松江付近。○葉桐山——人名。○河間——地名。河間府のこと。今の河北省河間県。○通判——府の副長官。○治餉——軍用の資金や物資を管轄すること。○宣府——地名。北方の軍事拠点であった宣府鎮のこと。今の河北省宣化県。○羨——余剰金。地方官が官費から蓄財したもの。○春申——地名。今の上海市付近。○饘粥——かゆ。

設　問

㈠「苟非ニ其人一、簞食豆羹見ニ於色一」（傍線部ａ）とあるが、どういうことか、わかりやすく説明せよ。

㈡「以ニ成例一請」（傍線部ｂ）を、「請」の内容がわかるように、平易な現代語に訳せ。

㈢「帰レ之」（傍線部ｃ）および「却レ之」（傍線部ｅ）について、「之」はそれぞれ何を指すか、文中の語で答えよ。

㈣「晩居ニ春申故里一、饘粥不レ継」（傍線部ｄ）を、「饘粥不レ継」がどういうありさまを示すのかがわかるように、平易な現代語に訳せ。

㈤　「居㆓今之世㆒、桐山可㆑不㆑謂㆑賢乎」（傍線部f）とあるが、なぜそう思ったのか、全文の趣旨をふまえて、説明せよ。

（解答枠は㈠・㈤＝13.5センチ×2行、㈡＝13.5センチ×1行、㈣＝13.5センチ×1.5行）

第三問（理科）

次の文章を読んで、後の設問に答えよ。ただし、設問の都合で送り仮名を省いたところがある。

君能ク納ルトモレ諫《かん》ヲ、不ンバレ能ハレ使ムル二臣ヲシテ必ズ諫《いさ》メ一、非ズ二真ニ能ク納ルルレ諫ヲ之君ニ一。夫レ君之大ハ、天也、其ノ尊ハ、神也、其ノ威ハ、雷《らい》霆《てい》也。人之不ルハレ能ハ三抗シレ天ニ触レレ神ニ忤《さから》フ二雷霆ニ一亦タ明ラカナリ矣。聖人知ル二其ノ然ルヲ一。故ニ立テテレ賞ヲ以テ勧ムレ之ヲ。伝ニ曰ク、「興王ハ賞スト二諫臣ヲ一。」是也。猶ホa懼《おそ》ル三其ノ選《せん》耎《ぜん》阿《あ》諛《ゆ》シテ使ムルヲ二一日モ不ラ一レ得レ聞クヲ二其ノ過ヲ一。故ニ制シテレ刑ヲ以テ威《おど》スレ之ヲ。b書曰、「臣下不レ正、其刑墨。」是也。人之情、非ズンバ二病ミレ風ヲ喪《うしな》フニ一レ心ヲ、未レ有二避レ［A］而就レ［B］者一。何ヲ苦シンデ而不ランレ諫メ哉。賞ト与ヲレ刑不ンバレ設ケ、則チ人之情、又何ヲ苦シンデ而抗シレ天ニ触レレ神ニ忤ハン二雷霆ニ一哉。c自リハレ非ザル二性忠義ニシテ不レ悦バレ賞ヲ不ルニ一レ畏レレ罪ヲ、誰カ欲スル二以テレ言ヲ博セント一レ死ヲ者アラン。人君又安ンゾ能ク尽《ことごと》ク得テ二性忠義ナル者ヲ一而任ゼンレ之ニ。

（『嘉祐集』による）

〔注〕○雷霆――かみなり。　○忤――逆らう。　○伝――『国語』のこと。　○興王――国を興隆させた王。
○選耎――びくびくと恐れるさま。　○阿諛――おもねる。　○書――『書経』のこと。　○墨――入れ墨。
○病㆑風――精神を病んでいること。

設問

㈠「懼㆔其選耎阿諛使㆓一日不㆒㆑得㆑聞㆓其過㆒」（傍線部ａ）とあるが、どういうことか、二つの「其」がそれぞれ何を指すかわかるように、説明せよ。

㈡「書曰、『臣下不㆑正、其刑墨。』是也」（傍線部ｂ）を、平易な現代語に訳せ。

㈢本文中の空欄 A ・空欄 B に入る最も適当な一字を、それぞれ文中から抜き出せ。

㈣「自㆑非㆓性忠義不㆑悦㆑賞不㆒㆑畏㆑罪、誰欲㆓以㆑言博㆒㆑死者」（傍線部ｃ）を、平易な現代語に訳せ。

（解答枠は㈠・㈣＝13.5センチ×2行、㈡＝13.5センチ×1行＋6.8センチ×1行）

二〇〇四年

第三問（文科）

次の文章を読んで、後の設問に答えよ。

孝宗《ノ》時辞《スルノ》レ朝《ニ》法甚《ダ》厳《ニシテ》、雖《モ》三蜀《しょく》人《ノ》守《ルト》二蜀《ノ》郡《ヲ》一、不レ遠《シトセ》二万里《ヲ》一来見《ス》。有《リ》三蜀守《ノ》当《ニ》二朝《キモノ》辞《ス》一、素《もとヨリ》不レ能《よクセ》レ文《ヲ》、以《テ》為《ス》レ憂《ヒト》。其《ノ》家素《ヨリ》事《つかフ》二梓《し》潼《とう》神《しんニ》一。夜夢《ゆめムルニ》神謂《ヒテ》レ之《ニ》曰《ク》、「両辺山木合《シ》、終日子規啼《なクト》。」覚《メテ》莫《シ》レ暁《さとル》二其《ノ》故《ヲ》一。会《シテ》レ朝《ニ》対《こたフルニ》、上《しやう》問《フラク》、「卿《けいハ》従《より》二峡中一来《タル》乎《か》、風景如何《ト》。」守即《チ》以《テ》二前《さきノ》両語《ヲ》一対《フ》。上首肯《スルコト》再三《ナリ》。翌日謂《ヒテ》二宰相《ノ》趙雄《ニ》一曰《ク》、「昨《きのふ》有《リ》二蜀人《ノ》対《フル》者一。朕問《フニ》二峡中《ノ》風景《ヲ》一、彼誦《シテ》二杜詩《ヲ》一以《テ》対《フ》。三峡之景、宛《あたかモ》在《リ》二目中《ニ》一。可《キ》レ謂《フ》二善《ク》言《フモノト》一詩《ヲ》也。可《シト》レ与《フ》二寺《じ》丞《じよう》・寺簿《ヲ》一。」雄退《キテ》朝《ヲ》召《シテ》問《ヒテ》レ之《ニ》曰《ク》、「君何《ヲ》以《テ》能《ク》爾《ルト》。」守不二敢《ヘテ》隠《サ》一。雄曰《ク》、「吾固《ヨリ》疑《ヘリ》二君《ノ》不《ルヲ》一レ能《ハ》レ及《ブ》レ此。若《シ》留《マレバ》レ中《ニ》、上再《ビ》問《ヒ》、敗《やぶレン》矣。不《ト》レ若《カ》二帰《リ》レ蜀《ニ》赴《クニ》一レ郡《ニ》。」他日上復《タ》問《フニ》二其《ノ》人《ヲ》一、

雄対《ヘテ》曰《ク》、「臣嘗《テ》以《テ》二聖意《ヲ》一語《つグルモ》レ之《ニ》、彼不《ト》レ願《ハ》レ留《マルヲ》。」上嘆《ジテ》曰《ク》、「恬《てん》退《たいナルコト》乃《チ》爾《ル》、尤《モ》可《シ》レ嘉《よみス》。可《シト》レ予《あたフ》二憲節使《ヲ》一。」

（『西湖遊覧志余』による）

〔注〕○孝宗――南宋の皇帝（在位一一六三―一一八九）。○辞レ朝――地方官が任地に赴任するときに、皇帝に拝謁して辞令を受けること。「朝辞」も同じ。○梓潼神――蜀（今の四川省）を中心に信仰されていた神。○子規――ほととぎす。○杜詩――杜甫の詩。○三峡――長江上流の峡谷。四川省と湖北省の境に位置する。○寺丞・寺簿――中央政府の役職。○趙雄――孝宗治世下の宰相。○憲節使――皇帝の命を受けて地方行政の監察をおこなう官職。

設問

㈠　「君何以能爾」を、「爾」の内容がわかるように、平易な現代語に訳せ。

㈡　「守不二敢隠一」とあるが、何を隠さなかったのか。簡潔に述べよ。

㈢　「不レ若三帰レ蜀赴二郡一」とあるが、なぜか。その理由をわかりやすく述べよ。

㈣　「聖意」の内容にあたる部分を文中から抜き出して答えよ。返り点・送り仮名・句読点は省くこと。

㈤「尤可ㇾ嘉」とあるが、孝宗はどのように考えてそう判断したのか。わかりやすく説明せよ。

（解答枠は㈠＝13.5センチ×1.5行、㈡＝13.5センチ×1行、㈢・㈤＝13.5センチ×2行、㈣＝4.6センチ×1行）

第三問（理科）

次の文章は、北宋の蘇軾（一〇三六―一一〇一）が書いたものである。これを読んで、後の設問に答えよ。

欧陽文忠公嘗テ言フ、「有リ二患フレ疾ヲ者一。医問フ二其ノ得ルレ疾ヲ之由ヲ一。曰ク、『乗リテレ船ニ遇ヒレ風ニ、驚シテ而得タリトレ之ヲ。』医取リテ下多年ノ柁《だ》牙《が》ノ為ル二柁工ノ手汗ノ所ト一レ漬《つ》クル処ヲ上、刮《けづ》リテ末トナシ、雑《まじ》フ二丹《たん》砂《さ》・茯《ふく》神《しん》之流《たぐひ》ヲ一。飲ミテレ之ヲ而癒ユト。」今、『本草注別薬性論』ニ云フ、止汗ニハ、用ヒテ二麻黄ノ根節及ビ故キ竹扇ヲ一為シレ末ト服スレ之ヲ。文忠因リテ言フ、「医ハ以テレ意ヲ用フルコトレ薬ヲ多シ二此ノ比《たぐひ》一。初メハ似タレドモ二児戯ニ一、然ルニ或イハ有リレ験、殆ド未ダルレ易カラ二致《ち》詰《きつ》シト一也。」予因リテ謂フレ公ニ、「以テ二筆墨ヲ一焼キテ灰トナシ飲マスレバ二学者ニ一、当ニレ治ス二昏惰ヲ一耶《や》。推シテレ此ヲ而広ムレバレ之ヲ、則チ飲メバ二伯夷之盥《くわん》水《すい》ヲ一、可ク二以テ療スレ貪ヲ、舐《な》ムレバ二樊《はん》噲《くわい》之盾ヲ一、可シ二以テ治スレ怯ヲ矣。」公遂ニ大笑ス。

（『東坡志林』による）

〔注〕○欧陽文忠公――宋の文人・欧陽修（一〇〇七―七二）のこと。　○柁牙――柁は舵のこと。柁牙は舵を操作する際に握る部分。　○丹砂・茯神・麻黄――いずれも中国医学で用いられる薬材の名。　○『本草注別薬性論』――唐の甄権《しんけん》が著した中国医薬の書。　○致詰――物事を見極めること。　○伯夷――周の武王による殷の討伐を道徳に反するとして、周の食べ物を口にせず、餓死したといわれる人物。　○盥水――手を洗った水。　○樊噲――項羽が劉邦の暗殺を謀った鴻門の会で、劉邦の命を救った武将。

設　問

㈠「医以レ意用レ薬」とあるが、

㈠ア これはどういうことか。わかりやすく説明せよ。

㈠イ 文中に挙げられている「医以レ意用レ薬」の例から一つを選び、簡潔に要約して述べよ。

㈡「初似二児戯一、然或有レ験、殆未レ易二致詰一也」を、何を「致詰」するかを明らかにして、平易な現代語に訳せ。

㈢「公遂大笑」とあるが、「公」はなぜ「大笑」したのか。全文の趣旨をふまえて、簡潔に述べよ。

（解答枠は㈠＝各12.6センチ×1行、㈡・㈢＝13.5センチ×2行）

二〇〇三年

第三問（文科）

次の文章は、ある地方（亜徳那）の名士（責煖氏）に関するエピソードである。これを読んで、後の設問に答えよ。

敝郷之東ニ、有リ二大都邑一、名ハ曰フ二亜《あ》徳《とく》那《だ》ト一。其ノ在リテ二昔時ニ一、興シレ学ヲ勧メレ教ヲ、人文甚ダ盛ンナリ。責《さく》煖《だん》氏者《は》、当時大学之領《りやう》袖《しう》也。其ノ人有リレ徳有リレ文。偶《たまたま》四方ノ使者、因リテレ事ニ来ルレ廷ニ。国王知リ二使者ノ賢ナルヲ一、甚ダ敬ヒレ之ヲ、則チ大イニ饗《もてな》スレ之ヲ。是ノ日ニ所レ談ズル、莫シレ非ザル二高論ニ一。如クレ雲ノ如クレ雨ノ、各逞《たくま》シウス二才智ヲ一。独リ責煖ノミ終席不レ言ハ。将ニテレ徹《をは》ラント、使問ヒテレ之ニ曰ク、「吾ガ儕《ともがら》帰リテ復二命ス乎寡君ニ一、謂フコトレ子ヲ如何ト。」曰ク、「無シレ他、惟《ただ》曰ヘト下亜徳那ニ有リテ二老者一、於テ二大饗時ニ一能ク無シト上レ言フコト也。」祇《ただ》此ノ一語、蘊《ふく》ム二三奇ヲ一矣。老者ハ四体衰劣《ニシテ》、独《リ》舌弥《いよいよ》強毅《ナリ》、当《ニ》レ好《ム》《シ》レ言《ヲ》也。酒《ノ》於《ケル》レ言《ニ》、如《シ》二薪《ノ》於《ケルガ》一レ火《ニ》、即《たとヒ》訥者《トイヘドモ》於《テ》レ是《ニ》中変《シテ》而譁《かまびすシ》也。亜徳那《ハ》、彼《ノ》時賢者《ノ》所レ出《ツル》、佞者《ノ》所《ナレバ》レ出《ツル》、則《チ》售《ウル》レ言《ヲ》大市也。有《ルモ》二三之一一、難《シ》レ禁《ジ》レ言《ヲ》、矧《いはンヤ》三兼《ヌルヲヤ》レ之《ヲ》乎。故《ニ》史氏《ハ》不《シテ》レ誌《サ》二諸偉人《ノ》高論《ヲ》一、而特《ニ》誌《ス》二責煖氏之不《ルヲ》レ言《ハ》一也。

（『畸人十篇』による）

設問

㈠「是日所レ談、莫レ非二高論一。如レ雲如レ雨、各逞二才智一。独責煖終席不レ言」を平易な現代語に訳せ。

㈡「無レ他、惟曰下亜徳那有二老者一、於二大饗時一能無上レ言也」を平易な現代語に訳せ。

㈢「祇此一語、蘊二三奇一矣」とあるが、

(ア)　これを平易な現代語に訳せ。

(イ)「三奇」とはどういうことか。それぞれ簡潔に述べよ。

(四)「有㆓三之一㆒、難㆑禁㆑言、矧三兼㆑之乎」を平易な現代語に訳せ。

(解答枠は(一)・(二)＝13.5センチ×2行、(三)(ア)＝12.6センチ×1行、(イ)＝12.6センチ×2行、(四)＝13.5センチ×1.5行)

第三問（理科）

次の文章を読んで、後の設問に答えよ。

秦《ノ》襄《しやう》王《わう》病《ム》。百姓為《ニ》レ之《ガ》禱《いのル》。病愈《いエ》、殺《シテ》レ牛《ヲ》塞《さい》禱《たうス》。郎中《ノ》閻《えむ》遏《あつ》、公孫衍《えん》出《いデテ》見《ル》レ之《ヲ》。曰《ク》、「非《ザルニ》二社臘《らふ》之時《ニ》一也、奚《なんゾ》自《ラ》殺《シテ》レ牛《ヲ》而祠《まつルヤト》レ社《ヲ》。」怪《ミテ》而問《フ》レ之《ヲ》。百姓曰《ク》、「人主病《ミ》、為《ニ》レ之《ガ》禱《ル》。今病愈《エ》、殺《シテ》レ牛《ヲ》塞禱《スト》。」閻遏、公孫衍説《よろこビ》、見《まみエ》二王《ニ》一、拝賀《シテ》曰《ク》、「過《グト》二尭舜《げうしゆんニ》一矣。」王驚《キテ》曰《ク》、「何《ノ》謂《いひゾヤト》也。」対《こたヘテ》曰《ク》、「尭舜《ハ》其《ノ》民未《ダ》《ル》レ至《ラ》二為《ニ》レ之《ガ》禱《ルニ》一也。今王病《ミテ》、而民以《テ》レ牛《ヲ》禱《リ》、病愈《エ》、殺《シテ》レ牛《ヲ》塞禱《ス》。故《ニ》臣窃《ひそカニ》以《テ》レ王《ヲ》為《ス》レ過《グト》二尭舜《ニ》一也《ト》。」王因《リテ》使《ム》二人《ヲシテ》問《ハ》レ之《ヲ》。「何《ノ》里《カ》為《スト》レ之《ヲ》。」訾《しスルコト》三其《ノ》里正《ト》与《ヲ》二伍老《ト》一、屯《みな》二甲《ナリ》。閻遏、公孫衍媿《はヂテ》不二敢《テ》言《ハ》一。王曰《ク》、「子何《ノ》故《ニ》不《ル》レ知《ラ》二於此《ヲ》一。彼《ノ》民之所三以《ノ》為《ス》二我《ガ》用《ヲ》一者《ハ》、非《ザル》下以《テ》二吾愛《スルヲ》レ之《ヲ》為《ス》二我《ガ》用《ヲ》一者《ニ》上也。以《テ》二吾勢《アルヲ》レ之《ニ》為《ス》二我《ガ》用《ヲ》一者也。故《ニ》遂《ニ》絶《ツ》二愛《ノ》道《ヲ》一也《ト》。」

（『韓非子』外儲説右下による）

〔注〕　○塞禱――神の霊験に感謝する祭祀。○郎中――侍従官。○閻遏、公孫衍――ともに人名。○社――土地神。○臘――陰暦十二月に行う祭祀。○訾――罰として金品を取り立てる。○里正――里長。○伍老――五人組の頭。○甲――よろい。○勢――権勢。

設　問

㈠　「過二堯舜一矣」とあるが、

　(ア)　この文の主語に当たる人名を記せ。

　(イ)　話者はなぜそのように考えたのか。簡潔に説明せよ。

㈡　「王因使二人問一レ之。『何里為レ之』」を、「為レ之」の内容を明らかにして、平易な現代語に訳せ。

㈢　「絶㆓愛　道㆒」とあるが、

㈠　王がそうしたのはなぜか。簡潔に説明せよ。

㈡　王は具体的には何をしたのか。簡潔に説明せよ。

（解答枠は㈠㈠＝2.8センチ、㈡＝12.6センチ×2行、㈡＝13.5センチ×1.5行、㈢＝各12.6センチ×1.5行）

二〇〇二年

第三問（文科）

次の文章を読んで、後の設問に答えよ。

或ヒト曰ク、「梅ハ以テレ曲ヲ為シレ美ト、直ナレバ則チ無シレ姿。以テレ欹《かたむ》クヲ為シレ美ト、正ナレバ則チ無シトレ景。」此レ文人画士、心ニ知ルモ二其ノ意ヲ一、未ダレ可カラ三明詔大号シテ以テ縄スニ天下之梅ヲ一也。又不ルレ可カラ下以テ使ム中天下之民ヲシテ斫《きり》レ直ヲ、鋤《のぞ》キレ正ヲ、以テ二殀《えう》シ梅ヲ病マシムルヲ一梅ヲ為シテレ業ト、以テ求メレ銭ヲ也。有リテ下以テ二文人画士ノ孤癖之隠ヲ一、明ラカニ告グルモノ中鬻《ひさ》グレ梅ヲ者ニ上、斫リ二其ノ正ヲ一、鋤キ二其ノ直ヲ一、遏《とど》メテ二其ノ生気ヲ一、以テ求メシム二重価ヲ一。而シテ天下之梅皆病ム。文人画士之禍《わざはひ》之烈ナルコト至ルレ此ニ哉。予購《あがな》フ二三百盆ヲ一、皆病メル者ニシテ、無シ二一ノ完《まつた》キ者一。既ニ泣クコトレ之ヲ三日、乃チ誓フレ療センコトヲレ之ヲ。毀《こぼ》チ二其ノ盆ヲ一、悉《ことごと》ク埋メ二於地ニ一、解キ二其ノ縛《いましめ》ヲ一、以テ二五年ヲ一為シレ期ト、必ズ復シレ之ヲ全クセントスレ之ヲ。予本《もと》ヨリ非ザレバ二文人画士ニ一、甘ンジテ受ケ二詬厲《こうれい》ヲ一、闢《ひら》キテ二病梅之館ヲ一以テ貯フレ之ヲ。嗚《あ》呼《あ》。安クンゾ得ン乙使メ下予ヲシテ多ク二暇日ヲ一、又多カラ中閑田上、以テ

広《ク》貯《ヘ》二天下之病梅《ヲ》一、窮《メテ》二予《ガ》生之光陰《ヲ》一以《テ》療《スルヲ》甲レ梅《ヲ》也哉《や》。（龔自珍「病梅館記」による）

〔注〕○明詔大号——明らかに告示する。　○縄——一つの基準に当てはめる。　○殀レ梅——梅を若死にさせる。
○孤癖之隠——ひそかな愛好・奇癖。　○詬厲——非難。

設問

(一)「梅以レ曲為レ美、直則無レ姿」を、平易な現代語に訳せ。

(二)「文人画士孤癖之隠」が「天下之梅皆病」という結果をもたらすのはなぜか。簡潔に説明せよ。

(三)「予購二三百盆一、皆病者、無二一完者一」を、平易な現代語に訳せ。

(四)「予本非二文人画士一、甘受二詬厲一」とあるが、筆者が甘受する「詬厲」とはどのようなものか。具体的に説明せよ。

(五)筆者が「病梅之館」を開く目的は何か。簡潔に説明せよ。

（解答枠は(一)・(五)＝13.5センチ×1行、(二)・(三)・(四)＝13.5センチ×1.5行）

第三問（理科）

次の文章を読んで、後の設問に答えよ。ただし、設問の都合で送り仮名を省いたところがある。

応《おう》郴《ちん》為リ二汲《きふ》令ノ一。以テ二夏至ノ日ヲ一見《み》二主簿杜《と》宣《せん》ヲ一賜フレ酒ヲ。時ニ北壁ノ上ニ有リレ懸クル二赤弩《ど》ヲ一、照《うつ》リ二於盃中ニ一、其ノ形如シレ蛇ノ。宣畏《おそ》レテ悪《にく》ムレ之ヲ。然不二敢不一レ飲。其ノ日便《すなは》チ得テ二胸腹ノ痛切ナルヲ一、妨二損シ飲食ヲ一、大イニ以テ羸《るい》露《ろ》ス。攻治スルコト万端ナルモ、不レ為サレ癒《い》ユルコトヲ。後、郴因リテレ事ニ過《よぎ》リテ至リ二宣ノ家ニ一、窺《うかが》ヒ視テ、問フ二其ノ変故ヲ一、云フ、「畏ル二此ノ蛇ヲ一。蛇入レリト二腹中ニ一。」郴還リ二聴事ニ一、思惟スルコト良《やや》久シクシテ、顧ミテ見ルニレ懸クルヲレ弩ヲ、「必ズ是レ也ト。」則チ使メ二鈴下ヲシテ徐《おもむろ》ニ扶《かつ》ギレ輦《かご》ヲ載セレ宣ヲ、於テ二故処ニ一設クレバレ酒ヲ、盃中ニ故《もと》ヨリ復《ま》タ有リレ蛇。因リテ謂フレ宣ニ、「此レ壁上ノ弩影ナル耳《のみ》、非ズトレ有ルニ二他怪一。」宣ノ意遂ニ解ケ、甚ダ夷《い》懌《えき》シ、由リレ是レ瘳《い》エ平ラグ。

（応劭『風俗通義』による）

〔注〕 ○応郴――後漢の人。 ○汲令――汲県（河南省）の長官。 ○主簿杜宣――主簿は県の長官の部下。杜宣は人名。
○弩――おおゆみ。 ○羸露――衰弱。 ○聴事――役所。 ○鈴下――県の長官の護衛兵。 ○夷懌――よろこぶ。

設問

㈠ 「宣畏悪レ之。然不二敢不一レ飲」とあるが、

㈠ ㈠

(ア) これを平易な現代語に訳せ。

(イ) 杜宣はなぜ「然不二敢不一レ飲」だったのか。簡潔に説明せよ。

㈡ 「得二胸腹痛切一、妨二損飲食一、大以羸露」とあるが、そうなったのはなぜか。簡潔に説明せよ。

㈢ 「必是也」とはどういうことか。具体的に説明せよ。

㈣ 「由レ是瘳平」とあるが、それはなぜか。わかりやすく説明せよ。

（解答枠は㈠(ア)＝12.6センチ×1.5行、(イ)＝12.6センチ×1行、㈡＝13.5センチ×1行、㈢・㈣＝13.5センチ×1.5行）

二〇〇一年

第三問（文科）

次のAは唐の詩人李賀（七九一―八一七）の詩、Bはこの詩について明の曾益が書いた文章である。A、Bを合わせて読み、後の設問に答えよ。

A. 蘇小小ノ墓

幽蘭ノ露　如シ㆓啼《な》ケル眼ノ㆒

無ク㆔物トシテ結ブ㆓同心ヲ㆒　煙花ハ不㆑堪ヘ㆑剪《き》ルニ

草ハ如ク㆑茵《いん》ノ　松ハ如シ㆑蓋《がい》ノ

風ハ為リ㆑裳ト　水ハ為ル㆑珮《はい》ト

油《いう》壁《へき》車《しや》　久シク相待ツ

冷ヤカナル翠《すい》燭《しよく》　労《つか》ラス㆓光彩ヲ㆒

西陵ノ下　風雨晦《くら》シ

B．

幽蘭露、是墓蘭露、是蘇小墓。生時解結同心、今無物可結矣。煙花已自不堪剪也。時則墓草已宿《とし》而如茵矣、墓松則偃《おほ》而如蓋矣。奚《なに》以想象其裳、則有風環於前而為裳、奚以髣髴其珮、則有水鳴於左右而為珮。壁車如故、久相待而不来。翠燭寒生、労光彩之自照。西陵之下、則維《これ》風雨之相吹、尚《なほ》何影響之可見哉。

（『李賀詩解』による）

〔注〕 ○幽――奥深くほのかなさま。 ○蘇小小――五世紀の末頃、銭塘《せんとう》（今の浙江省杭州市）にいたという有名な歌姫。 ○結同心――互いに変わらぬ愛情を誓うこと。物を贈って誓うこともある。解結同心は、その誓いが破れること。 ○煙花――夕もやの中の花。 ○茵――車の座席の敷物。 ○蓋――車を覆う屋根。 ○裳――スカート状の衣服。 ○珮――腰につける玉飾り。触れ合って美しい音がする。 ○油壁車――油や漆で壁を塗り装飾した車。蘇小小は外出するとき、これに乗ったといわれる。 ○翠燭――青緑色を帯びたともしび。ここでは鬼火を指す。 ○西陵――ここでは蘇小小の墓を指す。 ○影響――影や物音、気配。

設問

㈠「幽蘭露、如啼眼」という二句を、「眼」は誰の眼かを明らかにして、平易な現代語に訳せ。

㈡「煙花不堪剪」とあるが、何のために「剪」るのかを明らかにして、平易な現代語に訳せ。

㈢「草如茵、松如蓋」という二句から、曾益は墓地のどんなありさまを読み取っているか。簡潔に述べよ。

㈣「奚以㝵髴其珮、則有水鳴於左右而為珮」とあるが、「其」が何を指すかを明らかにして、平易な現代語に訳せ。

㈤「冷翠燭、労光彩」は、蘇小小のどんなありさまを暗示しているか。簡潔に述べよ。

㈥Aの詩は、三言の句を多用している。この形式はこの詩の中で、どのような効果を上げているか。簡潔に述べよ。

（解答枠は㈠＝13.5センチ×1行、㈡〜㈣＝13.5センチ×1.5行、㈤・㈥＝13.5センチ×2行）

第　三　問（理科）

次の問答体の文章を読んで、後の設問に答えよ。

或《ルヒト》問《ヒテ》曰《ク》、「堯舜《ハ》伝《ヘ》二之《ヲ》賢《ニ》一、禹《ハ》伝《フ》二之《ヲ》子《ニ》一、信《まことナル》乎《ト》。」曰《ク》、「然《リト》。」曰《ク》、「然《ラバ》則《チ》禹之
賢《ハ》不《ル》レ及《バ》二於堯《ト》与《ニ》レ舜也歟《ト》。」曰《ク》、「不レ然《ラ》。堯舜之伝《フルハ》レ賢《ニ》也、欲《スレバ》三天下之
得《ンコトヲ》二其《ノ》所《ヲ》一也。禹之伝《フルハ》レ子《ニ》也、憂《フレバ》二後世争《フ》レ之《ヲ》之乱《ヲ》一也。堯舜之利《スルヤ》レ民《ヲ》也
大《ナリ》、禹之慮《おもんぱかルヤ》レ民《ヲ》也深《シト》。」曰《ク》、「禹之慮《ルヤ》也則《チ》深《キモ》矣、伝《ヘテ》二之《ヲ》子《ニ》一而当《ラバ》レ不《ルニ》レ淑《よカラ》、
則《チ》奈何《ト》。」曰《ク》、「伝《フレバ》二之《ヲ》［A］《ニ》一則《チ》争《フ》、未《ダ》《レバ》二前《ニ》定《マラ》一也。伝《フレバ》二之《ヲ》子《ニ》一則《チ》不レ争《ハ》、前《ニ》定《マレバ》
也。前《ニ》定《マレバ》雖《モ》レ不《ト》レ当《ラ》レ賢《ニ》、猶《ホ》可《シ》二以《テ》守《ル》一レ法《ヲ》。不《シテ》二前《ニ》定《マラ》一而不《レバ》レ遇《ハ》レ［B］《ニ》、則《チ》争《ヒ》且《ツ》乱《ル》。
天之生《ズルヤ》二大聖《ヲ》一也不レ数《しばシバセ》、其《ノ》生《ズルモ》二大悪《ヲ》一也亦《タ》不レ数《シバセ》。伝《フルハ》二諸《ヲ》人《ニ》一、得《テ》二大聖《ヲ》一、然《シテ》
後《ニ》人莫《シ》二敢《テ》争《フ》一。伝《フルハ》二諸《ヲ》子《ニ》一、得《テ》二大悪《ヲ》一、然《シテ》後《ニ》人受《クト》二其《ノ》乱《ヲ》一。」

（韓愈「対禹問」による）

〔注〕○堯——中国古代の聖人君主で、王位を舜に禅譲したといわれる。　○舜——中国古代の聖人君主で、王位を禹に禅譲したといわれる。　○禹——中国古代の聖人君主で、夏王朝の創始者といわれる。

設　問

㈠「堯舜之伝賢也、欲天下之得其所也」を、「伝賢」の内容を明らかにしつつ、平易な現代語に訳せ。

㈡「伝之子而当不淑、則奈何」を、「伝之子」の内容を明らかにしつつ、平易な現代語に訳せ。

㈢ Ａ と Ｂ に、それぞれ文章の趣旨に照らして最も適当と思われる漢字一字を入れよ。

㈣「前定雖不当賢、猶可以守法」を、「前定」の意味を明らかにしつつ、平易な現代語に訳せ。

㈤ この文章の作者は、「伝人」と比べて「伝子」の長所がどこにあると考えているか。簡潔に説明せよ。

（解答枠は㈠・㈣＝13.5センチ×1.5行、㈡＝13.5センチ×1行、㈤＝13.5センチ×2.5行）

二〇〇〇年

第三問（文科）

次の文章を読んで、後の設問に答えよ。ただし、設問の都合で送り仮名を省いたところがある。

閩《びん》藩司ノ庫蔵弗レ飭《ととの》ハ、大順語《つ》ゲテ二左使ニ一治メシムレ之ヲ。不レ聴カ。已ニ果タシテ大イニ亡《うしな》ヒ二庫銀ヲ一、悉《ことごと》ク逮《とら》フ二官吏邏《ら》卒五十人ヲ於獄ニ一。大順曰ク、「盗多キモ不レ過ギ二三人ニ一、而ルニ繋《つな》グ二五十人ヲ一。即《も》シ盗在ルモ、是レ亦タ四十七人ハ冤《ゑん》ナリト矣。」請フ二代ハリテ治ムルヲ一レ獄ヲ。左使喜ビテ属《しょく》ス二大順ニ一。大順悉ク遣《やり》レ之ヲ、戒メテ曰ク、「第《ただ》往《ゆ》キテ跡ヅケレ盗ヲ、旬日ニシテ来リ言ヘト。」

福寧ノ人与二鉄工一隣居ス。夜聞キ二銷《せう》声ヲ一、窺《うかが》フニレ之ヲ、所ハレ銷《と》カス銀ノ元宝也。以テ詣《いた》ルレ官ニ。工曰ク、「貸二諸某家一。」某家証シテレ之ヲ曰ク、「然リト。」首《はじめ》ナル者以テレ誣《ぶ》ヲ坐ス矣。大順曰ク、「鉄工ハ貧人游食、誰カ有ラン下以テ二五十金ヲ一貸ス者上。此レハ是レ盗ナラント也。」令シテ索《もと》メテ得レ之ヲ、一訊《じん》スルニ輒《すなは》チ輸《つ》ゲテ曰ク、「盗者《は》、吏舎ノ奴也。使メ三某《それがし》ヲシテ開ケ二庫鐍《けつ》ヲ一、酬《むく》ユルレ我ニ耳ト。」捜シテ捕ヘレ奴ヲ、具《つぶさ》ニ得テレ贓《ざう》ヲ、五十人皆釈《と》カル。

（何喬遠『閩書』による）

〔注〕○閩藩司――福建（閩）の民政をつかさどる役所。長官は左右二名の布政使。○弗飭――きちんとした安全管理がなされていない。○大順――右布政使の陶大順。○左使――左布政使。この時、蔵の管理を担当。○邏卒――警備の兵士。○繫――逮捕する。○属――ゆだねる。○福寧――福建省にある地名。○銷――金属をとかす。○銀元宝――官製の銀塊。○誣――ありもしないことを事実のように言うこと。○坐――罪に問われる。○游食――ぶらぶらと遊んで暮らす。○鐍――錠。○贓――隠していた盗品。

設問

㈠ 「即盗在、是亦四十七人冤矣」とはどういうことか。なぜ四十七人なのかがわかるように、簡潔に説明せよ。

㈡ 「旬日来言」を、誰に何を言うのかを明らかにして、平易な現代語に訳せ。

㈢ 「貸二諸某家一」を、平易な現代語に訳せ。

㈣ 「首者」とは誰か。文中の語で答えよ。

㈤ 「此是盗也」と陶大順が判断した理由を、簡潔に説明せよ。

㈥　この事件の主犯は誰か。文中の語で答えよ。

（解答枠は㈠・㈤＝13.5センチ×2行、㈡＝13.5センチ×1.5行、㈢＝13.5センチ×1行、㈣・㈥＝4.5センチ×1行）

第三問（理科）

次の文章を読んで、後の設問に答えよ。

孔子曰《ク》、「導《クニ》レ之《ヲ》以《テシ》レ政《ヲ》、斉《ととのフルニ》レ之《ヲ》以《テスレバ》レ刑《ヲ》、民免《レテ》而無《シ》レ恥。導《クニ》レ之《ヲ》以《テシ》レ徳《ヲ》、斉《フルニ》レ之《ヲ》以《テスレバ》レ礼《ヲ》、有《リテ》レ恥且《ツ》格《ただシト》。」老氏称《いはク》、「法令滋《ますます》章《あきらカニシテ》盗賊多《ク》有《リト》。」太史公曰《ク》、信《ナル》哉是言《ノ》也《ヤ》。法令《ナル》者《ハ》、治之具《ニシテ》而非《ザル》下制《スル》二治清濁《ヲ》一之源《ニ》上也。昔天下之網嘗《テ》密《タリ》矣。然《ルニ》姦《かん》偽萌《ばう》起《シテ》、其《ノ》極《ルヤ》也、上下相遁《ヒのがレ》、至《ル》二於不《ルニ》一レ振《すくハ》。当《リ》二是之時《ニ》一、吏治《ハ》若《シ》二救《フニ》レ火揚《グルガ》レ沸《クヲ》。非《ザレバ》二武健厳酷《ニ》一、悪《ンゾ》能《ク》勝《ヘテ》二其《ノ》任《ニ》一而愉快《ナラン》乎。言《フ》二道徳《ヲ》一者《ハ》溺《ルル》二其《ノ》職《ニ》一矣。漢興《リ》、破《リテ》レ觚《こヲ》而為《シ》レ圜《ゑんト》、斲《けづリテ》レ雕《てうヲ》而為《シ》レ朴《ト》、網《ハ》漏《ラス》二於呑舟之魚《ヲ》一。而《シテ》吏治《ハ》烝烝《しようしようトシテ》不《ラ》レ至《ラ》二於姦《ニ》一、黎《れい》民艾《がい》安《ス》。由《リテ》レ是観《レバ》レ之《ヲ》、在《リテ》レ彼《ニ》不《ラ》レ在《ラ》二此《ニ》一。

（司馬遷『史記』酷吏列伝による）

〔注〕○政――法律。　○老氏――老子。　○太史公――司馬遷。　○制治――定める。　○姦――邪悪。
○萌起――芽生える。　○救火揚沸――沸騰した湯をかけて火を消す。事態が切迫していることのたとえ。
○武健――勇猛な。　○破觚而為圜――四角いものを円くする。　○雕――彫刻。　○烝烝――純良なさま。
○黎民――人民。　○艾安――よく治まる。

設問

(一) 「法令者、治之具而非下制一レ治清濁二之源上也」を、「清濁」が何を意味するか明らかにして、平易な現代語に訳せ。

(二) 「非三武健厳酷一、悪能勝二其任一而愉快乎」を、平易な現代語に訳せ。

(三) 「網漏二於呑舟之魚一」は、どのようなことをたとえているか。簡潔に説明せよ。

(四) 「在レ彼不レ在レ此」には、筆者のどのような主張が込められているか。簡潔に説明せよ。

（解答枠は(一)・(四)＝13.5センチ×1.5行、(二)＝13.5センチ×2行、(三)＝13.5センチ×1行）

一九九九年

第四問（文科）

次の文を読んで、後の設問に答えよ（設問の都合で送り仮名を省いたところがある）。

李子南ノカタ渡ルニ㆓一江ヲ㆒、有リ㆓与ニ方《ならべ》テ㆑舟ヲ而済ル者㆒。両舟之大小同ジク、榜《ばう》人《じん》之多少均シク、人馬之衆寡幾相類。而《しか》ルニ俄《にはか》ニ見ル㆔其ノ舟ノ離レ去ルコト如クシテ㆑飛ブガ、已ニ泊マルヲ㆓彼ノ岸ニ㆒。予ノ舟猶ホ亶《てん》廻《くわい》シテ不㆑進マ。問ヘバ㆓其ノ所以ヲ㆒、則チ舟中ノ人曰ク、「彼《かしこ》ニ有リ㆑酒以テ飲マシメ㆓榜人ニ㆒、榜人極メテ㆑力ヲ蕩《うご》カスガ㆑槳《かい》ヲ故爾《のみ》ト。」予不㆑能ハ㆑無キ㆓愧《き》色《しょく》㆒、因リテ嘆ジテ曰ク、「嗟《あ》乎《あ》。此ノ区区タル一葦《ゐ》ノ所㆑如《ゆ》ク之間スラ、猶ホ以テ㆓賂《まひなひ》之有無ヲ㆒、其ノ進ムや有リ㆓疾徐先後㆒。況《ま》シテ宦《くわん》海《かい》競渡ノ中、顧レバ㆓吾ガ手ニ㆒無キヲ㆑金、宜《むべ》ナル乎《かな》至ルモ㆑今ニ未ダ㆑ル霑《うるほ》ハ㆓一命ニ㆒也《や》ト。」書シテ以テ為ス㆓異日ノ観ト㆒。

（李奎報『東国李相国集』より）

〔注〕○榜人――舟のこぎ手。　○亶廻――行きなやむこと。　○愧色――恥じる顔色。　○区区――小さいさま。
○一葦――一枚のあしの葉。　○宦海――官界。　○一命――初めて官吏に任命されること。

設問

(一)「人馬之衆寡幾相類」とは、どのようなことか。具体的に説明せよ。

(二)「而俄見㆔其舟離去如㆑飛、已泊㆓彼岸㆒」を、平易な現代語に訳せ。

(三)「此区区一葦所㆑如」とあるが、これはどのようなことを指しているか。具体的に説明せよ。

(四)「書以為㆓異日観㆒」の異日観とは、どのようなことか。簡潔に説明せよ。

（解答枠は(一)～(四)＝13.6センチ×1行）

第七問（文科）

次の詩は、唐の杜甫（七一二—七七〇）の作品である。これを読んで、後の設問に答えよ。

百憂ノ集マル行《うた》

憶フ年十五心尚ホ孩《がい》ニシテ　健ナルコト如ク二黄《くわう》犢《とく》ノ一走リテ復タ来《きた》ル
庭前八月梨《り》棗《さう》熟スレバ　一日上ルコトレ樹ニ能ク千廻《くわい》ナリキ
即《そく》今《こん》倏《しゅく》忽《こつ》トシテ已ニ五十　坐《ざ》臥《ぐわ》只ダ多クシテ少シ二行立一
強《し》ヒテ将《もっ》テ二笑語ヲ一供ス二主人ニ一　悲シミ見ル生涯百憂ノ集マルヲ
入レバレ門ニ依リテレ旧ニ四壁空シ　老妻睹《み》ルレ我ヲ顔色同ジ
痴児ハ不レ知ラ父子ノ礼　叫怒シテ索《もと》メテレ飯ヲ啼《な》ク二門東ニ一

〔注〕○孩——幼児。　○黄犢——あめ色の子牛。　○棗——なつめ。　○廻——回。　○倏忽——たちまち。
○主人——この詩が作られた時、杜甫の一家は成都（四川省）の友人のもとに身を寄せていた。

設問

(一) 第一・二句「憶年十五心尚孩　健如二黄犢一走復来」を平易な現代語に訳せ。

(二) 第九句「入レ門依レ旧四壁空」からは、杜甫のどのような暮しぶりがうかがわれるか。簡潔に記せ。

(三) 第十一・十二句「痴児不レ知父子礼　叫怒索レ飯啼二門東一」には、杜甫の自分自身に対するどのような思いが込められているか。簡潔に述べよ。

（解答枠は(一)＝13.6センチ×2.5行、(二)＝13.6センチ×1行、(三)＝13.6センチ×1.5行）

第四問（理科）

次の文章を読んで、後の設問に答えよ（設問の都合で送り仮名を省いたところがある）。

人生処世、如二キ白駒ノ過グルガレ隙《げき》ヲ耳《のみ》。一壺《こ》之酒、足二リ以テ養フニレ性ヲ、一簞《たん》之食《し》、足二ル以テ怡《よろこ》バシムルニレ形ヲ。生キテハ在二リ蓬《ほう》蒿《かう》ニ一、死シテハ葬二ムラル溝壑《がく》ニ一。瓦《ぐわ》棺石槨《くわく》、何ヲ以テカ異レナル茲《これ》ニ。吾嘗テ夢ミテ為レリ魚ト、因レリテ化ニ為レル鳥ト。当二其夢一ニ也、何楽如レ之。乃チ其ノ覚ムルや也、何ノ憂ヒカ斯《これ》ニ類セン。良《まこと》ニ由下ル吾之不レル及二バ魚鳥一ニ者ノ遠上キニ矣。故ニ魚鳥ノ飛浮ハ、任二《まか》ス其ノ志性一ニ。吾之進退ハ、恒ニ存二ス掌握一ニ。挙レグルニ手ヲ懼《おそ》レレ触ルルヲ、揺《うご》カスニレ足ヲ恐レル堕ツルヲ。若シ使三メバ吾ヲシテ終《つひ》ニ得二魚鳥ト同遊一スルヲ、則チ去二ルコト人間《かん》ヲ一如レキ脱レグガ屣《くつ》ヲ耳。

（『梁書』世祖二子伝より）

〔注〕○隙――すきま。　○蓬蒿――よもぎの生えたくさむら。　○溝壑――谷間。
○石槨――棺を入れる外側の石のひつぎ。

設問

(一)「如二白駒過一レ隙耳」とは、どういうことか。簡潔に説明せよ。

(二)「当二其夢一也、何楽如レ之」を平易な現代語に訳せ。

(三)「魚鳥飛浮、任二其志性一」とは、どういうことか。簡潔に説明せよ。

(四)「挙レ手懼レ触、揺レ足恐レ堕」とは、どういうことか。簡潔に述べよ。

(五)この一文で作者の望んでいることを簡潔に述べよ。

（解答枠は(一)～(五)＝13.5センチ×1行）

一九九八年

第四問（文科）

次の文章は、清の文人方苞が友人の沈立夫に送った手紙である。これを読んで、後の設問に答えよ。

僕聞《ク》、足下比日《ちかごろ》復《タ》臥《ふせリト》レ疾《やまヒニ》。凡《ソ》疾《ヒハ》、必《ズ》慎《ム》二於微《ナルニ》一。体既《ニ》羸《おとろフレバ》、則《チ》難《シ》レ為《シ》レ療《いやスコトヲ》矣。足下読《ムコト》レ書《ヲ》鋭敏《ニシテ》、応《ジテ》レ事《ニ》与《ためニ》レ人《ノ》言《フニ》、不《ズ》レ嗇《をしマ》二精気《ヲ》一。或《ヒト》曰《ク》、「冬日之閉凍《スルヤ》也不《レバ》レ固《カラ》、則《チ》春夏之長《ズルヤ》二草木《ヲ》一也不《ト》レ茂《ラ》。」天地《モ》不レ能《ハ》二常《ニ》有《シ》常《ニ》費《ヤスルヲ》一、而況《ンヤ》人《ヲヤ》乎。身《ハ》非《ザル》二吾《ガ》有《ニ》一也。為《レバ》レ子《ト》、則《チ》当《ニ/シ》下為《ためニ》二父母《ノ》一顧《ミル》中其《ノ》養《ヒヲ》上。為《レバ》レ人《ト》、則《チ》当《ニ/シ》下為《ニ》二天地《ノ》一貴《ブ》中其《ノ》生《ヲ》上。人生最《モ》難《キ》レ遇《ヒ》者《ハ》、共《ニ》学《ブ》之友《ナリ》。僕病《ミ》且《ツ》衰《ヘテ》、於《テ》二賢者《ニ》一重《ク》有《リ》レ望《ムコト》焉。故《ニ》不《シテ》レ覚《エ》、言《ヘリ》二之《これガ》危苦《ヲ》一。惟《ただ》時《ニ》思《ヒテ》レ之《ヲ》、而無《ケレバ》二異日之悔《イ》一、則《チ》幸甚《ナリ》矣。

（『方望渓遺集』による）

〔注〕○危苦――きびしい忠告。

設問

(一)「凡疾、必慎二於微一。体既羸、則難レ為レ療矣」を平易な現代語に訳せ。

(二)「天地不レ能二常有常費一」とはどういうことか。簡潔に説明せよ。

(三)「為レ子、則当下為二父母一顧中其養上」を平易な現代語に訳せ。

(四)「不レ覚、言二之危苦一」とあるが、筆者が沈立夫の病気を気づかうのはなぜか。両者の間柄を考えながら、その理由を簡潔に述べよ。

（解答枠は(一)・(二)・(四)＝13.5センチ×1.5行、(三)＝13.5センチ×1行）

第七問（文科）

次の詩は、唐の詩人元稹《げんじん》が亡き妻をしのんで詠んだものである。これを読んで、後の設問に答えよ。

謝公ノ最小偏《へん》憐《りん》ノ女《むすめ》　自《より》レ嫁シテ二黔《けん》婁《る》ニ一百事乖《たが》フ

顧ミテ二我ノ無キヲレ衣捜シ二藎《じん》篋《けふ》ヲ一　泥《ねだ》リテ二他ニ沽《か》フヲレ酒ヲ抜カシム二金《きん》釵《さ》ヲ一

野《や》蔬《そ》充タシテレ膳ニ甘シトシ二長《ちやう》藿《くわく》ヲ一　落葉添ヘントシテレ薪ニ仰グ二古《こ》槐《くわい》ヲ一

今日俸銭過グ二十万ヲ一　与《ため》ニレ君ガ営ミレ奠《てん》ヲ復タ営ムレ斎ヲ

〔注〕○謝公最小――晋の貴族謝安の姪謝道韞《しやどううん》のこと。元稹の妻は名門の末娘なので謝道韞になぞらえた。
○偏憐――特にかわいがること。　○黔婁――春秋時代の隠士。貧しいが高潔な志をもつことで知られる。元稹自身をなぞらえた。　○藎篋――衣装箱。　○金釵――金のかんざし。　○長藿――伸びた豆の葉。
○古槐――えんじゅの古木。　○俸銭――給料。　○営奠――霊前にものを供えて死者をまつること。
○営斎――参会者に食事をふるまうこと。

設問

㈠　第三・四句「顧㆓我無㆒㆑衣捜㆓藎篋㆒　泥㆓他沽㆒㆑酒抜㆓金釵㆒」を、「我」と「他」がそれぞれだれを指すかを明確にして、平易な現代語に訳せ。

㈡　第五・六句「野蔬充㆑膳甘㆓長藿㆒　落葉添㆑薪仰㆓古槐㆒」には、(ア)だれが、(イ)どのような行為を、(ウ)どのような心持ちで行ったことが描かれているか。簡潔に述べよ。

㈢　第七・八句「今日俸銭過㆓十万㆒　与㆑君営㆑奠復営㆑斎」には、作者の妻に対するどのような感慨がこめられているか。簡潔に説明せよ。

（解答枠は㈠＝13.5センチ×2行、㈡(ア)＝6.1センチ×1行、(イ)・(ウ)＝13センチ×1行、㈢＝13.5センチ×1.5行）

第四問（理科）

次の文章は、宋の蘇軾が龍眠居士の絵について述べたものである。これを読んで、後の設問に答えよ。

或《ヒト》曰《ク》、「龍眠居士作《ル》二山荘図《ヲ》一。使《ムルコト》三後来入《ル》レ山《ニ》者《ヲシテ》、信《まかセテ》レ足《ニ》而行《クニ》、自《ラ》得二道路《ヲ》一、如《ク》レ見《ルガ》レ所《ヲ》レ夢《ミル》、如《シ》レ悟《ルガ》二前世《ヲ》一。見《ルニ》二山中《ノ》泉石草木《ヲ》一、不《シテ》レ問《ハ》而知《リ》二其《ノ》名《ヲ》一、遇《フニ》二山中《ノ》漁《ぎよ》樵《せう》隠逸《ニ》一、不《シテ》レ名《イハ》而識《ル》二其《ノ》人《ヲ》一。此《レ》豈《ニ》強記《シテ》不《ル》レ忘《レ》者《カト》乎。」曰《ク》、「非也。画《ク》レ日《ヲ》者《ハ》常《ニ》疑《ハルルモ》レ餅《ヲ》、非《ザル》レ忘《ルルニ》レ日《ヲ》也。酔中《ニモ》不二以《テ》レ鼻《ヲ》飲《マ》一、夢中《ニモ》不二以《テ》レ足《ヲ》捉《とらへ》一。天機之所レ合《スル》、不《シテ》レ強《ヒ》而自《ラ》記《スル》也。居士之在《ルヤ》レ山《ニ》也、不レ留《メ》二於一物一、故《ニ》其《ノ》神《ハ》与二万物一交《ハリ》、其《ノ》智《ハ》与二百工一通《ズ》。雖《モ》レ然《リト》有《リ》レ道有《リ》レ芸、有《リテ》レ道而不《レバ》レ芸《アラ》、則《チ》物雖《モ》レ形《あらはルト》二於心《ニ》一、不《ト》レ形《レ》二於手《ニ》一。」

（『東坡題跋』による）

〔注〕○龍眠居士――北宋の画家。　○漁樵隠逸――漁師と木こり、隠者。　○豈――なんと。　○記――記憶する。
○常疑餅――とかく、まるい餅を画いたように見られる。　○天機――人の心に自然にそなわっている能力。
○神――精神。　○百工――もろもろの技芸。　○芸――絵を画く技術。

設問

(一) 「使三後来入レ山者、信レ足而行、自得二道路一」を、平易な現代語に訳せ。

(二) 或ひとが「強記不レ忘」と考えた理由は何か。簡潔に述べよ。

(三) 筆者は「強記不レ忘」という見方を否定しているが、それならば、画家が絵を画いたのはどのようなことだと考えているのか。簡潔に説明せよ。

(四) 「物雖レ形二於心一、不レ形二於手一」を、平易な現代語に訳せ。

（解答枠は(一)・(三)＝13.5センチ×1.5行、(二)・(四)＝13.5センチ×1行）

一九九七年

第四問（文理共通）

次の詩は、清の趙翼（一七二七―一八一四）の作品である。これを読んで、後の設問に答えよ。

有リレ客忽《たちまチ》叩《たたキ》レ門ヲ　来リテ送ル二潤筆ノ需ヲ一
乞《こヒテ》レ我ニ作ラシメ二墓誌ヲ一　要《もとメテ》レ我ニ工《たくみニ》為サシムレ諛《へつらヒヲ》
言《へバ》レ政ヲ必ズ龔《きよう》黄　言《へバ》レ学ヲ必ズ程朱
吾聊《いささカ》以テ為シレ戯レヲ　如クス二其ノ意ノ所ノ一レ須《もとムル》
補綴《ていシテ》成セバ二一篇ヲ一　居然トシテ君子ノ徒タリ
核《ただスニ》二諸ヲ其ノ素行ニ一　十鈞《きんニ》無シ二一銖《しゆモ》一
此ノ文倘《もシ》伝ハラバレ後ニ　誰カ復タ知ラン二賢愚ヲ一
或イハ且《もシ》引キテ為シレ拠ト　竟《つひニ》入レテ二史冊ニ一摹《うつサバ》
乃チ知ル青史ノ上　大半亦タ属スルヲレ誣《いつはリニ》

〔注〕○潤筆需——原稿料。　○墓誌——死者の生前の行いをたたえた文章。　○龔黄——漢代の優れた政治家龔遂と黄覇。
○程朱——宋代の著名な学者程顥《こう》・程頤《い》と朱熹《き》。　○居然——意外にも。　○鈞・銖——重量単位。一鈞は一一五二〇銖。
○青史——歴史書。

設問

㈠ 第一句「有レ客忽叩レ門」とあるが、客の具体的な用件は何か。詩中の表現を抜き出して答えよ。

㈡ 第八句の「其意所レ須」とは、どのようなことか。具体的に説明せよ。

㈢ 第十二句「十鈞無二一銖一」は、どのようなことをたとえているか。簡潔に説明せよ。

㈣ 第十三・十四句「此文倘伝レ後　誰復知二賢愚一」を、必要な言葉を補いつつ、平易な現代語に訳せ。

㈤ 第十七・十八句「乃知青史上　大半亦属レ誣」とあるが、作者がそのように考える理由を説明せよ。

（解答枠は㈠＝6.9センチ×1行、㈡・㈣・㈤＝13.8センチ×2行、㈢＝13.8センチ×1.5行）

第七問（文科）

次の文章を読んで、後の設問に答えよ。

罰《シテ》レ之《ヲ》使《ムルハ》二人《ヲシテ》懲《リ》一レ悪《ニ》、不レ若《カ》三賞《シテ》レ之《ヲ》使《ムルニ》二人《ヲシテ》能《ク》勧《マ》一レ善《ニ》。威《おどシテ》レ之《ヲ》使《ムルハ》二人《ヲシテ》畏《レ》一レ刑《ヲ》、不レ若《カ》三恩《シテ》レ之《ヲ》使《ムルニ》二人《ヲシテ》能《ク》懐《カ》一レ徳《ニ》。悪《にくミテ》レ之《ヲ》使《ムルハ》二人《ヲシテ》遠《ザカラ》一レ悪《ニ》、不レ若《カ》三愛《シテ》レ之《ヲ》使《ムルニ》二人《ヲシテ》能《ク》感《ぜ》一レ心《ニ》。孟子曰《ハク》、「中也《や》養《ヒ》二不中《ヲ》一、才也養《フ》二不才《ヲ》一。故《ニ》人楽《シム》レ有《ルヲ》二賢父兄一也。如《もシ》中也棄《テ》二不中《ヲ》一、才也棄《ツレバ》二不才《ヲ》一、則《チ》賢不肖之相去《ルコト》、其《ノ》間不《ト》レ能《ハ》レ以《テスル》レ寸《ヲ》。」世《ニ》有《リ》下兄賢《ニシテ》而弟不肖、悪《ムコト》レ之《ヲ》過《ギテ》甚《シク》、反《ツテ》激二-成《スル》其《ノ》悪《ヲ》一者上。豈《ニ》非《ズ》二孟子《ノ》所謂賢不肖之相去《ルコト》、不《ル》レ能《ハ》レ以《テスル》レ寸《ヲ》者《ニ》一耶《や》。故《ニ》養《フ》二不肖《ノ》子弟《ヲ》一者《は》、以《テ》二善《ク》処《スルヲ》一為《ス》レ要《ト》。善《ク》処《スルハ》、以《テ》二能《ク》愛《スルヲ》一為《ス》レ本《ト》。

（伊藤仁斎『古学先生文集』による）

〔注〕○恩――恩恵を与える。　○中――中庸の徳をもった人。

○以寸――わずかな単位で計る。

設問

(一)「罰レ之使二人懲一レ悪、不レ若三賞レ之使二人能勧一レ善」を平易な現代語に訳せ。

(二)「賢不肖之相去、其間不レ能レ以レ寸」とあるが、筆者はどのようにしてそうなると考えているか。簡潔に述べよ。

(三)「養二不肖子弟一者、以二善処一為レ要。善処以二能愛一為レ本」を平易な現代語に訳せ。

（解答枠は(一)～(三)＝13.8センチ×2行）

一九九六年

第四問（文理共通）

次の文章を読んで、後の設問に答えよ。

女巫《ふ》郝《かく》嫗《あう》、村婦之狡《かう》黠《かつ》者也。自言狐神付其体、言人休《きう》咎《きう》。凡人家細務、一一周知。故信之者甚衆。嘗有孕婦問所生男女。郝許以男。後乃生女。婦詰《せむ》以神語無験。郝瞋《いから》目曰、「汝本応生男。某月某日汝母家饋《おくる》餅《もち》二十、汝以其六供翁《をう》姑《こ》、匿《かく》其十四自食。冥司責汝不孝、転男為女。汝尚不悟耶。」婦不知此事先為所偵《さぐ》、遂惶《くわう》駭《がい》伏罪。

一日方焚香召神、忽端座朗言曰、「吾乃真狐神也。此嫗陰謀百出、以妖妄歛《あつ》財、乃託其名於吾輩。故今日真付其体、使共知其姦。」語訖《をはり》、郝霍《くわく》然《ぜん》如夢醒。狼《らう》狽《ばい》遁去、後莫知所終。

（『閲微草堂筆記』による）

〔注〕○媼・嫗——老婆。　○狡黠——ずるがしこいこと。　○休咎——幸不幸。　○翁姑——しゅうと・しゅうとめ。
　　　○冥司——冥界の役人。　○惶駭——驚き恐れること。　○霍然——はっとする様子。

設　問

㈠「婦詰以㆓神語無㆑験」とは、どういうことか。簡潔に説明せよ。

㈡「婦不㆑知㆓此事先為㆑所㆑偵」を、「此事」が何を指すか具体的に示しつつ、平易な現代語に訳せ。

㈢「此嫗陰謀百出、以㆓妖妄㆒斂㆑財、乃託㆓其名於吾輩㆒」を、「此嫗」と「吾輩」がそれぞれだれかを明確にしつつ、平易な現代語に訳せ。

㈣「使㆔共知㆓其姦㆒」とあるが、それはどのような方法で行われたか。具体的に述べよ。

（解答枠は㈠・㈣＝13.8センチ×1行、㈡・㈢＝13.8センチ×2行）

第七問（文科）

次の詩は、魏の曹植（一九二—二三二）の作品である。これを読んで、後の設問に答えよ。

転《てん》蓬《ぼう》離レ二本根ヨリ一　飃《へう》颻《えう》トシテ随フ二長風ニ一
何ゾ意《おも》ハン迴《くわい》飆《へう》ノ挙ガリ　吹キテレ我ヲ入レントハ二雲中ニ一
高ク高ク上ガリテ無クレ極マリ　天路安ンゾ可ケンレ窮ム
類スレ此レニ遊客ノ子　捐《す》テテレ軀《み》ヲ遠ク従フレ戎《じゆう》ニ
毛《まう》褐《かつ》不レ掩《おほ》ハレ形ヲ　薇《び》藿《くわく》常ニ不レ充タ
去リ去リテ莫シ二復タ道《い》フ一　沈憂令ム二人ヲシテ老イ一

〔注〕○転蓬——蓬（アカザ科の草）の根が抜け、丸くなって風に吹かれていくもの。
○迴飆——つむじ風。　○遊客子——旅人。　○従戎——従軍。　○毛褐——粗末な衣類。
○薇藿——ワラビと豆の葉。　○沈憂——深い憂愁。

設問

㈠ 第四句「吹レ我入二雲中一」の「我」は何を指すか。文中の語で答えよ。

㈡ 第三句「何意迴飆挙」より第六句「天路安可レ窮」までを平易な現代語に訳せ。

㈢ 第九・十句「毛褐不レ掩レ形　薇藿常不レ充」は、だれのどんな状態を描いているか。簡潔に述べよ。

㈣ この詩は全体として何をうたっているか。簡潔に説明せよ。

（解答枠は㈠＝6.8センチ×1行、㈡＝13.8センチ×2行、㈢＝13.8センチ×1行、㈣＝13.8センチ×1行＋6.8センチ×1行）

一九九五年

第四問（文科）

次の文章を読んで、後の設問に答えよ。

夫《レ》天《ハ》有《リ》レ所二分《ケ》予《あたフル》一、予《フル》二之《ニ》歯《ヲ》一者《ハ》去《リ》二其《ノ》角《ヲ》一、附《つクル》二其《ノ》翼《ヲ》一者《ハ》両《ふたつニス》二其《ノ》足《ヲ》一。是《レ》受《クル》レ大《ヲ》者《ハ》不《ル》レ得レ取《ル》レ小《ヲ》也。古之所レ予《らルル》レ禄《ヲ》者《ハ》、不レ食《はマ》二於力《ニ》一、不レ動《カ》二於末《ニ》一。是《レ》亦受《クル》レ大《ヲ》者《ノ》不《ルコトニシテ》レ得レ取《ル》レ小《ヲ》、与《ト》レ天同《ジクスル》レ意《ヲ》者也。夫《レ》已《ニ》受《ケ》レ大《ヲ》、又《タ》取《レバ》レ小《ヲ》、天《モ》不レ能《ハ》レ足《ラシムル》。而《ルヲ》況《ンヤ》人《ヲヤ》乎。此《レ》民之所二以囂《がう》囂《がうトシテ》苦《シム》一レ不《ルニ》レ足《ラ》也。身寵《セラレテ》而戴《キ》二高位《ヲ》一、家温《カニシテ》而食《ミ》二厚禄《ヲ》一、因《リテ》乗《ジテ》二富貴之資力《ニ》一、以《テ》与《レ》民争《ハバ》二利《ヲ》於下《ニ》一、民安《ンゾ》能《ク》当《タランヤ》レ之《ニ》哉。故《ニ》受《クル》レ禄《ヲ》之家《ハ》、食《ム》レ禄《ヲ》而已《のみ》、不三与レ民争一レ業《ヲ》。然《ル》後利《ハ》可《ク》二均《シク》布《レク》一、民《ハ》可《シ》二家足《ル》一。此《レ》天之理《ニシテ》、亦《タ》古之道《ナリ》。

（『漢書』董仲舒伝による）

〔注〕　○末——工業や商業。　○囂囂——民の恨み悲しむ声。

設問

㈠「古之所レ予レ禄者、不レ食二於力一、不レ動二於末一」を、平易な現代語に訳せ。

㈡「夫已受レ大、又取レ小、天不レ能レ足、而況人乎」を、平易な現代語に訳せ。

㈢「民安能当レ之哉」とあるが、それはどういうことか。文脈に即して具体的に説明せよ。

㈣「此天之理、亦古之道」とあるが、作者が「天之理」であり同時に「古之道」であると考えている基本的な原理は何か。本文中の言葉で答えよ。

（解答枠は㈠～㈢＝13.7センチ×2行、㈣＝13.7センチ×1行）

第七問（文科）

次の詩を読んで、後の設問に答えよ。

題ス㆓帰夢ニ㆒　　李賀

長安風雨ノ夜　書客夢ム㆓昌谷ヲ㆒
怡《い》怡《い》タル中堂ノ笑ヒ　少弟裁ツ㆓澗《かん》菉《ろく》ヲ㆒
家門厚重ノ意　望ム㆔我ガ飽カシムルヲ㆓飢腹ヲ㆒
労労タリ一寸ノ心　灯花照ラス㆓魚目ヲ㆒

〔注〕○李賀――中唐の詩人。　○書客――科挙の受験生。　○昌谷――李賀の故郷。
○怡怡――なごやかなさま。　○中堂――居間。　○澗菉――谷川のこぶなぐさ。
○灯花――灯心の燃えかすが花のようになったもの。　○魚目――魚の目はつぶらないことから、眠れない目をいう。

設問

(一) 第三句「怡怡中堂笑」にはどういう情景がうたわれているか、具体的に説明せよ。

(二) 第五・六句「家門厚重意　望三我飽二飢腹一」を平易な現代語に訳せ。

(三) この詩が作られたときの詩人の境遇と心境について説明せよ。

(解答枠は(一)＝13.7センチ×1行＋6.5センチ×1行、(二)・(三)＝13.7センチ×2行)

第四問（理科）

次の文章は清の兪正燮《ゆせいしょう》の「女」と題する一文である。これを読んで、後の設問に答えよ。

白居易ノ「婦人苦」ノ詩ニ云フ、「婦人一タビ喪ヘバレ夫ヲ、終身守ル二孤《こ》孑《げつ》ヲ一。有リ下如ク二林中ノ竹ノ一、忽《たちま》チ被ル中風ニ吹キ折ラ上。一タビ折ルレバ不二重ネテハ生ゼ一、枯死シテ猶ホ抱クレ節ヲ。男児若シ喪ヘバレ婦ヲ、能ク不二暫《しばら》クモ傷マシメレ情ヲ。応ニシ下似テ二門前ノ柳ニ一、逢ヘバレ春ニ易中シカル発栄スルコト上。風吹キテ一枝折ルルモ、還《ま》タ有リ二一枝ノ生ズル一。為ニレ君ガ委曲ニ言ハン、願ハクバ君再三聴ケ。須クシレ知ル二婦人ノ苦ヲ一、従リレ此レ莫カレト二相ヒ軽ンズル一。」其ノ言尤モ藹《あい》然《ぜん》タリ。『荘子』天道篇ニ云フ、尭告ゲテレ舜ニ曰ク、「吾レ不レ虐ゲ二無告ヲ一、不レ廃《す》テ二窮民ヲ一。苦シミ二死者ヲ一、嘉《よみ》シテ二孺子ヲ一而哀シム二婦人ヲ一。此レ吾ガ所二以テ用フルレ心ヲ一也ト。」此レ聖人ノ言也。『天方典礼』ニ引キテ二謨罕墨特ヲ一云フ、「妻ト曁《と》ハレ僕、民之二弱也。衣セレ之ニ食ハセレ之ニ、勿カレト二命ズルニ以テスルヲレ所ヲレ不ルレ能クセ。」蓋《けだ》シ持スルレ世ヲ之人未ダレ有ラ下不ル二計リテ及バレ此レニ者上。

（『癸巳存稿』より）

〔注〕　○孤子――孤独に同じ。　○委曲――つぶさに。　○藹然――やさしくて思いやりがあるさま。
○無告――みなし子、老人などよるべきなき人々。　○孺子――こども。　○『天方典礼』――清代の書物。
○謨罕墨特――マホメット。

設問

㈠　「一折不二重生一、枯死猶抱レ節」は、どのようなことをたとえているか。簡潔に説明せよ。

㈡　「能不二暫傷一情」を、平易な現代語に訳せ。

㈢　「衣レ之食レ之、勿二命以一所レ不レ能」を、「之」の内容がわかるように、平易な現代語に訳せ。

㈣　「持レ世之人未レ有下不二計及一此者上」を、「此」の指示する内容を明らかにして、簡潔に説明せよ。

（解答枠は㈠～㈢＝13.7センチ×1行、㈣＝13.7センチ×1行＋6.8センチ×1行）

◇解答欄の例◇

○古文（二〇〇六年度　文理共通・第二問）

(一)			(二)		(三)	(四)	(五)
イ	ウ	キ					

◈ 解答欄の例

〇漢文（二〇一九年度　文理共通・第三問）

(一)			(二)	(三)	(四)
a	d	e			

– MEMO –

– MEMO –

東大入試詳解

第2版①20200326

東大入試詳解 25年

古典 第2版

2019~1995

解答・解説編

◆古文
上野 一孝・関谷 浩　共著
(2019~2009年度)　(2008~1995年度)

◆漢文
三宅 崇広　著／土屋 裕　監修

駿台文庫

はじめに

もはや21世紀初頭と呼べる時代は過ぎ去った。連日のように技術革新を告げるニュースが流れる一方で、国際情勢は緊張と緩和をダイナミックに繰り返している。ブレイクスルーとグローバリゼーションが人類に希望をもたらす反面、未知への恐怖と異文化・異文明間の軋轢が史上最大級の不安を生んでいる。

このような時代において、大学の役割とは何か。まず上記の二点に対応するのが、人類の物心両面に豊かさをもたらす「研究」と、異文化・異文明に触れることで多様性を実感させ、衝突の危険性を下げる「交流」である。そしてもう一つ重要なのが、人材の「育成」である。どのような人材育成を目指すのかは、各大学によって異なって良いし、実際各大学は個性を発揮して、結果として多様な人材育成が実現されている。

では、東京大学はどのような人材育成を目指しているか。実は答えはきちんと示されている。それが「東京大学憲章」(以下「憲章」)と「東京大学アドミッション・ポリシー」(以下「AP」)である。もし、ただ偏差値が高いから、ただ就職に有利だからなどという理由で東大を受験しようとしている人がいるなら、「憲章」と「AP」をぜひ読んでほしい。これらは東大のWebサイト上でも公開されている。

「憲章」において、「公正な社会の実現、科学・技術の進歩と文化の創造に貢献する、世界的視野をもった市民的エリート」の育成を目指すとはっきりと述べられている。そして、「AP」ではこれを強調したうえで、さらに期待する学生像として「入学試験の得点だけを意識した、視野の狭い受験勉強のみに意を注ぐ人よりも、学校の授業の内外で、自らの興味・関心を生かして幅広く学び、その過程で見出されるに違いない諸問題を関連づける広い視野、あるいは自らの問題意識を掘り下げて追究するための深い洞察力を真剣に獲得しようとする人」を歓迎するとある。つまり東大を目指す人には、「広い視野」と「深い洞察力」が求められているのである。

当然、入試問題はこの「AP」に基づいて作成される。奇を衒った問題はない。よく誤解されるように超難問が並べられているわけでもない。しかし、物事を俯瞰的にとらえ、自身の知識を総動員して総合的に理解する能力が不可欠となる。さまざまな事象に興味を持ち、主体的に学問に取り組んできた者が高い評価を与えられる試験なのである。

本書に収められているのは、その東大の過去の入試問題25年分と、解答・解説である。問題に対する単なる解答に留まらず、問題の背景や関連事項にまで踏み込んだ解説を掲載している。本書を繰り返し学習することによって、広く、深い学びを実践してほしい。

「憲章」「AP」を引用するまでもなく、真摯に学問を追究し、培った専門性をいかして、公共的な責任を負って活躍することが東大を目指すみなさんの使命と言えるであろう。本書が、「世界的視野をもった市民的エリート」への道を歩みだす一助となれば幸いである。

駿台文庫 編集部

◇目次◇

年度	ページ	文理	問題番号	出典	ジャンル	成立
二〇一九	⇩16ページ	共通	第二問	『誹諧世説』	俳文	江戸
二〇一八	⇩20ページ	共通	第二問	『太平記』	軍記物語	南北朝
二〇一七	⇩25ページ	共通	第二問	『源氏物語』	物語	平安
二〇一六	⇩32ページ	共通	第二問	『あきぎり』	擬古物語	鎌倉
二〇一五	⇩38ページ	共通	第二問	『夜の寝覚』	物語	平安
二〇一四	⇩44ページ	共通	第二問	『世間胸算用』	浮世草子	江戸
二〇一三	⇩50ページ	共通	第二問	『吾妻鏡』	歴史書	鎌倉
二〇一二	⇩55ページ	共通	第二問	『俊頼髄脳』	歌論書	平安
二〇一一	⇩60ページ	共通	第二問	『十訓抄』	説話集	鎌倉
二〇一〇	⇩67ページ	共通	第二問	『古今著聞集』	説話集	鎌倉
二〇〇九	⇩73ページ	共通	第二問	『うつほ物語』	物語	平安
二〇〇八	⇩79ページ	共通	第二問	『古本説話集』	説話集	未詳

◈ 目次

年度	ページ	区分	設問	出典	ジャンル	時代
二〇〇七	⇩ 83ページ	共通	第二問	『続古事談』	説話集	鎌倉
二〇〇六	⇩ 87ページ	共通	第二問	『堤中納言物語』	短編物語集	平安
二〇〇五	⇩ 91ページ	共通	第二問	『住吉物語』	物語	平安
二〇〇四	⇩ 95ページ	共通	第二問	『庚子道の記』	日記紀行文	江戸
二〇〇三	⇩ 99ページ	共通	第二問	『古本説話集』	説話集	未詳
二〇〇二	⇩ 104ページ	共通	第二問	『神道集』	説話集	室町
二〇〇一	⇩ 108ページ	文科	第二問	『栄花物語』	歴史物語	平安
		理科	第二問	『十訓抄』	説話集	鎌倉
二〇〇〇	⇩ 115ページ	共通	第二問	『成尋阿闍梨母集』	私家集	平安
一九九九	⇩ 119ページ	共通	第三問	『芭蕉翁頭陀物語』	俳諧書	江戸
		文科	第六問	『百首異見』	注釈書	江戸
一九九八	⇩ 124ページ	共通	第三問	『宇治拾遺物語』	説話集	鎌倉
		文科	第六問	『源氏物語』	物語	平安
一九九七	⇩ 130ページ	共通	第三問	『春雨物語』	読本	江戸
		文科	第六問	『栄花物語』	歴史物語	平安
一九九六	⇩ 136ページ	共通	第三問	『増鏡』	歴史物語	室町
		文科	第六問	『唐物語』	説話集	未詳
一九九五	⇩ 142ページ	共通	第三問	『玉勝間』	随筆	江戸
		文科	第六問	『源氏物語』	物語	平安

▽漢文

年度	ページ	文理	問題番号	出典	ジャンル	成立
二〇一九	⇩147ページ	共通	第三問	黄宗羲『明夷待訪録』	論説	清
二〇一八	⇩151ページ	共通	第三問	王安石『新刻臨川王介甫先生文集』	論説	宋
二〇一七	⇩156ページ	共通	第三問	劉元卿『賢奕編』	逸話	明
二〇一六	⇩160ページ	共通	第三問	蘇軾「寓居定恵院之東、雑花満山、有海棠一株、土人不知貴也」	詩	北宋
二〇一五	⇩165ページ	共通	第三問	紀昀『閲微草堂筆記』	説話	清
二〇一四	⇩170ページ	共通	第三問	司馬光『資治通鑑』	逸話	宋
二〇一三	⇩176ページ	共通	第三問	『三国史記』	逸話	高麗
二〇一二	⇩182ページ	共通	第三問	『春秋左氏伝』	逸話	前漢
二〇一一	⇩186ページ	共通	第三問	白居易「放旅雁」	詩	中唐
二〇一〇	⇩190ページ	共通	第三問	文瑩『玉壺清話』	逸話	宋
二〇〇九	⇩194ページ	共通	第三問	万里集九『梅花無尽蔵』	詩話	室町
二〇〇八	⇩197ページ	共通	第三問	兪樾『右台仙館筆記』	随筆	清
二〇〇七	⇩201ページ	共通	第三問	陶宗儀『輟耕録』	随筆	元末明初
二〇〇六	⇩205ページ	共通	第三問	彭乗『続墨客揮犀』	随筆	宋
二〇〇五	⇩208ページ	文科	第三問	陳其元『庸間斎筆記』	随筆	清
		理科	第三問	蘇洵『嘉祐集』	随筆	北宋
二〇〇四	⇩214ページ	文科	第三問	田汝成『西湖遊覧志余』	逸話	明
		理科	第三問	蘇軾『東坡志林』	逸話	北宋
二〇〇三	⇩220ページ	文科	第三問	マテオ＝リッチ『畸人十篇』	逸話	明
		理科	第三問	韓非『韓非子』	逸話	戦国

◈ 目次

◆出題分析と入試対策（古文）◆

東京大学の入学試験では、国語の出題のうち古文の分野の問題は、各科目の入試問題の構成などを大幅に変更した二〇〇〇年度以後、ほぼ毎年（一度だけ例外があった）、理科と文科で同一の本文を提示し、そこに、理科の受験生には五つの枝問を、文科の受験生には、それに二つの枝問を加えての、合計七つの枝問を課すというかたちを採用している。少なくともこの文章を執筆している二〇一九年度まで二十年間、ずっと同じ形態を採り続けているので、これを前提に入試対策を進めればよいだろう。（それまでは、理科は一題の出題、また、文科は理科と共通の出題にさらに一問を加えて、大問合計二題の出題があったのだということを、参考までに記録しておく。）

この国語第二問、即ち、古文の問題は、配点はさほど多くはないけれども、侮っていると、痛い目に遭うことすら考えられる。例えば第二問そのものの得点率は同程度でも、この第二問にどれだけの時間を費やしたかということは、他の現代文や漢文の問題にどれだけ時間を供給することができたかということに連動するのである。古文の問題がどれだけできたか、ということが即ち、国語全体の得点に、少なくない影響を及ぼすことになるということを、受験生諸君は、留意しておいてもらいたい。

さて、問題本文として用いられる文章は、平安時代と鎌倉時代の文章が中心で、まれに近世の文章が出題される。説話、物語、歌論、あるいは浮世草子、紀行文など、まさしく、満遍なく各分野から出題されていると言ってよいだろう。特定のジャンルの作品のみに学習を集中させるということは、不必要であり、また、無意味である。むしろいろいろな作品について、広く学んでもらいたい。また、和歌についての設問も、さほど頻繁に出題されている訳ではないが、物語や説話の途中で、登場人物が和歌を詠む、つまり、贈答歌についての出題が見られる。この点を留意して、普段の学習でも、贈答歌については格段の注意を払っておきたい。

なお、出題される文章の長さは、およそ一〇〇〇字前後。これを下回る場合も多い。センター試験が一五〇〇字を越えることが多々あるのに比べると、比較的読みやすい長さだと言えるだろう。

《〈現代語訳〉について》

▼〈現代語訳〉①

東京大学の過去の古文の出題では、問題の設定は、二つの種類に大別することができる。

まず、一つ目は、〈現代語訳〉の設問である（もう一つは、〈説明問題〉であるが、これについては、後で詳説する）。そもそもここで言う〈現代語訳〉は、他大学の入試問題で用いられることも多い〈解釈〉もしくは〈口語訳〉とも同様のものを想定していると考えてよいだろう。東大では〈現代語訳せよ〉もしくは〈現代語に訳せ〉に統一して用いている。また、東大入試では、〈現代語訳〉〈解釈〉〈口語訳〉の区別は想定していないということである。

そこで留意しなければならないのが、受験生諸君は、古文以外でも、漢文、さらには外国語（英語）といった科目においても〈訳〉という作業が求められているという点である。例えば〈英文和訳〉と古文の〈現代語訳〉とでは、そこでどのような作業が求められているかについて、同様の作業なのか、それとも大きく異なるものなのか。

古文の〈現代語訳〉は、基本的には、できうる限り、逐語訳を追究するのだと考えたい。本来であれば、出題者側としては、提示した古文の原文を、受験生が原文のままで読みこなしているかどうかをはっきりさせたいのである。それを検査する最も有効な方法として、〈現代語訳〉を課しているのだと考えたい。意訳に走ったりすると、その点が検証できない。

だとすれば、受験生側から言うと、自分が原文のままで本文を理解しているのだということを、積極的に採点者にアピールする場として、〈現代語訳〉を利用したいものである。そこで必要となる訳文は、いわば〈逐語訳〉となる。傍線部の訳語の一語一語が、そのセンテンスの中で果たしている機能を、できる限り正確に現代語で表現して訳を完成させてゆくのである。〈逐語訳〉は、言葉の意味を表現するだけではなく、原文に用いられている言葉の、構文上の機能までも訳の中に表現してゆくものなのだと考えることである。

ところが、〈英文和訳〉などでは〈逐語訳〉などはもとよりできなくて、さらに〈意訳〉どころか、〈翻訳〉までも必要とする場合が多いだろう。英文のある部分を訳そうとして、そこに主語・述語があったとしても、それが無生物主語だったりすると、そのままでは日本語にはならない。すると、そうした表現は一度飲み込んで、全く異なる構文の日本語訳に作り替える必要が生じてくる。こうした作業が、〈翻訳〉では求められるのである。しかし〈英文和訳〉とは異なり、古文の〈現代語訳〉は、なるべく逐語訳を通して現代語に置き換える作業を貫徹するのである（「翻訳」が必要な場合は、「どのようなことを述べているのか」などという〈説明問題〉にして出題することが可能である）。

▼〈現代語訳〉②

〈現代語訳〉を作成して、当初の〈逐語訳〉のままでは、そもそも日本語として通じない場合には、もう一段階の作業が必要だ。即ち、当初の〈逐語訳〉に対して、最小限の補正作業を行って、訳文として整ったかたちを見せる必要があるのだ。

例えば「かかることもありなむ」とあるうちの「な」は助動詞「ぬ」の未然形である。この「ぬ」は、完了の意味だと判断すると、「〜しまう」と訳すところだが、直前にあるのが動詞「あり」なので、これをつなげて、「ありなむ」全体の訳が、「あって・しまう・だろう」となってしまう。しかし、この「あってしまう」という表現は、日本語としてやや不自然であると言わざるを得ない。（例えば「見落とすようなことがあってしまうだろう」とは言うものの、「チームが優勝することがあってしまうだろう」「合格することがあってしまうだろう」といった言い廻しは、必ずしもベストの表現とは言えないだろう。）

そこで、「ぬ」を、強意の用法で解釈しようと試みるのだが、「あり」の下にくる言葉で、センテンス全体を強める働きを持つ表現は、思いつかない。そこで、「ぬ」の訳語として「きっと」という副詞表現を用いて、さらにそれを上に移動させて、「きっと・ある・だろう」というように語順を入れ替えるなどして、整えるのである。〈逐語訳〉から派生した表現が、現代語として通じるかたちに整えるのである。

▼〈現代語訳〉③

ここで、もう一度設問に戻って考察してみたい。例えば、二〇一六年度の文科の問題を参照してみよう。七つの枝問のうち、「現代語訳せよ」となっているものが合計四つある。そのうち三つは、全部が一つにまとめられて、㈠となっている。これに対して、㈢は一つの傍線についての出題で、「主語を補って現代語訳せよ」となっているので、㈢は、そのまま主語を補って訳せばよい。〈現代語訳〉を逐語訳を基盤にして作成し、さらに表現として通ずるように補正や加筆を行う。

そして、最終段階として、設問がそもそも最初の段階から、補正や加筆を行うことを直接的に指示している設問への対応を考察したい。まず、具体的にどのような書き足しが求められているか、列挙してみる。（数字は年度を表す。二〇〇〇〜二〇一七で調査）

〔A群〕※　主語を補って現代語訳せよ。（一六）
※　だれの行為かがわかるように、ことばを補って現代語訳せよ。（〇七）
※　「……（指示語などが引用されている）」の内容が（よく）わかるように（言葉を補って）現代語訳せよ。（一一、一〇、〇八・二題、〇五、〇二）
※　掛詞に注意して現代語訳せよ。（〇五）

〔B群〕※　必要な言葉を補って現代語訳せよ。（一五、〇九・二題、〇七、〇六、〇五・三題）
※　内容が（よく）わかるように（言葉を補って）現代語訳せよ。〔ただし、何の「内容」か、明示していない〕（一〇、一一）

※　状況がわかるように現代語訳せよ。（〇九）
※　事情がよくわかるように現代語訳せよ。（〇〇）
※　具体的な内容が（よく）わかるように現代語訳せよ。（〇三、〇一）
※　わかりやすく現代語訳せよ。（〇〇・四題）

右の集計から分かることは、何を補うのか、これを具体的に指示しているのは、右のA群、即ち「主語を補って」にまとめられるものと、「『……（指示語などが引用される）』の内容がよくわかるように」の二種類で、数にすると、全二七枝問のうち、九例にとどまるということになる。それ以外の場合は、「よくわかるように」「必要な言葉を補って」というのみで、何を補うのか、具体的には何も指示していない。

これは、現場で考えよう。その際の考え方は、「直訳でわからないところはどこか」と、内容がすべてわかっている立場から逆に振り返ってみて、ここをわかってもらわなければならないという点を見つけ出して、解答に反映させるのである。

▼〈現代語訳〉④

さらに、言葉を補うことを全く指示しておらず、ただ「現代語訳せよ」というのみの設問は、どうすべきか。このかたちの設問は、毎年度、㈠として三枝問程度がまとめて出題されている。

これには、二つに分けて考えることができるだろう。一つは、単に現代語訳を求めている設問以外に、何かを補うことを要求した設問を別途、付加している場合である。文科の設問では、二〇〇〇年から二〇一九年までの二十年間で、これにあてはまるのは一三回（理科の場合は一二回）ある。これらはわざわざ補いを指示した設問を別個に置いているのだから、指示が無いなら、何も補わなくてよいと考えがちだが、一つずつ検討を加えてみると、どう考えても補いが必要な設問が皆無ではないのだ。とすると、特に指示がなかったとしても、必要な言葉を補って訳すことについては、消極的である必要がないということである。

ただ、何でもかんでも補うべきかというと、そうとは限らない。解答欄の大きさがヒントとなって、補って解答が膨張しても、解答欄に収まりきらないと、それは必須として必要とされるものではなかったと考えて、あっさり切り落としてしまって構わない。東大側は、解答が解答欄からはみ出してしまうのを、どうも極端に逃げているようで、かつ、解答欄が狭くて短いものだから、解答に補いを入れても、おのずから限度があるということになる。

以上、〈現代語訳〉の設問についての対応を詳説した。

《説明問題》について

つづいて、〈説明問題〉についてである。これは、出題者の指示に素直に従おうということが肝要である。まず、解答の文体であるが、出題者が示した通りの解答形式で答を出してもらいたい。

例えば一六年度の問題では、次のような設問が出ていた。

(二)「傍線部ア」とはどういうことか、説明せよ。

これは、「どういうこと」と問われているので、解答は「……ということ」もしくは「……こと」という形式になるはずだ。これがさらに複雑化しているところでは、一七年度の設問で、

(三)「傍線部エ」とは、誰が何についてどのように思っているのか、説明せよ。

というかたちになっている。こうなると、設問の指示を厳密に守って、

「××が」、「△△について」、「○○のように思っている」

というかたちが解答で求められている。××には人名を、△△、○○についても、その文の中での文脈に応じた解答を作成する必要があり、それが正解にたどり着く唯一で無二の方法になるはずである。

《解答における敬語について》

最後に、敬語表現の処理について述べておく。現代語訳問題では、訳出が求められている傍線部の語り手、書き手に成り代わった立場から訳出するはずだから、傍線部に含まれている敬語は、訳出する必要がある。

それに対して、説明問題では、説明を要している表現に敬語が含まれていても、それを解答に反映させる必要は無い。なぜなら、傍線部に用いられている敬語は、その文の語り手・書き手がうちに秘めた敬意を表現するものであるから、客観的説明を追究しようとする説明者には余分の部分となる。

最後にこのことを伝えておきたい。

上野　一孝

◆出題分析と入試対策（漢文）◆

《分量・出題形式》

一九九九年度以前は、文科は散文と韻文（漢詩）一題ずつの計二題、理科は散文一題、文・理別の文章で出題されるケースが多かった。

二〇〇〇年度の入試改革で文科の問題が一題に減らされてやや長文化して以後も、文・理別の文章で出題されていたが、二〇〇六年度以後は共通の文章となり、文科の設問数が一問多いというのが標準的な形となっている。

近年の文章は、年度によってばらつきはあるものの、二〇〇字を超える長文が出題されていることが多い。

設問数は文科が五問、理科が四問であることが多く、文科は25〜30分・理科は20〜25分をメドとして取り組むことになるであろう。

《内容（文章）》

いずれの文章も、特異な思想や難解な言葉を含まないものが選ばれているので、特殊な対策は必要ない。『論語』や『史記』といったメジャーな古典は、入試の漢文一般としても出題されなくなっているので、出典別の対策のようなものも要らない。ただし、①句形や語順といった漢文法の基礎と対句・比喩・象徴といった修辞法を駆使して与えられた漢文を正しく読解し、②その理解を正しい日本語で正しく伝える表現力は、高いレベルで求められている。百の文法は要らない。基礎的な読解力と正しい表現力を身につけ、それを自在に使いこなすための百のトレーニングは大変に有効である。その意味で、本書での演習は合格に大いに資するはずである。

二〇〇六年度に文理共通の文章となって以後、二〇〇九年度には絶句を含む文章が出題され、二〇一一・二〇一六年度には漢詩のみの出題がなされている。今後とも漢詩が出る可能性を考慮しての対策が求められる。「漢詩は苦手」な受験生が多いものだが、本書載録の漢詩問題を一通り演習した後その解説をまとめて再読すれば、その不安は解消されるであろう。

《内容（設問）》

設問は、⑴現代語訳二〜三問、⑵説明（内容説明・理由説明）二〜三問という構成になる場合が多いので、この二つの対策は不可欠である。

近年の傾向として、いずれの設問も、送り仮名を省略して出題されるケースが増えている。訓読に慣れておくことも大切な対策となる。

時に、空欄補充・抜き出し・指示語の具体化のような設問が出されることがあるので、一般的な入試漢文への対策として、どう対処すべきかは心得ておきたい。一通りの演習後に、同種の設問をそれぞれまとめて見直して解説を再読することで、解答の方針を確認しておくことが有効である。

(1) 現代語訳（「平易な現代語に訳せ」「わかりやすく現代語訳せよ」）

東大の漢文は、設問の傍線部のみで決まる解釈問題を出題したことはない。傍線部を見ただけで飛び付きたくなる答えは、ワナであることも少なくない。常に文章全体の中での傍線部として矛盾のない解答を求めてくるものであり、その必要のある部分を設問にするのである。傍線部に含まれる句形でさえ「公式」のような訳し方では認められず、文章全体の中での傍線部にふさわしい訳語に修正していなければならないことが少なくない。常に全体を、常に傍線部の外を、しっかり意識して解答することだ。

出来上がった解答は、何度も読み直そう。「平易な（わかりやすい）現代語」になっているかどうか、正しく伝わる日本語で解答できているかどうか、確かめよう。自分の書いた答案が、様々な受け取り方・様々な解釈のできるものでは、「平易な（わかりやすい）現代語」ではない。どんな人が読んでも、間違いなく自分の意図したとおりに受けとめてくれる答案こそが、「平易な（わかりやすい）現代語」なのである。小学生でもわかる日本語や、ただ単にこなれた現代語が求められているわけではないのだ。

「主語を補って」「『之』『其』が指すものを明らかにして」のような条件の付けられる問いになることもある。設問の条件に応えた解答になっているかどうかも、確認しよう。条件がなくても主語は補った方が、指示語は具体化した方が、「わかりやすい」現代語になるはずなので、解答スペースが許せばそうしよう。目的語などを一言補うだけで、「平易な（わかりやすい）現代語」に変わるケースが少なくないものなので、それも心得ておこう。

本書の十分な演習で、東大の要求する「平易な（わかりやすい）現代語」とは何かも、体得できるはずである。

(2) 説明

1．理由説明

①まず傍線部自体を正しく理解し、②文中から理由該当部（一箇所だけではないケースもあるので注意）を捜し出して正しく解釈し、③解答スペースに納まるようにまとめる。当たり前の手順である。

ただし時折、傍線部自体の内容まで含めて解答すべき設問もあるので、問いや解答スペースにも十分に注意する。

2. 具体的な説明「〜とはどういうことか、具体的に説明せよ」

①まず傍線部自体を正しく訳し、②その文中での具体的な内容は何かを確認し、〈①＋②〉で解答する。条件にばかり気をとられて②だけで解答しては正解にはならないので、注意すること。

3. 全文の趣旨にかかわる説明

当然ながら、最後の設問がこれに該当する。「全文の趣旨も考慮して」という条件がつくことも多いが、条件がなくても最後の設問では全文の趣旨を考慮する必要がある。「全文の趣旨も考慮」するためには、文章全体・展開・テーマ・主張・キーワードなどを意識することになるが、自身でそれがつかめないときは、他の設問の傍線部・解答をつなげてみよう。どんな文章が選ばれても、その文章の中で大切な部分だからこそ設問が作られてその理解が試されてくる。傍線部・その解答をつなげてみると、文章のあらすじや要約になっていることも少なくないものだ。漫然と全体を眺めて無為に時間を費やすくらいなら、設問部をつなげてみよう。

4. その他

その他の説明問題として、対句・比喩・象徴などにかかわるものが出題される場合がある。これらの修辞は、解釈問題でのポイントになることもある。各設問に即して、その解説をしっかり読み、設問の要求や解答のポイントを理解して頂きたい。

《入試対策》

これまでの解説は入試対策もふまえて説明したはずだが、有効な学習法として音読をオススメしておきたい。語学の習得に音読が不可欠であることは、ご承知のはずである。東大入試の対策としても音読は欠かせない。句形の修得にも、読み方・訳し方・文章中での効果を確認しつつの音読が大変有効である。

過去問をふまえての出題が目立つのも、東大漢文の特徴の一つだ。毎年のように反語を出題したり、前年度の文中にある単語を設問部にしたり、数年前と同じテーマの詩文を選んだり…。過去問演習の最後に音読を取り入れることによって、入試の本番で「あの文章での解き方を使おう」「あの設問の注意点と同じだ」「あの句形だ」「あの単語だ」「あの解答の書き方だ」と思えるようになれば、君の漢文の答案は間違いなく合格点をクリアしているはずだ。

三宅　崇広

古文編

二〇一九年

第二問（文理共通）

出典

『誹諧世説《はいかいせせつ》』より

『誹諧世説』は闌更の編著。一七八五（天明五）年に京で出板されたもので、全五巻を通じて、松尾芭蕉やその門人たちの逸話を集成して紹介している。

闌更（一七二六〜一七九八）は、金沢の商家に生まれて、すでに二十代から、芭蕉の師系に連なる俳諧師として、おもに加賀国を中心に活躍していたが、晩年近くになって江戸に出て、さらにその後は京に移って医業を営みつつ俳諧に勤しんだとされている。

解説（㈢・㈤は文科のみ）

㈠ **現代語訳問題**

現代語訳の問題が、この㈠に加えて、㈡でも出題されている。特に㈡には、「誰が何をどうしたのかわかるように、言葉を補い」つつ訳すように、設問が指示している。これに対して、㈠の方には、特別な指示や注文は付いていない。したがって、㈠は基本的には、原文の文構造に即して訳出することでよいはずだが、そうした、いわゆる直訳のままでは意味が通じない部分もあるだろうから、そこは少し詳しく丁寧に訳してゆく必要がある。

ア　「うるさく」の訳出がポイントとなるだろう。これを原文のまま「うるさく（思う）」と訳してしまうと、賑やかだということになる。これでは文脈にあてはまらない。「うるさく」は、不快感を表している形容詞で、文脈に合わせると「うっとうしく」などと訳すのがふさわしいだろう。

イ　原文に「程ある」と書かれているが、現代語で、「〜するのにも、程がある」というのとまさに同じである。つまり、猫のかわいがり方について、あまりにも非常識な愛情の注ぎ方は、周囲の者としては違和感を覚えると言っているのである。「程ある」を、「程がある」と訳すのではちょっと物足りないので、「限度というものがある」などと少し工夫を凝らして訳してみるとよい。

カ　形容詞「是非なし」は、考える余地もなく、「どうにもならない」という状態を表す。

訳しづらいのが、「あらはれたる上は」の部分であろう。この直前の妻の発言で「さては我をはかりてのわざなるか」というくだりがある。猫がいなくなっていることについて、最初、嵐雪の説明では猫は自分から家を出て行ったとしていたが、その説明が偽りだと発覚したのである。

その流れを受けて「あらはれたる」と言っているのである。つまり嘘が露見した今となっては、嵐雪は何も繕ったりもせずに、開き直って、強気に転じて主張しようというのである。

(二) **現代語訳問題**

「言葉を補い現代語訳せよ」とあり、かつ、「誰が何をどうしたのかわかるように」とあるので、その通りにするのみである。

まず、土台となる、傍線部の直訳を作ろう。注意を要するのは、動詞「尋ぬ」である。これは「質問する」ではなくて、「捜す」という意で用いられることが多い。それが分かると、傍線部全体として、まさに「妻が」「猫を」「捜したけれども」という構成が見えてくるのである。

さらに、「行くまじき方」の解釈を割り込ませる。即ち、助動詞「まじ」は、「べし」の打消にあたるから、ここの「まじ」を可能の「べし」の打消と考えて、「行くまじき方」で「行くことができそうもない所」とする。すると、「行くまじき」の主語を「猫」と考えて、これらをまとめて行くと、「行くまじき方」が「猫の行くはずもない所」として、傍線部全体を、「妻が、猫の行くはずもない所までも猫を捜し求めたけれども」というかたちにまとめることができる。

(三) **説明問題**

「どうせよといっているのか」とあるので、これに「遣《つか》はし給へ」という命令の表現を重ね合わせればよい。とすると、「人を遣《や》れ」というまとめになる。ではどうするために「人を遣れ」であるかというと、「取り返しに」とある。これは「猫を」「取り返しに」ということのはず。

いささか説明しづらいのは、「何町、何方へ」の部分だが、これは猫のいる所にということとなるはずだが、その場所を具体的に示すことは、この説話であまり重要なことではない。そこで、固有名詞が入るところに「何町、何方」という、あえて特定を避けた表現を代入したのである。したがってここを説明するときには「猫が預けられた家に」とまとめればよいのである。

さらに、「我が知らせしとなく」の説明が必要となるが、「となし」という表現をどう解釈するか。ここでは「なく」を使って否定表現にしているが、「なし」の対義語は「あり」であろう。「とあり」という言い回しはよく用いる。「とあり」で、「と言う、ということだ、と書いてある」という意味になる。よって、「我が知らせしとなく」は、「私が知らせたとは言わずに」となるのである。これらの要素をまとめ上げれば、解答例で示したような答案になる。

(四) **説明問題**

自宅に帰ってきた嵐雪の妻は、隣家の内室から、猫が「何町、何方」にいるということを告知される。嵐雪の妻が留守にしている間に、嵐雪が「かねて約しおける所」に猫を預けていたのである。では肝心の嵐雪は猫がいなくなったことについて妻にどう説明していたかをさぐると、傍線部ウの少し前に書かれていたように、猫が自分から出ていったと述べていたのである。この流れを説明すればよいことになる。

(五) 説明問題

これは冒頭に書かれていることを、二点に分けて説明すればよいだろう。即ち、一つは、布団と食器である。猫に使わせるのには不似合いなほどに美しい布団と、「常ならぬ器」をあてがっていること。もう一つは、「忌むべき日」に猫に生魚を与えたりしていること。「忌むべき日」とは、いわゆる「物忌み」の日であったり、神仏に参ったりするのに備えて、沐浴などして身を清め、慎ましやかに過ごさなければならない日のことを言っている。こういう場合、食事も肉食などは避けるものである。人間がそうしているのに、猫に生魚を食わせるのは、やはり、尋常とは言えない。

通釈

嵐雪の妻は、唐猫で容姿の優れているものを慈しんで、美しい布団を敷かせ、食べ物も尋常ではないほどの（逸品の）器に入れて、朝夕、膝元から離さなかったので、門人や友人たちのなかにもうっとうしく思う人もいるだろうと思って、嵐雪は時折、「獣を愛するにしても、限度というものがあるはずのことである。人間の（使う）ものよりも立派な敷物や器、（そして）食べ物などと言っても、身を清めなければならない日にも、猫には生の魚を食べさせるなど、よくないことだ」と呟いたけれども、妻はこれ（即ち、夫の苦言）に堪えてでも、このことを改めなかった。

そうしてある日、妻が（自分の）実家に行ったときに、（妻の）留守の間、家の外に出ないように、その猫を繋いでいつもの布団の上に寝かせて、魚などをたっぷり食べさせて、くれぐれも綱が緩まないように（妻は嵐雪に）依頼しておいて、出かけて行った。嵐雪はその猫をどこへなりとも行かせて、妻をだまして、猫を飼うことをやめようと思い、以前から約束しているところがあったので、遠い道のりを隔てて、人に命じて（猫を連れて）行かせた。妻は日暮れになってから帰り、まず猫を捜すけれども（姿が）見えない。「猫はどこに行っているのですか」と問うけれども、「いやあ、あなたの後を追っかけたのであろうか、しきりに鳴き、綱を切るほどに騒ぎたて、毛も抜け、首も絞まるほどだったので、あまりにも苦しいことだろうと思い、綱を緩めて魚などをあてがったけれども、食べ物も食べず、ただうろうろと（あなたを）捜している様子で、門口、背戸口、二階などを行ったり戻ったりしていたが、それから戸外に出たのでありましょうか、近隣を捜しているけれども、今まで姿が見えない」と言う。妻は泣き叫んで、（猫が）行くはずもない所までも（猫を）捜し求めたけれども、（猫は）帰らなくて、三日、四日と過ぎたので、妻は、（涙に濡れた）袂を絞るようにしながら、

猫の妻いかなる君のうばひ行く　妻

《盛りの付いている雌猫を、どういう君が奪って行くのか》

このように言って、気分がすぐれなくなりましたので、妻が友人と思っている隣の家の奥様が、この人も猫を好いていたが、嵐雪がはかりごとをして、（猫を）よそに行かせていたことを聞き出して、密かに（そのことを）妻に告げて、「（猫は）無事にしているのであります。決して、心配することはないようになさって下さい。私が知らせたということはないようにして（即ち、伏せておいて）、何町、誰々さん宅へ（猫を）取り返すために人を派遣して下さい」と言い含めたところ、妻は「このようなことがあるはずがあろうか（、いや、本来はないはずだ）。私の夫は、（私が）猫を大切にすることを恨みがましく申されておりましたが、さては、私を騙してのしわざであるか」といろいろに恨みがましく言いあった。嵐雪も、虚偽を述べたことがはっきりした以上はどうしようもなくて、「いかにもお前を騙して（猫を）行かせたのである。常々（私が）言っているように、（妻の猫に対するあり方は）あまりにも他の例と異なる愛し方である。はなはだよくないことである。（今、）改めて、私の言うとおりにしなかったならば、（猫を）取り返すことはできそうにない」といろいろと言い争ったときに、隣家（の人）、門人などがいろいろと言って、妻に謝らせて、嵐雪の（怒りの募った）心も落ち着かせ、猫も取り返し、何事もないようになったので、

一月はじめの夫婦喧嘩を人々に笑われて

喜ぶを見よや初ねの玉ばは木　嵐雪

《猫が喜ぶのを見よ。初子の日に使う玉の付いた箒を鼠だと勘違いして》

解答　（㊂・㊄は文科のみ）

㊀　ア　うっとうしく思う人もいるだろうと、

イ　限度というものがあるはずのことである。

カ　事が露見した以上はどうしようもなく、

㊁　妻が、猫の行くはずもない所までも猫を捜し求めたけれども、

㊂　内室自身が知らせたことは伏せて、猫を取り返しに、猫が預けられた家に人を遣れ。

㊃　妻の不在中に嵐雪が他所に猫を預けたのに、猫が自分から姿を消したということにした。

㊄　猫には不相応に贅沢な敷物・器をあてがい、非常識な餌の与え方をする「愛し様」。

二〇一八年

第二問（文理共通）

出典

『太平記』より

『太平記』は、南北朝時代に成立した、軍記物語。南北朝争乱を、その前後を含めて詳細に描いている。《読み物》として後世まで読み継がれていった一方、「太平記読み」と称して、いわば《語り物》としても広い範囲に伝播していった。

東大の入試問題としては、物語、説話などの出題が多いのに対して、軍記物語からの出題は一九八七・八八年に『義経記』、『平家物語』が連続して取り上げられて以来のことである。しかし今回の問題に引かれたのは、高師直が「美しい女房」に恋文などを寄せて求愛してゆく場面であり、人物関係の把握や和歌の理解などが求められているところなどから考えても、軍記物語というより、むしろ擬古物語の解釈を試みる際と同様の着想を展開してゆけばよいだろう。そういう点では、従来の出題傾向が変化したというものではない。

解説

㈠ **現代語訳問題**　（㈡・㈣は文科のみ）

現代語訳を求める設問が、枝問にして三つ出ている。古文の現代語訳は、文構造に即して訳すこと、即ち、傍線部にある語句がそれぞれ、文法的にどのような機能で用いられているかをも、なるべく忠実に現代語に置き換えてゆくことを前提としている。

さらにその上で、そうした方法で導き出された現代語訳の訳文が、現代語として通じないような不備がないかどうか、洗い出し、必要に応じて、それを修正することとなる。加えて、設問が訳し方に条件を出している場合、即ち「人物を補って訳せ」「具体的内容を補って訳せ」などのような文言が示されている場合は、最終段階で、指示に応じての加筆が必要となる。

ただし、今年度の出題では、現代語訳の設問はこの㈠の三つのみで、条件を付した訳出問題は出されていない。このような場合では、いわゆる直訳を基本に置きつつも、解答欄をあふれさせない範囲の中で、分かりやすくするための加筆が必要となる場合のあることは視野に入れておきたい。

ア　「だに」は、類推を導く副助詞で、訳し方としては、

①せめて……だけでも

②〜すら、〜さえ

という二通りの方法がある。そのどちらかの訳語を採用するかということになるが、〈仮定、願望、命令〉などの流れにあれば、「せめて……だけでも」とする解釈がふさわしい。そうではない場合は、「～すら、～さえ」という解釈が適合している。そしてその後者の場合は「～すら、～さえ」のあとに、「～まして」で導かれるフレーズが来ることが多くて、全体の流れとして、「～でさえ～なのに、まして～」となる。つまり「～でさえ」で導かれるところが、程度の軽いものについて述べて、「まして～」以下で程度のより重いものについて類推させるという機能で用いられるのである。

ここは特に傍線部の前後に〈仮定、願望、命令〉の文脈は見られないので、傍線部の解釈としては、「(手紙を)開けて見ることさえなさらず」となる。そして、「まして～」とは書いていないが、「まして手紙の文言を読むことなどけっしてなさらないが」という重要な内容が示唆されているのである。

なお、この傍線部の末尾にある「ず」は、連用形で、連用中止法で用いられている。よって、「……なさらない。」などと訳してはならない。訳出にあたっては、このように細かな部分にも注意が必要である。

イ　「なかなか」は、形容動詞「なかなかなり」が中途半端だという意味で用いるのから転じて、副詞「なかなか」で、「かえって……（AよりB）」という意味で用いる。価値観の逆転を導く文脈で用いるので、注意が必要だ。

さて、傍線部を直訳すると、「かえって言葉はなくて」となり、その後に、和歌が置かれている。

この傍線部は、師直が「美しい女房」に手紙を送っている現状を公義に打ち明け、どう対処すればよいのか、助言を求めたのに対して、公義が手紙を代筆しようとする文脈である。とすると、この「言葉」が何を指すかについて、明確にしておかなければ、この文脈を理解しているという証明をしたことにならないだろう。

この手紙には「言葉」がないのだが、その代わりの機能を果たしているのが、「和歌」である。逆にその「和歌」が果たしている機能は、手紙の本文そのものの役割である。したがってこの直訳した「かえって言葉はなくて」の「言葉」を「手紙の本文」などと言い換えて、傍線部全体としては、「かえって手紙の本文はなくて」などと訳出すると、この設問の要求に応えたことになるだろう。

エ　「たより」とは、「たよりになるもの」ということで、「機会」「助け」「よるべ」「手がかり」「契機」「きっかけ」「よりどころ」「縁故」「つて」「つながり」「便宜」「都合」「方法」「手段」「使者」「手紙」「可能性」などの訳し方がある。

ここは、師直の恋が実る可能性がそれなりにあるように感じたところで、「可能性がなくはない」というような感じであろう。傍線部全体で、「具合が悪くない」「状態として悪くない」「首尾よく成功しそうだ」といった訳が考えられる。

ただ、ここは品詞分解すると、「たより／あしから／ず」となるが、一語ずつ訳してゆくのは困難なところであるから、この三語をひとまとめにして、熟語のように全体としての意味を提示するしかないだろう。

㈡ 説明問題

和歌の下の句の部分に傍線が付されていて、その傍線部の意味は、設問文が「自分が出した手紙なのに捨てて置けない」ということだと説明している。問われているのは、その理由だが、それは上の句に示されている通りだ。「返すさへ手や触れけん」、つまりこの恋文を、読んではもらえていないが、こちらに返してきたということは、その際に「手や触れけん」、つまり返却の際に「女房」の手に触れたものであろうと、推察しているのである。師直にとって愛しい人、即ち「美しい女房」が触れたものだから、捨てて置けないのである。

㈢ 説明問題

女房のもとに手紙を持参させていた使いの者が、女房から口頭で師直への返答を預かって帰ってきた。その言葉「重きが上の小夜衣」について、その意味を師直から尋ねられた公義が語る会話文の中に、傍線部「さやうの心」は含まれている。そこでは公義が師直の意見を否定して、「さやうの心」ではないと述べている。よって、この設問は、傍線部「さやうの心」の具体内容を問うているが、これは「重きが上の小夜衣」について、師直の解釈（後で否定されることになる）を述べればよい。

そうすると、傍線部の少し前にある、「衣・小袖をととのへて送れ」がまさに、師直の理解と言うことになる。しかし、そのような解釈が成立するのには、女房が師直に対して、いろいろな要求を提示してゆくことができる関係になっていなければならない。ということから考えて、「衣服を仕立てて贈ってほしい」という骨格になる意味に加えて、「師直の誠意の証として」という説明を加えることで、より核心に迫った解答となる。

㈣ 説明問題

設問はまず、掛詞に注意するよう促している。この歌では、「妻」と「褄」（着物の左右の両端の部分）とを掛けている。この掛詞の発見は、やや難易度の高い仕事だが、次の和歌を想起してほしいというのが、出題者の論理であろう。

からころも来つつなれにしつましあればはるばるきぬる
旅をしぞ思ふ

これは伊勢物語の東下りの章段で登場する和歌で、この話自体はほとんどの検定教科書に採録されているものである。

すると問題本文に出ている「な……そ」は、丁寧な禁止を表す表現であるので、結句「つまな重ねそ」が、人妻である私を誘って、罪を重ねないでほしいということになる。

　特にこの場合、どんな罪に対して、さらに私と契る罪ということになるかという点が気になるところだが、注の中にヒントがある。ここに弾かれている歌「さなきだに……」は、そもそも登場人物が詠んだものではなく、新古今集に採録されているもので、しかも「僧が守るべき十種の戒律について詠んだ歌」と注が示されている。つまりすでに人は俗世でさまざまな罪を犯している。これに加えて、人妻と逢瀬を重ねるという罪が重なることを、心配してやっているのである。

(五) 説明問題

　これは女房の言葉について、客観的に説明するのではなく、公義の理解を紹介すればよい問題。傍線部はちょうど公議が師直に説明している会話文にある。傍線部にすでに「人目を憚る」という表現がある。そして、「ばかり」は限定と程度のどちらかを示す表現だが、ここの「ばかり」を限定と解すと、「周りの目」のみが気になるのだが、それ以外は気にならないということになる。

通釈

　侍従が(師直のもとに)帰って、「このようで(ありました)」と語ったので、武蔵守は全く心を空っぽにして、「(手紙を差し上げるのが)度重なったならば、(私の)愛情の深さに(女房の拒む気持ちも)弱まることもあるかも知れない、手紙を送ってみたい」と考えて、兼好と言った書道の名人の出家者を呼び寄せて、紅葉襲の薄様の紙で、手に取ると手に香りが移るほど香を焚きしめた紙に、言葉を尽くして手紙を差し上げた。返事が遅いと言って待っているところに、(師直の)使者が帰ってきて、「(女房は)お手紙を手に取りながら、(封を)開けて見ることさえなさらず、庭に捨てられたのを、(私は)人に見られないようにしようと懐に入れて帰参して居ります」と語ったところ、師直はたいそう機嫌を悪くして、「いやはや、何物にも用に立たないのは、書道家であるなあ。今日から、その兼好法師は、こちらに寄越してはならない」とお怒りになった。

　このようなところに、薬師寺次郎左衛門公義は、用件があって、とつぜん、(師直の前に)進み出た。師直は、傍に招いて、「ここに手紙を送るけれども取ってみることもせず、けしからんほどに表情も薄情な女房がいたのを、どうすればよいのか」と笑ったところ、公義は「人はみな、岩や木ではないので、どのような女房も、こちらが慕うのに靡かない者ではないはずです。もう一度、お手紙をお送りになってご覧下さい」と言って、師直に代わって手紙を書いたが、かえって手紙の本文はなくて、

返すさへ手や触れけんや……せめてこちらに返すときだけ
　でもお手が触れたことだろうかと思うので、私の手紙
　だけれど、捨てておくことなど出来はしない。
と突き返して、それを仲立ちの者がこの手紙を持って行ったところ、女房はどのように思ったのだろうか、歌を見て顔を赤らめ、（手紙を）袖に入れて立ったところ、仲立ちの者は、それでは具合が悪くないと引き返しにして、「それではご返事はどう（しましょう）」と申し上げましたところ、（女房は）「重きが上の小夜衣」とだけ言い捨てて、奥に紛れ込んでしまった。しばらくしたところ、使いの者は急いで帰って、「（女房は）このようでありました」と語ると、師直は嬉しそうな様子で思案して、そのまま薬師寺を呼び寄せて、「この女房の手紙の返事に、「重きが上の小夜衣」と言い捨てて立たれたと仲立ちの者が申すのは、『衣・小袖を整えて送れ』というのであろうか。そのことならば、どのような装束であっても仕立てようとするのにも、とても容易であるに相違ない。これは何という意味か」と問われたので、公義は「いや、これはそのような意味ではありませんで、新古今集の十戒の歌で
　さなきだに……そうでないのでさえ重い小夜衣に、自分の
　　妻ではない人と着物の褄を重ねて関係を持ち、罪をど
　　うか重ねないで下さい。
という歌の意味を通じて、人目だけを気にするばかりでありますよというように思われます」と歌の意味を説明したので、師直はおおいに喜んで、「ああ、お前は弓矢の道だけでなく、歌の道も二人といない名人であるなあ。さあ、褒美を与えよう」と言って、金作りの丸鞘の太刀を一振り、自分の手で取りだして薬師寺にこれを与えた。兼好の不振、高遠の運の強さは、栄枯が一瞬で形勢を変えた。

解答　（二・四は文科のみ）

㈠　ア　開けて見ることさえなさらず、
　　イ　かえって手紙の本文はなくて
　　エ　具合が悪くはない

㈡　突き返された手紙でも、恋い慕う相手が手を触れたものだと思うと貴重だから。

㈢　師直の誠意の証として、衣服を仕立てて贈ってほしいという意味。

㈣　褄を重ねるではないが、人妻である私と契って罪を重ねてくれるなということ。

㈤　人妻なので人目が気になるだけで、師直と契りを結ぶ気がないわけではない。

二〇一七年

第二問（文理共通）

出典

『源氏物語』「真木柱」より

改めて説明するまでもなく、日本の古典文学作品のなかでも、最も評価の高い作品である。

平安時代の半ば、十一世紀のはじめごろに、一条天皇の中宮・彰子に仕える紫式部によって書かれた、作り物語である。全五十四巻から成る長編で、光源氏を主人公とする正編と、薫を中心とする続編に分けられることも多いが、特に末尾の十巻を、「宇治十帖」と称される。

東京大学の入試では、『源氏物語』は一九九〇年代の十年間には文科向けの問題として計三回も出題されて以後、しばらく見なかったが、今回は、九八年以来、久しぶりの出題である。

解説

㈠ **現代語訳問題**　（㈡・㈣は文科のみ）

東大入試で要求される、古文の現代語訳は、原文の文構造ができるかぎり相手に伝わるように書いた、いわば直訳に近いもので、傍線部に例えば主語と述語の関係が成立しているならば、できるかぎり忠実にその主述の関係が現代語訳でも表現されているように心がけるのである。（詳しくは、出題分析「〈現代語訳〉について」を参照されたい。）

ア　ここで注目したいのは、まず、形容動詞「おろかなり」が、おもにどういう文構造のなかで用いられるかということである。この「おろかなり」は、しばしば打消の表現を後に置いて、その打消と一体で、「粗略に（扱わない）」とか、「いい加減なものだ（と考えない）」という流れで用いることが多い。ここも、「おろかならぬこと」となっていて、打消表現（助動詞「ず」の連体形「ぬ」）があることに気づく。さらに、何は「おろかなり」ではないのかと考えると、傍線部の直前に「宿世などいふもの」と明示されているのに気がつく。「宿世」つまり、前世からの宿命は、決して逃れられないものであるのは当時の常識で、光源氏としても、玉鬘は鬚黒の妻となってしまい、自分のもとに引き寄せることは困難だという状況は、もはやそれは宿命で、これをいい加減なものとして考えることは、そもそも適切ではないのだけれども、それでも玉鬘に対する思いがつのりつつあるという流れで用いられているのである。

イ　「聞こゆ」は、もともと動詞「聞く」に古い時代の助動詞「ゆ」が付いた、「聞かゆ」が変化したものである。よって、「聞こゆ」は、「聞く」に「ゆ」の持つ自発、可能、受身のどれかが付いたものとして、以下に説明するような用法が用いられることとなる。

即ち、「聞こゆ」は、

①(+自発)聞こえる

②(+可能)聞くことができ(ない)〈原則として打消表現と一緒に用いる〉

③(+受身)(人に)聞かれる

④(③から派生して)噂される、評判となる

という四つの意味に加え、さらに敬語の動詞として、

⑤「言ふ」「呼ぶ」の謙譲語として、「お話しする、申し上げる」「お呼びする」という意味

⑥謙譲語にする補助動詞

のような使い方まである。これを踏まえて、ここでの「聞こゆ」の意味は、「私」(光源氏)が、「申し上げる」の意味で用いているという判断が第一歩となるだろう。

そして、この傍線部の解釈について、最も重要なポイントは、ここが単なる疑問の表現なのか、それとも反語で解釈すべきかという点であろう。これについては、「いかでかは……む」「いかでかは……べし」「いかでかは……べからむ」という構造のとき、どう解釈するかに注目するとよい。

そもそも副詞「いかで」は、

①(疑問)どのように、どうして

②(反語)どうして(……か、いや、……ではない。)

③(願望を強める)どうしても(……しよう。)

の三つの用法が用いられるが、ここは、「いかで」ではなく、これに疑問の要素を持つ「かは」がついた「いかでかは」が用いられている。「かは」の「か」に疑問の要素がある分、「いかでかは」は、より疑問や反語になる可能性が高く、さらに強意の「は」が付くことで、強い疑問文になると考えればよい。そして、強い疑問文は、強いだけに、反語表現となる可能性が強い。よって「いかでかは……べからむ」は、反語で解釈すると、該当する可能性が確率的に強いということになる。

さらにこの傍線部の直前には「恨めしう……多うはべるを」とあって、「恨めしい思いになることが多数ありますことを」が、「聞こゆべからむ」に続いている。そうすると、この手紙の書き手、即ち光源氏は、玉鬘に対して、これまでの経緯について恨みがましく思う気持ちを、もはやどうにも申し上げることなどできないということになる。なぜなら、玉鬘は鬚黒の妻となってしまったからだ。そうした文脈の流れでも、ここは反語に解釈するのがふさわしい。

ただ、受験生として悩ましいのは、反語表現の訳し方である。①「どうして……申し上げることができようか」と疑問文のかたちを残しておく訳し方、②「どうして……できようか、いや、……できない。」と念入りに「いや、……ない」

までつけた訳し方、そして、いっそ③「……できない。」と文を否定文で訳す方法、の三通りが考えられる。全国の受験生はいろいろな教え方で学んできている、つまりこれについての統一基準などないものだから、入学試験においては、有利不利が生じないように、どの訳し方でも得点を与えるべきであろう。

大学側が採点基準を発表していない以上、この点については、推測の域を出ないのは、すこぶる残念である。

ちなみに、右の三つの訳し方のうち、筆者ならどれを選ぶかと問われたら、②「どうして……か、いや、……ない」を選ぶと返答するであろう。この表現は、こちらが反語で解釈しているということについて、採点者は間違いようがないからだ。換言すると、①や③の訳し方は、解答者は疑問文、否定文だと解釈していると、採点者から誤解を受ける可能性があるからである。よって、解答は、「どうしてお話し申し上げることができましょうか、いや、できるはずもありません。」となる。

オ　傍線部イの直前に紹介されている和歌《かきたれて……》が光源氏が玉鬘に届けてもらおうとしたものであるのに対して、傍線オを含む和歌は、その返歌として、玉鬘から光源氏に返されたものである。このように、手紙のやりとりのように交わされる和歌のことを、「贈答歌」と言う。贈答歌は、単に風景を詠むに終わらず、問答としてのやりとりにも対応しているものである。ここも、はじめの《かきたれて……》のなかで「いかにしのぶや」と問いかけているのに応えるようにして詠んでいる。つまり、《いかにしのぶや》に対して、《しのばざらめや》がその回答にもなっているのである。

傍線部の言い回しについての要点だが、まず、「めや」と出てきた場合は、概ね、「……だろうか、いや、……ではない」と反語で解するものである。これは覚えておきたい知識の一つ。

また、贈答歌で「人」と出てきた場合は、概ね「あなた」のことを指すものだと考えてよかろう。さらに、動詞「しのぶ」は、すでにいなくなっている人、多くはなくなった人のことを、懐かしく思い出すことを言う。これらをまとめて、「あなた様を懐かしく思い出さないでしょうか、いや、思い出すでしょう。」となる。

㈡　**説明問題**　まず設問文に注目したい。「誰のどのような気持ち」を問うているので、解答も、「……の、……気持ち。」という形式になるだろうということは、はじめにきちんと認識しておくこと。最初に、「誰の」にあたる人物を特定したいが、段落のはじめに、光源氏からの手紙を、右近が取り次いでこっそりと見せたとある。それを受けての心情の説明がこの傍線部であるから、これは、玉鬘の気持ちを述べたものだと分かるであろう。

傍線部は「……とあはれなり」とある。「……と」の下に「言う」「思ふ」と言う動詞が明確に配置されている場合は、さほど訳し方に苦労は要らず、そのまま「……と言う」「……と思う」と明確に訳出できる。ところが、この傍線部では、「と」の下に、「言ふ」「思ふ」が来ていない。その代わりに感情、感覚を象徴するような「あはれなり」が来ている。「あはれなり」は、語り手が対象に対して一体感を覚えているような、「しみじみとした感情」を表現している。ただし、ここではその感情は、対象について肯定的に「しみじみと優雅だ、上品だ、感動的だ」という思いなのか、それとも「しみじみとかわいそうだ、悲しい、切ない、気分が滅入る」という思いを言っているのか。

そこで、直前の「げに、いかでかは対面もあらむ」に注目する。ここも㈠イと同様に「いかで」ではなく、「いかでかは」が用いられている。とすると、反語で用いられている可能性が強い。そして、ここは、光源氏からの手紙をよんだ玉鬘の心境を述べているところであるから、玉鬘としても、鬚黒の妻となってしまっては、もはや光源氏との対面はかなわないだろうという流れである。よって、「げに、いかでかは対面もあらむ」で反語となり、光源氏とは対面がかなわないということで、「切ない」とか、「悲しい」といった感情が滲んでくるということになる。

よって、「誰のどのような気持ち」というかたちに合わせて、「誰の」が「玉鬘の」、「どのような気持ち」が「今後光源氏と会って話すことができそうにないのを切なく思う気持ち。」と内容に当てはめて解答とすることができる。

㈢ **説明問題** この設問も、「誰が何についてどのように思っている」というかたちにすべく、解答作成にとりかかること。

傍線部の直前で、「右近はほの気色見けり」とある。そして思ったことが、「いかなりけることならむ」である。ここは右近が玉鬘に光源氏からの手紙を見せたばかりの場面である。とすると、右近は玉鬘の顔色をのぞき込んだということになる。そこで思ったのが、当然のことながら、玉鬘と光源氏の関係についてであろう。しかも二人のことについて、右近は「心得がたく」思ったとも書かれてある。ということは、ここは光源氏と玉鬘の関係について、「実際どうだったのか不審に思った」と説明することができよう。よって、かたちを整えて、「右近が、光源氏と玉鬘の関係について、実際どうだったのか不審に思っている。」というような解答を導くことができる。

㈣ **説明問題** 「書きなしたまへり」の「なし」は、サ行四段活用の動詞「なす」の連用形。ただし、この「なす」は、補助動詞の位置に入って、「〜なす」のかたちになると、「わざわざ〜する」「特別意識して〜する」の意味になる。光源氏からの手紙に対して返信を書いているということで、主語は玉鬘になる。

「ゐやゐやし」とは礼儀正しいという意味。さほど頻度の高い語句ではないが、「礼」を「ゐや」と詠ませるのは、漢文訓読などでもあるのではなかろうか。礼儀正しい雰囲気が漂う手紙を認《したた》めることで、玉鬘の光源氏に対する拒絶意識を表現したのである。

㈤ 説明問題 「好いたる」の「好い」は、動詞「好く」の連用形「好き」のイ音便。音便となっても意味は変わらないものであるから、「好く」という動詞の意味を考察すればよい。

「好く」は、一つには風流でいること、風流の道に熱中すること。またもう一つは、異性に対して積極的に恋愛関係を築こうとすること。

ここは、「好いたる人」即ち光源氏が、自分の娘のように周囲からは見られていた玉鬘をも、恋愛の対象としていることを言っている。そういう人物は、常日頃から異性のことについてやきもきしてばかりいるということになるのである。

通釈

二月になった。大殿(＝光源氏)は、それにしても(鬚黒大将が玉鬘を引き取ったりするのは)薄情なやり口であるなあ、このようにたいそう思い切って(鬚黒大将は行動に出るだろう)などとは予想もしておらず、自然と油断していた悔しさについて、(光源氏は)他の誰に対しても体裁が悪いが、(玉鬘のことは)全く気にかからないときもないように(即ち、いつも気にかかって)、恋しく、自然と思い出していらっしゃる。(光源氏は玉鬘との関係について、)前世からの宿命などというものはいい加減には考えられないことであるけれど、自分自身のおさまりきらない気持ちのために、このように自ら進んで物思いにふけることだよと、寝ても覚めても、(玉鬘の姿が、)幻のように目に浮かんでいらっしゃる。(鬚黒)大将のような、風流であったり愛嬌があったりという感じを見せない人と一緒にいるような場合には、ちょっとした冗談も遠慮してしまい、(またそれは)ふさわしくないことのように(光源氏は)お感じになって、(手紙を送るのを)我慢なさっていたところ、雨がひどく降って、とてものんびりとくつろいでいるような頃、このような退屈をまぎらわすようなところとして(かつて光源氏が訪れていた、玉鬘の居所に)お出ましになって、(そこで光源氏が)言い寄りなさったときの(玉鬘の)様子などが、たいそう恋しいので、(光源氏は玉鬘に)お手紙を差し上げなさる。（亡き夕顔の侍女で、夕顔の死後は玉鬘の世話もしている）右近のもとに、（光源氏は）こっそり（手紙を）お送りになる頃、かつ、（右近が）心配するであろうことを、（光源氏は）気にかけていらっしゃるけれども、何でもかんでも（光源氏は手紙に）書き続けることはおできにならずに、ただ（玉鬘に）推察させることなどが書いてあった。

かきたれて……〔降り続いていてのどかな感じのするころの春雨に、（あなた様は新しい住まいで）昔なじみの人（つまり私）のことをどんな風にしのんでいるのですか。〕

（あなたと逢うこともなくて、）退屈な気持ちでいるのに加えて、（あなたのことを）恨めしく思い出されることがたくさんありますことを、（私はあなたに）どうしてお話し申し上げることができましょうか、いや、できるはずもありません」などと書いてある。

（右近は玉鬘に）（鬚黒が留守をしている）隙にこっそり、（光源氏からの手紙を）お見せしたところ、（玉鬘は）泣いて、玉鬘自身の心でも時が経つにつれて（恋しく）思い出されなさる（光源氏の）お姿を、素直に「恋しいなあ。何とかしてお目にかかりたい」などとはおっしゃることのできない（恋人ではなく）親（のような存在）であって、本当に（即ち、光源氏からの手紙にも書かれていた通り）、（玉鬘としても）どうして（光源氏に）逢うことができようか、いや、できるはずもないと、しみじみと悲しい思いでいる。時々（玉鬘としては）困惑するような（光源氏が玉鬘に見せる、男女を意識するような）表情を、（玉鬘が）不快に思い申し上げていたことなどは、この人（即ち、右近）に知らせていらっしゃらないことであるから、（玉鬘は）自分一人で思案し続けていらっしゃるけれども、右近はそれとなく（玉鬘の）表情を察知していた。（玉鬘と光源氏は）どのような関係だったのだろうかとは、（右近とすれば）今でも不審に思っていた。（玉鬘から光源氏への）ご返事では、「（私が）ご返事申し上げるのも気後れすることであるけれども、（ご返事を差し上げなくて）（あなた様が私のことを）不審にお思いになるようなのも、よいだろうか、いや、よくはないだろう」と思ってお書きになる。

ながめする……〔降り続けている長雨ではないが、物思いにふけって流れ出る涙のような、軒先の雨粒のしずくに、私の着ているものの袖が濡れるように、私は涙を流しながら、ほんのひとときでもあなた様を懐かしく思い出さないでしょうか、いや、思い出すでしょう。〕

雨が降り、即ち私が物思いにふけってゆき、時間が経過するうちに、文字通り、それとは別の退屈さもつのっておりました。あなかしこ」と、わざと（親子の関係として）儀礼的に（即ち、よそよそしく）書いていらっしゃる。

（光源氏は玉鬘からの手紙を）広げて、（玉鬘の歌に「軒のしずく」とあったからでもあるまいが）玉水がこぼれるように（つまり、涙が流れるように）お感じになるが、（その様子を）他人が見たならば、いやに思うに相違ないので、平静を装っていらっしゃるけれども、胸がいっぱいになった気持ちになって、あの昔、尚侍の君であった朧月夜を、弘徽殿の大后が光源氏に逢えないようになさったときのことなどを、（光源氏は）思い出しなさるけれども、今現在、目前にしていることであるからだろうか、世間には（同類のものを）見つけられないほどしみじみと悲しかった。異性との交際に熱心な人は、みずから進んで心落ち着くはずもないものである、今は他の何を契機として心が落ち着かなくするものなのか（いや、玉鬘のこと以外に、心を乱すものはない）。（もはや人の妻になった玉鬘は、私にとって）ふさわしくない恋の相手であるなあ」と、あきらめようとなさってもうまくゆかず、（光源氏は）琴を演奏なさって、上手に弾きこなしていらっしゃった（玉鬘の）琴の音色を、自然と思い出していらっしゃる。

解答（㈡・㈣は文科のみ）

㈠　ア　いい加減には考えられないことであるけれど、
　　イ　どうしてお話し申し上げることができましょうか、いや、できるはずもありません。
　　オ　あなた様を懐かしく思い出さないでしょうか、いや、思い出すでしょう。

㈡　玉鬘の、今後光源氏と会って話すことができそうにないのを切なく思う気持ち。

㈢　右近が、光源氏と玉鬘の関係について、実際どうだったのか不審に思っている。

㈣　玉鬘が、光源氏に対して、わざと礼儀正しくかしこまった様子の返事を書いた。

㈤　結ばれそうもない女性との恋愛にも、自分から進んでのめりこむような人。

二〇一六年

第二問（文理共通）

出典

『あきぎり』より

『あきぎり』は、上下二巻からなる、鎌倉時代に創作された物語の一つ。ただし作者不詳で、細かな成立事情についても明らかにはなっていない。題名も物語作者が命名したものではなく、作品の冒頭近くにあった文言から、後世の者が付けたと見られている。

解説（三・四は文科のみ）

㈠ **現代語訳問題**　古文の現代語訳は、原文の文構造に即して作成することを原則と考えたい。英語を日本語に翻訳する場合などとは異なり、古文の現代語訳は、古い日本語を新しい日本語に置き換えるものだから、例えば傍線部にある主語・述語の関係は、そのまま現代語でも主語・述語に置き換えることが、比較的容易であるからだ。そして、言わば直訳では充分に訳しきれていない部分や訳語がそのままでは理解しづらいようなところは、分かりやすくするために、言葉を補ったり、言い換えたりして訳を整えてゆくということになる。

エ　「悲しとも」の「と」に注目したい。「世の常なり」を「一般的なこと」「普通にあること」と解釈しようとすると、「悲しとも」をその主語としなければならなくなるが、「悲しとも」は「悲しいこと」とは解釈できず、文意が通らない。

格助詞「と」の後には、「言ふ」または「思ふ」などの語句が来るのが一般的であろう。例えば「言ふ」を補って、「悲しいと言うのは」と解釈し、これを「世の常なり」の主語とすれば、「悲しいと言うのは、普通のことである＋（を）」となり、さらに言葉を補って、「悲しいと言うのは、表現としては、並の程度だ」「悲しいと言うのは、ありきたりな表現だ」と整えてゆくとよい。

実は「世の常」という連語に、「表現としてありきたりだ」という意味がある。さほど頻度が高くはないので、これを知識として知っていた受験生は少なかったかも知れない。しかし、「言ふもおろかなり」（＝表現としては、ありきたりだ）などのような類似の表現があるので、出題者はここから類推することを求めているのであろう。

オ　「やがて」は、「すぐに、そのまま」などの意味を持つ。「迎へ奉る」は、大殿が姫君の乳母に対して述べている言葉のなかで、姫君が母の服喪を終えたら、すぐにという積極的な条件を付けて、大殿が姫君を「迎へ」ることを宣言して、姫君を安心させようとしているところ。とすると、「迎へ奉るべし」

の「べし」は、意志（〜するつもりだ）の意味で解釈するのが相応しい。

なお、謙譲の補助動詞「奉る」の訳出も忘失しないように。

キ　傍線部のなかの「ねば」の「ね」は、打消の助動詞「ず」の已然形。よって、「ねば」は「已然形＋ば」のかたちとなり、確定条件を表すこととなる。ここでは、「〜しないので」「〜しないから」と訳す。

「だに」は、軽いものをあげて重いものを類推させる、副助詞。一般に「〜さえ」「〜すら」と訳し、そのあとに「まして」を用いて「〜さえ(すら)〜まして〜」という構文を構成することが多い。

また、「御覧じだに入れ」とあるが、「だに」を一旦はずしてみると、「御覧じ入る」という複合動詞が用いられていることが分かる。しかも「御覧じ」で尊敬表現になっているが、敬語の要素のないもとのかたちは、「見入る」ということになる。この「見入る」を細かいニュアンスまで訳すと、「じっくり見る」ということになるが、ここは「見る」と訳す程度でよいだろう。あと、尊敬語の要素の訳出も忘れたくない。

すると、傍線部全体で、「見向きさえなさらないので」となるが、これに「だに」の働きで、「まして」以下を補うと、「見向きさえなさらないので、まして、返歌を贈ることなどなさるはずもないので」となる。

このように「だに」「すら」は、後ろに「まして」がなくてもそれに該当する内容を補ってやると、文意の把握が容易となる。ただし、解答欄の大きさから考えて今回の解答はそこまで求めていないと思われるので、解答としては、「まして」以下の補いは不要である。

(二)　**説明問題**　「なからむあと」の「なし」は、「あり」が生きているという意味を表すのとは対照的に、尼上が「死ぬ」ことを示唆している。これに仮定を表す助動詞「む」を付けている。

この設問では、「もてなす」の語義がポイント。現代語の「もてなす」が接待するという意味で、相手を喜ばせようとしているという範疇で用いるが、古典語の「もてなす」は、誰か人物を客体に設定し、その人物を処遇する、取り扱うという意味になり、現代語で用いるときと意味のずれがある。

すると、「軽々しく」＋「ず」＋「もてなす」とは、「誰かを」「軽くは」「ないように」「扱う」という意味、即ち「誰かを」「大切にする」という意味になる。また、「かまへて」は副詞。「かまへて〜命令形」で、「きっと、必ず〜せよ」と解することになる。ここは謙譲の補助動詞「奉る」が命令形「奉れ」で用いられていることもあり、姫君を大事にしてもらいたいと、強く要請しているということになる。

㈢ **現代語訳問題** ㈠に続いて、現代語訳の設問。ただし、「主語を補って」という注文が付いている。こうした場合、注意をしたいのは、「主語を補う」のが一ヶ所とは限らないということである。過去の東大入試問題を見てみると、複数の箇所で補いをすることが求められることが少なくないことに気付く。今回も、「おはします」に加えて、「立ち去る」にも主語を補う必要がある。

傍線部の分析に入る。まず、「おはします」に注目する。本動詞として「おはします」を用いる際には、「あり」の尊敬語だったり、「行く」「来」の尊敬語になるが、ここでは尼上の「死」などが話題になっている部分なので、生きているという意味の「あり」の尊敬語として解釈するのがよいだろう。

「おのづから」は、「おのずと」「自然に」という意味以外に、古文では「偶然」「たまたま」という意味でも用いるが、「立ち去る」つまり乳母が姫君のもとを離れるのは、「おのずと」というよりは、「たまたま」のことであろう。

「侍らめ」の「侍ら」は、「あり」の意味の丁寧語「侍り」の未然形「侍ら」。「め」は、推量の助動詞「む」の已然形「め」。よって、「侍らめ」で、「あるでしょう」となるが、ここで留意したいのは、「こそ……已然形」の係り結びの場合は、強意を表して已然形で文を終える場合と、逆接であとに繋がる場合との二つがあるということである。ここは傍線部で尼上が存命中のことについて触れ、傍線部の後は、尼上の死後について述べている。話題に連動性が見られるので、ここの「こそ……已然形『め』」は逆接で用いられていると判断したい。

㈣ **説明問題** 「ただ同じさまにと」思うのは、姫君。その姫君は「こがれ給へども」、即ち「同じさまにと」望んでいるものの、それが実現していない。

「同じさまに」と言うからには、誰かと同じ様子でいたいと言うことであろう。となると、なくなったばかりの母と「同じさまに」自分も死んでしまいたいということであろう。

解答を作成するにあたってはわかりやすい説明とするため、特に人物を明示して答えること。

㈤ **説明問題** 和歌の大意の説明を求める設問。

物語・説話や日記のなかで、登場人物が手紙代わりにやりとりする和歌を、贈答歌という。贈答歌が現れたときには、まず、それぞれの和歌の作者を確認すること。手紙としての役割を持つものだから、発語者が誰かということでそれぞれの言葉の意味が異なってくることがあるからだ。

ついで、これは贈答歌でなくても必要なことだが、それぞれの和歌の句切れを見つけること。句切れとは、和歌をセンテンスと考えたとき、そのセンテンスが終止するところ、つまり、文として終止するところを言う。つまり、句読点を付していったとき、その句点が付くところをいうのである。これを意識することは、和歌を文法的に正しく解釈することに通ずる。

傍線部カの和歌「鳥辺野の……」は、中将が姫君に贈ったもの。句点が入る場所は、和歌の末尾。係り結びになっているからである。途中に句切れがなく、和歌の末尾でセンテンスとして終止する、このような場合は、「句切れなし」と言う。

この歌の作者である中将は、注によれば、姫君の恋人の男性であるから、この歌は、母の尼上を喪って悲しんでいるであろう姫君を慰める内容となるだろうということは、容易に想像できる。これを表現に即して見てゆくと、まず、「鳥辺野の夜半の煙」とは、尼上を火葬する煙を指す(この内容を仮に①とする)。それに「立ちおくれ」とは、尼上が亡くなったのに姫君が生き存えていることを言う(この内容を②とする)。

「さこそ……推量」で、「さぞかし……だろう」となるので、「さこそは君が悲しかるらめ」で、「さぞかしあなたは悲しんでいることだろう」ということになる(この内容を③とする)。

以上の①、②、③の要素をまとめると、解答例に示したような答案が完成する。即ち、「母の火葬の煙に(①)、後に残った(②)姫君はさぞ悲しんでいるだろう(③)ということ。」となる。

通釈

(尼上は、)本当に(自分の寿命が)限界だとお感じになったので、乳母をお呼びつけになって、「今は(私の寿命が)限界だと思われるので、この姫君のことだけが気になっているのだが、(私が)死んだならば、その後も、(この姫君のことを)決していい加減に取り扱い申し上げないで下さい。(姫君は)これからは、宰相より他に、誰を頼りにすることがおできになろうか(、いや、誰も頼りにできる人はいないだろう)。私が死んだとしても、父君が生きていらっしゃったならば、いくら何でも(頼る人がいないなどというようなことにはならないだろう)と安心であるはずだが、(私が)誰に(姫君の世話などを)引き継ぐということもなしに消えてしまうような(私の)死後のことが気がかりなことよ」と、何度も何度も(おっしゃるが)、話し続けることもお出来にならないで、涙を止めることも難しい。

(尼上にも)まして、宰相は(涙を)塞き止めることのいたしかねるような表情で、しばらくは何も申し上げない。ややためらってから、「どうして、(姫君を)いい加減に扱いましょうか(、いや、そのようなことはありません)。(尼上さまが)生きていらっしゃるときは、偶然にでも、(私が姫君のお側から)離れるようなこともあるでしょうが、(姫君は私以外の)誰を頼って、ほんの一時でも、この世を生きてゆくことがおできになりましょうか（いや、おできになるはずもありません）」と言って、（涙を拭うために）袖を顔に押し当てて、（泣くのを）我慢できない様子である。姫君は、（宰相にも）まして、同じように（泣きたいような）様子であるけれども、（宰相の）このような嘆きをかすかに聞くにつけても、「『ずっと』物思いにふけっているのであろうか」と（思うと）、悲しさを晴らす方法もないほどだ。本当にちょうど今は臨終だとお思いになって、念仏をいつもよりも声高に申し上げなさって、眠っていらっしゃるのであろうかと思って見ると、（尼上は）すでに息が絶えていた。

姫君は、とにかく（自分も母と）同じように（死んでしまいたい）と言って、（自分も死ぬことを）望んでいらっしゃるけれども、その甲斐はない（即ち、死んではいない）。（そこにいる）だれも心では、（ここで尼上を弔うのは）不本意ではあると思いながら、このまま（葬儀などせず）（母の遺体が）留まっているのも適切なことではないので、葬送の準備などなさるにつけても、（姫君は）自分が先に死にたいと（言って）、何度も気絶しなさるのに対して、（大殿は）「何事もそうなるはずの前世の因縁がおありになることでしょう。お亡くなりになってしまった（方）については、どうしようもない」と言って、この姫君のご様子を、嘆いていた。大殿も、いろいろに（姫君に）申し上げて慰めなさるけれども、（姫君は）生きている人のようにはお見受けしない。

その夜、そのまま阿弥陀の峰というところで、（尼上を）火葬に付し申し上げる。すぐに消えてなくなりそうな煙として（火葬の煙が）立ち上りなさる。悲しいなどと言うのは、表現として並程度のものでしかない。大殿は、細々と（葬儀の準備を）指図なさることは、（御自身でも）夢のように思われて、（「自分も先に死にたい」とおっしゃる）姫君のご気分は、さぞかし（偽りないものだろう）と、おのずと推し量って、乳母を呼びつけなさって、「しっかりと（姫君を）お慰め申し上げよ。（尼上の死に関わる）服喪が終わってしまったならば、すぐに（姫君を）迎え取り申し上げるつもりだ。心細く思わないでいらっしゃい」などと、頼もしい様子でおっしゃってお帰りになった。

中将は、このような様子だと（姫君について）お聞きになって、姫君のお嘆きについてご心配なさり、（姫君のことを）気の毒がる様子で、（火葬の煙を見上げている）鳥辺野の草のようにさぞかし深く嘆いていらっしゃることだろうと（思うと、中将としても）つらい。（中将が姫君のもとに）毎晩通っていることも、今後はあるはずのないことだろうかとお思いになるのは、（どなたがお嘆きになるのよりも）劣らなかった。少将のもとまで、

（尼上が亡くなって）鳥辺野の夜半の煙（となって空に上っ

ていくの）に立ち遅れ、（この世に留まっているのも）、さぞかし、あなたとしては、悲しいことでしょう。と（手紙に）書いてあるけれども、（姫君は）見向きすらなさらないので、（手紙は）仕方なく、放置されている。

解答　（三・四は文科のみ）

（一）エ　悲しいと言うのも、ありきたりな表現だ。
オ　すぐに迎え取り申し上げるつもりだ。
キ　見向きさえなさらないので、

（二）尼上の死後も、乳母にはぜひ姫君を大切にして仕えてほしいということ。

（三）尼上がご存命中は、私が偶然姫君のお側を離れることもあるでしょうが、

（四）姫君は、母である尼上の後を追って、死にたいということ。

（五）母の火葬の煙に、後に残った姫君はさぞ悲しんでいるだろうということ。

二〇一五年

第二問（文理共通）

出典

『夜《よる》の寝覚《ねざめ》』より

『夜の寝覚』は、平安時代後期に書かれた作り物語である。作者は未詳だが、菅原孝標女《すがわらのたかすえのむすめ》作だという説がある。また題名は、『夜半《よわ》の寝覚』『寝覚』とされる場合もある。現存本は三巻または五巻で構成されているが、大幅な欠落がある。

解説（㈡・㈤は文科のみ）

問題本文は千文字に満たない程度で、入試問題としてはオーソドックスな分量であろう。枝問の数は合計七つ。そして、現代語訳を求める設問と、文脈などの説明を求める設問との二種類のタイプの設問で構成されているのも、大筋は例年と変わりがない。

ここ数年の問題に共通していることだが、解答欄はすべて一行ずつとなっている。ずっと以前は、〇・五行、一行、一・五行、二行の四種類を、設問によって使い分けてあったので、出題者が想定している解答の長さが推定できたものである。しかし、すべての解答欄の長さが一行となると、出題者が想定している解答の分量を推し量ることは難しい。また、設問によっては、自分の書いた答案を、短くする必要もでてくるし、反対に解答欄が余ってしまうということもある。（詳しくは、出題分析「〈現代語訳〉ついて」を参照されたい。）

㈠ **現代語訳問題**

ア 「ありし」はもともと、ラ行変格活用の動詞「あり」の連用形「あり」に回想の助動詞「き」の連体形「し」がついたもの。よって、「かつて（の）、昔（の）、以前（の）」などという意味を持っている。

また、「にもあらず」の「に」は断定の助動詞「なり」の連用形「に」で、うしろに続く「あり」と連動して「にあり」で、「～である」となる。そして打消の助動詞「ず」と繋がった「ありしにもあらず」の訳としては、「以前とは違って」「かつてとは異なり」などとなる。

ここで留意する必要があるのは、「ず」が連用形だということ。もしも「ず」が終止形だとすると、「ありしにもあらず」で文としては終止することになり、傍線部は「以前とは違っている。」となって、つづく「うき世にすむ」と断絶してしまう。ここは「ありしにもあらず」が連用中止法となり、「うき世にすむ」に繋がってゆくのである。

イ 「行ひさして」の「さし」（サ行四段活用の動詞「さす」

を補助動詞として用いて、その連用形）は、現代語の「食べさし」などと言うときの「さし」で、「～さす」で「～するのを中断する」「～するのを途中でやめる」という意味になる。使役の助動詞「さす」と混同する向きがあるかもしれないが、使役の助動詞「さす」は下二段活用の動詞と同様の活用になるが、動詞「さす」はサ行四段活用である。傍線部は接続助詞「て」の直前なので連用形。使役の助動詞「さす」の連用形は「させ」になるので、「さし」となっているここはあてはまらない。正しくはサ行四段活用の動詞「さす」の連用形である。

そして「さし」の直前の動詞「行ふ」は、仏道修行するということだが、ここは「仏の御前」にいた入道殿が中断したとなると、勤行を、即ち読経を中断したということだろう。

カ　形容詞「心ぐるし」は、相手の身の上に対してこちらが痛みを感じるような状態を言うので、「いたわしい」「気の毒だ」「かわいそうだ」などとなる。直前の「いと」は、その「心ぐるしく」を強めている副詞。また、動詞「見る」の直後の「たてまつり」は、謙譲の補助動詞「たてまつる」の連用形。なお、形容詞などの連用形に「思ふ」や「見る」が続く場合、その形容詞が「思ふ」「見る」という動作の様態を表すのではなく、「思ふ」や「見る」の客体について述べたものであるときには、「～だと思う」「～だと見る、判断する」などのように訳すのがよい。

よって、「いと心ぐるしく見たてまつりて」で、「たいそうおいたわしいと見申し上げて」となる。

(二)　**現代語訳問題**　語句を補っての現代語訳を求める設問。

まず「思ひやる」の「やる」に注目する。ここのように「やる」を他の動詞の下に用いたとき、即ち「～やる」で、「遠く……する」という意味や、打消表現と呼応して「完全には……し（ていない）」という意味を表す。ここの「～やる」は前者の意味になっていて、傍線部の下に「山里の夜半《よは》のしぐれの音はいかにと」とあることから、この歌の作者である大納言が、広沢にいる女君は、時雨の音をどのような感じで聞いているのかと、遠く京の都から「思いを馳せている」ということになるのである。

また、「つらけれど」は、形容詞「つらし」の已然形「つらけれ」＋接続助詞「ど」。「つらし」は、相手がこちらに対して思いやりを見せてくれない、非友好的な態度でいる状態を言う。

右の二つをまとめると、女君は大納言に対して薄情だけれども、その、広沢にいる女君のことを、京の都から、男君は遠く思っている、つまり「思いを馳せている」という状況になる。

そしてここを訳すとなると、直訳のままでは、誰が誰に対して「つらし」であるのか、誰が誰のことを「思ひやる」のか、という点が分かりづらいので、これら人物関係を補って訳すと、設問が言うように「必要な言葉を補って」訳したことになる。

ただし人物関係を補うに当たっては、ここはあくまで現代語訳の設問であるから、この歌の作者である男君の立場に立って訳語を斡旋することになる。つまり、男君は「私」、女君はこの歌を差し出す相手にあたるので、「あなた」というように、特に人称には細心の注意を払って訳すことになる。

(三) 説明問題 文脈の具体的内容の説明を求める設問。

副詞「なかなか」は、「かえって(Aより、Bが)」という文脈に用いられる。その意味からして、価値判断を示す文脈で用いられるということ、さらに、現代語の「なかなか……(ない)」とは意味が異なるということから、重要度の高い語句と言えよう。

傍線部の「なかなか」は「をかしく」に繋がり、傍線部の直前からの流れとしては、「白き御衣ども」は、かえって、「をかし」即ち、風情があるという構文になる。

さて、出題者の要求は、この「かえって、風情がある」というひとくくりを、客観的に説明することである。ここでさらに留意したいのは、「いろいろならむよりも」の解釈である。いま、女君は白い着物を「あまた」着ているというのだが、これは重ね着をして、袖口などに少しずつずらして白の重なりを見せているのである。この様子が、「いろいろならむ」よりも風情があるというのだが、「いろいろならむ」というのは、いろいろな色の着物を重ね着するのを想定している。ここで解答をまとめるとき、読み手、即ち採点者に、一枚の着物にいろいろな色が使われているというような誤解を生みかねないような表現になってはならないということである。

電子辞書ではなく紙の古語辞典の場合、大半の辞書は冒頭にカラー頁があって、そこに「襲《かさね》の色目《いろめ》」の見本が色鮮やかに印刷されていて、諸君もこれを見たことがあると思う。これは例えば袖口などに、重ね着している着物の一部分を、少しずつずらして着る、その色の組み合わせのことである。

よって解答では、複数の着物を着て襲の色目を色鮮やかにするのよりも、白の着物を重ねている着方の方が風情があるということを説明するのである。

(四) 説明問題 和歌で詠まれた内容に至る、理由の説明を求める設問。

「ふるさと」とは、昔なじみの場所ということ。広沢にいる女君にとっては、京の実家の邸を指すことになる。

京の実家の邸が恋しいということの理由としては、二つのことがらを説明する必要があろう。ひとつは、広沢が嫌になった理由、そしてもうひとつは、広沢が嫌なら、なぜ実家の邸が恋しいのかという理由である。前者は、傍線部の直前で「あらしの山になぐさまで」ということであろう。そもそも「嵐山」の「嵐」は、「あらじ」との掛詞になっている。すると直前の「思ひいでは」からつなげて考えると、「(いい)思い出など『ないはず』の『嵐山』という意になる。」つまり「嵐山」に、自分の気持ちが慰まることが無いということなのだ。そして、「嵐山」は広沢から近いということがリード文にある。結局、女君は広沢にいても気持ちが慰まらないということになる。

では、なぜ京の実家かということについては、傍線部の和歌の直前に、「思しいづるに」、即ち、思い出しなさると、とあって、女君は「大納言の上と端ちかくて、雪山つくらせて見しほど」を思い出している。即ち、ここの「ふるさと」の「ふる」が「降る」との掛詞となっており、「雪ふるさと」で「雪が降る、ふるさと」という意味を拾い出すことができる。そして「雪山つくらせて見し」の「雪山」を、読者が連想しやすく話が延びている。

女君は今ちょうど雪の風景を眼前のものとしている。そこで女君が思い出したのは、同じく雪に関連して、姉の大納言の上と気持ちが通じ合っていた当時のことである。とすると、姉と仲良く暮らした時期もあるということで、実家を恋しく思う理由として説明できるのである。

(五) **説明問題** 文脈の内容の説明を求める設問。

まず、ここで動詞「もてなす」は、振る舞うということ。接待して喜ばせるという、現代語の「もてなす」という意味ではないのに留意したい。もしそのように解釈すると、対の君が女君のことをまるで客のようにもてなしたことになるのだが、注によれば対の君は女君の母親代わりであるから、女君を接待するというのは、あてはまらない。

ではどのように振る舞うかであるが、「よろづ」つまり、いろいろと、「思ひいれず」という表情である。「思ひいる」とは、深く気にするといった意味であるから、対の君は女君に対して、女君の辛い状況をあえて気に掛ていない態度で明るく振る舞っているのである。これが、注にあるように「女君の母親代わりの女性」らしい態度と言えよう。

通釈

そうは言うもののやはり、姨捨山の月(のように風情のある広沢の月)が、夜が更けるにつれてそれ以前にもまして澄んでゆくのを、(女君は)美しいと(お思いになり)、しみじみとした思いで(部屋の中から外の月を)御覧になって、すっかり物思いに耽っていらっしゃる。

ありしにも……(以前とは違って、つらいこの世に住んで、かつ、大納言とは男女の仲になってつらく思ってい

る私とは違って、澄んでいる月の光は、以前見たのとは
　変わっていなかったことであるなあ。〕
（久しく）そのままで、（女君は）手を触れていらっしゃらなかった箏の琴を手元に引き寄せなさって、お弾きになったところ、（都から離れた広沢という）場所柄雰囲気がよりすばらしく、松風（の音）もいい具合に琴の音色と合わさったのに促されるようにして、しみじみ情趣があるとお感じになるにつれて、（この琴の音色を）聞いている人もいるまいとお思いになると気安くて、思う存分に演奏なさったところ、入道殿が、仏の御前にいらっしゃったときに、（女君の琴の演奏を）お聞きになって、「素晴らしく、どのように（褒め言葉を）述べても言い足りないほどの琴の音色であるなあ」と、（琴の音色の）素晴らしさのために、ただ聞いているだけではいられなくて、勤行を中断して、（女君のもとに）お出でになったので、（女君は）演奏しているのを中断なさったのに対して、「このまま演奏し続けなさい。（私は）念仏を唱えておりましたところ、『極楽からの迎えが近いのか』とおのずと胸がときめいて、（音を）さがしてやって来たのですよ」と言って、（女君の乳母子である）少将に和琴をお渡しになり、琴の合奏をなさったりして音楽を楽しんでいらっしゃるうちに、あっけなく夜が明けてしまった。このように気持ちを慰めながら、（女君は）夜を明かし、昼間を過ごしていらっしゃる。

いつもよりも多くの時雨が降ったかのように涙が出て来る夜が明けての早朝、大納言殿から
　つらけれど……〔あなたは私に薄情であるけれども、山里の夜半の時雨の音を、あなたはどのようにお聞きになったのかと、遠く京の都からわたしは広沢のあなたに思いを馳せていることですよ。〕
雪がずっと降り続いて一日が暮れた日、（いい）思い出のない（雪が降る）京の都の空までも、受け入れてもらえないような感じがして、そうは言うものの、心細いので、縁側近くまで膝立ちで進んで行き、白い着物を何着も着ている姿は、かえって、様々な色の着物を重ねて着るよりも風情があって、魅力的に着こなしなさって、物思いにふけりながら過ごしていらっしゃる。ある年、このような（雪の降った）日に、（女君は）大納言の上と縁側近くで、（侍女たちに）（庭に）雪山を作らせ、見ていたころのことなど、思い出しなさると、（女君は）いつもよりもさらに多く流れる涙を、かわいらしげに拭い取って、
　思ひいでは……〔京の邸にはいい思い出もないであろうとは言っても、嵐が吹く嵐山を見ていても気持ちが慰まらなくて、雪が降った時に大納言の上と仲睦まじく過ごしたこともある京の都の邸が、依然として恋しいことよ。〕

（姉上は）私のことを私と同じように思い出して下さってはいないだろうなあ」と（女君は）（はっきり記憶している訳でなく）推し量ることでさえも涙を止めがたいのに、対の君は（女君のことを）たいそうおいたわしいと見申し上げて、「つらく、今まで物思いにふけっていらっしゃったことよ。女君のもとに、皆様、参上して下さい」などと、（対の君は）いろいろに気に掛けていないような表情で振る舞い、（女君を）慰め申し上げる。

解答　（二・五は文科のみ）

（一）ア　以前とは違って
イ　勤行を中断して
カ　たいそうおいたわしいと見申し上げて、

（二）あなたは私に薄情だけれども、私はあなたに思いを馳せることですよ。

（三）様々な色の着物を重ねて着るよりも、かえって風情があるということ。

（四）広沢での生活が心細く、京の邸は、姉と仲睦まじく過ごしたこともある場所だから。

（五）女君の苦境など深く気にとめない様子で、つとめて明るく振る舞う態度。

二〇一四年

第二問（文理共通）

出典　『世間胸算用《せけんむねさんよう》』より

『世間胸算用』は、井原西鶴が著した浮世草子で、全二十話で構成される短編集である。ほとんどの話は、十二月三十一日、即ち大晦日の町人たちの様子を描いたもので、収支決算をするこの日に、掛け売りの代金のやりとりをするさまをおかしみとともに描いている。一六九二年（元禄五年）に京、大坂（現在の大阪市）、江戸で刊行されている。

井原西鶴（一六四二～一六九三）は、浮世草子作家であり、かつ、俳人。はじめ矢数俳諧（一昼夜で多数の発句を詠む興行）で名を上げ、一昼夜で二万三千五百句詠んだという記録を残している。その後、『好色一代男』が好評であったことを契機に、浮世草子の執筆に力を注ぐようになり、これに『好色五人女』なども含めた好色もの、『武道伝来記』など武家もの、『日本永代蔵』や今回出題の『世間胸算用』などの町人ものなど、多数の作品を著した。

解説　（三・（五）は文科のみ）

近世文学の作品から出題されるのは比較的まれで、二〇〇四年度の『庚子道の記《こうしみちのき》』以来のことである。しかし今回の出題は、どちらかと言うと馴染みの薄い近世文学の作品であったことが、受験生諸君に立ちはだかったという訳ではない。むしろ文章の大意を把握したりするのには、さほど困難を感じなかったと思われる。しかし、設問に対して解答を提示しようとなると、なかなか出題者の意向に沿った解答が見えて来ず、しかも解答欄の容量が限られていて、短い字数で解答をまとめるのも容易とは言い難い。結果として、一筋縄では解決しない、手強い出題であったというのが、多くの受験者に共通する感想であったと思われる。

（一）　**現代語訳問題**　東大の古文の出題は、現代語訳を求める問題と、説明を求める問題とに大別される。今回も、（一）が現代語訳の問題であるのに対して、（二）以下は説明問題である。この二つで設問が構成されているということは、現代語訳では、原文の文構造に即した、いわば直訳に近いものが求められていると解釈すればよいだろう。これに対して説明問題では、結論が明確に分かるような解答を作成することが求められていると言えよう。（詳しくは、出題分析「〈現代語訳〉について」を参照されたい。）

現代語訳を作成するにあたって、受験生が最も悩ましく思うのは、直訳を基本にしつつも、その直訳に対して、人物を補うなどの加筆や不自然な表現の言い換えをどこまでやってよいものかという点であろう。これまで東大の出題では、単に「現代語訳せよ」というだけの設問に加えて、「人物を補って訳せ」「指示語を具体的にして訳せ」などといった、条件の付加された現代語訳の問題もしばしば見られた。そうした場合は、本問の㈠のように「現代語訳せよ」というだけの設問では、特に言葉を補ったりはしないで済むと考えられる。しかし、今回の出題では、現代語訳はこの㈠のみで、条件付きの訳出問題は出されていないので、ときには必要に応じて言葉を補って訳すことも十分視野に入れておくべきだろう。

ア　「……子供の」の「の」が、主格を導くものであるとするのか、同格を導く働きで用いられているとするのか、まずこの点についての判断が求められる。しかしここを同格とすると、「気のはたらき過ぎたる子供」と、「末に分限に世を暮らしたるためし」とが、同じ文法上の資格を持つということになるのだが、「子供」「ためし＝前例」とでは、これらは意味からして同格にならない。

この「の」は主格を導くもので、「気のはたらき過ぎたる子供の」は、「暮らしたる」の主語となっている。よって、ここの傍線部の解釈の大まかな構造としては、「……子供が……暮らした前例はない」となる。

この他、単語レベルで注意を要するのは、「末に」、将来にという意味で、「ためし」が前例という意味で用いられているという点であろう。

エ　ここの現代語訳には、苦戦した受験生も少なくないのではと思われる。

まず、そもそも「反故」とは、書き損じの紙のこと。そこで、「反故にはなりがたし」を「書き損じの紙にはなりにくい」と訳してみて、これを傍線部に代入してみるのだが、文構造からして傍線部の主語になるはずの「『ほかのことなく、……成人したてその身のためになる』との言葉」が、現実には、「書き損じの紙になりにくい」という一節の主語としたのでは、文意が通らない。

そこで次のプランを考えてみる。即ち、「反故」という言葉には、「無駄なもの」という意味があり、これは複数の古語辞典が指摘している通りである。とすれば、この意味で主述の対応を考えてみるのだが、主語「『ほかのことなく……その身のためになる』と親が命ずること」が、「無駄にならないだろう」という意味で解するのは、やはり無理があるだろう。この傍線部が、親の助言を受け入れた子供の心理について述べた、心内文に含まれている点を見逃してはならないのである。当事者である子供が、「親が子供に助言することは、無駄にならないだろう」と思うのは、即ち、親の助言を子供は必ず受け入れるから、親が助言を与えることは無駄ではないだろう、などと子供が思うのは、いささか不自然ではあるまいか。

ここは、親の助言を受け入れるのは、親の命令に「反抗できないだろうなあ」と思うから、という解釈を、文脈からひねり出すように訳すべき語句と言えよう。

カ　まず「おのれが」の「が」は連体格を導く。「おのれが役目」で「自分の仕事」となる。「手」は、習字、あるいは筆跡のこと。現代語でも「六十の手習」などという場合に通じている。この二点を押さえて、「おのれが役目の手を書くこと」は、「自分の仕事である手習の稽古」となる。

ここで注意をしたいのは、「ほかになし」の部分である。「他には無い」と訳した答案がおそらく多数出たことだと思われるが、「……稽古は他には無い」では、全く文意が摑めない。ここの「なし」はサ行四段活用の動詞「なす」の連用形。形容詞「無し」ではない。「手習の稽古」を「他になす」とは、大切にしない、重要視しないという意味。よって、「ほかになし」を訳して「おろそかにし」とすればよい。

(二)　説明問題　作者が言う「手まはしのかしこき子供」に該当する具体例は、次の者たちが当てはまる。

①使わなくなった筆の軸を集め、軸簾を作って売った子供。

②手習の稽古で出た反古紙を集め、屛風の下張りの材料として売った子供。

③手習の稽古で紙が足りずに困っている者に紙を貸して、利子とともに返してもらう子供。

解答を作るのには、この①～③に当てはまる点をまとめてゆけばよい。その際、二つの点に注目できるだろう。ひとつは、子供であるのに金儲けをしているということ。そしてもうひとつは、その金儲けの原資が廃品の利用など、大がかりなものではないということである。

(三)　説明問題　軸簾で金儲けをした子供の親が「嬉しさのあまりに」子のことを師匠に言ったのに対して、師匠はそれを「よしとは褒め」たりはせずに、軸簾の子供と同様に、ちょっとしたことで金儲けをしている子供の例を出して、この子供達は自分の知恵で考え出したのではなく、親の「せちがしこき気」即ち、親の世渡りのうまさを反映していると述べている。では親の世渡りのうまさとは、どういうものか。これは親自身がそもそも抜け目なく、そして如才なく生き抜いてゆくという態度のことであろう。

本文を最後まで読むと、手習の師匠は、子供は年相応のことをやっているのがよいと考えていることが分かる。金儲けは決して子供のすべきことではない。しかし、生き抜くことを優先する親の立場からは、金儲けに走る子供は将来も金に困らないだろうと思われるので、ついついその子を褒めてしまうのである。この設問では、子供を褒めることによって明らかになる親の考え方を整理することになる。

㈣ 説明問題 傍線部の直後に、「その子細は、……」とあるので、傍線部で述べたことの理由説明が、そこから始まるということが容易に理解できる。

注目するべきなのは、「一筋に家業かせぐ故なり」とあるところ。「一筋に」つまり家業を変えたり、他の仕事を平行して取り組んだりしないで、家業に専念することが、家業で成功するためには大切だということである。そして、将来家業で成功し、裕福に生活することが予想されるのは、子供のころに「明け暮れ読み書きに油断なく」取り組んでいた者である。子供時代と家業を継承してからとに共通しているのは、一つのことに専念するという点である。ここをまとめて説明すればよい。

㈤ 説明問題 傍線部を正しく解釈することが、正解に至るために重要な要点である。ここでは「少年の時」と「知恵付時」との対応関係に注目したい。即ち、「知恵付時」は「少年の時」よりは、少し年長である。この時にはまさしく「知恵」を付けること、つまり学問を修めたり、家業を継ぐための技術などを学ぶのである。これに対して、もっと年少の時は、「花をむしり」「紙鳥をのぼし」たりすることがよいという。「花をむしり」は女の子が野花を採ったりして遊ぶこと、「紙鳥をのぼす」は男の子が凧を揚げることを指しているのだろう。これらをまとめると、年相応のことをするのが大切ということになる。ちなみに、子供が金儲けのことを考えるのは、年相応とは言い難いのである。

通釈

裕福になった者は、その生まれつき(の性格)が他の人とは異なっている。ある人が息子を、九歳から十二歳の年の暮れまで、手習(の稽古)に行かせていたところ、(その息子は)その間(に使い古した)筆の軸を集め、その他、他の人が捨てたものをも収集して、間もなく、十三歳になった年の春、自分で細工を施して軸簾を作り、一つを一匁五分ずつで三つまで売り払い、始めてから銀四匁五分を儲けたことについて、我が子ながらただ者ではないと、親の立場としては嬉しい気持ちのあまり、手習の師匠に(そのことを)語ったところ、師匠の僧は、このことは素晴らしいと言って褒めるなどということは、なさらない。「私はこの年まで、数百人の子供を預かって指導していろいろと観察してきたが、あなたの一人の子のように、気が利き過ぎている子供が、大人になって裕福に生活した前例はない。また、(そういう子供は、大人になったとき)物乞いをするほどの(貧しい)身代にはならないものの、中流より下の生活をするものである。このようなことについては、いろいろな事情があるのである。あなたの子供だけを賢明だなどとはお思いになってはいけない。彼よりも、やりくりの利口な子供がいる。自分の当番の日は言うまでもなく、他人が当番の日も、箒をかいがいしく手にとって座敷を掃いて、たくさん、子供が毎日使い捨てた反古の丸めたものを、一枚一枚、皺を伸ばして、その日ごとに屏風屋へ(屏風の下張りとして)売って(から自宅に)帰る者がいる。これは、筆の軸の簾を思いついたのよりも、差し当たっての用件に役立つことであるが、これもいいことではない。また、ある子供は、紙の余りを持って来て、紙を使いすぎて困っている子供に、一日に一倍ましの利息でこれを貸し、一年まとめての儲けは、どれくらいまでという限界もない。この子たちは皆、それぞれの親の如才ない雰囲気を見習ってのことであって、自然と出るそれぞれの子供自身の知恵ではない。その中でも一人の子(に対して)は、両親が朝夕おっしゃったのは、『他のことではなく、手習に精力を注ぎ込め。成人してからお前自身の身のためになることだ』との言葉には背くことはしづらいと、明けても暮れても読み書きの稽古を切れ目なく(し続けて)、後には兄弟子たちよりも優れた能書家になってしまった。こういう心がけからは、(そのような子が)将来、裕福になることが(すでに)見えている。その理由は、(その子は大人になって)一筋に家業で稼ぐからである。一般に、親からやり続けている家の仕事以外で、商売(の種類)を変えて取り組んでいるのは稀である。手習の子供たちも、自分の仕事である手習の稽古をおろそかにし、若いときから鋭く(金儲けを)しようとするのは、必要のない欲のこころである。そのため、手習の稽古をするはずの年齢の子が手習の稽古に熱中しないのは、あきれたことである。あなたの子供ではあるけれど、そのような(手習以外に)気持ちを集中させるのが、いいことだとは言いづらい。いずれにしても、少年の時は、花をむしったり、凧を揚げたり、知恵がつく年代のうちに自分自身を形成することが、一般的なやり方である。七十歳になる者が申したこと(を受けて)、将来を見据えなさい」と言い放ったことよ。

解答　(三・五は文科のみ)

(一)　ア　気が利き過ぎている子供が、大人になって裕福に生活した前例はない。

エ　背くことはしづらい。

カ　自分の仕事である手習の稽古をおろそかにし、

(二)　ちょっとしたことでも金儲けに結びつける、やりくりに優れた子供。

(三)　子供の時に抜け目がなければ、将来商売で成功するだろうと高く評価する考え。

㈣　親の言いつけどおりに手習に専念した子供は、将来家業にも専念するだろうから。

㈤　少年のころは商売のことは考えずに、年相応のことをすればよい。

二〇一三年

第二問（文理共通）

出典

平仮名本『吾妻鏡』より

もともと漢文で書かれた『吾妻鏡』を仮名文に書き下したものである。

『吾妻鏡』は鎌倉時代に、おそらくは鎌倉幕府の関係者によって書かれた歴史書。一一八〇年の以仁王《もちひとおう》の挙兵から始まり、一二六六年までを取り扱っている。そして、江戸時代になって、この『吾妻鏡』を仮名文にして刊行したものが、平仮名本『吾妻鏡』である。

今回の出題で引用されているのは、義経の愛妾静御前が、鎌倉の鶴岡八幡宮で不本意ながら和歌を朗詠するという場面である。

解説（㈡・㈣は文科のみ）

東大の古文の入試問題では、現代語訳の問題と説明問題の二つの形式が出題される。前者にあたるのが㈠で、まず原文の文構造に即した訳文を作成することを最優先に考えたい。ただし従来だとこの㈠とは別に、訳し方に特別な指示のついた現代語訳問題があった。即ち、訳出に当たって「『このこと』の内容がよくわかるように言葉を補って」「内容がよくわかるように言葉を補って」などという指示が付いているものである。単に現代語訳せよとあるのみの㈠のような設問は、これら訳出に条件のつく設問と併存している場合、基本的には言葉を補わないでいいはずなのだが、二〇一三年度の場合は、現代語訳問題はこの㈠のみで、訳し方の条件がついた設問は出題されていない。とすると、この㈠のような設問でも、必要だと考えられるならば、言葉を補ったりして訳出することも十分にあり得ることとなる。文脈に即して、臨機応変に柔軟な対応が求められるのである。（詳しくは、出題分析「〈現代語訳〉について」を参照されたい。）

㈠　**現代語訳問題**

ア　傍線部はちょうど、その直後の「興をもよほしける」の主語だと考えられるので、「上下いづれも」は、何かが「上」、「下」の人々を指しているのだと分かる。何が上、下なのか。ここは静の芸の披露を期待して多くの人々が集まっていることを想定すると、「上下いづれも」とは、さまざまな身分の人々のことを指していることが分かるだろう。

エ　「夜すがら」は、一晩中ということ。

オ　「御命いかがあらん」を直訳すると、「御命はどうであろうか」となるが、「命がどうであろう」とは、無事であろうかということになる。しかしこのまま言葉を補わずに「無事であろうか」では誰が誰のことを心配しているのか、即ちだれの「命」のことを言っているのか、採点者には伝わらない。ここは、政子が頼朝のことを心配していた当時をふりかえって言っている場面である。よってここは、「あなた様の」を補充して訳すことが求められているのである。これまでの東大の㈠は、ほとんど言葉を補うことを求めていなかったが、二〇一三年度の問題の場合、現代語に訳す設問は、言葉を補って訳すものと、その必要がないものとに区別して出題されているわけではないので、単に「現代語訳せよ」というのみのこの㈠でも、躊躇することなく言葉を補って訳すとよい。

なお、ここを「頼朝殿の」としてもよいが、会話文の臨場感を出すことを目論んで、「あなた様の」とした。

㈡ 説明問題 傍線部の「御気色かはらせ給へ」は、頼朝の表情が変わったことを言っている。直後に「御怒りを」とある通り、頼朝は立腹したのである。その理由は、直前の頼朝の会話文に明らかだ。

まず、静が「反逆の義経を慕」う、つまり頼朝と敵対する義経を慕う歌を、頼朝の面前で歌ったことが、当然のことながら頼朝には腹立たしい。本文冒頭に出ている《吉野山……》と《しづやしづ……》の二首がこれに該当するが、静は「……人の跡ぞこひしき」で義経のことが恋しいと言い、「昔を今になすよしもがな」では、義経と睦まじく過ごしたかつての日々に戻りたいと訴えている。特に「昔を今に……」の「昔」については、さらに深読みして、義経が頼朝にも勝るとも劣らない、軍事的なあるいは政治的な力を蓄えつつあった「昔」という意味をも含んでいるという解釈もある。だとすれば、頼朝にはさらに腹立たしいこととなる。

加えて、頼朝が、「八幡の宝前にて我が芸をいたすに、もつとも関東の万歳を祝ふべきに」と述べていることも見逃しがたい。即ち、鶴岡八幡宮に祀られているのは、頼朝をはじめとした関東武士の武運を護る神であるのに、その神前で、関東とは敵対する義経を慕う歌を吟ずるのは、神に対しても、関東武士全体に対しても無礼だと言いたいのである。

右の事情を解答にまとめてゆくこととなるが、まず、静が吟じた歌が、頼朝の怒りを誘発したということが、解答の中心線となるだろう。その上で、静の歌の内容が、謀反人たる義経を慕うものであること、そしてそれは、頼朝にも、関東の武士にも、八幡の神にも無礼だと受け取られることなどを説明したい。しかし、これだけの内容を一行の解答欄（せいぜい三三～三五字程度）で詳しくまとめ上げるのは困難だ。そこで解答例では、静が歌った歌について「謀反人義経を慕う、場違いな内容の歌」というようにまとめてみた。これに対して、八幡宮の神前でのことという点に重きを置いて、以下のような別解も考えられる。

〔別解〕

静が、関東武士の帰依する八幡宮で謀反人義経を慕う和歌を吟じたから。

また、解答欄が二行分あったとしたら、以下のような解答が想定される。

静が、頼朝ら関東武士の繁栄を祈念すべき鶴岡八幡宮の神前で、謀反人である義経を慕うような歌を吟ずるのは不届きだから。

㈢ 説明問題 頼朝の妻・政子は、流人として伊豆に来ていた頼朝と「御ちぎりあさからず」、即ち男女の仲になっていたのだが、「平家繁昌の折ふし」、即ち平家一門が天下を牛耳っていた時期であったことを考慮すれば、政子の父・北条時政は、娘・政子が頼朝と婚姻関係を結ぶとなると平家から迫害を受けかねないと危惧して、「ひそかにこれを、とどめ給ふ」というようになったのは、容易に想像できるだろう。そうした流れから考えると、「これ」に該当する内容は、まさしく解答例に示した通りとなる。

㈣ 説明問題 「貞女」とはそもそもは、夫なり恋人なりをひたすら思い続けて、決して他の男性に好意を抱いたりしない女性のこと。傍線部は、「多年九郎殿に相なれしよしみをわすれ候ふ程ならば」、つまり長年義経と相思相愛であったことを忘れているのであれば、「貞女のこころざし」ではない、しかし静が一途に義経のことを慕い続けているという文脈で用いられている。ただし静の場合、静が義経への愛情を貫くのにあたって障害となり得るのは、例えば静が心を奪われかねないほかの男性が現れたりすることではなくて、義経が謀反人となって逃亡生活を余儀なくされ、二人が離ればなれになっていることである。解答を作成するにあたっては、この点を意識する必要がある。

㈤ 説明問題 傍線部は、頼朝の感情の変化について述べていて、静が義経を慕う和歌を鶴岡八幡宮で吟じたことに対する怒りを鎮めたことを言っている。出題者の指示は、頼朝が怒りを鎮めるにあたってきっかけとなったのは、傍線部直前の政子の発言のどの部分かを指摘せよということである。

これについては、本文ではどの部分がということは示されていないが、常識的に考えて、「今の静が心もさぞあるらむ」とあるあたりではないか。即ち、かつて戦場に出向いた頼朝のことが気がかりで、政子としては落ち着いてはいられなかったのが、義経を心配する静の今の思いと共通であると述べているくだりである。そして、政子は「まげて御賞翫候へ」と言って、静に褒美を取らせることまで頼朝に要請しているほどである。

通釈

静は、まず和歌を朗詠していうには、

吉野山……〔吉野山の峰の白雪を踏み分けるようにして山奥に行ってしまった人の足跡の先が恋しいなあ。〕

また別の曲目を歌ってから後、（静は）和歌を朗詠する。その歌では（次のように詠んだ）、

しづやしづ……〔「静御前よ、静御前よ」と、倭文《しづ》を織るために「苧環《おだまき》」を何度も繰るのと同様に、繰り返し何度も私の名前を呼んで下さった昔を今に復元する方法があればいいなあ。〕

このように歌ったので、社殿が鳴動するほど、身分の高い人も低い者も誰もが（静の歌に）興をもよおしたところで、二位殿（＝頼朝殿）がおっしゃるには、「今、八幡の神前で自分の芸を披露するにあたっては、当然のこととして関東の平安長久を祝うのがふさわしいのに、人が聞いているのもはばからずに、反逆者である義経を慕い、（本来とは）別の曲を歌うことは、はなはだしく怪しからんことである」と言って、ご機嫌を損ねなさったところ、御台所（＝政子さま）は（それを）お聞きになって、「そうひどくはお怒りを顔にお出しになりますな。我が身について思い当たることがあります。殿がまさしく流人とおなりになって、伊豆の国においでになったころ、私と関係が浅くはない仲と言っても、平家一門が繁栄している折でありましたので、父の北条殿も、そうは言うものの時流を恐れなさって、ひそかにこのこと（即ち、殿と私とが婚姻関係を結ぶこと）を、引き留めなさいました。そうではありますけれど、（私は）殿と気持ちを通じ合わせて、暗い夜の間ずっと降る雨さえも厭わずに、（雨に濡れまいとして）裾をたくし上げて、ほんの小さな隙間を通って、殿がいらっしゃる寝間の中に忍び込んでおりましたが、その後は殿が石橋山の合戦場にお出かけになる時には、（私は）ひとり伊豆の山に残っていて、殿（あなた様）のお命は無事であろうかということについて心配しつつ、昼間を過ごしておりましたところ、（その）昼間に何度か、（あとの）夜の間に何度か、（心配のあまり）呆然としておりました。その嘆きに比べましたところ、今の静の気持ちもそのようなものだろうと思われて、気の毒なことでございます。彼女も長年九郎殿（＝義経殿）と睦まじく過ごしていた関係を忘れるのでありましたならば、貞女の愛情であるはずもないです。今の静の歌の感じは、表面的にはわずかばかり思いを寄せていて、内実は霧が深いかのような深遠な怒りを含んでいます。さらに同情なさって、何としてでも愛でてくださいませ」とおっしゃったので、二位殿はそれをお聞きになり、（政子と）ともに涙をもよおした様子で、（二位殿は）ご立腹をおやめになった。しばらくしてすだれの隙間を通して、卯の花がさねの着物を静にお与えになった。

解答（㈡・㈣は文科のみ）

㈠　ア　身分の高い人も低い者も誰もが
エ　暗い夜の間ずっと降っている雨
オ　あなた様のお命が無事であろうかということを

㈡　静が、謀反人義経を慕う、場違いな内容の歌を歌ったのが不届きだから。

㈢　政子が、平家によって流人とされた頼朝と夫婦の契りを結ぶこと。

㈣　長年親しんだ男性が謀反人となっても、変わらず慕い続ける心のさま。

㈤　静が義経を思う心情は、昔政子が頼朝の身を案じたのと同様だという所。

二〇一二年

第二問（文理共通）

出典

『俊頼髄脳』より

源俊頼（一〇五五～一一二九）が著した歌論書（歌学書）で、平安時代後期の一一一一年～一一一五年ごろに成立したと考えられている。源俊頼は平安時代後期を代表する歌人の一人で、第五番目の勅撰和歌集である『金葉和歌集』の撰進にあたった。

解説（三・四は文科のみ）

㈠ **現代語訳問題**　古文の現代語訳の問題では、傍線部を原文のままに読み解くことができているということを採点者にアピールするため、なるべく原文の文構造に即して訳出することが求められている。これは即ち、例えば原文で主語に当たる部分があれば、その部分は訳文でも主語として機能させるように、また述語に当たる部分があれば、その部分は訳文でも述語として機能させるように訳すことである。

それに加えて、例えば「具体的な状況がわかるように」、「指示語の内容がわかるように」などという指示が設問に付されている場合は、原文を直訳した部分にその指示に応じた加筆や補正が必要となってくる。

これまでの東大入試の現代語訳問題では、単に「現代語に訳せ」という設問と、訳出に条件や指示が付加された設問とが、別々になって出題されることが多かった。が、二〇一二年度の問題では現代語訳を求めているのは、この㈠のみである。ということは、この㈠は、「現代語に訳せ」とあるのみの出題であるが、例年と違って、直訳で終わらずに必要な加筆や補正が求められている可能性がある。（詳しくは、出題分析「〈現代語訳〉について」を参照されたい。）

ア　「事の」は、現代語で例えば「ものの喩え」などというときの「ものの」と同様の表現で、特に訳出は求められないだろう。名詞「わづらひ」は、「面倒なこと、厄介なこと、不都合なこと」を指す。葛城山と吉野山との間には隔たりがあって、この二つの山を行き来するには「何か面倒なこと」があるというのである。

なお、「あれば」は、「あり」の已然形「あれ」に接続助詞「ば」がついた、確定条件の表現。ここは原因・理由を表している。

イ　「凡夫」は、「一般の人」ということ。副詞「え」は、打消の表現と呼応して、不可能を表す。ここでは、打消の助動詞「ず」の連体形「ぬ」と呼応している。よって、「凡夫のえせぬ事をするを」で、「一般の人ができないことをするのを」という意になる。

「神力とせり」の「せり」は、サ行変格活用の動詞「す」の未然形「せ」（命令形という説もある）に、完了・存続の助動詞「り」の終止形「り」がついたもの。この部分をそのままに訳すと、「（世間では）神力としている」、即ち「神力と言っている」ということになる。なお、「神力」とは、現代では「神通力」と呼んでいる、何でもなし得る霊妙な力のこと。

ウ「たふるにしたがひて」の「たふる」は、動詞「耐ふ」の連体形。動詞「耐ふ」は、「忍耐する」という意味以外に「…する能力がある」という意味も持っている。この「たふる」は、どう解釈すればよいだろうか。

ここは、葛城山と吉野山を結ぶ岩の橋を早く作ってほしいと、役の行者が一言主の神にお願いを言う場面で、傍線部の直後には「法施をたてまつらむ」、即ち「法文を読んでさしあげよう」と述べている。それらを踏まえて「たふる」の意味を考えると、まず、「忍耐する」とは解釈できないだろう。では、「……する能力がある」と解するとした場合、その人物関係を考察して精査するとよい。

つまり、ここを「あなた、即ち一言主の神が、橋を築いた仕事量に応じて、私は法文を読んでさしあげよう」と解するのと、「私、即ち役の行者の能力に応じて、つまり、私のできる限り、法文を読んでさしあげよう」と解するのと、どちらが適切かということである。役の行者がお願いをしている立場だと考えれば、後者の解釈がふさわしい。仕事を達成できた分に応じて謝礼をあげようという態度は、誠実に何かを依頼しようとする態度ではないからだ。そこで、「私の能力に応じて」を文脈にあてはめて解釈して、「できる限り」というこなれた表現を解答として推奨したい。

(二) 説明問題 傍線部の解釈はさほど難解ではないだろう。「我がかたち醜くして」とは、「私の容貌が醜くて」ということであるし、「見る人おぢ恐りをなす」とは、「私を見た人は、私の容貌の醜さに恐怖を感ずるだろう」ということである。

ただし解答を作成するのに留意する必要があるのは、人物について論評する際の呼称である。傍線部は一言主の神の語る会話文であるから、解釈すると「我がかたち」は「私の容貌」となるが、客観的な説明が求められているこの設問では、解答には「一言主の神の容貌」というように、「私」が誰を指すか、客観的に説明する必要がある。

(三) 説明問題 まず傍線部では、一言主の神が夜間は岩橋の造営に取り組んでいるのに、昼は「渡さず」、即ち橋の造営を休むということを述べている。そして設問では、この一言主の神の奇異とも思えるやり方について、その理由の説明が求められている。

これについては、㈡で考察したことがヒントになるだろう。一言主の神は、夜は働くのに、昼間は姿を隠している。これは明るい昼間に出てくることを避けているのである。なぜならば、㈡で見たように容姿が醜いから、明るいところで人に見られるのを避けたいというのであろう。

ただし、容姿を見られたくないということだけであれば、傍線部の後半の説明に過ぎない。本問については、「その夜のうちに少し渡して」という部分についても言及したい。それには、「すみやかに渡し給へ」という役の行者の言葉に注目すればよい。はやく造営してほしいと言うので、すぐに取りかかったのである。

㈣ 説明問題 傍線部にある「ひま」「はざま」は、ともに隙間のこと。昼間は岩橋を渡そうとしない一言主の神に怒りを覚えて、そもそもが呪術の使い手である役の行者は「護法」に命じて、一言主の神を葛でぐるぐる巻に縛って痛めつけるのである。そして、巻きつけられた葛が取れないまま今も残っているというのである。

設問では「主語を補って」とあるが、葛が絡まっているのは、「おほきなる巌」に見えるけれども、そもそもは一言主の神であった。主語である「神」に敬意を表すために、「おはす」（「あり」の尊敬語）という尊敬語の動詞が用いられている。

㈤ 説明問題 和歌の内容説明を求める設問。

冒頭の和歌について九行に及ぶ解説がついているが、この解説からは和歌に現れる「葛城の神」、即ち一言主の神は、昼間は顔を出したがらないほど、容貌が醜いということをのみ受け取ればよい。むしろこの設問では、「ある女房が」「通ってきた男性に対して」贈った歌であるという設定を重視する必要がある。

すると「夜の契りも絶えぬべし」とは、二人の恋人関係が途絶えてしまうかも知れないということになる。それはどうしてか。「明くるわびしき葛城の神」に注目するとよい。夜が明けるとつらいというのである。「葛城の神」は、注によれば「女神」であるから、歌の詠み手である「ある女房」のことでもある。

つまり、「ある女房」は自分の容貌が醜いから、夜が明けて明るくなるとそれがはっきり「通ってきた男性」に見られてしまい、場合によっては二人の関係が途絶えてしまいかねないというのが、この部分の表面的な内容である。女房の本心としては、人目につくなどということもあるので、男には早く帰ってもらいたいということを訴えていると考えられる。そして当時の通い婚の習慣として、恋人のもとに通ってきた男性は明るくなる前に帰るのがマナーであったことを考え合わせると、この和歌は、「夜の明けないうちに帰ってほしい」ということを伝えるものだということがはっきりする。

通釈

岩橋の……〔(葛城の神が岩の橋を造営する際に、醜い容貌を見られるのを嫌って昼間は人前に出てこなかったという故事を思い起こすと、私とあなたとの)夜の契りは絶えてしまうに違いない。(醜い容貌が見られることになるので)夜が明けるのがつらい、葛城の一言主の神のような私であることよ。〕

この歌は(以下のような由来を持つ。即ち)、葛城の山(と)、吉野山との間の、遠い隔たりをめぐると必ず、何か面倒なことがあるので、役の行者と言っている修行者が、「この(葛城の)山の峰からあの吉野山の峰に橋を渡したならば、何の不都合なこともなく、人は通ってしまうことができるだろう」と思って、その場にいらっしゃる一言主とお呼びする神にお祈り申し上げたことは、「神の(持っている)神通力は、仏に劣ることはない。一般の人ができないことをするのを、神通力と言っている。願うことならば、この葛城の山の山頂から、あの吉野山の山頂まで、岩で作った橋を渡してください。この願いを、恐れ多くも引き受けてくださったならば、できる限り法施を差し上げよう」と申し上げたところ、上空に声がして、「私はこのことを引き受けた。必ず橋を渡すつもりだ。ただし、私の容貌が醜いので、見る人は怖がる。(明るい昼間ではなく)毎夜橋を渡そう」とおっしゃった。(役の行者は)「願うことならば、すみやかに(橋を)お渡しください」と言って、般若心経を読みあげてお祈り申し上げたので、(葛城の神は)その夜の間は少し(橋を)渡して、昼間は渡さない。役の行者はそれを見てひどく怒って、「そういうことならば、護法よ、この(一言主の)神を縛りなさい」と申す。護法はすぐに、葛を使って(一言主の)神を縛った。その神は岩であるように見られていらっしゃるので、葛がまとわりついて、掛袋などに何かを入れたように、隙間もないほど巻きつかれて、今でも(そのような姿で)いらっしゃるのである。

解答　(三)・(四)は文科のみ

(一)　ア　何か面倒なことがあるので、

イ　一般の人ができないことをするのを、神力と言っています。

ウ　できる限り

(二)　一言主の神の醜い容貌を見た人は、恐れをなすだろうということ。

(三)　役の行者の求めには応じようとしたが、醜い容貌は見られたくなかったので。

(四)　一言主の神が葛に隙間なく巻きつかれた岩として今も鎮

座している状況。

㈤　醜い顔を見られて嫌われぬよう、夜が明けてしまわないうちに帰ってほしいということ。

二〇一一年

第二問（文理共通）

出典

『十訓抄』より

鎌倉時代の説話集である『十訓抄』（読みは、「じっきんしょう」または「じっくんしょう」）は、一二五二年成立、編者は六波羅《ろくはら》二臈《じろう》左衛門《ざえもん》入道《にゅうどう》と伝えられる。年若き者に対して、十の教訓を提示し、それに適った内容の例話を、全部でまとめて約二八〇話集成している。

解説　㈡・㈤は文科のみ

東大の古文の入試問題では、現代語訳の問題と説明問題の二つの形式が出題される。前者にあたるのが㈠㈡㈢で、まず原文の文構造に即した訳文を作成することを最優先に考えたい。ただし㈡と㈢には、それぞれ「『このこと』の内容がよくわかるように」「内容がよくわかるように言葉を補って」とあるので、直訳をしただけでは終わりにならず、必要な語句を補って訳を完成させる必要がある。その際、どのような言葉を補うかについては、以下、各設問ごとに解説してゆきたい。また、「言葉を補って」などという指示のない㈠については、基本的には直訳に準ずる訳文でいいはずで、本来は言葉を補う必要はないものであるが、二〇一一年度の問題ではそうでもない局面も出てくる。これも該当する設問の解説で詳細を述べることとする。また加えて、説明問題となる㈣㈤では、出題者の意図を充分に汲み取った的確な解答を作成する必要がある。いずれにせよ、解答は内容だけでなく、その形式についても充分に留意したものでなければならない。（詳しくは、出題「〈現代語訳〉について」を参照されたい。）

現代語訳問題

㈠

ア　副詞「ひとへに」はここでは「随ひ奉る」を修飾しているので、その文脈に適合するように「ひたすら」などと訳せばよい。「君」は、はっきり「君主、主君」と訳出したい。リード文にあるように、この本文は「忠直を存すべき事」と題された章段の序文である。「忠直」即ち、忠義を貫き、かつ素直で誠実でなければならないということを教え示そうというのが、この文章の作者の意図である。そう考えると、ここの「君」は、「君主、主君」となる。ここを原文のまま「君」と訳してしまうと、現代語で二人称に用いる「君」と混同されかねないので、ここは「君主、主君」の意味をはっきりさせておきたいところだ。

文法的にも注意したいのは、動詞「随ひ」に下接している

「奉る」。謙譲語の補助動詞であるので、これを訳出に反映させること。さらに連体形の準体法で用いられているので、訳出に際しては、「こと」などという名詞を補ってやる必要があるということにも気づいてほしい。

また、「忠にあらず」の「にあらず」も、原文に即して「……ではない」と訳したい。即ち、ここの「に」が断定の助動詞「なり」の連用形で、「にあり」だと「……である」、「……にあらず」だと「……ではない」と訳すのが基本だということである。

これらすべて勘案すると、「ひたすら主君に追随し申し上げることは、忠義ではない」となる。

ウ　動詞「思ひ立つ」は、旅に出ることなど、何かのことをしようと決心すること。これに完了の助動詞「ぬ」の連体形「ぬる」と名詞「こと」が付いた「思ひ立ちぬること」で、「実行しようと決意したこと」となる。それについて「いさむる」のは、決意をした人物とは別人であろう。直前に「主君にてもあれ、父母、親類にてもあれ、知音、朋友にてもあれ」とあるので、例えば主君が決意したことについて臣下の者が、あるいは、親が決意したことについて子弟が、決意したことを取りやめるように諫言するという状況が想定できる。

さらにこのことを、「心づきなくて」と言っている。形容詞「心づきなし」は、対象となるものに対して、「好感が持てない、気に入らない」などと感じるさまを言う言葉である。ここは、主君や親が、即ち本来、あまり他人から注意をされたりすることがない立場の者が、自分より目下の者から諫言されて、「気に入らない」と思っているのである。諫言する者が心のなかで「気にくわない」と思って諫言するのではないのである。

傍線部をまとめて考えると、「思ひ立」った者と「いさむる」即ち諫言する人物は別で、「思ひ立」った者が、自分が諫められたことについて「心づきなく」思っているという構図になる。

そこで、まず取りかかりとしては傍線部をそのまま訳して「実行しようと決意したことを諫めるのは、気に入らなくて」としてみるが、これでは人物関係が正しく伝わらない恐れがあるので、「諫めるのは」の部分に「他人が」という主語にあたる言葉を入れて、「実行しようと決意したことを他人が諫めるのは、気に入らなくて」という解答に辿り着くのである。

この設問は、(二)(三)のように、言葉を補って訳すことを特に求めてはいない。しかしいわゆる直訳のままでは、こちらの理解が正確に読み手（採点者）に伝わらないので、ここは言葉を補って訳す必要がある。

カ　漢語である「機嫌」の解釈は難しいところであるが、直前に「人の腹立ちたる時、強く制すればいよいよ怒る」とあるので、こちらが諫言したときの相手の感情のことを「機嫌」といっているのであろう。解答例としては「その場の状況と相手の気分」としたが、「相手の感情」が示されていれば、「その場の状況」はなくてもよい。また、ここも解答には、「相手の」という、人物に関わる語句を補って訳すこととなる。

　動詞「はばかる」は、「慮《おもんぱか》る、考慮する」ということ。「いさむべし」の助動詞「べし」は、適当（……がよい）という用法と考えたが、命令（……しなさい）や意志（……したい）、義務（……しなければならない）などで訳しても支障ないだろう。

(二) 現代語訳問題　指示語を具体化して現代語訳する設問。

「世の末」は、ここでは仏教で言う「末世《まっせ》」のこと。釈迦の死後、正法《しょうぼう》と言われる五百年（千年という説もある）、続いて像法《ぞうぼう》と言われる千年を経過すると、末法の世の一万年がやって来ると考えられていた。末世になると、仏の教えが行き渡らなくなって世が乱れると言われ、日本では一〇五二年から末世に入っているとされる。

「かなはず」は、そのまま直訳すると「思い通りにゆかない」、もう少しまとめて「困難だ」となる。では、何が困難なのかということになるが、直前に「必ずいさむべきと思へども」とあるので、「困難」なこと、つまり「このこと」の具体的な内容の骨子はまず、「諫めること」となる。

　しかし「末世では、諫めることは困難だ」という解答を作っても、他人を諫めることはそれほど困難であろうかという疑問が湧いてくる。例えば、自分より目下の者や部下の者に対しては、諫めることはさほど困難ではない。

　そこでさらに文脈をさかのぼってみると、「主君にてもあれ、父母、親類にてもあれ、知音、朋友にてもあれ」とあるのに気づく。目上の者や同輩を諫めるとなると、たしかにそれは難しいこととなるだろう。そこで解答としては、「末世では、相手が目上の人であれ親友などであれ、諫言するのは困難だ。」となる。

(三) 現代語訳問題　言葉を補って現代語訳する設問。

「言葉を補って」という指示が付いている現代語訳の設問である。しかし(二)と異なり、どこに言葉を補えばいいのかという指示がないので、言葉の補い方も考えなければならない。

　まず、傍線部の途中にある「と思ひあはすれども」の「と」に注目すると、その「と」までの範囲を心内文と考えて、「『その人のよく言ひつるものを』と思ひあはすれども」という構造だと判断できる。

　続いて『 』の中であるが、「その人の」の「の」は主格で用いられている。つまり、「言ひつる」の主語にあたるのが「その人」である。「その人」は指示語で、客観的には諫言してくれた人のことだが、心内文なので、ここは「あの人が」と訳しておけばよいだろう。

　主語「その人の」の述語部分にあたる「言ひつる」は、そのまま訳すと「言っていた」となってしまうが、ここは単に「言う」のではなくて、「諫言した」「諫めた」ということだろう。しかしここを「諫言した」と訳しただけでは、誰が諫言したのかわからなくなるので、心内文の語り手の立場に立って訳して、「諫言してくれた」「諫めてくれた」とすればよい。

さらに気をつけなければならないのは、「よく言ひつる」の「よく」の部分の訳である。これをそのまま「よく諫言した」と訳すと、「頻繁に諫言した」「しばしば諫言した」という意味になってしまう。しかしここはそういうことではないだろう。この場合の形容詞「よし」は頻繁だということではなく、「正しい、適切だ」という意味である。つまり、諫言の内容が当を得ていて、正しいものだったということを、諫言された側があとで振り返って気づいているのである。だからここは、「よく」ではなく、「適切に」「正しく」と訳す必要がある。

また、「ものを」はもともと接続助詞であったのを文末に用いて、余韻を醸し出そうとしている表現なので、これを「……なのになあ」と訳して、「思ひあはすれども」の訳も加えると、「あの者が私を適切に諫めてくれたのになあと思いあたるけれども」となる。

(四) **説明問題** 理由の説明をする設問。

「なぜ」と問うているので、解答の結びは、「……だから」「……ので」とすること。

傍線部「このことを聞かせじと思ふなり」の「このこと」とはどういうことか。これは、傍線部の直前に「心の引くかたにつきて、思ひたることのある時は」に注目すればいい。心ひかれることについて何か思ったことがあると言うのだが、この「思ひたる」は傍線部ウの「思ひ立ちぬる」と符合すると考えてよい。つまり、何か実行しようと決意をしたのである。しかしこれを、「聞かせじ」と思うのはなぜか。

これについては、やはり傍線部の直前「むつかしく、またいさめむずらむ」に注目すればいい。形容詞「むつかし」は不快だということ。また「いさめむずらむ」は、動詞「いさむ」の未然形「いさめ」のあとに、助動詞の「むず」と「らむ」が続いたもの。助動詞「むず」は、「むとす」という連語から生まれ、かなり高い頻度で「むずらむ」という組み合わせで使われる。「むず」も「らむ」も推量で用いられているとして、「むずらむ」は「……ことだろう」と訳すのが基本である。とすると、「不愉快なことに、私が実行しようと決意したことに対して諫言してくることだろう」と思われるので、決意したことについては聞かせたくないのである。これで解答の骨子が定まった。どうして決意したことを話したくないのかという問いかけに対して、「自分のしたいことをやめるよう諫言されて、不愉快になるだろうから。」という解答が出てくる。

(五) 説明問題 まず傍線部分を正確に解釈することから始める。「頼めらむ人」とあるが、ここの品詞分解から進めてゆこう。結論を先に示すと、〈マ行四段活用の動詞「頼む」の已然形（命令形という説もある）「頼め」＋助動詞「り」の未然形「ら」＋助動詞「む」の連体形「む」＋名詞「人」〉となる。

ここで注意が必要なのは、「頼め」をどう分析するかということである。というのは、終止形が「頼む」となる動詞は、四段活用の「頼む」と下二段活用の「頼む」の二種類があるのだ。前者は「あてにする、頼りにする」という意味、後者は「こちらのことは頼りになると相手に期待を抱かせる」という意味である。まずこの二つのどちらが使われているのか、判断しなければならない。

判別のポイントは、「頼め」直後の「らむ」がどのような語から構成されているかによる。この「らむ」がそのまま助動詞「らむ」であるとすれば、直前の語は終止形でなければならない（ラ変型活用語の場合は連体形。しかしここはラ変動詞は出てこないので、連体形の可能性は排除できる）が、「らむ」直前の「頼め」は終止形ではない。よって、ここの「らむ」は助動詞「らむ」ではない。

とすると、ここの「らむ」は、「ら」と「む」に分けて考えるしかない。「む」は助動詞「む」であるとすると、直前の「ら」は未然形。未然形で「ら」となるのは、助動詞「り」のみである。そして、この助動詞「り」は四段活用の動詞の已然形（命令形という説もある）か、サ行変格活用の動詞の未然形にしか接続しない。とすると、ここの「ら＋む」の直前にあるのは、四段活用の「頼む」しか考えられない。

よってここの助動詞「り」を存続、助動詞「む」を婉曲の意で解釈したとすると、「頼めらむ人」は「頼りになると期待しているような人」となる。

では「頼りになると期待しているような人」とは、誰が頼りにしている誰のことか。そこで思い出したいのが、リード文にこの章段の題名「忠直を存すべき事」が示されていたということである。この題名からすると、本文にはいろいろな立場の登場人物が出てくるものの、結局は、臣下の者として主君にどのように仕えるかということを主題として書いてあることがわかる。そこでこの「頼めらむ人」というのも、主君と臣下との関係にあてはめてみたとき、どちらがどちらを頼るかということについて考えればよいのである。ここで描かれる理想的な臣下の者は、主君に対して諫言をすることができる有能な人物を想定している。だから主君の方が臣下を頼るというのも考えられなくもないと思うかも知れないが、身分社会ではありえないだろう。ここはあくまで身分関係から逸脱しないで考えたい。とすると、臣下の者が主君を頼るという方が自然である。つまり、「頼めらむ人」というのは、「臣下の者があてにしているような主君」ということになる。

そして、「頼めらむ人」が主君だとすると、「頼めらむ人のためには」ということは、「主君にとっては」ということになる。「うしろめたなく」は形容詞「うしろめたなし」の連用形であるが、「うしろめたなし」はよく使われる古文単語「うしろめたし」と意味は同じで、後々のことが「気がかりだ」ということになる。ただしここの「うしろめたなく」は、「腹黒き心のある」と並立して、ともに「まじきなり」につながってゆく。よって傍線部を解釈すると、「こちらが頼りにする主君にとって、決して、後顧の憂いがないように、また、意地悪な心がないようにしなければならないのである」となる。（なお、傍線部半ばの「ゆめゆめ」は後部の「まじき」と呼応して、「決して……してはならない」というかたちを形成している。）

さらに右の内容を解答にまとめてゆくことになるのだが、主君にとって後顧の憂いがないようにするためには、臣下の者は諫言をやめてはならないし、主君が意地悪だと感じるような心を持ってはならないということは、臣下の者は誠実に、主君に対応して仕えなければならないということになる。

通釈

孔子がおっしゃったことがある。「ひたすら主君に追随し申し上げることは、忠義ではない。むやみに親に追随するのは、孝行ではない。争わなければならないときは争い、従わなければならないときには従うこと、これを忠義とし、孝行とする」。

そうであるので、（相手が）主君であれ、父母や親族でもあれ、知己や親友であれ、好ましくないようなことについては、必ず諫めなければならないと思うけれども、末世では諫言するのは困難だ。人間の習性として、（実行しようと）決意したことを他人が諫めるのは、気に入らなくて、話を合わせてくれる人（の言葉）は、賛同できるように思われるので、天の神は感心なことだなあとお思いになることだろうが、主君のまずいところを諫める者は、（主君から）恩顧にあずかることはめったにない。そうして、実行することがひどい状況になって、心静かに思い出す時には、「あの者が私を適切に諫めてくれたのになあ」と、思い返すけれども、また心がなびいてゆく方向に魅力を感じて、やってみようと思ったことがある時は、「（あの者は）不愉快にも、また私を諫めることだろう」と思って、「このこと（即ち、今私がやろうとすること）は、教えたくない」と思うのである。これらはとても愚かなことであるけれども、みな人間の習性であるので、邪心を持たず、また、（諫言が相手にとって）不快にならないように配慮するのがよい。

すべて人が立腹しているときに、（それを他人が）強く押しとどめるとますます怒る。燃えさかっている火に少量の水をかけるようなことは、その効果がないはずだ。だから、その場の状況と相手の気分を考慮して、穏やかに諫めるのがよい。君主がもしも愚鈍であったとしても、賢明な臣下が互いに助けると必ず、その国が乱れることはないはずだ。親がもし思い上がっていたとしても、孝行な子どもが慎んで随ったならば、その家は安泰であるはずだ。重い物であっても船に乗せると沈まないのと同様だ。（臣下の者は臣下の者なりに）身分の上下は違っていても、その人の身分に応じて、こちらが頼りにする主君にとって、決して、後顧の憂いがないように、また、意地悪な心がないようにしなければならないのである。見えないところでは、神仏の加護があることを予想しているはずだからである。

解答（㈡・㈤は文科のみ）

㈠ ア　ひたすら主君に追随し申し上げることは、忠義ではない。

ウ　実行しようと決意したことを他人が諫めるのは、気に入らなくて、

カ　その場の状況と相手の気分を考慮して、穏やかに諫めるのがよい。

㈡ 末世では、相手が目上の人であれ親友などであれ、諫言するのは困難だ。

㈢ あの者が私を適切に諫めてくれたのになあと、思いあたるけれども、

㈣ 自分のしたいことをやめるよう諫言されて、不愉快になるだろうから。

㈤ 主君や親に対しては、諫言も厭わず誠実に仕えるべきだということ。

二〇一〇年

第二問（文理共通）

出典　『古今著聞集《ここんちょもんじゅう》』より

鎌倉時代、一二五四年に、橘成季《たちばなのなりすえ》によって編まれた、全二十巻の説話集。総計約七百話の説話を、内容によって神祇・釈教・公事・和歌・管絃歌舞・魚虫禽獣などに分類し、配列している点に大きな特色がある。本話は巻八「孝行恩愛」に含まれている。

解説　(三)・(五)は文科のみ）

東京大学入学試験の古文の問題は、基本的に、現代語訳問題と説明問題の二種類から構成されている。二〇一〇年度の出題では(一)・(三)・(五)の三つが前者で、(二)・(四)が後者である。問題に取り組むにあたっては、この二種類の設問では、それぞれどのような作業が求められているのか、はじめに意識しておく必要がある。

まず現代語訳問題では、原文の文構造に即した訳出を基本に考えてもらいたい。これは、例えば主語として機能している語句は訳文でも主語の働きになるように訳し、その主語に対応する述語の部分は述語として訳すということである。英語の学習での英文和訳や和文英訳などではこなれた訳文を作成するため、文構造を思い切って転換して訳すことも求められようが、古文の現代語訳は、古い日本語を現代の日本語に転換させるだけのことなので、表面的な意味だけでなく、できることならば文構造上の機能までも訳文に反映するように心がけたい。

これに対して説明問題では、表現の奥にある、結論的なことを明確に答える必要がある。単純に訳しただけでは意味が把握しづらいところについて、そこで語り手・書き手は実際にはどういうことを表現したかったのか、解明し、解説するのが説明問題だと思えばよい。いわば、少し踏み込んだ解説が求められているのである。さらに、(二)・(四)ともに、「どういうことか」と問われているので、〈……ということ。〉というかたちで解答しなければならないのは、言うまでもないことである。（詳しくは、出題分析「〈現代語訳〉〈説明問題〉について」を参照されたい。）

(一)　**現代語訳問題**　現代語訳問題であるので、基本的には原文に即した訳出を心がけたい。ただし、本問の傍線部にはやや訳しづらい表現も含まれるので、こなれた訳文にするために多少工夫が求められるところもあるだろう。

エ「心のごとく」は、「心」を〈意志、意向〉という意味で用いて、〈思い通りに〉〈考えのままに〉ということを表している。また、「力堪へず」に含まれる動詞「堪ふ」は、〈能力がある〉ということ。よって「力堪へず」で「……できません（できない）」と訳せばよいだろう。「養ふ」は、〈母を〉「養ふ」という意味で用いられているのは明らかではあるが、解答欄に余裕もあるので、〈母を〉を補っておいた。

オ「罪をおこなふ」で〈処罰する〉ということ。直後にある助動詞「る」の未然形「れ」を受身で解釈して、〈処罰される〉ということになる。ここの助動詞「る」を尊敬の意で解釈すると、〈院が私を処罰する〉ということになるが、語り手である僧が自分自身のことについて述べている文脈だから、助動詞「る」を受身で解して、〈私は〉という主語を想定するほうがよいだろう。また、「ん」は助動詞「ん」（「む」）の連体形「ん」（「む」）。ここは婉曲で解するのが一般的であろう。「〜ような」などと訳す。または仮定で解して、「〜したならばその」と訳してもよい。

また「案」は〈予想〉という意味で用いられていて、〈案のうち〉で〈予想通り〉ということとなり、僧自身が処罰を受けることを予想しているという状況なので、〈覚悟の上〉と訳した。

さらに、「にはべり」の「に」は断定の助動詞「なり」の連用形「に」である。この「に」は、「に・あり」「に・て」のかたちで用いられることが多く、「に・あり」であれば〈である〉と訳し、「に・て」の場合は〈であって〉と訳す。ここは「はべり」を「あり」の丁寧語として用いていて、その丁寧語の要素を省くと「に・あり」と同様であるから、〈である〉を「です」「ます」調にして、つまり丁寧語にして〈でございます〉〈であります〉と訳すとよい。

カ　もともと「いとま」とは、空いている時間のことを表し、そこから転じて、出仕先や職務から離れることを言う。現代語でも「暇をもらう」とは、職を辞することなどを指す表現である。ここは、役人に拘束されている僧が「身のいとま」と言って、〈自身が釈放される〉ことを指している。続く「聴《ゆ》る」は「許る」と書くことが多い動詞で、〈（罪が）許される〉〈赦免される〉の意味で用いられている。つまり「身のいとまを聴り」とは、〈母に会うため、僧がしばらくの間でも釈放されるのが許される〉ということである。そこで、〈私にしばらくの猶予を下さるのが許される〉と訳した。

また「……がたし」は形容詞を作る接尾辞で、「……するのが難しい」「……しづらい」「……できない」という、否定的な意味を付加する。そして「……がたく」で連用形となるが、形容詞型活用語の連用形（未然形とする説もある）に助詞「は」を下接させて、「……くは」「……しくは」のかたちとなると仮定条件を表すので、〈許されないのならば〉と訳した。

(二) 説明問題 傍線部の表現内容の説明を求める設問。

まず傍線部に至る文脈を理解しておくこと。殺生が禁じられ、漁が禁じられたため、従来から魚ばかりを食べていた僧の母が何も食べられなくなり、もともと衰弱している「老いの力」も「いよいよ弱りて」即ち、老人の体力としてさらに弱まった状態にまで至っているというのである。

そこで傍線部に注目しよう。まず、マ行四段活用の動詞「頼む」は、〈期待する、頼りにする〉という意味。〈これとは違って、マ行下二段活用の動詞「頼む」があり、傍線部にある四段活用の「頼む」と混同しやすいが、ここは名詞「かた」に続く連体形であるので判別は可能である。四段活用の「頼む」の連体形は「頼む」であるが、下二段活用の「頼む」であれば、連体形は「頼むる」となるからである。なお、下二段活用「頼む」は、〈自分のことが頼りになると、相手に思わせる〉という意味になる。〉

「かた」は、〈そういう方面の事柄〉ということで、この場合、「頼むかた」で〈僧の母の体力が回復する期待という方面の事柄〉即ち、〈僧の母が瀕死の状態から回復する期待〉という意味になる。そしてその〈期待〉が「なく」、つまり〈期待が持てないように〉「見え」たというのである。よって、〈僧の母は、余命いくばくもないように見えた〉と説明した。

(三) 現代語訳問題 指示語を具体的にしたかたちでの現代語訳を求める設問。

「いかで」「いかでか」は、もともと疑問を表す副詞で、〈どうして（……か）〉と訳す。そして疑問から転じて、反語に用いられることも多く、〈どうして……（か、いや、……ではない）〉という意味になる。疑問で用いているのか、反語で用いているのかは、特に何かのかたちの違いなどで区別するのではなく、文脈で判断することとなる。

そこで解答作成の手順としては、この一文が疑問を表しているのか、反語となっているのか、考察するところから始めたい。

まず、「そのよし」が直前の「殺生禁制」を指していることは明らかだろう。殺生が禁じられていることが「世に隠れなし」即ち、世間で広く知られているということから、役人としては、僧に対して、〈お前も殺生禁制は知っているはずだ〉と言いたい場面なのである。よって、この一文は反語として用いられていることが明らかとなる。そこで、「『そのよし』の内容がわかるように」という設問の指示も踏まえて訳文を完成させると、〈どうして、殺生が禁じられていることを知らないだろうか、いや、知っているはずだ〉となる。

また、本文冒頭近くの「殺生禁断」に注がついていて、「……不殺生戒を徹底するため、法令で漁や狩りを禁止すること」とあるので、傍線部の直前の「殺生禁制」を「殺生禁断」と同じ意味で把握するものと考え、「そのよしを」の部分を〈漁や狩りが禁じられていることを〉としてもよい。その場合、解答全体は、〈どうして、漁や狩りが禁じられていることを知らないだろうか、いや、知っているはずだ〉となる。

さらに、「そのよし」を詳細に書き込んで〈……漁や狩りなど殺生が禁じられていることを……〉とする方策も考えられるが、そうすると解答が長くなることを避けられない。現実には解答欄が窮屈であり、解答欄からはみ出して解答を書く訳にはゆかないので、文末の〈……知らないだろうか、いや、知っているはずだ〉から〈知らないだろうか、いや、〉の部分を除いて、文末を〈……を知っているはずだ〉のみで解答とすることも、少なくともこの設問では許容されるであろう。ただしこのとき、「いかでか」を否定表現と呼応させて〈どうしても〉と訳す必要が出てくることにも留意したい。そうすると解答全体は、〈どうしても、漁や狩りなど殺生が禁じられていることを知っているはずだ〉となる。

(四) 説明問題　傍線部の表現内容の説明を求める設問。

「ひとかたならぬ」とは〈並一通りでない〉ということ。この場合は、「科」すなわち〈罪〉が〈格別重い〉のである。ここは説明問題であるので、解答には〈並一通りではない〉という訳語ではなく、〈(罪が) 格別重い〉という結論を明確に記しておきたい。

ではその罪の内容ということになるが、もちろんこの罪は、天下で「禁制」となっている殺生を犯したことである。これはすべての者たちに課せられた法であるから、必ず守らなければならない。僧はこれを犯して魚を捕獲したのである。

さらに傍線部の直前に、「いはんや、法師のかたちとして、その衣を着ながらこの犯しをなすこと」とあることにも注目したい。院による禁制があろうがなかろうが、僧形の者は本来、不殺生戒を守らなければならないはずである。その僧形の者が殺生を行ったとなると、一般の俗人の場合よりも、さらに重い罪が問われるはずだというのである。

解答としては、この僧が、一般の俗人が守らなければならない〈禁制〉、まして僧形の者ならばさらに厳しく守らなければならないルールを犯してしまったのは、一般の者より、さらに罪が重くなるものだということを明記しておきたい。

(五) 現代語訳問題　具体的内容を詳細にしたかたちでの現代語訳を求める設問。

まず「うけたまはり」は、動詞「うけたまはる」の連用形。ここでは「聞く」の謙譲語として用いられている。そこで「うけたまはりおきて」となると、〈うかがったうえで〉〈お聞きしたうえで〉などと訳せばよい。母のことを〈聞く〉のであるから、いわば「聞く」という動作の客体となっている〈母〉を敬うため、謙譲語となっているのである。「内容がよくわかるように」という指示に対応して、〈母のことを〉を補っておくとよい。

「心やすく」は、形容詞「心やすし」の連用形。安心感のために心が穏やかになっている状態を指す。母が魚を食べたということを聞くと、僧としては安心できるのである。そこで「後顧の憂いなく」と訳してみた。

「まかりならん」の「まかり」は、もともとは動詞「まかる」の連用形であったが、他の動詞の上に付いて、仰々しく重厚な表現にあらためる役割を果たす。したがって意味内容を把握するためには、「まかり」に目を奪われるのではなく、「まかり」の直後に来ている動詞を確認することが必要である。ここは、「まかりなら」には「まかり」が付いて仰々しくなっているが、「いかにもまかりならん」はもともとは「いかにもならん」の意味だと考えればよい。「いかにもならん」だと、助動詞「ん」を適当の意で解釈して、〈どうなってもいいだろう〉ということ。これは僧が役人から禁制を破ったことを咎められている場面であるから、つまるところ〈どんな処罰を受けてもいい〉と言っているのである。よって「内容がよくわかるように」言葉を補って解釈すると、〈私はどんな処罰をもお受けいたしましょう〉となる。

通釈

白河院が天皇でいらっしゃった御代に、天下では殺生が禁じられたので、国中では（食べるための）魚・鳥の類が途絶えてしまった。そのころ、貧しかった僧侶で、年老いた母を持っている者がいた。その母親は、魚がないと食べ物を食べなかった。たまたま探し得た食べ物も食べないで、次第に日数が経つうちに、年老いた体力がますます弱って行って、今は回復の見込みがないように見えた。

僧は悲しみの気持ちが強くて、（魚を）探し求めるけれども入手しがたい。思いあまって、全く魚を捕る術《すべ》を知らないけれども、自分で川のほとりから（川に）臨んで、袈裟にはたすきをかけて、魚（の様子）を窺って、はえという小さい魚を一匹二匹捕って、持っ（て帰って来ようとし）た。禁制が厳格なころであったので、役人が見とがめて、逮捕して、院の御所へ連れて参った。

（役人は）まず（禁制を破った）事情をお尋ねになる。「殺生が禁じられていることは世間で知らない者はない。どうしてそのこと（＝漁や狩りなど殺生が禁じられていること）を知らないのだろうか、いや、知っているはずだ。ましてや、法師のいでたちで、僧衣を着ながらこの掟破りをすること即ち、並一通りではない（重い）罪は、逃れるところはない」と言い含めなさるので、僧が涙を流して申し上げるには、「天下でこの禁制が厳重であることは、皆がお聞きしているところであります。たとえ禁制がなかったとしても、僧侶の身分でこの振る舞いは、全く、あっていいものではありません。ただし、私は年老いた母を持っています。とにかく私一人のほか、頼りになる者がいません。年をとって身体が衰えて、朝夕の食事は容易ではありません。私はまた、家が貧しくて財産を持っていないので、思い通りに（母を）養うことは、できません。なかでも、魚がないと（母は）ものを食べません。最近、天下の禁制によって、魚鳥の類はますます入手しがたくなっていることによって、（母の）体力はまさに弱っています。これを助けようとするために、（私は）心が落ち着かなくなって、魚を捕る技術も知りませんが、思いあまって、川のほとりに臨みました。処罰されるようなことは、覚悟の上でございます。ただし、この捕った魚は、これから放したとしても、生き返るのは難しいものです。私にしばらくの猶予を下さるのが許されないのならば、この魚を母のもとに送って、もう一度新鮮な（魚の）味を勧めて、後顧の憂いなく（母のことを）お聞きしたうえで、私はどんな処罰をもお受けいたしましょう」と申し上げる。これを聞く人は、涙を流さないということはない。

院は（この話を）お聞きになって、親孝行の志が深いことにしみじみと感動なさって、いろいろ物を馬車に積んでお与えになり、（僧の罪を）お許しになった。乏しいことがあったならば、再び（院に）申し出るがよいということをおっしゃったということだ。

解答（三・五は文科のみ）

㈠ エ　思い通りに母を養うことは、できません。
オ　処罰されるようなことは、覚悟の上でございます。
カ　私にしばらくの猶予を下さるのが許されないのならば、

㈡ 僧の母は、余命いくばくもないように見えたということ。

㈢ どうして、殺生が禁じられていることを知らないだろうか、いや、知っているはずだ。

㈣ 禁制を犯したうえ、僧形の者が不殺生戒を破ったのは、格別に罪が重いということ。

㈤ 後顧の憂いなく母のことをうかがったうえで、私はどんな処罰をもお受けいたしましょう。

二〇〇九年

第二問（文理共通）

出典

『うつほ物語』より

『うつほ物語』は、平安時代前期から半ばにかけて、即ち西暦九〇〇年代の後半に成立したと考えられる、長編の物語である。作者は不詳だが、源 順《みなもとのしたごう》とする説があった。物語の内容は、清原俊蔭《としかげ》一族の琴《きん》の秘伝をめぐる話と、美しいあて宮が多くの男性の求愛を拒んだ末に入内し、宮の一族が政権を奪取してゆく話の二系統の筋立てが交錯して展開するものとなっており、先行する『竹取物語』の伝奇性を残しつつも、貴族社会の現実を描出する点においては、後の『源氏物語』と繋がるものである。

解説（㈡・㈣は文科のみ）

本文は二つの段落に分かれる。前半は左大将邸の饗宴で、仲頼が美しいあて宮（九の君）を垣間《かいま》見て、心を奪われてしまう場面。仲頼の心理描写が、場面の展開を語ってゆく部分と交錯するように書かれているので、これらを見分けながら読み進めてゆくことが肝要である。

また後半の段落は、仲頼が帰宅した後、仲頼とその妻とのやりとりを描いている。和歌の贈答があるが、詳細な注があるので、これを参考にすると比較的容易に理解することができる。

設問の解答を作成するに当たっては、出題者が要請しているのはどういう内容を書き表すことなのかを熟考し、解答を読んでもらう採点者に誤解を生じさせないような、正確な表現を心がけることが重要である。

㈠ **現代語訳問題**

今回の出題では、この㈠に加えて㈡・㈣・㈤も現代語訳の設問だが、㈡や㈤には「必要な言葉を補って」という指示が、㈣には「状況がわかるように」という指示が付けられているのに対して、㈠は単に「現代語訳せよ」とあるのみである。したがってこの㈠では、原文の文構造に即した、いわば直訳を作成することを基本とすべきで、言葉を補ったり、内容をかみ砕いて説明したりするような解釈は、特には求められていないということがわかる。（詳しくは、出題分析「〈現代語訳〉について」を参照されたい。）

ア　動詞「遊ぶ」と動詞「ののしる」が合わせられている。「遊ぶ」は、管絃の宴をすること。音楽の演奏を楽しんだりする宴会である。リード文に、「左大将邸で催された饗宴」

とあるのと符合している。

また、「ののしる」は、大声で騒いだりすること。ただしここは楽器の演奏などもなされているので、訳出に際しては「大声で」などとせずに「にぎやかに」としておいた方がよいだろう。

ウ　「何せむに」は連語で、まとめて「どうして」と訳出するのがよい。また、「見つらむ」を品詞分解すると、動詞「見る」の連用形「見」＋助動詞「つ」の終止形「つ」＋助動詞「らむ」の連体形「らむ」となる。助動詞「つ」は完了の意を、助動詞「らむ」は現在推量の意を表現しているので、これらを訳文に反映させて「見て・しまった・のだろう(か)」となる。

オ　「あだなれ」は、形容動詞「あだなり」の命令形。「あだなり」は、誠実でない、浮気心を抱くといった意味や、いい加減なさま、粗略なさまを表す。ここは、仲頼があて宮に心を奪われていることから、浮気心を抱くという意味で用いられている。そして、「あだなれ」という命令形で用いられている点を訳出に反映させて、「浮気心を持て」などとなる。

また「おぼす」は、「思ふ」の尊敬語である「おぼす」の連体形。疑問の係助詞「や」の結びとなっている。「や」～「おぼす」で、「お思いになるのですか」などと訳出するのがよいだろう。

(二)　**現代語訳問題**　「必要な言葉を補って」という指示がある。

「こよなく」は、形容詞「こよなし」の連用形。「こよなし」は、ここのように連用形で用いられることが多い。

形容詞「こよなし」は、程度がはなはだしいさまを言うのだが、注意しなければならないのは、はなはだしく優れている場合でも、はなはだしく劣っている場合でも用いるという点である。とすれば、「必要な言葉を補って」という設問の指示も、どういうことを求めているか、容易に判断できるだろう。ここの「こよなく」は、はなはだしく優れているのか、はなはだしく劣っているか、まずそれを明確にして訳すことが必要なのである。

傍線部の直前に注目して、傍線部を含む文全体を考えよう。ここの一文は、「限りなくめでたく見えし君たち」は、「このいま見ゆる」あて宮に比べてみると、「こよなく見ゆ」と言っている。「限りなくめでたく見えし君たち」とは、「こなたかなたの君たち」即ち注によれば、左大将家の女君たちのことで、仲頼がはじめ垣間見たとき、「いづれとなく、あたりさへ輝くやうに見ゆるに、魂も消え惑ひてものおぼえず」というほどであったから、相当に美しい女君たちであるはず。しかし、それらの女君たちが「こよなく」見劣りするほど、あて宮は美しいというのである。

そこでひとまず、傍線部を「この上なく劣って見える」と訳出するのだが、このままでは何が劣っているのか、判然としない。さらにこれを明確にするため、「容姿の美しさにおいて」ということを補って解答が完成する。つまり、設問が「必要な言葉を補って」と言っていたのは、「こよなく」がここではこの上なく劣っているという意味で用いられていることを明示し、かつ、それが容姿についての評価だということがわかるような訳出を期待しているということだったのである。

㈢ 説明問題 「かしらももたげで」の「もたげ」は、動詞「持上《もた》ぐ」の未然形で、「持ち上げる」という意味。これに打消接続の助詞「で」が付いているので、「かしらももたげで」で、「頭も持ち上げずに」ということとなる。また、「思ひふせ」は、動詞「思ふ」と「臥す」が合わさった「思ひ臥す」の已然形「思ひ臥せ」で、これが助動詞「り」の連体形「る」に続いている。よって傍線部をいわば直訳のかたちで解釈すると、「頭も持ち上げることもなく、憂鬱な思いで臥せっている」となるであろう。

しかしこの設問は、訳出することを求めているのではなく、「どのような様子を述べたものか説明せよ」と言っている。つまり、ここで表現されている内容の、核心をついた説明が必要なのである。そこでまず、「頭を持ち上げることなく」「臥せっている」とは、「寝込んでいる」のだということを明確に説明したい。しかしそれだけでは、説明を読んだ者には、「仲頼はなぜ寝込んでいるのか」という疑問が湧いてくるだろう。これについては、仲頼があて宮への恋心に悩み、いわば恋煩いの状態になっていることを説明したい。この点は、前半の段落で仲頼はあて宮を垣間見て胸をときめかせていたこと、しかし逢うという状態にまでは至っていないこと、また傍線部の直後の文脈で、仲頼には妻がいることなどから明らかであるが、きちんと説明の中に組み込んでおきたいところである。

そこで、「仲頼の、」①「あて宮への恋心がつのり、思い悩んで」②「寝込んでいる」「様子」というかたちで、①と②の要素を解答に反映させてゆくこととなる。

㈣ 現代語訳問題 「状況がわかるように」という指示がある。

「思ひ乱るる心」は、そのまま「思い乱れる心」ということ。しかし、「状況がわかるように」という設問の指示に応じて、仲頼があて宮に心を奪われて思い乱れているのだということを訳出に補う必要がある。そこで、「あて宮への思いに乱れる心」とした。

「あはれに」は、形容動詞「あはれなり」の連用形で、対象と自己が一体化して、しみじみと心にしみてくるさまを言う。用いられている局面によって、「すばらしい、趣がある、優雅だ」という系統の解釈もある一方で、「かわいそうだ、悲惨だ」といった解釈もある。ここで考えなければならないのは、仲頼が何に対して「あはれに」感じたかという点である。

そこで傍線部の直後に注目すると、「あはれにおぼえければ」という確定条件を受けて、仲頼が妻に対して「浦風の……」という和歌を詠んでいることが示されているのに気づく。しかもその和歌は、注によれば、「根も葉もない評判を立てている」と言って、仲頼があて宮に心を奪われているということを妻に対して否定したものである。とすれば、ここは、「あて宮への思いに乱れる心でも」、仲頼は妻のことを「いとしく」思ったというのが、「あはれに」の具体的状況ということになるだろう。

さらに「おぼえ」は動詞「おぼゆ」の連用形だが、「おぼゆ」はもともと、「思ふ」に、自発・可能・受身を表す奈良時代の助動詞「ゆ」が付いた「おもはゆ」から転じた語である。よって「おぼえければ」は、「思ったので」と訳すのではなく、自発の意が隠れていることを反映させて「思われたので」「感じたので」としたい。

㈤ 現代語訳問題 ㈡と同様に、「必要な言葉を補って」という指示がある。

ここの傍線部は、直訳しただけでは、誰が「泣く」のか、誰が「思ひて」なのかわからない。そこで「泣く」「思ひ」という二つの動詞の、主体（主語に当たる人物）を明示することになるだろう。即ち、「泣く」の主体は仲頼、「思ひ」の主体は仲頼の妻である。

ただしこれを訳文に組み込むとき、「われによりて泣くにはあらず」の部分が、仲頼の妻が思った心内文であることに留意したい。つまり「泣く」の主体は、仲頼の妻から見て「夫」となるのである。訳出に際しては、「仲頼は」とするよりは、「夫は」としたほうが適切である。

さらにそうした視点から考えを進めると、心内文の中にある「われ」は仲頼の妻自身のことを指しているので、「われによりて」は、「自分のために」とするのではなく、「私のために」と訳出すべきだということになる。この「われ」を「自分」と訳出して、傍線部全体を『『夫は自分のために泣くのではない』と仲頼の妻は思って」としてしまうと、その「自分」が夫仲頼を指すのか、妻自身のことを指すのかはっきりしなくなるのである。現代語訳の場合、特に人称の処理については細心の注意が必要である。

このほか、「にはあらず」も、「に」が断定の助動詞「なり」の連用形であることを意識して、「……ではない」とすることなどに留意して訳を完成させたい。

通釈

　こうして、たいそう楽しくにぎやかに管絃の宴をする。仲頼は屏風二つの隙間を通して、御簾の内側を覗き込んだところ、母屋の東面に、左大将家の姫君たちが大勢いらっしゃる。どの方ということもなく、周囲までも輝くように見えるので、（仲頼としては）魂もすっかり消えるほどで茫然自失となって、「不思議なまでに上品な顔かたちであるなあ」と、心も上の空である。さらに見ると、今そこにいる姫君たちよりいっそう素晴らしく、周りが光り輝くような雰囲気のなかに、天女が下ったような人がいる。仲頼は、「この方はこの世間でも名高い九の君（あて宮）であるに違いない」と思い当たってそちらを見るけれども、どうしようもない。限りなく美しく見えた他の姫君たちも、今見えている九の君に比較すると、（容姿の美しさにおいて、）この上なく劣って見える。仲頼は「どうしたらよいだろうか」と気持ちを動揺させていると、今宮と一緒に母宮のところにいらっしゃる九の君の後ろ姿、容姿は、たとえようもない。「かすかな灯火の光ででも、この姫君はこのように美しく見えるのだ」。少将はそう思うと、ねたましいこと、限りない。「私はどうしてこの御簾の内側を見てしまったのだろうか。このように美しい人を見て、何もなしに終わってしまってよいだろうか。どのようにしようか」。（少将は）生きているのでもなく、死んだのでもないような気持ちがして、例の得意な音楽の演奏を、九の君を思う一方で、（九の君に聞かれているかも知れぬと思って）それまでよりもまして気持ちを込めてやった。（そして）夜が更けてから、上達部や親王たちも左大将から禄を頂戴なさり、一介の舎人も褒美をいただき、禄などをいただいて、皆はその場をお立ちになった。

　仲頼は帰るときも呆然とした気持ちになって、家に帰って五六日、（九の君を恋しく思うあまりに、）頭も持ち上げることもなく憂鬱になって臥せっていると、全くどうしようもなく切ないことと言ったら限りない。（仲頼としては）二人といないほど素晴らしいと思っていた妻のことも、（九の君に比べれば）たいしたことにも思われず、ほんの片時も会っていないと必ず恋しく悲しく思っていた妻も、目の前で対面しているけれども、目にも入らない。自分自身の身が（これから）どのようになるだろうかということも、すべて何事も何事も、どのようなことも、全く思い浮かばないでいるときに、妻が「どうしていつもと違って、深刻な御様子でいるのですか」と言う。少将（仲頼）が、「私はあなたに対して、このように誠実でいるのです。浮気心を持てとお思いになるのですか」などと言う表情がいつもと異なるので、女（妻）は、「さあ、どうでしょうか、

あだごとは……［あなたの浮気心は、いい加減な噂と思っ

て聞いていました。しかし、浮気をすることは、決して波が越えることがないはずの末の松山を波が越えるほどにあり得ないことだとかつて詠まれた、その末の松山を、はっきり見えるほどに越えてゆく波のように、あなたが浮気をしているのははっきりわかりますよ。〕と言うときに、少将は、九の君への思いに乱れる心でも、やはり妻のことがいとしく思われたので、

海風の藻を叩きかく……〔海風が海草を吹きかけている末の松山でも、いい加減な波が、根も葉もない評判を立てているようです。〕

いとしい君よ」と言って泣く様子についても、（妻は）「夫は私のために泣いているのではない」と思って、親のところへ行く。

解答（□・四は文科のみ）

㈠　ア　にぎやかに管絃の宴をする。

ウ　私はどうしてこの御簾の内側を見てしまったのだろうか。

オ　浮気心を持てとお思いになるのですか。

㈡　容姿の美しさにおいて、この上なく劣って見える。

㈢　仲頼の、あて宮への恋心がつのり、思い悩んで寝込んでいる様子。

㈣　あて宮への思いに乱れる心でも、やはり妻のことがいとしく思われたので、

㈤　「夫は私のために泣いているのではない」と仲頼の妻は思って、

二〇〇八年

第二問（文理共通）

出典
『古本説話集』下・第五十九「清水寺にて御帳を賜はる女のこと」の全文

『古本説話集』は、「今は昔」で始まる七十話から成る作者未詳の説話集。成立年代も確定できず、書名も記載がなく、文部省の重要美術品指定の時の呼称である『古本説話集』と称している。ただ、その成立は、平安後期以降と考えるのが普通である。『今昔物語集』と共通するものが四十話、『宇治拾遺物語』と内容の類似するものが二十三話ある。

本話も、『今昔物語集』巻十六第三十に同趣旨の話があり、『宇治拾遺物語』第一三一（巻十一第七）には、この本文と語句もほとんど変わらない話がとられている。

解説（二・四は文科のみ）

基本的な読解要領を身につけた上で、係り承けなどにも留意し、文章全体の展開を考慮して読み解く力が求められる点は、例年通りであるが、本文そのものも設問も、これまでに比べると多少平易になっている。こうした場合は、基本的な箇所でのミスが致命傷になりかねないので、論理的に納得しながら、すべてに気を配って解答に当たりたい。

（一）現代語訳問題

ア　注意するのは、「つゆばかり」と「験《しるし》」の意である。「つゆばかり」は「なく」と呼応して「ほんのちょっとも・少しも・まったく」などの意。「験」は「ご利益・効果」の意。

（一）は単なる現代語訳であるから、敢えて「その」の「そ」（代名詞）を具体化して「長い間の参詣」としておく必要はない。

ウ　「さらに〜じ」と謙譲語「賜はる」に留意する。副詞「さらに」は下に否定表現をとって、その否定を強める意味となる。ここでの「じ」は打消＋意志の意。「賜はる」は「いただく」と、しっかり謙譲語の意味を出すことである。「これ」は具体的な内容にせず、そのままにしておいて構わない。ただし、「これ」の後に助詞「は」または「を」を補うことが肝要である。「これは、決していただきますまい・これを、まったくいただくつもりはありません」などが正答となる。なお、この傍線部を含む会話文中に丁寧語があるので、傍線部には丁寧語は含まれていないが、解答には出しておいた方がよかろう。

エ　多義語「あやし」をどう解釈するかという問題である。「あやし」は、不思議な現象に対しての驚きの気持ちを表す形容詞で、一般的には「怪し・奇し」と当てたり、「賤し」と当てたりする。ここは、観音の厚意を無視しようとした女に向かって、観音の使者が「など、さかしうはあるぞ」と戒めている会話文中にあり、普通なら当然受け取るはずの物を返す女の行為に対して、上の者から「あやし」というのであるから、「けしからん・よくない・不都合だ」などの意としておくのがよい。

(二) 現代語訳問題　傍線部の逐語訳は、「身のほどが身にしみて感ぜられて」という意味である。「身のほど」の後に助詞を補うが、決して「を」と入れてはいけない。「が」である。構文にも気をつけたい。「思ひ知られて」の「れ」は自発の意。「思い知らずにはいられなくて・身にしみて感ぜられて」などとしておくと、その感じが出る。

長い間の参詣にもかかわらず、何のご利益もない女は、「少しの恵みをいただきたい」と思って寝ていると、夢で観音からと言って、御帳の帷をくださると言う。目を覚ますと、眼前に帷が置かれてある。それを、「さは、これよりほかに、賜ぶべき物なきにこそあんなれ」と思った折に、傍線部の「身のほど思ひ知られて」となっているのであるが、大切なことは、その後に「悲しくて申すやう」と出ることである。女にとっては、せっかく物を頂戴はしても、それは悲しいと思えた物なのである。女は前に「いみじき前の世の報い」と言っていることも含めて考えると、「身のほど」は「自身の宿命の拙さのほど」ということになろう。

(三) 現代語訳問題　指示語の内容を具現化しての現代語訳の問題。「かかり」は「かくあり」から生じたのであるから、当座は「このようである」という意味で訳出にあたる。「かかりとも知らざらん僧」とは「実際にどんなことが起こったのかを知らないような僧」ということである。「僧は」は「疑はんずらん」に係る。つまり、「かかりとも知らざらん僧は『～』とや疑はんずらん」という構造である。「かかり」の内容を考える折には、『～』の中も考慮に入れなければならない。オを含む心内文は、「実際にあったことを知らない寺僧は、厨子にかけられていた帷を私が取り外し盗んだと疑うだろうか」ということであるから、そこから「かかり」の具体的内容を考究する。夢の中で、女が何遍返しても、観音がお告げを通して、女に持っていけと言って、帷を与えたことが「かかり」の内容である。女の心内文中でのことであり、女はここ以外で観音に敬語を用いているから、解釈問題である以上、「かかり」の内容を明確にするにあたって、観音に関しては敬語を用いるのがよかろう。

「知らざらん」の「ん」は俗に婉曲という用法である。仮に「ような」という訳語を用いたが、訳出しなくても構わないだろう。

(四) 説明問題 「(女ガ) 大事なる…愁へをも、…申させければ」を承けて「かならず成りけり」というのである。「成る」(四段活用動詞) は「叶う・実現する・思い通りになる」などの意味であるから、「成る」の主語にあたるのは、「大事なる愁へ」ということである。答え方として「何ガどうだ」という形をとること。解答例として示したのは、最低書くべき内容であるが、「知らぬやんごとなき所にも」などの本文中に書かれていることを加えても構わない。

なお「大事なる」は「愁へ」に係っているのであり、「人」に係っているのではないことは、〔注〕から読み取りたい。

(五) 説明問題 形容詞「楽し」は、現代語の「楽しい」とは異なり、物質的に裕福で、何不自由のない意味で用いられ、「貧し」に対応する語である。その上に出る「人の手より物を得」の「得」は連用形・中止法で、「よき男にも思はれて」の「思はれ」と対になり、そこに接続助詞「て」が付いて、「楽しくてぞありける」に係っている。「よき男」は「身分の高い男・高貴な男」という意味であり、「顔立ちのよい男」ではない。それらを踏まえると、解答例のような答えしかありえない。

通釈

今となっては昔のこと、何のよるべもなく貧しい女で、清水寺に熱心に参詣する者がいた。参詣している年月は重なっていたけれども、ほんの少しばかりもそのご利益と思われることがなく、前にもまして頼りなさがまさって、しまいには、長年住んでいた所をも、何ということもなくさまよい出て、身を寄せる所もなかったので、泣く泣く観音に対して恨み言を申しあげて、「たいそうひどい前世からの宿縁であるといっても、ただ少しのお恵みをいただきたいものです」と、執拗にお願いを申しあげて、観音の御前でうつ伏せになって寝ていた夜の夢に、「〔観音様から〕」と言って、「おまえがこのように熱心に観音様に対してお願い申しあげることについては、観音様はいとおしくお思いになるけれど、ほんの少しであっても与えるのに適当な恵み物がないので、そのことをお嘆きになっているようだ。これを頂戴せよ」と観音の使いの者が言って、御帳の帷をとてもきちんとたたんで、女の前に置かれる」と見て、夢がさめて、御燈明の光で見てみると、夢の中でいただいたと見た御帳の帷が、ただ夢で見た様子にたたまれてそこにあるのを見る時に、「それでは、これ以外にお与えになるはずのものがないのであるようだ」と思うと、不幸な我が身の宿命を身にしみて感ぜずにはいられなくて、悲しく思って申しあげるのは、「これは決していただきますまい。少しの余裕でもありますならば、錦をも御帳の帷として、縫ってさしあげようと思いますのに、この御帳だけを頂戴してここから下がらせていただくわけには参りません。お返し申しあげてしまいましょう」と、くどくど申しあげて犬防ぎの内側にさし入れておいた。

そうして、再びまどろみ入っている時に、また夢で、「「おまえはどうして小賢しくはあるのだ。ただ、観音様がお与えになるようなものをいただかないで、このようにお返し申しあげるのは、けしからんことである」と言って、またいただく」と見る。そうして夢からさめた後に、また最前と同じように、やはり眼前にあるので、泣く泣くまたお返し申しあげた。このようにしいしいして、三度お返し申しあげると、三度ながらお返しくださって、最後の時は、「もし今回おまえがお返し申しあげるならば、無礼であるはずだ」ということを戒められたので、女は、「このような事情があるとも知らないような僧は、御帳の帷を厨子から取りはずしたと疑うだろうか」と思うにつけても心苦しくつらいので、まだ夜深いうちに、帷を自分の懐に入れて、寺から出てしまった。

「これをどのようにしたらよかろう」と思って、広げて見て、「私には着るのにふさわしい衣もない。それでは、これを衣に仕立てて着よう」と思いついた。その頂戴した帷を衣や袴に仕立てて着た後、この女を見る人は誰でも、それが男であっても、女であっても、その人にしみじみいじらしい者に思われて、何のゆかりもない人の手から物を多く手に入れてしまった。大切な訴訟においても、その衣を着て、女の知らない、いかめしい場所にも参上して申しあげさせたところ、必ず思い通りうまくいったのであった。何度もこのようにして、人のもとから物を手に入れ、身分の高い男にも愛されて、何不自由ない状態で過ごしたのであった。そうであるから、その衣をしまっておいて、必ずし遂げたいと思う事の折に、取り出して着たのであった。必ず望みが叶ったのであった。

解答（二・四は文科のみ）

(一) ア　ほんの少しばかりもそのご利益と思われることはなく、

ウ　これは、まったくいただくつもりはございません。

エ　けしからんことだ。

(二) 我が身の宿命の拙さのほどが身にしみて思われて、

(三) 観音様が夢のお告げを通して下さった帷だとも知らないような僧

(四) 女にとっての大切な訴訟が、必ず思い通りにうまくいった。

(五) 経済的に何の不自由もなく暮らしている状態。

二〇〇七年

第二問（文理共通）

出典

『続古事談』巻一の堀河天皇に関する連続した二つの説話（一〇・一一）。

『続古事談』は、『古事談』と並び、ともに鎌倉時代成立の説話集。作者については、源顕兼という説もあるが、はっきりはしていない。種々雑多な伝説や逸話の類を集め、記録体で簡単な文章から成っている。活字本として比較的手に入れやすいものは、岩波書店刊「新日本古典文学大系」である。

解説（二・四カは文科のみ）

基本的な読解要領を身につけた上で、係り承けなどもおさえながら文章全体の展開を考慮して読み解く力が求められている。また、解答に当たっては、解答欄の長さを勘案しなければならない点が多少難しいところであろう。

㈠ **現代語訳問題**

ア 「聞く」の尊敬語「聞こし召す」・副助詞「だに」・「ありがたし」の語義などに注意する。設問の要求に、語句を補ってとはないので、主体は入れなくてもよいが、もし入れるのであるならば、堀河天皇（堀河院）である。「だに」は対比類推の用法で、その訳語は「さえ」としておくのがよい。厳密にいうと、そこを「でさえ」とすると、その「で」は断定の助動詞ということであり、原文に断定の助動詞がないので不可とされても仕方がなくなる。逐語訳というのは、そこまで厳しくチェックをすることが求められるのである。「ありがたし」は、現代語とは異なり、「あり」が「難《かた》し」の状態ということで、「めったにない、稀だ、稀有である」などが原義である。

ウ 「意《こころ》（心）に入る（下二段）」というのは、「深く心にとめる、心をこめる」などの意味。しかし、この設問で最重要なのは「御覧じ定む」であろう。「御覧じ定む」は「見定む（＝見極める）」の尊敬語と見ることもできるし、「御覧ず」の意味と「定む」の意味がそれぞれ生きている複合語と見ることもできる。傍線部が「人の公事つとむるほどなどをも」を承けていることや、挿入となって「ことごとく追ひ入れられけり」に対しての作者の理由陳述となっていることを考えると、「定む」の「評定する、裁定する」などの意味を生かした方がベターであろう。「にや」の「に」は断定「なり」の連用形、「や」は係助詞で、その下に「ありけん」などを想定していく。ここの主体も堀河天皇である。

(二) 現代語訳問題　ポイントとなるのは、副詞の指示語「さ」の具体的内容を明らかにすることと、「御～あり」が動詞的尊敬語表現として用いられること、ならびに「沙汰す」の意味である。このような設問では、まず逐語訳をしてみる。傍線部が「いとやんごとなきことなり」の主語節となっているから、傍線部の最後の「けん」は連体形で準体法であることや、尊敬語表現、さらには「沙汰す」の意味を考え、「堀河天皇が、それほどまでの御処置をなさったようなことは」となる。そうした上で、「それほどまでの御処置をなさる」を原文から具体化する。それは「天下の雑務を…御意に入れさせ給ふ」ということであり、具体的には「職事の奏したる申し文を～職事の参りたるに賜はせけり」ということである。解答欄の長さに応じてどうまとめるかが問われる。ただ、その際に、元の訳を損うようなことをしてはいけない。

(三) 説明問題　堀河天皇の臣下の者に対するあまりにも厳しい御行為を白河院が耳にして、「聞いても聞かないことにしよう」と言った時の気持ちを答えるのであるが、その直下に「あまりのことなりと思しめしけるにや」とあるのも参考にする。堀河天皇の、あまりに細かい人間管理や厳罰主義への批判を表沙汰にしないようにしようというところからまとめると、解答例のようになる。

(四) 説明問題　「さること」の「さる」は、副詞の指示語「さ」に「ある」が付き、それが約された語句である。そこで、「さること」は「そのようなこと」という意味であり、設問の意図は「さ」の内容を具体化せよということなのである。

オ　職事（蔵人）為隆が大神宮（朝廷の守りを司る伊勢神宮）の訴えの件を堀河天皇に言おうとしても、堀河天皇は笛を吹いているばかりで、何とも返事をしない。事が大神宮のことなのに、返事のないことを不審に思った為隆は白河院の御前に参上して「内裏には御物の気おこらせおはしましたり。～」とだけ奏上する。それを聞いた白河院もびっくりして堀河天皇の内侍に堀河天皇の様子を聞くと、内侍は「さること、夢にも侍らず」と答えたという状況の中で「さ」の内容を詳らかにする。白河院がびっくりしたのだから、白河院は「内裏に物の気おこる」ということを、そのまま信じたのである。それを内侍が否定したのだから、ここでの「さ」の示す最低の具体的内容は「堀河天皇に物の怪がとり憑《つ》いた」ということである。

カ　堀河天皇の内侍の意見と為隆の意見とが一致しないので、不思議に思った白河院が、為隆を呼んで真偽の程を確かめると、為隆は先日の一件をありのままに奏上する。白河院がそれを堀河天皇に問いただした返事の中に「さること侍りき」という表現が出てくる。過去の助動詞「き」が出ていること、肯定していることなどを前提に考えると、堀河天皇が、過去にあった為隆とのことを是認した内容ということになる。そこで「さ」の示す最低の具体的内容は、「堀河天皇が為隆の奏上する伊勢神宮の訴えの件に対して返事をしなかったこと」となる。もちろんそれに、「笛に夢中になっていて」などの状況を加えてもよいと思われるが、解答欄が一行ということになると、よほどうまくまとめないとすべては入りきらないだろう。

(五) **現代語訳問題** 解釈問題で、会話文中での人の補いは、一人称を「私」、二人称を「あなた」とするのは当然のことである。それ以外（三人称）は適宜そこでの呼称を用いる。傍線部は、堀河天皇の白河院に対する会話文中にある。「あと二三遍吹くと千遍になる。そうしたら、為隆に返事をしようと思っていた」と出た後が傍線部である。まずは逐語訳である。「尋ねたところ、退出してしまっていた」ということだが、「尋ねしかば」の主体と、「何を」とを補うことができる。「まかり出でにき」は、「まかり出づ」は人がある建物を出るということがわかっているから、最低主体だけでも補う。そこまで読めていれば、何を補うかは自明のことである。

通釈

堀河天皇は、仏法の衰えた末世における賢王である。中でも、天下の雑務を、格別に御心をこめてなさっていた。蔵人が帝に奏上している申し文をみな取り寄せなさって、夜中に寝ずに起きていて、その文書を細かに御覧になって、所々に挿み紙をして、「このことはよく調べねばならぬ」「このことは再び問わねばならぬ」などと、御手ずから書き付けて、次の日、蔵人が参上した折に、それをお渡しになった。（普通は、帝が）申し文の内容を一通り細かにお聞きになることさえめったにないことなのに、（この堀河天皇は）重ねて申し文を御覧になって、それほどまでの御処置をなさったとかいうのは、たいそう尊いことである。いつも、臣下の者が公務を務めるその程度などをも、お気をつけて御覧になり、あれこれ裁定なさったのであろうか、追儺の出仕にさし障りのある旨を申しあげた公卿が、元日の小朝拝に参上しているのを、ことごとく追い払われた。「昨夜まで身体不調であるような者が、どうして一晩のうちに治るはずがあろうか。そんなはずがない以上、身体不調は偽っていることである」とおっしゃった。白河院はこれをお聞きになって、「聞いても聞かなかったことにしよう」とおっしゃった。堀河天皇のなされようがあまりのことだとお思いになったのであろうか。

堀河天皇が御在位の時、坊門左大弁藤原為隆は蔵人であって、大神宮の訴えの件を奏上した折に、主上は御笛をお吹きになって、御返事もなさらなかったので、為隆は白河院のもとに参上して、「内裏には御物の怪が憑いていらっしゃる。物の怪退散のための御祈禱が始まるはずです」と申しあげた。白河院はびっくりなさって、内侍にお問いになったところ、内侍は、「そのようなことはまったくございません」と申しあげた。白河院は不思議に思って、為隆にお尋ねなさったところ、為隆は、「そのことでございます。先日、私が伊勢神宮の訴えを奏上しましたが、その折に主上は御笛をお吹きあそばして御返事をなさいませんでした。このことは、御物の怪が憑いたのでないならば、あるはずのことではないと思って、上皇様に申しあげたのでございます」と白河院に申しあげたので、白河院から内裏の堀河天皇へその旨を申しあげなさった。白河院への御返事には、「そんなことがございました。しかしそれは尋常の場合ではありません。笛の道で秘曲の伝授を受けて、その曲を千遍吹こうとしていた時に、為隆が御所に参上して事を奏上したのです。千遍まであと二三遍になっていた時なので、吹き終わって返事をしようと思った時に、吹き終えて為隆を私が探しましたところ、為隆は退出してしまっておりました。そのことを、為隆がそのように院に申しあげたのですが、それは私の不徳の致すところで、たいそう恥ずかしいことであります」と、堀河天皇は申しあげなさった。

解答（㈡・㈣カは文科のみ）

㈠　ア　一通り細かにお聞きになることさえめったにないのに、

ウ　お気をつけて御覧になり、裁定なさったのであろうか、

㈡　堀河天皇が、申し文を自ら丁寧に検討し、指図をなさったとかいうことは、

㈢　堀河天皇に対する、臣下への厳しすぎる態度に呆れ非難する気持ち。

㈣　オ　堀河天皇に物の怪が憑いて、正気とは思えない様子であること。

カ　堀河天皇が笛に夢中で、為隆の奏上する伊勢神宮の訴えを無視したこと。

㈤　私が為隆を探し求めたところ、為隆は退出してしまっていました。

二〇〇六年

第二問（文理共通）

出典

『堤中納言物語』「はいずみ」の一節

『堤中納言物語』は、平安時代末期以降に成立した短編物語集で、その中の「はいずみ」という物語の一節である。しばらく遣って来なかった男が急に来たので、女はあわてて、白粉と掃墨《はいずみ》とを間違えて顔に塗ってしまうという奇抜で特異な面を、平安時代の本来的な「あはれ」に加えて描いた短編物語である。なお、東大はこの「はいずみ」の冒頭を、平成五年（一九九三）度にも出題している。

解説　㈡・㈤は文科のみ）

基本的読解力を問う問題である。傍線部ばかりを見るのではなく、傍線部は全体の一部であるという認識がないと、正解には至らないだろう。また、この文章の設問箇所は、殆んど敬語を用いて決められるということがなく、文意などから主体判定を考えていかねばならない。

㈠ **現代語訳問題**

イ　「うちそばむきて」の「うち」は接頭辞であり、訳出の必要はない。「そばむく」（カ行四段活用）は、「横を向く」の意。「ゐたり」の「ゐる」（ワ行上一段活用）は、「立つ」の対立語であり、「すわっている、じっとしている」などの意。単に「いる」というのではないので注意。それに、「てあり」から転じた助動詞「たり」を加えれば、正答となる。なお、女が意識的に横を向いたので、解答例としては、「顔をそむけて」としているが、「横を向いて」も正答。

ウ　「牛たがひて」の「たがひ」は「たがふ」（ハ行四段活用）の連用形。「たがふ」には、下二段活用の用法もあるので、ここは四段活用であるということを意味の上ではっきりさせる必要がある。「たがふ」は「かなふ（＝思い通りになる、うまくいく）」の対立語で、「予想・希望と異なる結果となる、食い違う、気持ちに添わなくなる、逆らう」などの意。そこで、「牛たがひて」は主述関係でもあるから、「牛が思い通りにならなくて」ということだが、女の「車しばし」という要求に対する回答ということや、「車は」という続きから、「牛の都合がつかなくて」と訳出している。「馬なむはべる」は、「はべる」が「あり」の丁寧語であることも含めて訳出し、「あります」が最善である。

キ「ただ」は、「ほんの」という意味程度の強調の意の副詞。「ここもとなる所」は「この近くの場所」。「なれば」の「なれ」は断定助動詞の已然形、それに助詞「ば」が付いているので、「であるから」の意。この傍線部の訳で、留意すべきは次の「あへなむ」である。下二段動詞「あふ」の連用形「あへ」に、助動詞「ぬ」の未然形「な」、さらに助動詞「む」の付いた形である。「あふ」は「敢えて〜する」ということであるから、「あへなむ」は「敢えて〜してしまおう」ということで、男の「送りに我も参らむ」に対する回答を意識すると、「敢えて一人で出かけてしまいましょう」ということである。また、「あへなむ」は、このような原義から、「構わないだろう、差し支えなかろう」のように訳出してもよいのである。「あなたは来なくてよいのです。私一人で出かけます」というのは、この会話の少し後に、「そのほどはここにおはせ（『おはせ』は命令形）。見ぐるしき所なれば、人に見すべき所にもはべらず」とあることからもわかる。

㈡ **説明問題** 今回は、「和歌を参考にして」という条件が付いているから、まず和歌の解釈をし、その上で、泣くに至った女の気持ちを答えるのである。歌意は、「私がこうしてこの家を離れようとは思いもしなかったことだ。月さえこの家を住処《すみか》として澄みわたる世なのに」ということ。「月だに宿をすみはつる」の「すみ」は、「澄み」と「住み」の懸け詞（掛け詞）である。「月さえこの家を住処として澄《す》みわたる世なのに」というのは、「以前、私は、終生夫とこの家で住み続けようと思っていた」という気持ちを背後に持った表現である。それなのに今は、家を出ていく現実を、女はつらく悲しく切なく思い、涙にその思いを託したのである。問題文の最後に、「男の見つるほどこそ隠して念じつれ、門引き出づるより、いみじく泣きて行く」とあるのも、「泣く」に悲しさを負わしていると考えられる。

㈢ **説明問題** 「馬でも結構です。夜の更けぬ前に出て行きます」という女の言葉に対して、「いとあはれと思へど」とあったり、「心ぐるしう思ひ思ひ、馬引き出ださせて、簀子に寄せたれば」とあったりするところから、傍線部の主体は男であると理解し、その時の男の心情を判断していく。「心ぐるし」という形容詞は、心に苦痛を感じる場合に用い、自分のことなら「つらい」の意であり、他人に関することなら「気の毒だ、いじらしい」などの意。ここは女のために、従者に命じて馬を出させている箇所に用いられているから、自分の依頼を受けた女の不幸に対して気の毒だと思ったと読める。

㈣ **現代語訳問題** 傍線部「いみじく心憂けれど、念じてものも言はず」を逐語訳してみると、「心憂し」は「悲しくつらい」という意味、「念ず」は「我慢する」という意味であるから、「ひどくつらいけれど、我慢して物も言わない」となる。繰り返し女の境遇を「あはれ」と思っている男がうしろめたい気持ちで、みずから手をかして馬に乗せ、さらに女の身の回りを、ここかしこと調えてやっているという箇所を受けての傍線部であるから、「念じてものも言はず」の主体は女である。男に対して、前から涙を見せまいと気丈な態度をとっていた女である。口を開けば涙が先立つと考えたのか、男に対して口を閉ざしたままでいたと読める。なので、最低必要な人物関係を補う程度しか語句の補いはできないが、解答欄がもう少し長ければ、「女に対しての男の所作が」という「いみじく心憂けれど」の主語にあたる表現も補いたいところである。

㈤ 説明問題 この時までの、女に対する男の気持ちを表した箇所は、「男、『あはれ、いづちとか思ふらむ。行かむさまをだに見む』と思ひて」、「いとあはれと思へど」、「心ぐるしう思ひ思ひ」、「(馬に乗りたる姿、かしらつきいみじくをかしげなるを）あはれと思ひて」である。「しばらくどこかに居てほしい」と女に頼んだにもかかわらず、女が出て行くに際して、「(女の様子を）あはれと思ひて」というのだから、もとからの妻に未練が残っているということになるし、「行かむさまをだに見む」というのだから、行く先を見届けたい気持ちということにもなろう。

通釈

「今宵どこかへ行こうと思うので、車をしばしお貸しください」と女が男に言ってやったところ、男は、「ああ、(行くあてもないはずの）妻はどこへ行こうと思っているのだろうか。せめて出かける様子をだけでも見よう」と思って、すぐにも女の所へこっそりとやって来た。

女は車を待つということで、端にすわっている。月が明るく輝く下で、女はとめどなく泣いている。

私がこうしてこの家を離れようとは思いもしなかったことだ。月さえこの家を住処《すみか》として澄みわたる世なのに。

と詠んで泣いているところに、男が来たので、泣いているような様子も見せることなく、顔をそむけてすわっている。男が、「(ご所望の）車は、牛の都合がつかなくて（用意ができませんが)、馬はあります」と言うと、「行く先はほんの近い場所でありますから、車は仰々しいでしょう。そうであるなら、その馬でも拝借しましょう。夜の更けぬ前に出かけましょう」と女は言って急いで出ようとするので、何とも不憫だと思うけれど、あちらの女（新しい妻）の所では、明朝は移ってこようと思っているようだから、男は逃れられそうにもないので、女を気の毒だと思い思いしつつも、馬を引き出させて簀子の縁に馬を寄せたところ、乗ろうとして出てきた女の様を見ると、月のたいそう明るい光の下で、その姿はたいそう小柄であって、髪はつやつやとして美しい感じであって、その長さは背丈ほどである。

男は、みずから女を馬に乗せて、あちらこちら身のまわりなどとりつくろうと、女は、ひどくつらいけれど、我慢して男に対して口を開かない。馬に乗っている女の姿やその髪の具合は、たいそう美しい様子である、それを、男はしみじみと感じ入って、「送りに私も参りましょう」と言う。「ほんのこの近くの場所であるので、私一人でかまわないでしょう。馬は、即刻お返し申しあげましょう。その間はここにいらしてください。行く先は見苦しいところですから、人に見せてよい所でもございません」と女が男に言うので、「そうでもあるのだろう」と思って、とどまって、尻を簀子にかけている。

この女は、供人として人が多くはいなくて、昔から見慣れた小舎人童一人を連れて出かける。男が見た間は隠して我慢をしていたのだが、門を出るやいなや、ひどく泣いて行く。

解答（㈡・㈤は文科のみ）

㈠　イ　顔をそむけてすわっている。
ウ　車は、牛の都合がつかなくて、馬はあります。
キ　ほんのこの近くの場所であるので、私一人でかまわないでしょう。

㈡　長年住み慣れた家で、終生夫と連れ添おうと思っていたのに、思いがけずその家を離れることになった悲しさ。

㈢　男の、もとからの妻に出ていってもらうことに対し、気の毒に思う気持ち。

㈣　もとからの妻は、ひどくつらいけれど、我慢して男に何も言わない。

㈤　もとからの妻に対して未練が残り、行く先を見届けたく思う気持ち。

二〇〇五年

第二問（文理共通）

出典

『住吉物語』下巻より

『住吉物語』は、『落窪物語』に似た継子いじめの物語であり、平安時代に成立したと考えられているが、元『住吉物語』は判然とせず、現在残されているのは中世になってからの改作だけである。写本も多く、今回は岩波書店刊行の「新日本古典文学大系」の本文に拠っていると思われる。

解説　㈠オ・㈢は文科のみ

本文の中には多少解釈の難しい所もあるが、設問となっている所は基本的な語や語句の箇所である。

㈠ **現代語訳問題**

ア　「人のしわざには」の「に」は断定助動詞「なり」の連用形であるし、「よも」は下に「じ」を要求するから、その下に「あらじ」を補って解釈する。また、何がにあたる表現も必要になる。前に「琴の音ほのかに聞こえけり」とあるのを利用する。

イ　「心あり」は「情趣を理解する」の意。「ありし」の「し」は過去助動詞「き」の連体形であるから、「心ありし人々」は、現在ではなく、過去に属する人であるとわかる。その過去とは、前に「都にては、かかる所も見ざりしものを」と出ていて、都にいた人々であると考える。「見せまほしきよ」には、何をという語句を補うことが要求される。いうまでもなく「まほし」は希望の意を表す助動詞である。

オ　侍従の「少将殿のおはします」という発言を受けて、姫君が「おぼしたるにこそ」と言ったのである。そのような状況を押えて考える。「おぼす」は尊敬語であるから、その主体に少将殿を置き、客体に私を補って解釈する。「にこそ」の下に「あらめ」などを補うのは定番である。なお、「思ふ」は、単に「思う」だけではなく、「恋しく思う・悲しく思う・案じる」などの意味で用いられることも多い。ここもその例である。

㈡ **説明問題**　設問に「何を何と『聞きなし』たと思ったのか」とある。本文に「『秋の夕は～』など、をかしき声してうちながむるを、侍従に聞きなして」と出るので、それをまとめればよい。「聞きなす」は「聞いてあえてそうだと思う・聞いて判断する・聞いて勝手に思い込む」などの意。解答を作るのに際して、「ながむ」は「詩歌を吟詠する・口ずさむ」などの意であることにも留意する。

(三) 現代語訳問題　掛詞というのは、同音異義を利用して、一つの語・語句・語の一部に二通りの意味を持たせる技法をいう。ここで、「なぎさ」は、上の「尋ぬべき人も」に対して「なき（無き）」となり、下の「住の江」に対して「渚」となるのが一つ。また、「たれまつ風」の「まつ」は、「たれ（誰）」に対して「待つ」であり、下の「風」に対して「松」となる。純粋な掛詞とはいえないが、「住の江」の「住」に私が住むを響かせてもいるのである。

さらに、これが現代語訳の問題であるから、「尋ぬべき」の「べき」や、「吹くらん」の「らん」といった助動詞の解釈もしっかりしておくことである。

(四) 説明問題 「自分はいないと言え」と姫君に命じられた侍従はその通りに中将に言うが、すでに中将は姫君の声を聞いてしまっている。そのような状況を押えて、傍線部の少し前から詳密に読んでいく。中将の発言である「侍従の、君のことをばしのび来しものを、うらめしくも、のたまふものかな」で、「侍従の」は「うらめしくも、のたまふものかな」に係っている。そこで、傍線部の「うれしさ」は、中将が姫君の居場所を探しあてたことに対する気持ちであり、「つらさ」は侍従が逢わせまいとして中将に嘘を言っていると感じたことである。「つらし」は「つれない・薄情だ・冷淡だ」などの意である。「なかばにこそ」の下に「侍れ」などを補うとよい。

(五) 現代語訳問題　侍従が中将に向かって発言している言葉の中の解釈である。その前は尼君の侍従に対する会話があったが、それを中将は聞いてはいない。ということは、侍従の発言の中の指示語は尼君の会話に含まれることはない。また、「さ」という副詞の指示語は用言などをも指し示すためのものであるから、侍従の発言の中からそれに該当するものを考えていくのである。傍線部の「旅は、さのみこそさぶらへ」を直訳すると、「旅はそうでございます」となる。「のみ」は強意の意。ただし、「旅」というのは、自宅にいないことをすべていうのである。そこで、都の自宅でなく鄙びたこの住吉にいることも「旅」ということになる。そのような場合には、「なめげなる」こともあるのですと言っていると見れば、解釈が付くことになる。「なめし」は「無礼だ・失礼だ」の意。

通釈

そうでない時でさえも、旅に出ると物悲しいものなのに、夕波の上を飛ぶ千鳥が、そこらじゅうで悲しみを誘うような声で鳴き、よく琴の音に喩えられる、岸辺の松を吹く風が、物寂しい空に吹きわたるのと音が一緒になって、琴の音がかすかに聞こえた。その音色は、秋の調べである律に調弦してあって、盤渉調に調律してあり、それが澄んで響きわたり、これをお聞きになったような人の気持ちは、言葉では言い尽くせないほどである。「なんてすばらしい。この音は人の弾く琴の音では、よもやあるまい」などと思いながら、その音に誘われて、何となく立ち寄ってお聞きになると、釣殿の西面で、若い人の声で、一人か二人ほどの話し声が聞こえてきたのであった。琴をかき鳴らす人がいる。「住吉での去年の冬はろくに馴染めなくもありました。最近は、松を吹く風も、聞こえてくる波の音も、心惹かれる感じがすることです。京の都では、このような所も見なかったものですのに。ああ、ああ、情趣を理解できる、都にいた人々にこの住吉の様子を見せたいものですよ」と語らって、「秋の夕べは、普段よりも、旅に出ている時がしみじみ思われる」などと、美しい声で吟じる、その声を侍従の声だと中将殿は判断して、「なんて思いがけないことだ」と思い、胸のつまる感じで、「聞いていて勝手に思い込んだだけであろうか」と思って、よくお聞きになると、

尋ねてくれるはずの人もいない渚の住の江に住む私ではありますが、そこに誰を待つといって松風が絶えることなく吹いているのでしょう。

と口ずさんでいるのを、よく聞くと、それは姫君の声であった。

「なんてすばらしいことだ。仏の御霊験はあらたかなことであったなあ」と、嬉しく思って、簀の子に寄って叩くと、「どなたでしょうか」と言って、侍従が透垣の隙間を通して覗いてみると、簀の子にじっと寄りかかっていらっしゃる御姿は夜目にもはっきりと男君の気配が見て取れたので、「まあ思いがけないことですわ。少将殿がいらっしゃいます。どのように少将殿に申しあげたらよいでしょうか」と言うと、姫君も「しみじみ思われることにも、あのお方は私を恋しく思ってくださっているのだろう。そうではあるけれど、外聞が悪いだろう。自分はここにいないと、少将殿にお前は申しあげよ」とおっしゃるので、侍従は出て、男君にあって、「どうしてこのように辺鄙な所にまであなた様はお越しになったのですか。何とも申しあげるのも情けないことです。あの後、姫君をお見失い申しあげて、心慰めがたいので、これほどになるまで、私はさすらい続けているのでございます。あなた様をお見申しあげますと、いよいよ昔が恋しくなって参りまして」などと口から出まかせを喋って、再会の喜びや自らの発言にしみじみ感じられるので、涙にくれて茫然となっていると、中将も前にもまして涙を催す心地がしなさる。中将は、「私は姫君のことを慕ってきたのに、侍従よ、あなたは悔しく悲しくもおっしゃるものだなあ」と言い、「姫君の御声まで私は聞いてしまいましたのに」と言って、浄衣の御袖を顔に押し当てなさって、「姫君の居場所を捜しあてた嬉しさも、

あなたが逢わせまいとして嘘を言う薄情さも、相半ばといったところであります」とおっしゃると、侍従はそれも当然のことだと思われて、「そうでありましても、お休みなさいませ。都のことも伺いたいので」と言って、尼君に相談したところ、尼君は、「滅多にない男君の御芳情でございます。誰も皆人の情けをお分かりになりなさいよ。まずこちらへお入りになるのがよいということを男君に申しあげなさい」と言うので、侍従は、「なれなれしく無礼な感じでございますが、姫君のゆかりである私の声をお尋ねくださったのですから。都の自宅でなく出先では、そのように無礼なこともあるのでございます。お入りになってください」と申しあげて、袖を手に持って、中へ入れたのであった。

解答（(一)オ・(三)は文科のみ）

(一)　ア　聞こえてきた琴の音は、人の弾く琴の音では、よもやあるまい。

イ　情趣を理解できる、都にいた人々に、この住吉の様子を見せたいものよ。

オ　少将殿は私のことをお案じくださっているのであろう。

(二)　「秋の夕は～」と口ずさんだ声を、侍従の声だと「聞きなし」た。

(三)　尋ねてくれるはずの人もいない渚の住の江に住む私ではありますが、そこに誰を待つといって松風が絶えることなく吹いているのでしょう。

(四)　姫君の居場所を尋ねあてたのに、侍従が逢わせまいとして嘘を言ったので。

(五)　出先では、失礼な感じなこともあるのでございます。

二〇〇四年

第二問（文理共通）

出典

『庚子道の記』より

『庚子道の記』は、享保五年（一七二〇）、名古屋城内に仕えていた武女《たけじょ》といわれた女性が、七年ぶりで江戸の実家へ里帰りをした折の日記である。武女について詳細は伝えられていない。この作品は、岩波書店刊「新日本古典文学大系」『近世歌文集　下』（平成九年発刊）に収録されている。

珍しい作品からの出題ではあるが、本文は平易であり、基礎的な学力が十全であれば、読み解けたはずである。

解説　（一）ク・（三）は文科のみ）

（一）　**現代語訳問題**

ア　東大の現代語訳問題の特色の一つに、文脈上意味の通る現代語にするということがある。多義語のそこでの意味を、係り承けを考えながら、適切な現代語にするというのである。形容詞「こちたし」は、「こと甚《いた》し」から転じたと考えられている語で、口数や物事が多い状態や、その時の煩わしく面倒な気持ちなどを表す語である。ここは「こちたきまで」が「瓶にさし」に係っているので、「こちたし」の意味としてよく見られる「大袈裟だ」などでは意味をなさず、数が多いということで、「瓶からあふれるほど」の意味として訳すのがよかろう。「こちたし」と、「ことごとし」や「おどろおどろし」などとの違いなども確認しておくとよい。

オ　「ねびまさり」の意味が出るか出ないかがすべてである。「ねびまさる」は、「年をとる」の意の「ねぶ」に「まさる」が加わってできた複合動詞で、「美しく成長する、以前には想像できないほどにすっかり大人びた様子になる」などの意味である。ここは、「いつかねびまさりて」が「髪などあげたれば」に係っていることを考え、「髪上げ」が、女子が成人になって垂らしていた髪を結い上げることと知っていれば、容易に対処できる。

カ　「うち出づ」「つつまし」という重要語の訳、「うち出でんも」の「ん」と「ありけん」の「けん」という助動詞の解釈、さらに「つつましくや」の「や」という係助詞の訳をきちんとするだけのことである。この傍線部は挿入になっていて、「をばの後ろにかくれて、なま恨めしと思へるけしきに見おこせたる」の理由を作者が補足的に説明しているものである。「うち出づ」は多くの意味を持つ語ではあるが、文構造上ここの「うち出づ」は「口に出して言う」の意。形容詞「つつまし」は、感情などを人に知られないように包み隠しておきたい感じを表す語であるから、「遠慮される、気がひける、気後れする」などの訳語に当たる。「ん」は文中用法で婉曲などの用法。「けん」は過去推量の意。なお、「かれより」は「あちらの方から」ということだが、「あちら」はここでは妹のことである。

ク「あさましきまで似かよひ給ふ」との関係で、「過ぎ行き侍りし」は「母」の修飾語で、内容上「亡くなりました」ということである。訳出にあたって、丁寧語「侍り」にも注意のこと。形容詞「あさまし」は、予想外の事態に対して驚いたり呆れたりしている状態を表す語である。「似かよひ給ふめるは」では、尊敬語補助動詞「給ふ」と助動詞「めり」をしっかり訳すこと。「めり」は視覚的または主観的判断に基づく推定を表すので、「〜ダロウ」では不可。「〜ヨウニ私ニハ思ワレル」という表現を最善とする。文末の「は」は、連体形や名詞に付いて文末に置かれると、詠嘆の意味の終助詞となる。

(二) 説明問題　傍線部イの直前に、「けふは一二日のうちに逢ひみんことを思へば、うれしきあまり、心さへときめきして」とあることと、七年ぶりに江戸の実家に帰るということを重ねて考えれば、なぜ「うち笑みがちなる」のかは自明である。傍線部の前後や、その係り所をおさえれば解答は容易に導き出せる。

(三) 説明問題　傍線部の最後が連用形（中止法）であり、その後に「はえばえしく賑はへるけしき」と出るので、傍線部は賑わっている光景ということがわかる。まず、傍線部を現代語に訳す作業から始める。「たかき賤しき」は「身分の高い人も低い人も」の意。「袖をつらね」は、袖がふれるほどに行き来している様子。「たてぬきに」は「縦横に」の意。それをまとめたのが解答例である。

(四) 説明問題　ここも、傍線部の直前の「七とせのねぶり一ときにさめし心地して」から考える。都を離れていた七年間を、眠っていたと捉え、眼前の景色を目のあたりにしてその眠りから醒めたという表現である。そこには、七年前と少しも変わっていないという実感がある。だからこそ、嬉しさは言いようもないというのである。

(五) 説明問題　「なほ心得ずして『〜』と問へば、かれはうつぶしになりて」という文脈で考える。ということは、「問へば」の客体は「かれ」つまり妹であることになり、「なほ心得ずして『〜』と問へば」の主体は作者ということである。前からだけでなく、後ろの文構造にも注意しなくてはいけない。「問へば」の主体を妹と誤らず、作者と理解すれば、何を「心得」なかったのかは、それ以前の記述から、「わが方には見わすれたる」という説明も含めて、叔母の後ろに隠れて作者の方に視線を向けていたのが作者の妹だということはわかろう。その場にいる人々が作者の発言の後で「はは」と笑った時に、作者がそれにはじめて気づいたという部分も納得がいく。

通釈

大磯付近の海辺近い粗末な小屋の中でも、(三月三日の)雛遊びをする乙女たちは、桃や山吹の花などを、あふれるほどに花瓶に挿し、その日の暮れるのを惜しいと思っている様子である。野に出てハハコグサなどを摘む乙女もいるのは、今日の草餅作りのためであるにちがいない。

七年前、この場所を(尾張に向かうために江戸を出発して)過ぎたのは九月九日で、別れてきた親や兄弟姉妹のことなどを思い出して悲しかったけれど、今日は一両日中に逢えるだろうということを思うと、嬉しいあまりに、心までもドキドキして、なんとなく口許が崩れないではいられないので、周りの人々は正気の沙汰ではないのであろうかなどとも思っているだろうよ。明日は江戸に参るから、公私の準備があるということで、男たちは全員、皆戸塚の宿にと急ぐので、一人のんびりとも行きにくくて、私も男たちと同じように先を急ぐ様子で宿に到着した。

三日の夜から雨が降り出して、翌朝になってもそれでも雨は降り止まない。神奈川、川崎、品川などといういくつかの宿場もただひたすら過ぎるようにやって来て、江戸の芝に到る。ここから大路の様子は、身分の高い人も低い人も袖をふれるほどに、道いっぱいに行き来し、馬や車もその大路を縦横に往来し、華やかで賑わっている様子で、それは七年の眠りが一時に醒めた感じがして、その嬉しさは言葉にならないほどである。その日の夜は尾張藩の江戸邸に泊まって、三月五日という日に、昔ながらの我が家に帰った。

私事でつまらないこと(謙遜の表現)であるけれど、親族全員、近いところでは叔母や従兄弟などが私を待って集まって、それぞれに何事かを言うのだが、まずは(帰宅した感激のあまりに気もそぞろで)言葉が耳に入ってこない。幼い妹が一人いたが、その妹もいつのまにかすっかり美しく成長して、成人して髪などを上げているので、私の方では思い出せないでいたところ、妹の方から言葉を発するようなことも気がひけたのであろうか、叔母の後ろに隠れて、何となく気恥ずかしいと思っている様子でこちらに視線を向けているので、それでも私はその人が自分の妹だとは分からないで、「そこにいらっしゃる方は、どこからのお客様でいらっしゃるのですか。まことに失礼なことではございますが、亡くなりました私の母上の面影に、驚くほどに似通っていらっしゃるようですねえ」と問うと、妹はうつ伏せになって、顔も上げない。叔母も感動がこみ上げて、物も言ってこない。皆が「はは」

と笑う時に、はじめて気が付いたのであった。

解答（㈠ク・㈢は文科のみ）

㈠　ア　あふれんばかりにたくさん花瓶にさし、
オ　いつのまにかとても美しく成長して、
カ　妹の方から言葉を発するようなことも気がひけたのだろうか。
ク　亡くなりました母の面影に驚くほど似通っていらっしゃるようですねえ。

㈡　一両日中に、七年ぶりに江戸の親族に会えるかと思うので。

㈢　身分の高い人も低い人も袖をふれるほど、道いっぱいに行き来し、馬や車もその大路を縦横に往来し、賑わっている光景。

㈣　江戸に到着し、七年前と変わらぬ繁栄の様を目のあたりにしたので。

㈤　おばの後ろに隠れて座っている女性が自分の妹であるということ。

二〇〇三年

第二問（文理共通）

出典

『古本説話集』下巻「第五十三　丹後の国成合《なりあひ》の事」より

『古本説話集』は、「今は昔」で始まる七十章の説話文学書で、成立年代・編者は未詳であるが、『今昔物語集』『宇治拾遺物語』の内容と共通する話が多い。原本に書名の記載はないが、鎌倉時代書写の「梅沢本」を文部省は重要美術品指定とし、その際の呼称としていた『古本説話集』をそのまま書名として用いるのを慣例としている。

なお、本話と親近性の強い話は『今昔物語集』巻十六第四「丹後国成合観音霊験語」がある。

本文は、平易であり、基礎的学習が十全であれば、確実に読み解けた文章である。それだけに、些細なミスが合否を分ける可能性もある。

解説

㈠　現代語訳問題　（㈠ア・エ・キは文科のみ）

今回の設問で留意したいことは、傍線部はすべて文終止の箇所で終わっているから、必ず解答の文末には句点を施しておくことである。

ア「観音の賜びたるなんめり」では、「賜び」が尊敬語動詞「賜ぶ」の連用形であること、「めり」が単なる推量ではなく、主観的判断に基づく推定であることがわかるように訳出する。助動詞「めり」は「ダロウ」では不可。「私ニハ～ヨウニ見エル（思エル）、～ヨウダ」とすること。なお、「なんめり」は断定助動詞「なり」の連体形「なる」に「めり」の付いた「なるめり」が音便形をとり、「なんめり」となった形である。「観音の」の「の」は主格である。

イ「いかでかこれをにはかに食はん」では、反語に注意する。反語とは、疑問文の形でありながら、否定するための表現をいう。だから、答案には否定の意味を出すことが望まれる。その際に、知っておくとよいこととして、強い疑問表現は反語になりやすいという性質のあること、反語ではそこに表記されていないニュアンスを加えて訳せるということである。「いかでか」は疑問副詞「いかで」に疑問の係助詞「か」が直接付いた形であり、強い疑問表現になり、反語になっている。「これを」は、そのまま「これを」と訳してよい。単なる現代語訳では指示語もそのままにしておいて構わない。「わかりやすく現代語に訳せ」という設問要求とは異なるのである。「にはかに」は急な様子を表す副詞。ここでは訳しにくい感じもあるが、「今さら唐突に」という程度で出せるだろう。

エ「参り物もあらじ」では、「参り」の尊敬語訳、打消推量

「じ」の訳出が大事。「参る」という動詞は、謙譲語（客体敬語）以外に、「召し上がる」という意味の尊敬語（主体敬語）がある。ここでは、寺に来た人々が修行に籠っている法師に向かって言う言葉の中に傍線部は存在し、さらに、その人々は法師に対して、以前に「聖はいかになり給ひにけん」と尊敬語の出ていたことを想起して読む。原文は「参り物」と名詞になっているので、「召し上がる物」といってもよいが、「召し上がり物」の方がベターである。

オ 「いかにしてか日ごろおはしつる」では、疑問の係助詞「か」の訳出、「あり」の尊敬語「おはす」の意味に注意する。法師に向かって人々が言った言葉であるから、「か」は完全な疑問（問いかけ）である。「あり」は単に存在するという意味だけではなく、「健在である、生きている、暮らしている」などの意味を含めて用いることができ、ここも「日ごろ」という語との関連から、「おはす」を「暮らしていらっしゃる、過ごしていらっしゃる」の意味として読むのである。「日ごろ」の「ごろ」は長い間を表し、「年ごろ」で一年を単位として長い間（何年も）、「月ごろ」で一ヶ月を単位として長い間（何ヶ月も）、「日ごろ」で、一日を単位として長い間（何日も）ということである。なお、主体を補う必要はないが、もし補うのであれば、会話文の中で、しかも尊敬語が出ているのであるから「あなた様が」ということになる。

キ 「柱をも割り食ひてんものを」では、「てんものを」に注意する。動詞「食ふ」の連用形「食ひ」に付く「てん」であるから、「て」は助動詞「つ」の未然形、「ん」は助動詞で、「てん」は助動詞連語となる。その際、「ん」は一人称主体なら意志、三人称主体なら推量、二人称主体や一般称なら、適当や勧誘などの意味になるのが基本である。傍線部は人々の会話の中に含まれているが、明確に二人称主体なら、「あさましきわざし給へる聖かな」のように尊敬語が付く。また、意味的に「同じ木を切り食ふものならば」という仮定条件節を承けていることも考え合わせて、傍線部の主体は「誰だって」という一般称とみるのがよい。そこで、「食ひてん」は「食ってしまえばよい」ということになる。連体形や名詞に付き、文末にある「ものを」は一語の終助詞として扱う。「……ノニ・……ノニナア」などの訳語を当てる。

㈡ 説明問題 ともに「あさましきわざ」の具体的内容を説明させる問題である。「わざ」は「行為・すること」の意。「あさまし」は予想外の事態に対して驚いたり呆れたりした時の精神状態やその状況に対する気持ちを表す形容詞で、その状態がよい時でも悪い時でも用いられる。

ウ 飢えに苦しんでいた法師が、鹿肉を食べて人心地となった後に思った心内文の中で、自らの行為に対して「あさましきわざ」といっているのである。法師はこれより前の心内文で「……物の肉を食ふ人は、仏の種を絶ちて、地獄に入る道なり。……菩薩も遠ざかり給ふべし」と思っているのであるから、いくら飢えているとはいっても、法師の身でありながら、獣の肉を食してしまったことについて、冷静になった折に驚き呆れたことを「あさましきわざ」といったのである。

カ　人々が見ると、鍋に檜の切れ端を入れて、法師は煮て食べている。不思議に思いながら観音像の方に目をやると、その観音像の股の部分が削り取られている。観音像の股の部分の木を法師が食べたと思った人々が発した言葉の中に傍線部は含まれている。つまり、仏に身を捧げている法師でありながら、観音像を毀損・毀壊して食べたことを「あさましきわざ」といったのである。

㈢ 現代語訳問題　語句を補うというのは、主体客体などの人間関係、他動詞に対する目的語などを補うことで、わかりやすくというのは、指示語を具体化することなどである。このような問題では、まず逐語訳を作り、必要に応じてそれに加工を施すようにする。「さは、ありつる鹿は仏の験じ給へるにこそありけれ」で、逐語訳の際に注意するのは、「ありつる」が連体詞で「最前の、先程の」の意、「験ず」（サ変動詞）の意、助動詞「けれ」の意である。まず訳して「それでは、先程の鹿は仏が鹿の姿になって現れなさったのであるなあ」とする。次にこれを加工する。「先程の鹿」は、「狼に追はれたる鹿入り来て、倒れて死ぬ」とあったり、「左右の股の肉を切り取りて、鍋に入れて煮食ひつ」とあったりするので、連体詞「ありつる」もいかして、「先程の、目の前に現れ、食べた鹿」といえるが、さらに、「食べた」の主体もいれて、「飢えた私が口にした鹿」とする。「仏」は注を参考にして観音様とした方がよい。「験ず」は、仏教説話には多くでる語であるが、「姿を変えて現れる」という意味。仏が姿を鹿に変えて現れたのであるから、法師が「もとの様にならせ給ひね」と言うと、観音像はもとのようになったのである。助動詞「けり」は、それに今気が付いたという気づきの用法である。

この後に通解を掲げるが、設問以外の箇所にも疑義のないようにしておくとよいだろう。

通釈

「どうして観音様は私を助けてくださらないのでしょうか。高い位を望んだり、貴重な宝を求めるのならば、施してはくださらないでしょうが、ただ、今日一日食べて生き延びるだけの物を私に探してお与えになってください」と法師が観音様に申しあげると、西北の隅の荒れている所に、狼に追われた鹿が入ってきて、倒れて死ぬ。この状況下でこの法師は、「観音様が私にくださったものであるようだ」と思い、「食べようかしら」と思うけれど、（その一方で）「長年の間、仏様を頼って仏道修行をすることで、次第に年月も多く経過してしまっている。どうしてこの鹿を今唐突に食べることができようか、できはしない。聞くところによると、生き物はみな前世の父母であるという。私は食べ物がほしいといっても、親の肉を切り裂いて食べようか、食べられない。生き物の肉を食う人は、成仏する可能性を絶って、地獄に落ちる道をたどることになる。すべての鳥・獣もそんな人を見ては、逃げ走り、怖がり騒ぐ。菩薩も見捨てなさるはずである」と思う、しかし、この世に生きる人の悲しいことは、後の罪（仏教上の罪）も考えず、たった今生きている時の堪えがたさに我慢しかねて、刀を抜いて鹿の左右の股の肉を切り取って、鍋に入れて煮て食ってしまった。その味の美味しいことはこの上ない。

そうして、食べ物のほしい気持ちもなくなった。（満腹になって）力も付いて人としての理性心もつく。「呆れはてたことをもしてしまったなあ」と思って、（悲しくて）泣く泣くじっと座っている時に、人々が大勢来る音がする。法師が聞いていると、「この寺に籠っていた聖は、どのようにおなりになってしまっただろう。人の出入りした跡もない。法師の召し上がり物もないだろう。人の気配がないのは、もしやお亡くなりになってしまったのか」と、口々に言う話し声が聞えてくる。法師は「この肉を食った跡をどうにかして隠そう」などと思うけれど、するのに適当な方法もない。「まだ食い残して鍋に食べ物が残っているのもみっともない」などと思っているうちに、人々が中に入ってきてしまった。

やってきた人々は法師に、「貴僧はどのようにして何日も過ごしていらっしゃったのですか」などと言って、あたりを見ると、法師は鍋に檜の切れ端を入れて、煮て食っている。「これはまあ、食べ物がないといっても、木を食う人がいるものですか」と言って、たいそう気の毒に思っている時に、人々が観音菩薩像をお見申しあげると、像の左右の股をなまなましく刻み取っている。「これはまあ、この聖が食っているのだ」と思って、「なんとも呆れたことをなさっている聖ですなあ。（どうせ）同じ木を切って食うのならば、柱をも切り取り、食ってしまえばよいだろうのに。どうして仏像を傷つけなさったのだろう」と言う。驚いて、この法師が仏像をお見申しあげると、人々の言う通りである。「それでは、最前の鹿は観音様が姿を変えて現れなさったのであるなあ」と思って、法師が先程のことを人々に語ると、人々は感動し涙を流していた時に、法師は泣く泣く仏前に参上して申しあげる。「もしや仏様がなさっていることであるならば、もとの様子になってしまってください」と、繰り返し繰り返し申しあげたところ、人々が見ている前で、もとのようになり、法師が切り取ったところも盛り上がってしまった。

解答　(一)ア・エ・キは文科のみ)

(一)　ア　観音様がくださったものであるようだ。

イ　どうしてこれを今さら唐突に食うことができようか、できない。

エ　召し上がり物もないだろう。

オ　どのようにして、何日も過ごしていらっしゃったのですか。

キ　柱をも切り取り、食べてしまえばよかろうのに。

(二)　ウ　法師の身でありながら、食せば地獄に落ちるという獣の肉を食ったこと。

カ　法師が、観音像の股のところの木を削り取り、煮て食べたこと。

(三)　それでは、先程の、目の前に現れ、飢えた私が口にした鹿は、観音様が鹿の姿になって現れなさったのであるなあ。

二〇〇二年

第二問（文理共通）

出典 『神道集』より

『神道集』は一四世紀中頃成立の説話集であるが、現存本は一五世紀初めの改編とする説が有力である。内容は本地垂《すい》迹《じゃく》（＝仏・菩薩が衆生を救うために、仮に神の姿となって現れること）の教義と、諸神の本地仏を明らかにし、前生の物語を収録したものである。

入試問題としては稀な出典ではあるが、冒頭に解説も付されており、本文そのものも内容もかなり平易である。

解説（三・四オは文科のみ）

(一) **現代語訳問題**

ア 「果報」「相す」の意味を正しく出すこと、「申す」の用法に注意することの二点が大切である。「果報《くわほう》」とは、仏教語で、前世での行いが原因で、現世にその結果として受ける報いのことで、「前世からの宿縁・因縁」などと訳す。また、サ変動詞「相す」は人相などを見て占うという意味である。ただし、ここでは母である菩薩女御が身ごもったばかりであるから、人相を見るのではなく、状況を判断して占うということである。「申せ」は命令形であるから、会話の相手である相人が主体となり、自分（后たち）に「申せ」と言っている。すると、厳密な意味での謙譲語（客体敬語）としては考えられない。それは自分を客体に置いて客体敬語を用いていると自敬表現になるからである。そんな時「申す」には表現を重々しくしたり、あらたまり畏まった表現にする用法のあることを想起する（丁重語・荘重体敬語などという）。ここもその用法と見て解釈する。

イ 「違《たが》ふ」の語義、反語の解釈、謙譲語「奉る」の訳出、助動詞「べし」の訳出に留意する。「違ふ」はここでは下二段活用であるから、「従わないようにする・背く」の意。「違へたてまつるべき」の主体は表示されていないが、これが会話文の中の表現であることなどを考えて、一人称主体とし、そこから「べき」も意志の意とする。「いかで」は「ドウシテ」の意であるから、全体で「どうして御命令に背き申しあげましょうか、いや、背き申しあげるつもりはありません」ということになるが、解答欄の長さを考慮して、その結論だけを記してもよいだろう。

(二) **現代語訳問題** 傍線部は后たちの大王に対しての会話文中に出る。ここにも人物表示はないが「召す・聞こしめす」という尊敬語の存在から二人称主体を考える。そこで、「べし」

は勧誘や適当の意と採る。また、何を聞くのかというと、その前に「后の御懐妊のこと、王子とも姫宮ともいぶかし。早く承らん」と出ているから、菩薩女御が身ごもった子が王子なのか姫宮なのかを聞くということである。

㈢ 説明問題 傍線部は后たちの心内文にある。その后たちが約束を強要したのは相人にであり、実際に出た占いの結果通りではなく、后たちが大王を失望させ、大王に子どもを諦めさせようとして相人に言わせる旨、約束をしたのである。

解答にあたって、説明問題では解答例に示したように人物関係をきちんと提示するようにしたい。

㈣ 現代語訳問題

オ 相人の心内文中にある。「(これほどめでたくおはします)君を、あらぬ様に申さんこと」とある所から、「申す」のはこの後ということがわかり、「君」はこれから生まれてくる子のことということもわかる。「めでたし」は動詞「めづ」の形容詞で「すばらしい・結構なことだ」などのプラスイメージを持つ語。「おはします」は尊敬語の補助動詞。「あらぬ」は連体詞で、本来のものとは異なることを表す。ここは「本来とは違うような様子に」とか「事実をまげて」などというとピタッとあてはまる。「申さんこと」の「申す」は「君のことを」と上にある以上謙譲語であるから、しっかり「申しあげる」と言わなければいけない。また、「ん」は文中用法であるから、連体形で婉曲の意。「心憂さ」は形容詞「心憂し」の語幹に名詞を作る接尾辞「さ」の付いた形。「心憂し」は、物事が思いのままにいかず、心につらく感じられる様子を表す語であるから、「情けない・つらい・切ない・悲しい」などの意味が中心となる。

カ 大王の会話文（心内文）の中に出る。「たまたま」は、「稀に」という意味の場合と「偶然に」という意味の場合があるが、ここは「親となり、子となること」が主語で、その述語が「たまたまもありがたし」という文構造であることを押え、さらにその下に「この世一つならぬこと」と出ることを考慮する。この「この世一つならぬこと」も述語で、「ありがたし」が否定的表現であるから、「Sは非QにてPなり」という構造になっている。こうした時、まずは「SはPなり」を考え、その強調のために「非Qにて」を挟みいれていると見る。親となり子となることは、この現世だけではなく前世からの因縁に拠るものだという文脈の中で、「たまたまもありがたし」を考えると、「偶然にあることもむずかしい・偶然にもありえない」などと言うほかはない。つまり、「たまたまもあり」ということが「かたし」というのである。だからこそ、その後で、前世の罪によって今まで私は子どもというものを見ていないという言葉が出るのである。文構造にも気をつけて読むようにしたい。

キ　やはり大王の会話文（心内文）の中に出ている。「ともかくもなる」とは否定的な内容を暗示しながら、どのようにもなるという意。「苦しからず」は、時代劇などでお馴染みの「くるしうない」の意味で、「構わない・さしつかえない」の意。ただ、ここは「苦しからず」ではなく、「苦しからじ」であるから、「じ」の意味（打消推量）も出しておく必要がある。なお、この部分、本に拠っては「一日も見て」ではなく、「一目も見て」と解されるものもある。

通釈

九百九十九人の后たちは、第一から第七にあたる宮邸に集まり、「どうしようか」とそれぞれがお嘆きになった。ただ生まれてくる王子の果報はどの程度かを知ろうということで、ある人相見をお呼びになって、この王子のことを質問なさった。「菩薩女御が身ごもりなさっているのは、王子なのか、姫宮なのか。また、前世からの宿縁のほどを占い申せ。よくわからなく思われることだ」と、おっしゃったので、相人は文書を開き申しあげたのは、「菩薩女御が身ごもっていらっしゃる御子は王子でいらっしゃいますが、その御寿命は八千五百歳です。国土は安穏であって、この方の御時世は、万民みな自由に楽しむことができるにちがいありません」と、占いを申しあげた。后たちが、相人におっしゃったのは、「この王子の御事を、大王の御前で我々がこれから言うとおりに占いの言葉を申しあげよ。褒美はお前の望み通りに従うつもりである。（占い事として言うのは次のように言え）この王子はお生まれになって七日目になると、足が九本、顔が八つの鬼となって、体から火を発し、都を始めとして天下をすべてみな焼き滅ぼすはずである。この鬼の体の色は三色であって、身の丈は六十丈以上もあるにちがいない。大王様も食われなさるでしょう」とおっしゃる。また他の后が言うには、「鬼波国から九十九億の鬼王がやってきて、大風を起こし、大水を出して、天下をすべてみな海とするはずだと申しあげよ」と言って、后たちはそれぞれ応分の褒美を相人にお与えになる。或る者は金五百両、或る者は千両である。そればかりではなく、与えた綾や錦などの織物類は莫大である。相人は喜んで、「承りました」と言って、后たちにお答え申しあげた。后たちは、「決して決して（口外まかりならぬ）」と言って、口止めをなさった。相人は、「どうしてお背き申しあげることがありましょうか、お背き申しあげるつもりはありません」と申しあげて、席を立つ。

中一日をおいて、后たちは大王の前に参上して口々に申しあげなさったことは、「菩薩女御の御懐妊のことについて、王子とも姫宮ともわからず気がかりです。早く伺いたく思います。相人をお呼びになって王子なのか姫宮なのかをお聞きになるのがようございます。ひどく伺いたく思わないではいられないものでありますよ」と申しあげなさる。大王も時にあたってもっともなことだとお思いになって、最前の相人をお呼びになる。后たちは、こう言えとお命じになった菩薩女御の御産のことについて、「何の子だと申しあげよと我々は言うけれども、あの者は約束を守らないだろう」と、それぞれの心の内はひたすら鬼のようである。相人は運勢・吉凶などを記した書物を開いて、目録をお見申しあげると、王子の前世からの御運命がすばらしいことは申しあげるまでもないことで、この后の御寿命はどれほどかと申すと、三百六十歳と推定される。そのまま相人は目録のままに見ていくと、涙もまったく止まることがなくあふれてくる。「これほどすばらしくいらっしゃる王子のことを、事実をまげて違うように申しあげるようなことが情けないことよ」とは思うけれど、前に后たちとした約束通りに占いを申しあげた。大王はこのことをお聞きになり、「親となり、子となることは、偶然にもあることはむずかしい。この現世だけではなく、前世からの因縁なのである。今日までに私はわが子という者を未だ見ていない(これも前世の因縁なのだろう)。どんな鬼であっても、生まれ来たらば来たれ。親子と自然とわかり、一日だけでも見て、その後にどのようにでもなるようなことは構わないだろう」と言って、相人の申しあげる占いをお取り上げなさらなかった。

解答（三・四オは文科のみ）

㈠　ア　前世からの宿縁のほどを占い申せ。

　　イ　どうして御命令にお背き申しあげようか、背き申しあげるつもりはない。

㈡　相人をお呼びになって、お生まれになるお子が王子なのか姫宮なのかをお聞きになるのがよいでしょう。

㈢　相人が大王に占いに出た結果通りでなく、后たちに言われたように述べること。

㈣　オ　これほどすばらしくいらっしゃる皇子のことを事実を曲げて申しあげるようなことが情けないことよ。

　　カ　偶然にもありえない。

　　キ　一日だけでも見て、その後にどのようになろうとも、それは構わないだろう。

二〇〇一年

第二問（文科）

出典

『栄花物語』巻第二七「ころものたま」より

『栄花物語（栄華物語とも書く）』は歴史物語の嚆矢となる作品で、宇多天皇から堀河天皇までの十五代にわたる歴史を編年体で記述している。問題文としてとられた所は、四条大納言藤原公任が出家を発意した頃を叙している箇所である。

解説

㈠ **説明問題**　傍線部を含む箇所は公任の心内文の中である。それは、その心内文を結んだ後に「思しとりて……思すに」と尊敬語が出ることや、心内文の内容から言える。この時に公任は「御おこなひにて過ぐさせ給ひ」てはいたものの、出家はまだしていなかった。それは心内文中の「わりなき御絆にこそおはせめ」とあることや、傍線部オの前に「この御本意ありといふことは女御殿も知らせ給へれど」とあることからわかる。特に「絆」は「出家の妨げ」の意で用いられることも多い。

「これ思へばあいなきことなり」の「あいなし」という語は、意にそまず、不快な様子を表す形容詞であり、「気にいらない・つまらない・筋が立たない」などと現代語に訳す。傍線部アを含む文の意味は、自分の今の状況を考えてみると、気にいらないというのである。さらに、その下には「一日でも出家の功徳はたいそうすぐれ…」と出ることから、「これ」の指示内容を考える。「これ」は言うまでもなく、この時の自分＝公任の様子をいう。つまり、出家もせず、仏道修行だけは法師のようにしていた様である。解答にあたって、公任の様子であることを提示しておくのがよかろう。

㈡ **現代語訳問題**

イ 「めでたし」という形容詞は、下二段動詞「めづ」の連用形が名詞になり、それに程度が甚だしい意味を表す「甚し」の付いた「めでいたし」から音転した語であるから、強く心が引かれ、褒めたたえる気持ちを表す意である。一般に「すばらしい」という訳語に変換することが多いが、ここでは、「出家の功徳」という主語を承ける述語になっているから、「尊い」と訳した。「めでたかんなる」の「なる」は伝聞の意を持つ助動詞の連体形。ラ変型活用語の撥音便の下にくる助動詞は「めり・べし・なり」であるが、その「なり」は原則的に終止形接続の「なり」、つまり、伝聞や推定の意となる。「ものを」は逆接の意の接続助詞か、詠嘆の終助詞かであるが、傍線の下が読点であるので、接続助詞として解しておいた。

ウ　傍線部の主体は公任であることは言うまでもない。この前に、出家の決心をし、領地の地券などの処置をして、荘園の管理人を呼んでとある。その後に「あるべき事どものたまはせなどして」というのだから、「あるべき事ども」は、今後当然あるはずの適切な領地処理の事々ということになる。「のたまはす」は「言う」の尊敬語。「動詞連用形＋など＋す」は、現代でも「読みなどする・食べなどする」というところの表現である。結果、「おっしゃりなどして」と訳すのが最善である。

㈢ 説明問題 「くちをし」は、失望感を表す形容詞で、「残念だ・歯がゆい・遺憾である」などの訳語がこれにあたる。公任が具体的に思われた事はその直前の「人の心はいみじういふかひなきものにこそあれ。などておぼゆべからむ」であるが、その意味は「人の心はひどくどうしようもないものである。どうして妹女御の事が心細く思わないではいられないのであろう」となる。出家するということは、俗世と決別することであるのに、出家を決心しても俗世の女御のことが気にかかっている自分のことを、「我ながらもくちをし」と表現したのである。また、出家した人が俗世に執着するのは仏教上での罪にあたるということも、古文を読む際の常識である。

なお、傍線部の一行前に「女御の」とあるが、これは「女御に関する事が」の意である。このような表現は少なくないわけではないが、注に加えておいてしかるべきものであろう。

㈣ 現代語訳問題 傍線部を逐語訳すると、「いつということをばわかっていらっしゃらない」ということになる。設問要求に「具体的な内容がよくわかるように」とある。そこで、「何が『いつ』」なのか、「誰が『わかっていらっしゃらない』」なのかを入れ込むことにする。この上に、「この御本意ありといふことは、女御殿も知らせ給へれど」とあるので、「何が」にあたるのは、「公任の出家が」であり、「誰が」にあたるのは「女御が」である。傍線部だけを見るのでなく、その前後や係り承けも考慮に入れて解答を作ることである。

㈤ 説明問題 これが女御の歌であることは書かれている。和歌の解釈にあたっては、その前後の文章を読み、その時の状況を的確に把握してから解釈に入るのがよい。出家の希望を持っていると思われる兄公任が椎をよこしたので、その返歌として妹の女御が詠んだ歌である。副詞「なかなかに」は「却って」の意。「もがな」は実現が困難だと考えられる事柄の実現を願望する終助詞で、「〜あったらなあ」の意。そこで、そのまま訳すと、「生きているまま別れるようなことよりは、却って死んでしまっていたこの身としていたいなあ」ということになる。「生きているまま別れる」というのは、「兄公任が出家するため、俗世での兄との辛い別れを経験する」ということである。死んでしまっているこの身であれば、生き別れの辛さを味わわなくてもすむだろうという気持ちである。

設問は「一首の大意を述べよ」とある。このような要求は過去に例があまりなく、大まかな内容が捉えられていればよいということになるのだろう。そこで、厳密な語順のままでなく、「私が死んでしまっていれば、あなたの出家による辛い別れを見ずにすむのに」というような、内容の正しい解答でも認められるはずである。

通釈

このような状態で、四条大納言藤原公任殿は、内大臣藤原教通殿の北の方（公任の娘）の御他界の後は、すべての事がすっかりいやになってしまわれて、しみじみと御仏道修行をして日々をお過しになる。法師と同じ様子の御有様であるけれど、「これを考えてみれば、筋の立たない事である。（たとえそれが）一日でも出家の功徳はたいそうすぐれ尊いとか聞いているのに、今暫くしたら、孫娘である御匣殿の慶事などが起ってきて、（その結果）一段とこの世を見捨てがたく、（御匣殿が私の出家に対しての）どうにもしようのない束縛でいらっしゃるだろう。そうであるならば、今が出家には最善の機会である」と、そのおつもりになって、内々領地の地券などの多くの文書を検分して処理し、荘園の管理人たちをお呼びになって、適当な処理の事々をおっしゃりなどして、「やはり、出家は今年の内にしよう」とお思いになるが、女御である妹諟子の事が、やはり人知れずしみじみ悲しく心細く思わないではいらっしゃれなくて、「人の心はひどくどうしようもないものである。どういうわけで俗世の事が思わないではいられないはずのことだろう」と、たいそう自分ながらも悔やまれることに思わずにはいらっしゃれないにちがいない。「（心残りとなる事としては）何事があるだろうか」と、あれこれ思案を巡らしなさりなさりして、人知れずその御心一つを惑わせていらっしゃるのも、何ともおいたわしい。この公任殿に前々から出家のお気持ちがあるということは、女御殿もおわかりになっていたけれど、それがいつであるということはわかっていらっしゃらない。

こうしているうちに、椎の実を或る人が公任殿の所に持って参上したので、公任殿はそれを女御殿の御方へさしあげなさった。（その椎の実の入っていた）御箱の蓋をお返し申し上げなさるということで、女御殿が公任殿に、

この世に生きていながら別れるのよりは、却って死んでしまっているこの身となっていたいものです。（そうすれば生き別れの辛さを味わわなくてすむでしょうから）

と申し上げなさったところ、公任大納言殿が御返歌（として次のようにお詠みになった）、

あなたが奥山の椎の木のもとを尋ねて来るならば、そこになっている椎の実ではないけれど、俗世にとどまっているのと同じこの我が身を見いだせないことはあるまい。

女御殿は、たいそうしみじみ悲しいことだと思わないではいらっしゃれない。

解答

㈠ 出家もせず、仏道修行だけ法師のようにしている公任の様子。

㈡ イ　尊いとか聞いているのに、

ウ　適切な領地処理の事々をおっしゃりなどして、

㈢ 公任が出家を決意しつつも、妹提子のことなど仏教上の罪となる俗世への執着を残さずにはいられないこと。

㈣ 公任の出家がいつかということを提子はわかっていらっしゃらない。

㈤ 兄公任の出家により生き別れの辛さを味わうくらいなら、提子自身が死んでしまっていればよかったということ。

第二問（理科）

出典

『十訓抄』第七（可専思慮事）二八話より

『十訓抄』は建長四（一二五二）年成立の説話集。作者については諸説あるが未詳。年少者に対して「心を作るたよりとなさしめんがために」（総序）とあるように、教訓となる説話を十篇に分けている。その原典となったものは、『伊勢物語』『大鏡』『今昔物語』や『史記』『荘子』『老子』などと幅広い。

問題文の直前に「賢人のもとに不覚なるものありけり」とあり、それが本話の主旨となっている。融通のきかない愚直な取り次ぎ侍を話題にしているが、その不覚人を使った顕頼も思慮不足だという。それは、この問題文の後に、「『かれはこの事に堪へたり。これはこの事によし』と見はからひて、その得失を知りて使ふなり。しかれば、民部卿えせだくみにておはしけるやらん」とある所からも明らかであろう。

解説

基本語彙・文法力・論述力など、古文の設問に対応する力のあることが最低限必要であるが、文章全体の構造を分析し、登場人物の行動や心情を正確に読みとって解答にあたることである。

㈠ 現代語訳問題

ア 「なんでふ」は「なにといふ」から転じた表現で、その意味を「何という」の外、多く副詞として用いられて、「どうして」の意がある。ここは副詞としての意。「望まるる」の「るる」は尊敬の意。それは同一主体に対して、その下に「居給ひたれかし」と尊敬表現を用いている所からわかる。「やらん」は「にやあらん」から転じた表現で、本来は「～であろうか」という意味になるが、時にはその疑問が希薄になって、「～であろう」の意味としても用いられる。ここはどちらでも構わないが、上に「なんでふ」という疑問副詞を持ち、疑問文であるから、一応「～であろうか」としておいた。なお、「近衛司」はそのままにしておいてもよいが、これは官位であるので、〔注〕も用い、解答例では「近衛府の武官の位」としている。

イ 「ついで」は「機会」の意（基本語）。内容から「帝に言上する機会」であるので、解答例では「言上の機会」としたが、単に「機会」でも構わない。「侍る」は「あり」の丁寧語であり、しかも、連体形・準体法であると見て、「ございます時に」としたが、この「に」を接続助詞ととって「ございますので」と解してもよい。「奏す」は「天皇に申しあげる」の意（基本語）。「奏し侍る」の「侍る」は補助動詞、「べし」は一人称主体であるところから強い意志ととるのが最善。

エ 副詞「やがて」は、状態的には「そのまま」、時間的には「すぐに」の意（基本語）。ここでは時間的な意の方がよい。ここの「べき」も意志である。丁寧語「侍る」も加え、「隠遁する所存でございます・隠遁しましょう」などとなる。その際に、「籠る」は上に「出家して」とあるので、「隠遁する」という程度の訳語は必要となろう。

カ 「あさまし」は、予想外の事態に対して驚いたり呆れたりした状態をいう形容詞（基本語）。その事態がよくても悪くても用いることができる。ここでは、心の中でふと思い、口にした相手の悪口までも従者の侍が言ってしまったという状況を踏まえ、「あきれはてた」という訳語になる。「聞こゆる」は「言ふ」の謙譲語。また「言ふもおろかなり」は、よく見る慣用表現で、「筆舌に尽くしがたい」の意、つまり、その言葉では言い表すことができないほどだの意。これらに、丁寧語「侍り」を加え、すべてが訳に現れるようにすること。

㈡ 現代語訳問題 まず、きちんとした逐語訳を作り、そこに指示内容を正確に捉えて、それを代入する。形容詞「さりがたし」は「逃れがたい・逃げられない・心から離れない」の意。丁寧語の補助動詞「侍れ」にも留意して傍線部を逐語訳すると、「このことが離れがたく心にかかっていますので」となる。（「このこと」は「心にかかり侍れば」に係っているは以上、「このこと」の後に助詞を補う場合は「が」が入る。「を」

は不可である。）さて、この部分は公達の会話文中で、「心にかかり侍れば」の主体は、表示されていないし、尊敬語の使用もないので、「私」と見ることになる。公達の気にかかっている事が「このこと」ということになる。本文の一行目に「あるなま公達、…近衛司を心がけ給ひて」とある所から、「このこと」は「近衛府の武官になること」とわかる。

㈢ 説明問題　全体の内容を把握した上で簡潔に表現する力が要求される。

このような問題では、傍線部を含む「それを、この不覚人、ことごとく申し侍りける」という文の意味が明確になるように考える所から始める。ところが、その最初が「それ」という指示語であるから、もう一つ前の文も考えに入れる。それは「いかなる国王、大臣の御事をも、内々おろかなる心の及ぶところ、さこそうち申すことなれ」である。「どんな国王や大臣に関する御事をも、内々至らぬ思いの及ぶところを、あのように申しあげることもある。それを、この不注意者はことごとく申しあげたのだ」という解釈になる。これを原文に照らしてみる。民部卿が公達に伝えるつもりもなく、独り言として言った、「内々おろかなる心の及ぶところ、さこそうち申すことなれ」の具体的内容は「年は高く、今はあるらん。なんでふ近衛司望まるるやらん。出家うちして、かたかたに居給ひたれかし」であるが、それを取り次ぎの侍は、何も考えず、愚直にもそこまで公達に伝えてしまった。そこで民部卿は侍を「不覚人」と呼んだのである。

通釈

九条民部卿顕頼の許に、或る地位の高くない貴族が、年齢は高くて、近衛府の武官をいつも望んでいらっしゃって、顕頼の家臣のある者を取り次ぎにして、「よいように帝に申し上げなさってください」と、願いをおかけになっているのを、主人の顕頼が聞いて、「今はもう年老いているだろう。どうして（今さら）近衛府の武官の位をお望みになるのだろうか。出家をして、片隅にじっとしていらっしゃればよいのになあ」とつぶやきながらも、「『詳しく承りました。言上の機会がございます時に、奏上する所存でございます。最近、病気をすることがございましてね。このように取り次ぎの者を介して聞きますのは、何とも不都合なことでございます』と申しあげよ」とおっしゃると、この取り次ぎの侍は、客人の公達の前に出るとすぐに、「申しあげよとおっしゃっています。『今は高齢になってしまっていらっしゃるでしょう。どうして近衛府の武官をお望みになるのだ。片隅で出家をして、じっとしていらっしゃいよ。そうではありますが、事細かに承りました。よい機会がございます時に帝に奏上しましょう』とおっしゃっています」と言う。

この公達は、「顕頼様のおっしゃる通りです。私自身そのような事をわきまえていないわけではありませんが、前世からの執着というものでしょうか、このことが離れがたく心にかかっておりますので、思い通りにこの宿願を叶えることができた後は、すぐに出家して、隠遁する所存であります。包み隠さずおっしゃってくださったことは、いよいよ本望でございます」とおっしゃるのを、そのままにまた侍は顕頼に申しあげる。主人の顕頼は手をポンと打ち、「おまえは客人にどのように申しあげたのだ」と言うと、侍は「これこれしかじか仰せの通りに」と言うので、まったく(呆れて)言いようもない。

この侍を使いにして、顕頼は、「どんなに尊い国王・大臣にかかわる御事をも、内々至らぬ思いの及ぶところを、あのように、ふと申しあげるのです。それを、この愚か者は、ことごとく申しあげたのであります。あきれはてたと申しあげるどころではありません。早速私が参内して、あなた様の御所望の事を申しあげて、その結果をお聞かせ申しあげましょう」と言わせて奏請して、その後この公達は近衛少将におなりになってしまった。この公達は、本当に言われたように、出家していらっしゃったのであった。

解答

㈠ ア　どうして近衛府の武官の位をお望みになるのであろうか。

イ　言上の機会がございます時に、天皇に申しあげましょう。

エ　すぐに出家して隠遁するつもりであります。

カ　あきれはてたことと申しあげる言い方でも言い足りないことです。

㈡ 近衛府の武官になることが心から離れず、気になっていますので、

㈢ 思慮なく、悪口を含む主人の言葉をそのまま取り次いだ侍の愚直さゆえ。

二〇〇〇年

第二問（文理共通）

出典

『成尋阿闍梨母集』より

『成尋阿闍梨母集』は、朝廷や関白家から重く扱われていた我が子成尋阿闍梨を誇りにしていた母が、成尋の渡宋による別離の悲しさ、子に対する特別な愛情などを、成尋の帰朝後に知ってほしいと思って書き留めた家集である（成立は一〇七二年頃）。成尋は六十一歳の時に宋に渡るが、その時に作者は八十三歳という高齢であった。成尋は宋で入寂してしまい、この作品は読まれずじまいであった。

解説（イ・オは文科のみ）

本文の前の説明文でこの時の状況を確認した上で丹念に読めば、特別難解な語もないから読みやすいと思われる。ただ、設問は全体の中の部分という意識がないと、誤ることも起きよう。語句の係り承けや、引用文の内容と地の文と関連させて読むことなどにも注意したい。また、傍線部よりも後ろにヒントのあることもあるから、一通り読み終えてから解答の作成にあたるようにするとよかろう。なお、解説は傍線部の順に行う。

ア **現代語訳問題** 成尋によって仁和寺に移されていた作者であったが、そこに成尋からの手紙が来る。作者は、涙で目も霞み、文字もはっきりとは見えない状態である。そのような作者の様が、「心もなきやうにて、いづ方西なども覚えず。日も霧りわたり、夢の心地して暮らしたる」というのである。古文で「西」と出たら、まず「西方浄土」を想起すべきである。仁和寺にいるのに、「西」も意識できないというのは、あまりの悲しみで、極楽往生を遂げるためにする仏道修行もできないということである。「心もなきやうに」は、ここでは前後の内容から、悲しみのために茫然としている状態をいう。また、傍線部の後の「夢の心地」は、「夢」が「現つ」の対立語であるから、現実とは思えないような、悪夢でも見ているような感じであるということである。

解釈問題は、語・語句の意味ばかりでなく、その語・語句の用法まで現代語訳の形式で示すようにしたい。

そんな作者のもとに、成尋が出発したと言う人が来る。作者は起き上がることもできず、悲嘆にくれるのである。そこに成尋からの手紙が来る。

イ **現代語訳問題** 傍線部は、その成尋から作者である母にあてた手紙の一節である。手紙や会話文では、表現者とその対者は自明の存在であるから、人の表示のない時は、表現者を私、対者をあなたと置き、敬語などを参考にして人物を補いながら読む。傍線部の前の「参らんと思ひ侍れど」は、「私は母上の所に伺おうと思いますけれど」ということ。「思ひ侍れど」が逆接であるから、実際には暇乞いに行っていないことがわかる。「詣で来つれば」の「詣で来」は「参る」と同じで、高貴な所に参上するという意味以外に、「行く・来る」を厳かな感じやあらたまった感じでいう（荘重体などという）場合にも使える。ここもその用法である。というのは、京から来た人の会話に「今宵の夜中ばかり出で給ひぬ」とあるのだから、成尋の出立が「夜中ばかり」でなくてはならないし、「詣で来つれば」の助動詞「つれ」は完了（確述・確言）の意であるから、「詣で来」を石清水に参詣したと見るのは無理がある。「返す返す静心なく」では文が完結していない。その時に「〜ど、〜ば、〜」（逆接・順接の係り）を想起するとよい。「…思ひ侍れど、詣で来つれば、…静心なく」で、「思ひ侍れど」は「…静心なく〜」に逆接で係り、「詣で来つれば」は「…静心なく〜」に対してその理由となっているのである。

そうした上で、「…静心なく」の下に適当な語句を設定するのである。すると、「母上の所に伺おうと思いますが、私は夜中頃に出立致しましたので、どうにもこうにも落ち着きませんで」というのであるから、その下に「母上の所へは伺えません」などを補うのである。

それを見て、作者は「ゆゆしう覚ゆ」という。暇乞いにも来ない成尋の旅立ちを不吉にも不安にも感じたのである。そこで作者は次の歌を詠む。

ウ **現代語訳問題** 「浅からぬ心」は、いうまでもなく成尋のことを深く思う作者の心である。「守りやらなむ」の「なむ」は未然形に付く誂えの終助詞であるから、「守ってやってくれ」の意。誂えの「なむ」は軽い命令の意味で、それに否定の意の加わった表現が「な〜そ」である。そこで、対者に対しては「〜てくれ」、それ以外には「〜てくれたらなあ」などの訳語が相応しい。因みに、ここは成尋を守ってくれと、海の神にお願いしたのである。

エ **現代語訳問題** 「あさましう、…」は、その下の「心憂きことのみ思ひ過ぐししかば」から見て、作者の心内文である。その中で、「思ひ給ひける」と尊敬語が出ているから、「思ひ給ひける」の主体は成尋と決められる。すると、「見じ」は成尋の心内文ということになる。この時の状況も考え合わせ、この「見じ」は、「成尋は私と会うまい」の意であることは容易にわかる。「あさまし」は、予想外の事態に対して驚いたり呆れたりする状態を表す形容詞で、母である私に暇乞いもしないで出立したことに対して呆れた御心だというのである。

オ 現代語訳問題　傍線部は、前と同様に作者の心内文と見てから考える。ここは、「この人のまことにせんと思ひ給はん」は名詞「こと」の修飾部で、『『〜』ことたがへじ」として二つに分けて解釈にあたる。「たがへじ」の主体は作者の私であり、「じ」は打消意志。「たがふ」は、ここでは下二段活用であるから、他動詞で、「異なるようにする、従わないようにする、背く」の意。「まことにせん」の「ん」は意志、「思ひ給はん」の「ん」は婉曲であることなどを、正しく現代語で反映するようにすればよい。

カ 説明問題　「かかることも…泣き妨げずなりにし」が「くやしく」の主語である。形容詞「くやし」は、自己の行動に対して後悔していることを表す。「かかること」は「かくあること」の約言で、「妨げずなりにし」の目的語でもあるから、「かく」の内容は、成尋の唐土への出立にほかならない。「妨げずなりにし」の「なり」は四段活用動詞であり、「ずなる」で「〜せずじまいに終わる」の意。このような設問は、まず正しく傍線部を現代語に訳し、それと設問要求に基づいて解答を作成するのである。作者は、昔、「この人が本当にしようと思っていらっしゃったことは、背くまい」と思っていたこともあって、出立を妨げなかったことが、今は「くやし」と思われるのである。さらに、傍線部の後に、「『手を控へても（＝手を捉えてでもして）、居てぞあるべかりける（＝成尋と一緒にじっといるべきだったのに）』とくやしく」と出るのも参考にするとよい。つまり、成尋の唐土への出立をひどく泣いてでもして妨げられずじまいであったことを、この何日間も後悔している心情なのである。

通釈

その朝（仁和寺に移った翌朝）、成尋が手紙をよこしてくださった。それを、つらい気持ちではあるが、急いで開けて見ると、「昨晩は何事もありませんでしたか。昨日の母上の御手紙を見て、私は一晩中涙も止まりませんでした」とお書きになっている。見ると、（涙で目もかすみ）文字もはっきりとは見えない。涙がとめどなく流れたまま、時がたっていく。

やっとのことで起き上がって外を見ると、仁和寺の前庭に梅が、木にこぼれるばかり咲いている。私の居住する部屋などは、みな成尋によってしつらえられている。別れの悲しみに心も茫然として、どちらが極楽浄土のある西の方角かなどもわからない。目も涙でかすみわたり、現実ではないような感じで過している、その翌朝、京から使いの人が来て、「昨夜の夜中ごろに成尋様は門出をなさいました」と言う。私は起き上がることもできず、言いようもないほど悲しい。

その翌朝に手紙が来る。涙で目も開けられないけれど、見ると、「暇乞いに母上の所に伺おうと思いましたが、夜中頃に出立致しましたので、どうにもこうにも落ち着きませんで（伺えませんでした）」と書いていらっしゃる。涙で目もくもって、気も転倒しそうだったので、見送りに行って帰ってきた人々は私の所に集まって慰めてくれるけれど、成尋の出発に対して不安を感じずにはいられない。「成尋様は、そのまま八幡と申す所で船にお乗りになりました」と言う言葉を聞くにつけても、不安な気持ちは言いようがない。

　成尋が船出するのでございますから、海の御神であられる淀の神様も成尋を深く思う私の心を汲み取って、成尋を守ってやってください。

と泣きながら心に思われる。

「あきれたことに、私と会うまいとお思いになった成尋の心であることなのだなあ。暇乞いもしないで出かけようと考えられたのは、あきれた心だ」と、悲しいことばかり思って過していたところ、また、「この人（成尋）が本当にしようと思っていらっしゃるような事をば背くまい」などと嘗て思ったことが、あまりに阿闍梨のしたいままにさせたがために、この度の渡宋に関することも、悲しげに泣いてでもひきとどめることもせず終ってしまった、そのことが、この数日が過ぎていくうちに悔やまれて、「手を捕まえてでもして引き止め、成尋と一緒にいるべきだったのだ」と、引き止めなかったことが後悔され、涙ばかりが目にいっぱいになり、何も見えないので、

　私を振りきるようにして船出していく成尋との別れは残念でならず、その船出をとどめることができなかったように、悲しみの涙もまたとどめることができないことだなあ。

解答（㈠オ・㈡は文科のみ）

㈠　ア　悲しみのため茫然として、どちらの方角が極楽のある西かなどもわからない。

ウ　子を深く思う母の気持ちを汲み取って、遠くに行く成尋を守ってくれよ。

エ　あきれたことに、私と会うまいとお思いになった成尋の心なのだなあ。

オ　この人が本当にしようとお思いになるようなことは、私は背くまい。

㈡　私は夜中ごろに出立致しましたので、どうにも落ち着きませんで、母上の所には伺えません。

㈢　成尋の唐土への出立を、ひどく泣いてでもして思いとどめられずじまいに終わったことを、ここ数日来後悔している心情。

一九九九年

第三問（文理共通）

出典

建部綾足《たけべあやたり》著『芭蕉翁頭陀物語』より

寛延四年（一七五一）刊。一名を『蕉門頭陀物語』ともいう。芭蕉および蕉門の諸俳人（其角・支考・杉風・嵐雪・鬼貫ら）に関するエピソード三十三話を収めているが、その多くは作者の小説的虚構や、当時の風説によるもので、事実として読むものではない。

解説

本文は平易な文章で読みやすいが、限られた解答欄に要領よく、自分が分かっていると採点者に分からせるようにまとめるには、かなり高い表現力や慣れが必要になるだろう。

㈠ **現代語訳問題**

ア　傍線部をそのまま訳すと、「人の知らないことを宝に替え」ということである。ただし、設問の要求に「わかりやすく現代語訳せよ」とある。そこで、「人の知らないこと」とは具体的にどんなことなのか、「宝に替え」とはどんな意味なのかを具現化する。外は雪が降っている時に、寒さに震えている盗人に対して野坡が日常のような話をしている一部である。「暖まりて…宝にかへ、明け方を待たでいなば」の主体は盗人である。野坡は、その後に「我にも罪なかるべし」と言ったり、「ただ何ごとも知らぬなめり」とあるように、関わりにはなりたくなかったのであろう。すると、「人の知らないこと」とは、「あなた方が私の家に盗みに入ったと、世間の人が知らないこと」となる。その際に、盗人は複数いることを確認しておきたい。それは、「覆面のまま並びゐて」とあったり、「中に年老いたる盗人」とあったりするところから分かる。また、「宝に替え」とは、「盗んでいく物がないから、人に知られないことを、それに替え」ということである。部分の解釈は、全体を見通した上で行わなければいけない。

イ　盗人が入ろうと思ったのは、中に宝や財物があると踏んだからである。しかし、実際には米と茶しかなかったのである。そこで、心穏やかになって盗人は心情を吐露したのが傍線部である。「貧福、金と瓦のごとし」とは、「貧と福とは、金と瓦ほどに異なっている」の意。つまり、盗みに入る前は裕福そうに見えたが、実際は違っていたということである。

ウ　「御坊」とは、二人称代名詞である。「この発句」とは、「わが庵の…」という句を指す。「くせもの」は「不審者・悪人」のこと。直訳すると、「あなたにこの句を詠ませた悪人は」

ということだが、直接悪人が「句を詠め」と言って詠ませたわけではない。詠むきっかけを作ったのである。そこで、解答としては、「あなたに『わが庵の…』の句を詠ませるきっかけとなった悪人は」としておくのがよかろう。

エ 「なぐさむ」は、四段活用では「心を楽しませる」、下二段活用では「心を晴らす」などの意。ここの「なぐさむ」は四段活用である。全体の内容から、「苦楽をなぐさむ」とは、「苦しいことも楽しいことも句を作って心を楽しませる」ということになる。「風人」は、言うまでもなく「風流人」のこと。

(二) **説明問題** 「中宿」とは、「途中でとまることや、また、その所」をいう。「我は盗人の中宿なり」とは、「自分が盗人を途中でとめた者」、つまり、「盗人の共犯者」という意味になる。設問に「野坡はどういうことを心配しているか」とある。野坡は、前に「我にも罪なかるべし」と言ったり、このすぐ後で「ただ何ごとも知らぬなめり」と言ったりしているから、自分は関わりになりたくないのである。その夜の一部始終を句に作ると盗人を自分の庵に留め置き、さらに接待したことが分かってしまうので、それを盗人の共犯者になってしまうと心配したのである。

(三) 「雀ならなく」の「なく」は、俗にク語法と呼ばれる表現で、打消助動詞「ず」を体言化したものである。よく「なくに」の形で見ることがある。現代語にすると、「雀でないこと」の意である。一句の意味は、「雪に残された足跡は、垣をくぐった雀の足跡ではないことだ」ということになる。では、雪に残った足跡は何かというと、盗人の足跡である。こう詠むと、盗人に接待したことは誰にも分からないことになる。

この頃、「初雪や雀の足の三里たけ　其角」「朝雀雪はく人をはやしけり　支考」などと「雪」と「雀」は一緒に詠まれることも多かったが、かなり月並みの感がある。

通釈

ある夜、雪がひどく降って、表の人の音が次第に聞こえなくなっていくので、夜具を頭から被って横になり寝ている。暁近くなって、襖障子をひっそりと開け、盗人が部屋に入ってくる。娘は驚いて、「助けてよ、誰か。ねえねえ」と泣き声で言う。野坡は起き上がって、盗人に向かい、「私の庵には宝物さえもない。しかしながら、飯一釜、よい茶一斤は持っている。柴を折ってくべてやるから、それで暖まって、あなた方が盗みに入ったということを世間の人が知らないことを盗み出す宝に替え、明け方になる前に出ていけば、私もあなた方を匿った罪はないにちがいない」と、話は日常のようであるから、盗人も心穏やかになって、「本当に表から見た裕福そうな様子と、実際の貧しさとは、金と瓦ほどに異なっているものだ。そう言うならば、歓待にあずかろう」と言って、覆

面をしたまま並び座って、数多くの話をする。盗人の中で年老いた者が、机の上を捜し、句の書いてあるものを広げた折に、

　草庵に起こった急な出火を逃れ出でて

　わが庵の桜もわびし煙りさき（＝急な火災で、私ばかりでなく庵の近くの桜も煙にまかれて、せつなく辛い思いをしていることだ。）　野坡

という句を見つけ出し、「この火事はいつのことなのかなあ」と言う。野坡が言うことには、「いついつの頃です」と言う。すると、盗人は手を打って、「あなた様にこの句を詠ませた悪人は、最近処刑されました。辛く思われる火事につけても水害を被っても、あなた様はこうして句を作って遊びなさるのであるならば、今夜の一部始終も句になるでしょう。願いが通るならば、今その句を聞きたいものです」と言う。野坡がそれに対して言うこと、「苦しみも楽しみも句作して楽しむ者を風流人といいます。今夜の事は格別に心が動かされました。しかし、事実のままに句に作りますと、私は盗人を休息させた共犯者になってしまいます。ただ、何事も知らないようです」と言い、この旨のことを書いて与える。（その句は次のようである。）

　垣くぐる雀ならなく雪のあと（＝雪に残された足跡は、
　　垣をくぐった雀のそれではないことだよ。）

解答

(一) ア　あなた方が私の家に盗みに入ったと、世間の人が知らないことを幸いとして、

イ　本当に表から見た裕福そうな様と、実際の貧しさとは金と瓦ほど違っている。

ウ　あなたに「わが庵の…」の句を詠ませるきっかけとなった悪人は、

エ　苦しみも楽しみも句作して楽しむ者を風流人という。

(二) 事実のまま句を作ると、自分が盗人を休息させた共犯者になってしまうこと。

(三) 雪の上に残った盗人の足跡。

第六問（文科）

出典

香川景樹《かげき》著『百首異見』より

歌人香川景樹（明和五〈一七六八〉年―天保一四〈一八四三〉年）は、桂園派を立て、調和を尊ぶ「調べの説」を主張し、近世第一流の歌人となった。賀茂真淵らの『万葉集』崇拝に反対し、『古今集』を範とした。門人指導も巧みで、門下千人に余った。歌論書に『新学異見』（真淵の説の批判）、『歌

学提要』などがある。

『百首異見』は、まず『小倉百人一首』の歌を挙げたうえで、景樹自身の精細な注釈を示し、契沖や真淵らの注釈に異見を唱えたものである。

解説

(一) **現代語訳問題** 傍線部は、「門開くる〜おぼしやり給へ」という心内文に含まれる箇所である。その前の二つの引用文「入道摂政〜詠みて出だしける」と「今宵もやと〜知り給へる」の中で、「しかのたまふ」の「しか」に該当するのは「立ちわづらひぬと言ひ入れて」の「立ちわづらひぬ」である。「立ちわづらふ」は、「立っていて待ちくたびれる」の意。訳出にあたって、確述（完了・強意）助動詞「ぬ」も表出したい。

また、「門開くる間をだに」では、副助詞「だに」の訳出に気を付ける。言外に重いものを類推させる表現である。それを含めて考えると、「門を開ける間」は、短い時間を指すと理解でき、それに比べて、毎夜来訪を待つ時間のいかに長いことかという気持ちが表現されているのである。

一つ留意しておくことは、引用文中の解釈であるから、人物名の表し方に注意が必要となる。「門を開ける」のは、「私・家に仕える従者」であるが、これは確定できないし、言わなくてもわかるものであるが、「おっしゃる」のは兼家公である。この引用文の最後が「おぼしやり給へ」とあるから、兼家公が対者（＝聞き手）に位置している。そこで「兼家様」とか「あなた様」といった表現が最適である。

(二) **説明問題** この設問は説明問題の形式ではあるが、まず傍線部を丹念に現代語訳することである。注意すべき語句は「下の恨み」と「ことのついで」である。「下」には、「内心・心の内」の意味もある。その「下の恨み」に対する修飾語が「このごろ夜がれがちなる」であるのだから、夫兼家が最近訪れていないことに対する内心の恨みというのが前半部である。また、「下の恨みを」は「うち出でたるなり」に係る。「うち出づ」は「口に出して言う・歌を詠む」などの意。では、どのような時に詠み出したのかというと、「ことのついでに」なのである。「ついで」も多義語であるが、「事の次第・順序」などの意以外に、「機会・場合・折」などの意がある。ここでは、「この機会に」とか「時機を得て」などの意になろう。

この設問は、和歌の詠まれた状況を原文に即応して説明すればよいのである。説明問題は、勝手に作文をするのでなく、それに該当する原文の一部を丹念に現代語訳をすることから始めるのが原則である。

(三) **現代語訳問題** 傍線部の訳は、「（冒頭の歌で道綱母が）『ひとり寝る夜の明ける間は』と言ったり、『どんなに長い』と言ったりしているのは、（本当は短い）門を開ける間が遅く感ぜられるのを、夫兼家が辛く思っていらっしゃったのに比べているのである」ということになる。この解釈を生かして冒頭の歌を現代語訳するのである。

「嘆きつつひとり寝る夜」は、「夫の来訪のないことを嘆きながらわびしく独り寝をする夜」の意で、「(その夜の)明くる間はいかに久しきものとかは知る」は、「かは」が反語であるから、「夜の明ける間はどんなに長いものと、あなたは分らないでしょう」の意である。その際に、「あなた」に、「門を開ける短い間をさえも待てない」という修飾語を加味することが必要になる。

通釈

右大将道綱の母

嘆きつつひとり寝る夜のあくる間はいかに久しきものとかは知る

『拾遺集』の恋四に、「入道摂政藤原兼家公が、道綱母の許に参っていました折に、門を遅く開けましたので、『立って待ちかねてしまった』と、兼家公が邸の中の者に言っていましたので、道綱母が詠んで、外の兼家公にやりました」と、詞書にある。「今夜もお出でがないのかと、思い嘆きながらも、一人寝る毎夜毎夜が明けていく時は、どれほど長い感じがするものと、あなたは分かっていらっしゃるのですか」というのである。「門を開ける短い間をさえ、あなたは待ちくたびれたとおっしゃる、そのお気持ちに比べて御推察ください」と、最近夫の訪れが間遠なことへの内心の恨みを、時機を得て詠み出した歌である。『蜻蛉日記』に、自宅の門を夫兼家が叩きなさっていることに対して、結局門を開けないでお帰し申しあげて、翌朝、自分の方から詠んでつかわしたように書いているのは、誤りである。「ひとり寝る夜の明ける間は」と言い、「どんなに長い」と言っているのは、門を開ける間の遅く感じられるのを辛く思っていらっしゃったのに、比べているのである。最後まで門を開けないで終わってしまったような場合には、何に対して、「あける間は」とも、「長い」とも、詠み出すことができようか。

解答

(一) 門を開ける短い間をさえ、兼家様が「待ちくたびれてしまった」とおっしゃる

(二) 最近夫の訪れが間遠なことへの内心の恨みを時機を得て表現した歌だということ。

(三) 夫の訪れのないことを嘆きながら、独り寝をする夜が明けるまでの間が、どれ程長いものか、門を開けるまでの間さえ待てないあなたにはわからないでしょう。

一九九八年

第三問（文理共通）

出典

『宇治拾遺物語』第一六話「尼地蔵見奉る事」全文

『宇治拾遺物語』は建保年間(一二一三〜一八)頃に成立した説話集で、作者は不明である。二百近い説話を内容的分類をせずに並べている。説話の内容は、仏教に関するものが一番多く、庶民的発想の話や、民話的なものも多く、説話自体のおもしろさを軸として集められている。『今昔物語集』に倣って作られたもので、『宇治拾遺物語』の話のうち八十余は『今昔物語集』にも載せられているが、より滑稽味に富んでいる。文章も、当時の話し言葉や、当代語を多く含む点に特色がある。

解説

文脈が辿りやすく、平易な文章である。基本的な語・慣用表現に習熟していれば、現代語訳や文法問題は難しくはなかろう。ただ、説話の作者の視点からの説明問題などは、説話の文章構造や、仏教的な背景知識も要求される。

㈠ **現代語訳問題**

ア「いざ給《たま》へ」は、「行こう」と「来い」という勧誘を丁寧に表す慣用表現で、「さあ、いらっしゃい」の意。

イ「やがて」は基本語彙で、状態的には「そのまま」、時間的には「すぐに」の意。ここは時間的な意として意味の通じるところ。「率《ゐ》る」（ワ行上一段活用動詞）は「連れていく」の意。その下に謙譲語の補助動詞「奉る」が付いているが、その場合、「率る」と「奉る」の間に接続助詞「て」の入ることが普通である。助動詞「ん」は、ここでは話者の意志である。

オ「えもいはず」も、「言葉で言い表すことができない」の意の慣用表現。答案作成に当っては、傍線部が形容詞「めでたし」に係っていることにも注意しておく。「え〜ず」は不可能を表す呼応である。

㈡ 東大の入試問題では、珍らしい、純粋な文法問題である。動詞の活用と助動詞の接続という極めて基本的な問題。「来なん」を、「こなん」と読むと、「こ」は未然形であるから、その「なん」は「〜してくれよ」という誂《あつら》えの終助詞となるし、「きなん」と読むと、「き」は連用形であるから、「なん」は、確述（完了・強意）の助動詞「ぬ」の未然形「な」に推量・意志などを表す助動詞「ん」の連なった助動詞連語となる。問題の主旨は「なん」はどちらであるのかを問うている。

「ぢざう」という十歳程の童の親に向かって「ぢざうは（どこに）」と博打《ばくち》打ちが問うと、その親が「ぢざうは遊びに行っている」と言った後に、「今来なん」と言うのだから、「来なん」の主体は「ぢざう」という十歳程の童でなければならない。すると、「なん」は、誂えの終助詞ではありえず、助動詞連語ということになる。「ん」は言うまでもなく推量の意。

(三) 説明問題　登場人物の行為の理由説明の問題。博打打ちが尼の紬の衣を急いで取って行ったのは何故かというのである。博打打ちは地蔵を捜している尼に、「地蔵の所へ連れていくが、我に何か物をお与えください」と言って、「ぢざう」という十歳程の童の家へ連れていく。たまたまその童は不在であったが、博打打ちは尼の紬を取って先にいなくなってしまったという箇所である。言ってみれば、だまし取ったわけである。そこで、「ぢざう」の正体が露見する前に逃げてしまったと読むところである。

(四) 説明問題　説話の作者の意見感想をまとめ、説明する問題。説話では、具体的例話の後に、作者がその話に対して、自分の意見や感想を記すことが多い。その箇所と具体的例話とでは、文体の違い（例えば、助動詞「けり」の使用の有無など）もあって、比較的理解しやすいはずである。

この説話では、最後の「されば心にだにも深く念じつれば、仏も見え給ふなりけりと信ずべし」が作者の意見であるから、本文と対応させながら、この意見を具体化していくのである。「ぢざう」は尼が捜し求めていた地蔵ではないのだが、尼は人を疑うことなく、強い信仰心を持っていたから、仏もその前に具現化したのであり、また、それを読み手に信ぜよと説いているのである。つまり、純粋な信仰こそを評価しているのである。

通釈

今となっては昔のこと、丹後国に年老いた尼がいた。地蔵菩薩は毎夜明けに歩き回りなさるということを、ちらっと聞いて、夜明けごとに地蔵をお見申しあげようと思って、あたり一帯をさまよい歩き回っていたが、その姿を博打打ちでぼんやりと博打を打っていた者が見て、「尼君は寒い折に、何をしていらっしゃるのだ」と言うと、「地蔵菩薩が夜明けに歩き回りなさるとか聞いていますので、お目にかかろうと思って、このように歩き回っているのです」と言うので、「地蔵がお通りなさる道は、この私が知っているから、さあいらっしゃい、お会わせ申しあげよう」と言うと、尼は「ああ嬉しいことであるなあ。地蔵のお通りなさるような所へ私を連れていってくださいませよ」と言うと、「私に物をお与えください。すぐに連れていってさしあげよう」と言ったので、尼は「この私が着ている衣をさしあげよう」と言うと、博打打ちは、「さあお出でください」と言って、隣の家へ連れていく。

尼は喜んで急いで行くと、そこの子供に『ぢざう』という童がいたのだが、その親を博打打ちは知っていたので、「『ぢざう』はどこにいる」と親に尋ねると、親が「遊びにいっている。今帰って来るだろう」と言うので、博打打ちは尼に向かって、「ほれ、ここだよ。『ぢざう』のいらっしゃる所は」と言うと、尼は嬉しく思って紬の衣を脱いで与えたところ、博打打ちは急いで受け取って出ていく。

尼は「地蔵をお見申しあげよう」と思って、そこにじっとしているので、親たちはわけがわからず、「どうしてこの尼は、うちの子を見ようと思っているのであろう」と思っているうちに、十歳ほどの童が来ると、親が「さあ、『ぢざう』」と言うと、尼は見るやいなや我を忘れて、ころげるようにうつ伏して、拝みこんで、土の上にひれ伏した。童は木の細い枝を持って遊びながら来たのであったが、その小枝で手遊びのように額をかくと、額から顔のあたりまで裂けてしまった。その裂けた中から、言葉では言い表せないほどにすばらしい地蔵の御顔がお見えになる。尼は深く拝んで、見あげたところ、このような様子で立っていらっしゃるので、涙を流して深く拝み申しあげて、そのまま極楽往生を遂げたのであった。

このようなわけであるから、自分の心にさえ深く祈念すると、仏もお見えになるものだと信じるがよい。

解答

(一)　ア　さあ、いらっしゃい。

イ　すぐに連れていってさしあげましょう。

オ　言葉で言い表すこともできないほど、

(二)　き

(三)　老尼から紬をだまし取ったが、「ぢざう」の正体が露見する前に逃げたかったから。

(四)　人を疑うことなく、自分の心に深く祈念すると、仏はその前に現われるというように、純粋な信仰を評価している。

第六問（文科）

出典
『源氏物語』椎本巻

解説

理文共通の問題文と比べると、こちらの方が多少難しく思えるかもしれない。係り承けを考えたり、前後の内容と矛盾をおこさせないように読んだり、敬語の用法から人物関係をおさえて見たりしていかねばならず、日常の読解要領を試される良問である。

まず、本文の前の解説文でここの状況をおさえておく。姫君たちは、「阿闍梨の山寺に籠られた父宮の帰宅を、今日はお帰りになるだろう、早くお戻りになってくだされば」と、首を長くして待っている時に、山寺からの使いの者が姫君たちのもとへ来て、父宮の手紙をさし出す。その手紙の中の一部が傍線部アである。手紙や会話文を読む時には、発話者とその対者の存在を常に意識しておく必要がある。なお、解説は傍線部の順に行う。

ア **現代語訳問題** 「対面」が主語で、「心もとなきを」が述語である。現代語訳の問題は、現代語に訳した形式を持ちながら、古語の意味の説明、語や語句の用法の説明を的確にそこに適合しているようにしなければならず、何となく内容が合っているというのではいけない。だから、主述関係などもきちんと出しておく必要がある。父宮は、この手紙の前の方で「え参らぬ」と言って対者の姫君に敬語を用いているし、「対面」は多少謙譲語的なニュアンスをも含む語でもあるから、「お目にかかること」ぐらいの訳が最適である。「心もとなし」は、期待希望することと現実とに食い違いがあって、心の抑制がきかず、落ち着かない様子などを表す形容詞であるから、「待ち遠しい、じれったい」などの訳語を当てるとよい。父宮は気分がすぐれず、手当てをしているから、姫君たちの所へは予定通りに戻れない。そこで、お目にかかれず、いつもより逢いたくてじれったく思っているのである。

イ **説明問題** 姫君たちは、そんな手紙を見て、不安で心乱れ、「(父宮ハ) いかなるにか (おはしますらむ)」と心配し、綿を厚くしたお召し物を仕立てさせて、山寺の父宮のもとへ送る。父宮は二三日山からは下りて来ない。そこで、「(姫君たちハ) いかにいかにと人奉りたまへど」となるのである。これは、登場人物の心情と行為の説明問題である。「人奉りたまへど」の主体は姫君たちであるから、手紙を見てから以降の姫君の立場に立って心情とその行為とを説明していく。すると、父宮の病状を心配し、使いの者を山寺に送り、父宮の様子を見に行かせた行為ということになる。

父宮は、それに対して手紙ではなく口答で「ことにおどろおどろしくはあらず、……いま、念じて」と姫君たちに言ったのである。

ウ 現代語訳問題・エ 説明問題

そうした父宮に阿闍梨はずうっと仕え、看病をしている。父宮や姫君たちに対して敬語を用いているのに、阿闍梨に対しては敬語を用いていない。「『はかなき御なやみと……御心にかかるべきにもおはしまさず』と、いよいよ思し離るべきことを聞こえ知らせつつ、……諫め申すなりけり」と、大きく見て、「聞こえ知らせつつ……諫め申すなりけり」の箇所に尊敬語が用いられていないから、主体は話し手である阿闍梨と決定する。また、「はかなき御なやみ」などと出て、誰の「御なやみ」とないのは、聞き手（対者）の御病気だからだと考え、この会話文は父宮に対するものとして読み進める。

「はかなき御なやみ」は「ちょっとした御病気」の意。「限りのたび」は、よく見かける表現で、「最期、寿命の尽きる時」の意。阿闍梨は父宮に「最期でもいらっしゃるでしょう」と言っている。次に、「君たちの御事、何か思し嘆くべき」とあるが、これは反語文で、「姫君たちの御事を思い嘆きなさってはいけません」の意。その理由として、「人はみな御宿世といふもの異々なれば」と言っているのである。「宿世」は、仏教的な考えに基づく語で、「前世からの因縁、生まれながらに持っている宿縁、宿命」の意である。誰でも皆、前世からの因縁が異なるものである以上、姫君たちもそれぞれの「宿世」を負って暮らしているのだから、姫君たちの事を気にしてはいけないというのだが、執着は極楽往生の妨げとなるという仏教思想も知っておく必要がある。だからこそ、「御心にかかるべきにもおはしまさず」と言っているのである。

その会話の内容を承けたのが、「思し離るべきこと」である。「思し離る」は「思ひ離る」という複合動詞の尊敬語で、「断念なさる、お諦めになる」の意。この「思し離る」の主体は、いうまでもなく父宮である。傍線部の具体的内容は、姫君たちへの愛情など、現世への執着を捨てねばならないということであるが、「こと」は「言」の意と考えられ、阿闍梨の諫めとまとめると、ひきしまった答案になるだろう。

阿闍梨は、「（コノ山寺カラ）いまさらにな出でたまひそ」と、父宮に言ったのであった。

通釈

「父上の勤行なさる三昧は、今日終わってしまっているだろう」と思い、「早くお戻りになってくだされば」と、姫君たちがお待ち申しあげなさる夕暮れに、山寺から父宮のお使いが姫君の所に参上して、「今朝から気分がすぐれなくて、そちらには伺えない。風邪であるかと思って、何かと手当てをしているところでな。それにしても、いつもよりも、お目にかかるのが待ち遠しく思われますのに」と、父宮は姫君たちにお便りを申しあげなさった。姫君たちは、不安で心がひどく乱れて、「どんな御容態でいらっしゃるのだろうか」と心配なさって、お召し物類を綿を厚くして急いでお仕立てさせなさって、山寺へお持たせ申しあげなどなさる。父宮は、二三日は山からお下りにならない。「どうでいらっしゃるのか、どんなでいらっしゃるのでしょうか」と、姫君たちは何度も使いをさしあげなさるけれど、「格別に病気が重くはないが、どこがどうということもなく苦しくってねえ。少しでもよくなったならば、早速にも我慢して（おまえたちのもとへ帰ろう）」などと、口答で申しあげなさる。

阿闍梨はずうっと宮のお側にお仕え申しあげて、御看病をし申しあげた。「ちょっとした御病気と見えますが、（あるいは）これが最期でもいらっしゃるでしょう。姫君たちの御事を思い嘆きなさってはいけません。人は、皆誰でも、その前世の御因縁というものがそれぞれでありますから、お気をわずらわせてよいことでもおありになりません」と、いよいよ現世への執着をお捨てにならなければならないことを、阿闍梨は宮に何度もよくおわかりになるように申しあげて、「（こうなりました以上）今更にこの山寺をお出なさいますな」と、言い聞かせ申しあげるのであった。

解答

(一)　ア　お目にかかるのが待ち遠しく思われますのに。

ウ　最期

(二)　姫君たちの、父の病状を心配する気持ちから出た、使いを山寺に送る行為。

(三)　現世への執着を捨てなければならないという阿闍梨の諫め。

一九九七年

第三問（文理共通）

出典

上田秋成『春雨物語』「樊噲・下」より

上田秋成（一七三四〜一八〇九）は、国学を修め、その方面でも活躍したが、むしろ彼は歌人・文人としての評価が高く、特に読本作者として『雨月物語』や『春雨物語』で、その名を不朽なものにした。他に、歌文集『藤簍冊子《つづらぶみ》』、随筆『胆大小心録』などが有名である。

解説

㈠ 現代語訳問題

ア　盗賊の樊噲が、小猿・月夜という二人の手下を従えて、那須野の原に到ったのは、日没時である。二人の手下は樊噲に、「この野は道がたくさんに分かれていて、暗い夜には踏み迷うことがありました」と言い、さらに「ここにしばらく休みたまへ。あない見てこむ」と言ったのである。語り手の二人の手下は、頭領の樊噲に「休みたまへ」と尊敬語を用いている。それに対して「あない見て来む」には尊敬語がないことや、すぐ後に「走りゆく」とあることから、傍線部は語り手自身（一人称）を主体と考える。そこで「む」は意志と決められる。「あない」は、「取り次ぎ、手引き」などの意の他に、「事情・子細」などの意がある。走って見に行くと、すぐ後に出る以上、内容上、ここは、「道の様子」の意である。単純な現代語訳の問題であるが、言語表現の場をおさえ、他の箇所との意味の整合性を考えないといけない。

イ　樊噲が一人でいると、僧が通りかかる。その僧にむかって樊噲が言った言葉の一部が傍線部イである。「むなしくは」は、形容詞「むなし」の連用形に助詞「は」の付いたもの。「連用形＋は」は仮定条件であるから、訳出の際にそれとわかるようにしておく必要がある。また、「むなし」の内容は、直上に「法師よ、物あらばくはせよ。旅費あらばおきてゆけ」とあるから、「食べ物や金を置いていかない」ということである。また、「通さじ」は、「通す」という動詞から、「私ガあなたヲ」として読む。すると「じ」は打消意志となる。

㈡ 現代語訳問題

僧は、「ここに金が一分ある。おまえにやろう。食べ物はない」と言って金を樊噲に渡し、振り返りもせず歩いて行く。その僧にむかって樊噲が言ったのが、傍線部ウを含む会話である。まず、「おまえの行く先に若い者どもが二人立っているはずだ」と言い、次に『樊噲に会ひて物おくりし』というて過ぎよ」と、背後から声をかけたのである。さて、この箇所を人間関係が明らかになるようにして現代語訳をすることになる。「過ぎよ」は命令形であるから、二人称主体。そこで、最初に「僧よ・法師よ」という呼びかけを出しておくとよい。また、どこを過ぎるのかというと、手下である若い者どもが立っているはずの所をである。「樊噲に会ひて物おくりし」では、過去の助動詞「き」の連体形「し」に留意する。手下どもに会うよりも樊噲に物を送った方が前であるということを明確にしている。ここからも「樊噲に会ひて物おくりし」が、僧の手下に対する会話とわかる。そこで、「おくりし」の主体として「私が」と入れるのである。

　僧はそのまま去って行くが、樊噲のもとに戻り帰って、「拙僧は、仏道に志した始めから嘘偽りを言わなかったが、今回は物惜しみをして一分の金を残した。それでは気持ちがさっぱりしない。残した一分の金も貴殿に与えようぞ」と言って、取り出し与えた。

(三) **説明問題** その金を手に取った樊噲は、ただ心さむくなったとある。ここを考えるには、「心さむくなりて」が「手にすゑしかば」を承けていること、また、「『……』としきりに思ひなりて、…『…行ひの道に入らむ』といふ」に係っていることにも注意して解答を作る。「心さむくなる」は、心中に寒々としたものが走ったことであるが、長年の間無反省に殺傷や盗みを繰り返したことが、一瞬のうちに反省され、悟道に入ろうとする心の状態を言ったものである。そのきっかけは、僧の自分の信念に誠実であろうとしたいさぎよさにあることは、いうまでもない。樊噲は、それまでの自分の行動を「あさまし」と自然と思うようになったとある所も、樊噲の心情を考える上では大切である。

(四) **説明問題** 仏道修行の道に入りたいという樊噲の言に感じ入った僧は、樊噲を伴い先を急ぐ。そこへ樊噲の手下が現れる。その手下にむかって樊噲が言った言葉の中に傍線部は含まれている。手下に、「おまえらはどこにでも行き、どうともなれ。わしはこの法師の弟子となって修行をしようと思う」と言った後に、「襟もとの虱、身につくまじ。また会ふまじきぞ」と言ったのである。さらに、そうした樊噲に対して僧は「無益の子供らは捨てよかし」と言う。そのような文脈の中で傍線部を考えることになる。手下の二人を「襟もとの虱」にたとえ、「襟もとの虱ヲ私ハコノ身につくまじ」とも考えられるが、相手に対して呼びかけたと見て、「襟もとの虱ヨ、私の身につくまじ」と考えた方がよりよいだろう。「あたかも襟元の虱のようにつきまとうてくれるな」ということである。

　この解答欄は、文系では二行、理系は一行である。印刷ミスではなく、文系受験者には、より多くの解釈力・論述力が要求されたと、善意に解すべきであると我々は考えている。しかし、同一設問において、理文で解答の長短のあったことはなく、はじめてのことである。文系では、この時の状況・様子も説明に加えて記述すればよかろう。

通釈

下野の那須野の原に日が暮れた。小猿・月夜が言う。「この野原は道がたくさんに分かれていて、暗い夜には踏み迷うことが、すでにありました。樊噲様はここでしばらくお休みになってください。私どもが道の様子を調べて来ましょう」と言って、走って行く。殺生石といって、毒があると世間でいう石の垣の崩れている所で、樊噲は、火を切り出して焚き火をどんどん焚いて坐っている。そこへ僧が一人やって来る。目もくれないで通り過ぎようとする様子が、樊噲にとっては憎らしく思える。そこで、「やい法師よ、もし食べ物があったら、わしに食わせよ。旅費があったら、置いて行け。何も置いていかないならば、ここは通すまい」と言う。法師は立ち止まって、「ここに金が一分ある。おまえに与えよう。食べ物は持っていない」と言って、裸金を樊噲の手に渡して、ふり返ることもなく行こうとする。「おまえの行く先に若い者どもが二人立っているはずだ。そこでは、『既に樊噲に出会って金を渡した』と断って通り過ぎよ」と、樊噲が言う。「わかった」と、法師は答えて、前と変わらぬ静かな足取りで歩いて行く。まだ半時も経っていなかろうと思う時に、先刻の法師が引き返して来て、「樊噲殿はいらっしゃるか。拙僧は、仏道に志した始めから、偽りを言わなかったのに、ふと物を惜しく思って、今一分の金を残したのであるが、それは気持ちがさっぱりしない。これもやるぞ」と言って、取り出し与える。樊噲は、その金を手に置いたところ、急に心中に寒々したものが走って、「こんなに正直な法師がいるのだ。俺《わし》は親や兄を殺し、多くの人を傷つけ、盗みを働いて生きてきたが、このことは、何ともあさましい限りだ」と、ひたすら思うようになって、法師に向かい、「貴僧の御徳で私の心は改まり、今後は貴僧の御弟子となり、修行の道に入りたく思います」と言う。法師は感じいって、「それはなにより。ついて来い」と言って連れだって行く。小猿・月夜が現われた。すると、樊噲は、「おまえらは、どこへでも行き、どうにでもなれ。俺はこの法師の弟子となって、修行をしようと思う。襟元につく虱のように、つきまとうことをしてはならぬ。もう二度と会うつもりはないぞ」と言って、目をくれながら別れ行く。法師は、「無益な子供らは、捨て置くがよいよ。懺悔は行く道々で聞こう」と言って、前に立って行く。

解答

㈠ ア　道の様子を調べて来よう。
イ　食べ物や金を置いていかないならば、通すつもりはない。

㈡ 僧よ、「私はすでに樊噲に出あって、金を渡した」と断って、私の手下の小猿・月夜の前を通り過ぎよ。

㈢ 長年、何の反省もなく殺傷や盗みを繰り返していたのに、自己に誠実であろうとした僧の言葉で、一瞬にして反省の気持ちを抱き、発心したので。

㈣ 僧の言葉によって発心した樊噲が、手下の小猿・月夜に対して、襟もとの虱のようにこれ以上自分につきまとうなと命じたこと。

第六問（文科）

出典

『栄花物語』「巻第九・岩かげ」より

『栄花物語』は平安後期成立の歴史物語で、藤原道長の一生の栄華を中心に賞美しながら描いている。道長死後は、その一族のありさま、殊に関白頼通のことを中心に記述している。編年体であり、『栄花物語』の影響を受けて成立した『大鏡』の紀伝体とは異なる。作者は未詳。

解説

理文共通の問題文と比較すると、文の息も長く、係り承けをおさえたり、前後の内容と矛盾しないように読んだり、敬語などから主体判定をしたりしなければならず、日常の読解要領を試される問題文である。

㈠ **現代語訳問題**　傍線部の上の「中宮は」も「若宮の御事の定まりぬるを」も、また傍線部「例の人におはしまさば」も、すべて「思しめすべきを」に係っている。さらに「上は道理のままにとこそ……おのづから御宿世にまかせてありなむものを」という中宮の心内文も含めて考えると、深く理解できよう。傍線部中で語法に注意するとしたら、尊敬語「おはします」の未然形に助詞「ば」が付いて仮定条件となっていることぐらいである。「例の人」は普通の人の意である。そこで、傍線部は「普通の人でいらっしゃるならば」ということになる。解答欄のスペースの関係で、正解としてはこれを掲げているが、内容的には、「盲目的愛情を持ち、自分の子のことだけを考えているような普通の親でいらっしゃる方ならば」ということである。

(二) 現代語訳問題　傍線部は、中宮彰子が、その父である道長公に泣く泣く申しあげなさった会話文に含まれている。そこで、その前の彰子の心内文とあわせてその会話文を見ていく。「このこと」は若宮（敦成親王）が東宮になることである。「いかで」は願望の終助詞「にしかな」と呼応して「何とかして」の意。「さらであり」は、「さあらであり（ソウデナクテアル）」の約。傍線部の直訳は「このことは、何とかして、そうでなくてありたいなあ」となるが、そうした上で「さ」の内容を入れ込むのである。その時、この傍線部は、下に「思ひはべる」と出て、中宮彰子の心内文であることがわかるから、前に出ていた彰子の心内文の内容を考慮していく。前の心内文で、兄宮の御心情を慮り、一条帝も道理のままにと思っていらっしゃるだろうとある。そうした所から、「さ」の内容を、「兄宮をさしおいて、弟宮を東宮にすること」と決めていく。

(三) 説明問題　中宮の発言を聞いて、道長公が中宮に言った会話文中に出るのが、傍線部ウである。傍線部中の「ありがたし」は、「めったにない・稀だ」の意。また、「いとありがたきことにもおはしますかな」と、尊敬語が出るので、「ありがたし」の主語にあたるのは、中宮の発言（御心遣い）ということもわかる。中宮は、直前の会話文でも「かの御心（＝敦康親王ノ御心）の中には、年ごろ思しめしつらむことの違ふをなむ、いと心苦しうわりなき」と言って、東宮になれなかった敦康親王の御心を慮っていた。これらをまとめればよいのである。

(四) 説明問題　中宮の発言に対して、もっともなことだと言う道長公ではあるが、心情的には自分の孫の立太子を望むのも当然である。そこで、帝に対して帝の意思に逆らって「次第にこそ（＝順序通リニ）」と奏上すべきでもないしと言い、さらに世の中ははかなく、いつどうなるかわからないものであるから、「世にはべる（＝私ガ政務ヲ執ッテイマス）」時に、「さやうならむ御有様も見たてまつりはべりなば、後の世も思ひなく心やすくてこそはべらめ」と言っている文脈の中で考える。この部分を丹念に現代語訳をしてみる。「そのようであるような御様子を、私がお見申しあげてしまいましたならば、後世も思い残すことなく、安心していられるでしょう」となる。すると、「さやうならむ御有様」は、「道長公の孫の敦成親王が東宮になっていらっしゃる御様子」ということになる。

通釈

中宮彰子は、若宮(敦成親王)が東宮にお決まりになったことを、普通のお方でいらっしゃるならば、夢中になって嬉しくはお思いになるはずであるが、「一条帝は道理に従って一の宮を東宮にと思っていらっしゃるだろう。また、あの敦康親王も、『いくら何でも結局は自分が東宮になるだろう』と思っていらっしゃるだろうに、『このように世間の評判のため、予想と異なり二の宮を東宮にと予めお決めになったのであろう。そうであっても、最後には自分が』と、御心の中が嘆かしく、おもしろくないこととしては、このことを思っていらっしゃるようであるから、何とも気の毒でかわいそうに思われ、若宮(敦成親王)はまだとても幼くいらっしゃるので、自然と御因縁に任せていられるだろうのに」などとお思いになって、殿の御前(道長公)に対しても、「やはり、この東宮の件は、なんとかして兄宮をさしおいて弟宮をつけないようにしたいものだなあと、私は思います。敦康親王の御心中では、長年お望みでいらっしゃるようなことがくい違うのを、私はとてもお気の毒でどうしようもなく思われます」などと、泣かんばかりに申しあげなさるので、殿の御前は、「本当に、何とも滅多に見られない中宮様の御配慮でもいらっしゃることだなあ。また、お言葉は当然のことですから、その通りと存じましてお指図を承らなければならないところでございますが、帝がいらっしゃって、今後取るべきことを細々とおっしゃる時に、『いいえ、それは、やはり間違っておっしゃることです。順序通りこそが最善でございます』と、御返事を申しあげてよいことでもありません。世の中はとてもたよりのうございますので、こうして私が政治を執っている時に、そのように二の宮が東宮になっていらっしゃるような御様子をもお見申しあげてしまいましたならば、来世も何の心配もなく、安心していられるでしょうと存じます」と、申しあげなさるので、またこれも道理の御事であるから、中宮彰子は言い返し申しあげなさることはない。

解答

(一) 普通のお方でいらっしゃるならば、

(二) 東宮の件は、何とかして、兄宮をさしおいて、弟宮に決めないようにしたいなあ。

(三) 東宮になれなかった敦康親王の心を慮った中宮彰子の心遣い。

(四) 道長の孫の敦成親王が東宮になっている様子。

一九九六年

第三問（文理共通）

出典

『増鏡』第七・「北野の雪」より

『増鏡』は、『大鏡』の系統をひく歴史物語で、老尼が語ったという形式をとっている。治承四年（一一八〇）後鳥羽帝の即位から、元弘三年（一三三三）後醍醐帝の隠岐からの遷幸までを編年体で記している。

解説

本文中に格別難解な語もなく、大きく全体の内容を把握した上で設問にあたるとよかろう。ただ、後に山階左大臣といわれた西園寺実雄の子どもに対する注が詳しくあった方が内容はつかみやすかっただろう。

この時、実雄は娘信子を亀山帝のもとに入内させようと計画していたが、信子の兄公宗は妹に懸想していたのである。問題文として採られた直前に、兄はそれを「いとあるまじきことと思ひはなつにしも、随はぬ心の苦しさ」と記してあることぐらいは説明があってもよかろう。そうすれば、本文中の「いとどもてしづめて、騒ぐ御胸を念じつつ、用意を加へ給へり」が、どんな内容かも捉えられたし、傍線部ウ「なかなか聞きもとめられず」も、何故なのかと理解しやすかったはずである。

全体の内容を読解させ、傍線部はあくまでも全体の一部を構成する部分という観点が欠けているように思えるのは惜しい限りである。

(一) **現代語訳問題**

ア　傍線部の直前に、「姫君、薄色に女郎花などひき重ねて（＝薄色の表着に女郎花の袿《うちき》を着ての意、これも注があってしかるべき）、几帳に少しはづれてゐ給へる」とあり、姫君に敬語を用いている。その後に、「さまかたち、常よりもいふよしなく、あてに匂ひみちて、らうたく見え給ふ。」というのであるから、傍線部は信子を主体にした表現だとわかる。「あてなり」「匂ひ」「らうたし」などは基本語である。

ウ　「（信子の琴と公宗の笛とを）かきあはせのほど、なかなか聞きもとめられず、涙うきぬべきを、つれなくもてなし給ふ」という部分の中で、傍線部を考えていく。「聞きもとめられず」は、「聞きとむ」という複合動詞の間に助詞「も」が入り、その下に助動詞「らる」・「ず」が付いたもの。その「ず」は連用形（中止法）で、下の「もてなし給ふ」の尊敬語「給ふ」がこの部分全体を支配できるので、「聞きもとめられず」の主体にも敬語の付く人を想定する。公宗に対しても敬語を用いていたこと、「涙うきぬべきを、つれなくもてなし給ふ」の内容から、傍線部ウの主体は公宗と決められる。訳出にあたって、「なかなか」は「かえって」という意味の副詞だが、何故「かえって」なのかを出すことと、複合動詞「聞きとむ」の間に助詞「も」の入った形を上手に訳すこと、さらに「られず」は不可能の意として訳すことが、ここでは要求される。妹佶子の演奏する美しい琴の音を聞いて、笛の音を合わせる公宗は感極まったあまり、かえって、音を「聞きとむ」こともできなかったのである。

(二) 説明問題 公宗に対して「給ふ」系の尊敬語を用いているが、ここは「そぞろに心づかひせらるるやうにて」であるから、「らる」を尊敬として、その主体を公宗と見るわけにはいかない。つまり、敬意の軽重に基づく主体判定を考えることになる。

しかし、ここも、「この君(公宗)しもぞ、またいとめでたく、あくまでもしめやかに、……あてに美し」とあるのだから、公宗にかかわる説明として読まねばならない。すると、「(公宗の前では誰もが)そぞろに心づかひせらるる」という読み方しかあり得ないことになる。そうなると、「らる」は自発の意ということである。「そぞろに」は形容動詞「そぞろなり」の連用形で、「心づかひす」に係る。その時、「そぞろに」は、「何となく」の意にもなるし、「むやみやたらに」の意にもなるが、内容上、ここは前者の方がよかろう。「心づかひす」は、心をつかうことから、公宗に対して気おくれする意である。それらをまとめて、「その前では、誰もが何となく気おくれしてしまうほどの公宗の優美な様子」としておく。

(三) 説明問題 傍線部ウと連動する所である。前にも記したが、ここの主体は公宗である。まず傍線部エを正しく現代語訳する。形容詞「つれなし」は、「連《つ》れ」のない状態を表し、二つの間に関連がない意であったり、「平気だ・さりげない」という心情を表したりする。ここでは「もてなす」という動詞に係る副詞法であるから、「平気なように装っていらっしゃる」ということである。直上に「涙うきぬべきを」とあることも考慮に入れると、この時の公宗は、涙が浮かんできそうなほどの高ぶる感情を抑えようというので、あえてさりげない態度を装っていたのである。

設問に、「だれが」「どのような気持で」「どのようにしたのか」とある以上、解答にあたっても、その順に解釈に基づいて説明していくようにする。

(四) 説明問題 傍線部中に助詞「だに」が出、傍線部直後に副詞「まして」があるので、ここは「——A——だに——イ——、まして、——B——は——ロ——」の構文とおさえるところから始める。これは、AとBは対比の関係、イとロは同内容であるが、ロの方がイよりも重いことを表す構文である。

ここの解釈で留意するのは、「よろし」「いかがは見なす」の意である。「よろし」は相対的評価に基づく語で、良さを消極的に認め、「まずまずだ・悪くはない・普通だ」の意。ここは「かくたぐひなき(信子の)御ありさま」と対比されているから、「世間並みの美しさの娘」の意。「いかがは」は「いかにかは」からの転で、反語の意。「見なす」は「あえて見ようとして見る」の意。そこで、この傍線部を解釈すると、「世間並みの娘をも、人の親はどのように見るのだろうか、きっとすぐれたものに見ようとするだろう」となる。そして、そう見るのは、「人の親の心は……子を思ふ道にまどひぬるかな」という、自分の子をひいき目に見ようとするからというのである。

傍線部以外の語句や、注も考慮に入れて解答にあたることである。

通釈

初秋風が吹きはじめる様子が現れてきて、優美な趣きのある夕暮れに、父大臣がおいでになって御覧になると、姫君(信子)は、薄色の表着に女郎花襲の袿を重ねて、几帳から少し外れてすわっていらっしゃる、その御容姿は普段よりも言いようもなく上品で、美しさにあふれて、かわいらしくお見えになる。御髪はたいそう多く、五重の扇とかいうものを広げているような様子で、多少赤味を帯びているように見えなさるが、毛筋が細かく額から毛先までくせもなく美しい。普通の人の妻には、本当にもったいなさそうな人柄でいらっしゃる。父大臣は几帳をわきに押しやって、わざとらしくなく拍子をとって信子に御琴(箏《そう》の琴)をお弾かせ申しあげなさる。ちょうどその時、中納言(公宗)がそこに参上なさった。「こちらへ」と父大臣がおっしゃるので、公宗はかしこまって御簾の内に伺候なさる、その御容姿は、この君も、またたいそうすばらしく、どこまでもしっとりとし、その御心の内を知りたくなるほどで、その前では何となく心づかいをせずにはいられない感じで、洗練されて優美で、澄んだ感じで上品で美しい。中納言は一層心を静めて、騒ぐ御胸をじっとこらえこらえして、気持ちが外に出ないように注意を加えていらっしゃる。笛を少し吹きならしなさると、その音が空高くのぼって、とても風情がある。信子のお弾きになる御琴の音は、ほんのりとかわいい感じであるが、これと合奏の時は、中納言は胸がつまって、かえって音を聞きとめることもできず、涙がにじんでしまいそうなのを、こらえて平気なように装っていらっしゃる。撫子の花に露がそのままきらきらとしている模様の小袿のところに、御髪はこぼれかかって、少し前かがみになっていらっしゃる姫君の御姿を傍から見ると、本当に光りを放つというのは、このようなことをいうのだろうかと、お見えになる。世間並みの美しさの娘でさえも、人の親はよい方にあえて見ようとするものである。まして、このように比類のない佶子の御容姿であるようなので、父実雄公がたいそう深い親心の闇に迷いなさるのも、当然であるはずだ。

解答

(一) ア　佶子は、上品で、美しさが満ちあふれて、かわいらしくお見えになる。

ウ　公宗は、感極まったあまり、かえって一つ一つの音を聞きとることもできず、

(二) その前では、誰もが何となく気おくれしてしまうほどの公宗の優美な様子。

(三) 公宗が、妹佶子との合奏で、涙が浮かんで来そうなほどの高ぶる感情を抑えようという気持ちで、さりげない態度を装っていらっしゃる。

(四) 佶子ほどの美しさはなく、世間並みの美しさの娘であっても、人の親は自分の娘をひいき目に見るため、美しい者とあえて見ようとすること。

第六問（文科）

出典

『唐物語』第五話「相如、昇仙橋の橋柱に決心の程を書きつくること」全文

『唐物語』は、平安末期から鎌倉初期にかけて成立したと考えられている説話集で、周代から唐代までの中国の典籍から有名な話を選び、歌物語形式に作った作品である。この話は『史記』の「司馬相如列伝第五十七」に拠る。

解説

(一) **現代語訳問題**

ア「わりなし」という形容詞は、「ことわり」の「わり」が「なし」の状態をいい、道理に合わず、当惑・困惑の心理状態を表す語である。ここでは、直上に「貧しくて」とあるので、「生活が思うにまかせず、困っている」という意味である。多義語なので、文脈上の意味を考えなければならない。

イ「心づきなし」という形容詞は、あるものに心の付くことのない状態をいい、「意にみたない・気にいらない・いとわしく感じる」などの意。ここでは、経済的には何でも意のままになる父卓王孫が、貧しい相如に連れ添った娘に対して裏切られたと感じ、娘の行動に対して気にいらないと思ったことである。「さまに」の「に」は、断定助動詞「なり」の

連用形。「思ひとる」は、「思ひ」を「取る」ということで、「理解する・悟る・心に思う」などの意。
ウ　「つゆちり」は、下に打消の語を伴うと、「少しも・全然」などの意の副詞となる。ここでは、「思はでなむ」の「で」と呼応している。娘の行方を父卓王孫は知らなかったけれど、それを少しも辛いと思わないで年月を過ごしたという文脈であるから、「思はでなむ……過ぐしける」の主体は父卓王孫と決められる。

㈡ 説明問題 妻を伴い、貧しい相如は蜀という国へ出かけていったが、その途中に昇仙橋という橋があった。その橋を渡る時に橋柱に誓いの言葉を書きつけたのであった。その言葉が傍線部エである。「乗らずは」の「ずは」は打消の仮定表現で「～ないならば」の意。「大車肥馬に乗る」は比喩表現で、立派な身分になることである。「帰り渡らじ」の「じ」は、一人称動作に用いられているから打消の意志の意。故郷に錦を飾れない時には、この橋を渡るつもりはないという誓いを書きつけたわけである。解答にあっては、動作主体を入れることと、比喩表現を具象化することに留意し、これだけ読んでも内容がとれるようにしておくことが望ましい。

㈢ 説明問題 「雲ゐにのぼる」とはどのようなことなのかを前文かち具体化するわけだが、「思ひのごとくめでたくなりて」という所を具象化する。また、「はし」は「端緒」の意であるが、それに「橋」の意を懸けている。この点も書き入れる必要がある。さらに、歌の後に「心長くて身をもてけたぬは……」と、歌の解釈にかかわる説明のある部分も取り入れる。すると、解答に示したようになる。説明問題であっても、まずは正しく解釈するところから始まるのである。

通釈

昔、相如という人がいた。世の中で比類がないほどに貧乏で、暮らしは思うにまかせず困っていたけれど、いろいろな事に精通し、才芸学問が他に並ぶ者のないほど優れていて、琴をすばらしく上手に弾いたのだった。卓王孫という人のもとに行って、月の明るい夜、一晩中琴を奏でていた時に、この家の主人の娘で、卓文君と言われた人は、しみじみすばらしく感じて、普段はこの琴ばかりを賞賛し興味深く思っていたのだが、この文君の父母は、娘が相如に近付くことを嫌い憎んだけれども、(この夜の)琴の音をしみじみすばらしいと深く感動してしまったのであろうか、この相如と夫婦になってしまった。女の方の父卓王孫は、すべての宝に十分に満足して、世の中の貧しく辛いことを知らなかった。しかし、この貧しい相如に娘が連れ添っていることを、父卓王孫は何とも気にいらない事態だと心に思って、まったく娘の行方を知らなかったけれども、少しも辛いと思わないで長い年月を過ごしたのであった。この夫(相如)が、蜀という国へ行った途中に、昇仙橋という橋があった。その橋を歩いて渡る時に、橋柱に文字を書きつけた。「自分は、大きな車やよく肥えた馬に乗れるような立派な身分にならなければ、再びこの橋を渡って帰るつもりはない」と誓って、蜀の国に籠ってしまった。その後、思い通りに立派になって、橋を渡って帰ったのであった。女は、長年貧しい状態で連れ添った甲斐があって、親しい人やつき合いのない世の中の人にも、例のないほどうらやまれたのであった。

　貧しい暮らしに意気消沈しつつも、相如本人が昇仙橋の橋柱に書きつけたあの誓いの言葉は、今日の出世を勝ち得た緒《いとぐち》であったのだなあ。

心を悠長に持って、自暴自棄にならないのは、今も昔もやはりすばらしいことと、この話を聞いて思われる。

解答

(一) ア　相如は、生活が思うにまかせず、困っていたけれど、
イ　卓王孫は、何とも気にいらない事態だと心に思って、
ウ　卓王孫は、少しもつらいと思わないで、長い年月を過ごした。

(二) 相如が、大きな車や、よく肥えた馬に乗れるような立派な身分になれなかったら、再びこの橋を渡って故郷へ帰るつもりはないと誓ったこと。

(三) 貧困のため失意の状態で昇仙橋の橋柱に書きつけた誓いの言葉は、辛抱強く待ち、栄達を手にする発端であったということ。

一九九五年

第三問（文理共通）

出典

本居宣長『玉勝間』四の巻（忘れ草）より「ひとむきにかたよる事の論《あげつら》ひ」全文

『玉勝間』は国学者本居宣長（一七三〇～一八〇一）の著した随筆で、内容は趣味的に記した学術上の考証・学問上有益なことの抄記・自己の神儒仏に関する見解・学問上の経験や趣味上の感懐など、多岐にわたっている。文章は平易で、大成期の著者の全容を物語っている。

解説

全文を一読した後、主題を捉える。文章が平易であるから、難なく捉えられると思う。その後、傍線部を含む前後を係り承けをおさえて読み直し、要求されている点を確認しつつ、解答を作る。

主題をおさえるために、全文を便宜的に三つの段落に分けてみた（通解では段落に分けている）。第一段落では、世間の知識人の態度を否定し、他人がどんなに誹謗しても、自分の思う所をまげて他説に従うのはよくない事だという。第二段落では、世間一般の人の考えを否定して、第一段落に述べた姿勢を貫くのがよいという。第三段落では、依る所が定ってそれを信じるならば、必ずその一つの説に拠らなければならない、つまり、自分が依拠する所を定めて、それを深く信じることが肝要であると説いている。全段落に共通しているのが主題である。

現代語訳問題

㈠

イ　「あげつらひ」（名詞）は「議論」の意。「なす」は連体形（準体法）であることに注意して訳出する。

ウ　「おいらかなり」は、「穏やかだ・穏便である」という意の形容動詞である。また、「心広し」は、他説をも認めるというところから、「度量が広い」という意味。

エ　「なべての人」は「世間一般の人」の意。「心なめれど」は、「心なるめれど」→「心なんめれど」→「心なめれど」となったもので、「なる」は断定の助動詞、「めれ」は主観的判断を表す推定の助動詞「めり」の已然形である。これらが正しく訳に反映されるようにする。

カ　「あたはず」は漢文訓読でもよく見る不可能を表す表現。

㈡ **説明問題**　傍線部「一むきにかたよらず」の「ず」は連用形（中止法）であり、次の「これをもかれをも捨てぬ（さま）」とあわせて考える。また、第二段落の「一むきにかたよりて、他説をば、わろしととがむる」や「一むきにはかたよらず、他説をも、わろしとは言はぬ」なども参考にしていくと、わかりやすい。つまり、「一つの方向に偏らない」ということは、この文脈では、「ある特定の説に偏らず、また、それに異なる説を排斥しないこと」をいうのである。

(三)「それ」は代名詞の指示語である。代名詞の指示語はそれ以前の名詞や名詞句・名詞でまとめられる説明を指すのが普通である。「それに違へるすぢをば、とるべきにあらず」を訳して、全文の主旨と矛盾しないように「それ」によって指し示されている所をさがすと、「よるところ定まりて、それを深く信ずる心」が該当するとわかるので、その部分がここではどんな意味かを考えていく。

(四) **説明問題** どんなことに対して、「かならずわろしとは思はずなむ」なのかと思って読むと、直上の「他説をばわろしととがむるコト」に対してであると読める。次に、設問の要求の「なぜ」を考える。主題も考慮に入れて読むと、「これもよし、またかれもあしからずと言ふは、よるところ定まらず、信ずべきところを、深く信ぜざるものなり」や、「これ信ずるところを信ずるまめごころなり」とある部分をまとめるのである。

通釈

世間の知識人が、他説の悪い所を非難せず、ある特定の説に偏重することなく、この説もあの説も捨て去らない態度で議論をするのは、多くの場合は自分が心に決めている意趣をまげて、世間の人の心に広く適合させようとするものであって、本来の学問的態度ではなく、品性卑しいものである。たとえ、世間の人はどんなに誹謗しても、自分の考える筋をまげて、他説に従ってよいことではない。他人の毀誉にはこだわってはいけないことである。

普通、特定の説を偏重して、他説をよくないと非難することを、狭量でよくないこととしたり、特定の説には偏らず、他説をもよくないと言わないことを、度量が広く穏便であって、それをよいとしたりするのは、世間一般の人の心であるようだけれど、必ずしもそれはそれほどよい事でもない。

自分の依拠する所が定まって、それを深く信じる考えであるならば、必ず一つのある特定の説に依るはずである。それに違っている考えの筋道を採ってはならないのである。自分が良いと思って依る所に異なるものは、すべて悪いのである。これがよいと、いつもそれ以外は悪いのが道理であることだよ。ところが、「これもよい、また、あれも悪くない」と言うのは、依拠する所が定まらないで、信じなければならない所を、深く信じてはいないものである。依拠するところが定まって、それを信じる心が深いと、それに異なる考えの筋道が間違っていることを、自然と非難しないでいることはできないのである。これは自分が信じるところを信頼する誠実な心である。他の人はどう思っているだろうかは知らないが、私はある特定の説を偏重して、その他の説をよくないと非難するのも、必ずしもよくないと思わないのである。

解答

㈠ イ　議論をすることは、
ウ　度量が広く、穏やかであって、
エ　世間一般の人の気持ちであるように思われるけれども、
カ　自然と非難しないでいることはできない。

㈡ ある特定の説に偏ることなく、また、それに異なる説を排斥しないこと。

㈢ 自分が深く信じ、依拠するところに定めた説。

㈣ 自説を深く信じるなら、それ以外の説を非難するのは当然で、それは自分に誠実な気持ちとなるから。

第六問（文科）

出典

『源氏物語』玉鬘巻

解説

㈠ **現代語訳問題**　設問の要求にある「内容が明らかになるように」というのは、人間関係などを補って、解答だけ読んでも事情などがわかるようにすることをいう。

ここではまず逐語訳をした上で、補うべき語句を考えるとよかろう。

ア「負けじ魂」では、助動詞「じ」に注意する。「負けまい（出し抜かれまい）という気持ち」という意。「追ひて来なむ」の「な」は助動詞「ぬ」の未然形（確述・強意）、「む」は推量である。次に、この傍線部が豊後介の心内文に含まれていることも考えあわせて、その主体を補っていく。その主体は、「九州で姫君に結婚を迫ったが、姫君に逃げられてしまった豪族」である。しかし、解答欄のスペースからすると、これでは入りきらない。そこで、「姫君に懸想した男が」としておく。

ウ「いかが」は、疑問語「いかに」の下に係助詞「か」のつづいた「いかにか」の転である。「なりぬらむ」の「ぬ」は確述の助動詞、「らむ」は現在推量の助動詞。そこで傍線部は「今ごろ、どのようになってしまっているだろうか」である。次にその主体を考えるわけだが、傍線部が豊後介の心内文であることと、その前に「いとかなしき妻子も忘れぬ」と出た後に、「げにぞ、みなうち捨ててける」と出ることから、「いかがなりぬらむ」の主体は豊後介の妻子ということになる。しかも、その妻子は、九州に残して来てしまったのである。また、だからこそ「らむ」とも出るのである。助動詞の細かい用法から判断できる箇所である。

(二) 説明問題　歌を訳してみる。すると、「胸が騒ぐ響きに対しては、通り過ぎたひびきの灘もとりたてたいしたこともない」となる。ということは、航行の難所のひびきの灘を過ぎる以上に、「うきことに胸のみ騒ぐ響き」の方がたいへんだということになる。また、「うきことに胸のみ騒ぐ」とは、歌の前に「かの恐ろしき人の追ひ来たるにやと思ふに」というところからまとめていくのである。

(三) 説明問題　「『げにぞ、……いかがしなすらむ』と思ふに、『心幼くもかへり見せで出でにけるかな』と、……あさましきことを思ひつづくるに」という文脈で考えると、「あさましきこと」の具体的内容は「心幼くも…出でにけるかな」であることがわかる。「あさまし」は、予想外の事態に対して驚いたり呆れたりする意であるから、豊後介は「心幼くも…出でにけるかな」という自分の行為であることについて呆れはてたということである。「心幼し」は「考えが至らない、幼稚だ」の意。「出でにける」とは九州を出たこと。その九州に、豊後介は妻子を残して来たわけである。しかも頼りになる家来は自分が連れて来てしまったともある。以上をまとめて説明していく。

通釈

「このように姫君を連れて逃げ出してしまったということを、たまたま人々が口にして言い伝えたならば、姫君に結婚を迫った豪族は、出し抜かれまいという気持ちできっと追って来るだろう」と思うと、気が気でなくて、早舟といって普通の舟と異なって、特別の設備をした舟であったので、またその上思う方面に吹く風までも募って、危ないと思われるほど舟足速く馳せ上った。播磨の沖のひびきの灘という難所も無事に過ぎた。「あれは海賊の舟であろうか、小さい舟が飛ぶような様子でやって来る」などと言う者がいる。海賊の物盗り一方での怖さよりも、「あの、姫君を盗ろうとする恐ろしい人が追っかけて来るのではなかろうか」と思うと、どうにも恐ろしい限りである。

つらく悲しいことによって、どきどきとしている胸の響きにくらべたら、このひびきの灘は何のさしさわりもないほどで、大したものではないことだよ。

「川尻という所が近付いた」と誰かが言うので、少し生き返った感じがする。いつものように、舟子どもが「唐泊より川尻押すほどは」と歌う声の何の風情もないのも、しみじみと聞こえる。豊後介が、(この舟歌に誘われて、)しみじみと親しみのある声で心のおもむくまま歌って、「たいそう愛しい妻子も忘れた」と口に出して、我が身をふりかえって思うと、「本当に、歌の通り、みなうっちゃって来てしまった。九州に残してきた妻子は今ごろどのようになってしまっているだろうか。しっかりした頼みになると思う家来たちは、みな私が連れて来てしまったよ。あの豪族は私を憎い奴と思って、妻子をひどく追いまわして、どんなひどいことをしているだろうか」と思うと、「幼稚な考えで、残る者のことも考えないで、九州から出て来てしまったことだなあ」と、多少気持ちが落ちついて後、自分を呆れはてた者と思いつづけるうちに、意気地なく泣かずにはいられなかった。

解答

㈠　ア　姫君に懸想した男が、出し抜かれまいという気持ちで、きっと追って来るだろう。

　ウ　残して来た、私のいとおしい妻子は、今どうなってしまっているだろうか。

㈡　追跡されている恐怖は、航海の難所越えよりも恐ろしいという気持ち。

㈢　残された妻子の身の危険を幼稚にも考慮せず、たのみになる家来を連れて来た自分を呆れはてた者と思うこと。

漢文編

二〇一九年

第三問（文理共通）

出典

清の黄宗羲《こうそうぎ》の『明夷待訪録《めいいたいほうろく》』。

黄宗羲（一六一〇〜一六九五）は、顧炎武と並ぶ清朝考証学の大家である。

『明夷待訪録』は、明《みん》の滅亡の原因を追究し、新しい政治の出現を求めるべきであることを主張する書である。

解説（三は文科のみ）

昨年度に引き続き論説的内容の文章である。昨年度は人材登用論であったが、今年度は「学校」が朝廷の意向に支配されて人材養成の役割まで失ってしまっていることを批判する文章である。

やや難しい文章なので、上手な取り組み方が求められる。まず手始めに全体を見渡して情報処理を行う。（注）の「理想の治世が終わった後の時代」、最後の設問の「なぜ『亦』と言っているのか」、二つの段落の内容が対比的に描かれていることに着眼すべきである。

第一段は、「古の聖王」の時代は「人材養成」も「是非決定」もどちらも「学校」の役割であったことを説く。これに対して第二段は、「三代以下（理想の治世が終わった後の時代）」になるとすべてが朝廷の意向に支配されるようになって、「是非決定」ばかりか「人材養成」までもが学校の役割ではなくなっていると説く。

情報処理を上手に行なうことで、文章全体のこの枠組みを確認してしまうことが、どの設問に答えるにも有効だったはずである。

(一)〈現代語訳・語意〉

送り仮名が省かれているので、どう読むかもポイントになっている。

a「不㆓僅～㆒」が、「僅《わづ》かに～のみならず」と読んで「ただ～だけではない」のように訳す累加形を構成している。「不㆓唯～㆒」（唯だに～のみならず）などと同様の働きである。「不㆓僅此㆒」で「これだけではない」のような意味である。

第一段最後の一文「是故養士～設也」（したがって人材を養成することは学校の一つの任務ではあるが、学校はただ人材を養成するためだけに設置されたのではなかったのである）が、傍線部を含む一行目の「学校所以～此也」の言い換えになっていることにも着眼する。ここには傍線部と同じ「不僅」が含まれていることから、この点に気づくのは難しくないはずだ。

d 「草野之間」は「民間」。「在野」と同義である。第二段での批判の対象となっている「朝廷」から、「朝野」(「朝廷と民間」の意味の対義語)という熟語が想起されるようであれば、解答に迷うことはない。ただし漢文としての頻出語ではないので、語意から判断するのはやや難しい。

そこで、傍線部を含む文中の「無レ与」も設問に取り上げられており、この文に続く最後の一文も最後の設問の傍線部になっていることに着眼して、三つの設問部のつながりを考えてみる。「さらに才能や学力を身につけた人材は、しばしば自力で民間から身を起こし、学校に対して初めから関わりを持たなくなってしまった。結局(学校は)人材を養成するという大切な役割さえ失ってしまったのである」というのが、三つの設問部を含む二つの文の内容である。優秀な人材であるからこそ民間から身を起こし、公的な学校とは関わりを持つ必要がない。よって是非の判断ばかりか人材の養成という役割さえ、学校から失われてしまったのである。この内容に矛盾しないように、各部分の解釈を定めてゆくのだ。

「草野之間」は、とくに直後の「於学校初無与也」(学校に対して初めから関わりを持たない」へのつながりから解答を決定することになる。

e 「与」は様々な働きを持つ多義語だが、ここは「関与」の「与」で「あづかる」。「無レ与」を「与かる(こと)無し」と読んで「関わりを持たない」のように訳せば、右記設問解説のように、最後の二文の内容として矛盾しない。

㈡ 〈平易な現代語訳〉

㈠と同様に送り仮名が省かれているので、どう読むかもポイントになっている。

「不二敢～一」は、「敢《あ》へて～ず」と読んで「無理には～しない、～したりはしない」のように訳す否定の形。

副詞「自」は、主語が「天子」であることから「みづから」と読んで「自分で」のように訳すのが原則だが、ここでは傍線部の後の部分に「公」という語があることに着眼すると、副詞「私」(ひそかニ)と同様に「私的に、個人的に」→「独断で」のように訳すことも可能である。

「非是」は「是非」と同じ。対句を構成する前文では、「是」「非」の順に使われている。「為二非是一」を「非是《ひぜ》を為《な》す」と読んで「是非を判断する」のように訳せば、対句部での「是トス」「非トス」という読み方にも合致する。

まとめて、「敢へて自ら非是を為さず」と読んで、「無理に自分で政策の是非を判断することはなかった」「政策の是非を独断で決定したりはしなかった」のように訳す。これなら、同じ文の中の後半部「而公其非是於学校」に矛盾なくつながる。

(三)〈内容説明〉

「勢利」は言うまでもなく「権勢と利益」。ここの「以」は原因理由の用法。「以㆓朝廷之勢利㆒」を「朝廷の権勢と利益を理由に」のように把握すれば、第二段全体（とくに直前部まで）の内容に矛盾しない。

上記のとおり、「理想の治世が終わった後の時代」に学校の本来の役割が失われてしまったと主張する文章なので、「其本領」は「学校の本来の機能、役割」のような内容になる。

傍線部の意味は「朝廷の権勢と利益を理由に、学校の本来の役割を一変させてしまった」のような内容になる。これを、「どういうことか、わかりやすく説明せよ」という問いと、解答スペースが一行であることを考慮し、文章全体の中での傍線部の内容として一歩踏み込んで嚙み砕き、しかも要約して解答すると、「朝廷の意向に合わせて、学校の本分を一変させているということ」のようになる。これが解答である。

(四)〈全文の趣旨にかかわる内容説明〉

こちらも送り仮名が省かれているが、傍線部の「亦失㆑失矣」を「亦之を失ふ」「亦之を失へり」のように読むのは難しくない。

上記の文章全体の枠組みを正しく把握して、(一)dに記した設問部のつながりも確認できれば、「人材を養成するという学校本来の役割も失ってしまった」のように訳すのはたやすく、「なぜ『亦』と言っているのか」という問いの意図も迷うことはない。第一段の「古之聖王」（理想の治世）の時代には「政策の是非決定」も学校の役割だったのであり、第二段の「三代以下」（理想の治世が終わった後の時代）ではこれも朝廷に掌握されているのである。

「朝廷の意向によって、学校は政策の是非決定の役割だけでなく、人材養成の役割まで失ってしまったから」のように解答すればよい。

読み方

学校《ガッコウ》は士《シ》を養《やしな》ふ所以《ゆゑん》なり。然《しか》れども古《いにしへ》の聖王《セイオウ》、其《そ》の意《イ》僅《わづ》かに此《これ》のみならざるなり。必《かなら》ず天下《テンカ》を治《をさ》むるの具《グ》をして皆《みな》学校《ガッコウ》より出《い》でしめ、而《しか》る後《のち》に学校《ガッコウ》を設《まう》くるの意《イ》始《はじ》めて備《そな》はる。天子《テンシ》の是《ゼ》とする所未《ところいま》だ必《かなら》ずしも是《ゼ》ならず、天子《テンシ》の非《ヒ》とする所未《ところいま》だ必《かなら》ずしも非《ヒ》ならず。天子《テンシ》亦遂《またつひ》に敢《あ》へて自《みづか》ら非是《ヒゼ》をなさず、而《しか》して其《そ》の非是《ヒゼ》を学校《ガッコウ》に公《おほやけ》にす。是《こ》の故《ゆゑ》に士《シ》を養《やしな》ふは学校《ガッコウ》の一事《イチジ》たるも、学校《ガッコウ》は僅《わづ》かに士《シ》を養《やしな》ふ為《ため》のみにして設《まう》けられざるなり。

三代以下《サンダイイカ》、天下《テンカ》の是非《ゼヒ》一《イツ》に朝廷《チョウテイ》より出《い》づ。天子之《テンシこれ》を栄《エイ》とすれば則《すなは》ち群趨《グンはし》りて以《もつ》て是《ゼ》と為《な》し、天子之《テンシこれ》を辱《ジョク》とすれば則《すなは》ち群擿《グンなげう》ちて以《もつ》て非《ヒ》と為《な》す。而《しか》して其《そ》の所謂学校《いはゆるガッコウ》なる者《もの》は、科挙《カキョ》もて囂争《ゴウソウ》し、富貴《フウキ》もて熏心《クンシン》す。亦遂《またつひ》に朝廷《チョウテイ》の勢利《セイリ》を以《もつ》て其《そ》の本領《ホンリョウ》を一変《イッペン》す。而《しか》して士《シ》の才能学術《サイノウガクジュツ》有《あ》る者《もの》、且《か》つ往《オウ》往《オウ》にして自《みづか》ら草野《ソウヤ》の間《カン》に抜《ぬ》きんで、学校《ガッコウ》に於《お》いて初《はじ》めより与《あづ》かること無《な》きなり。究竟《キュウキョウ》士《シ》を養《やしな》ふの一事《イチジ》も亦之《またこれ》を失《うしな》へり。

通釈

学校は人材を養成することを目的とする機関である。しかし昔の聖王は、学校設置の意図をこれだけに限定することはなかった。必ず天下を治める手段がすべて学校からもたらされるようにさせて、それでこそ学校を設置した意図がようやく満たされた(と考えたのである)。天子の正しいと考えることが必ず正しいとは限らないし、天子の正しくないと考えることが必ず正しくないとは限らない。(そこで)天子もやはり是非を独断で決定したりはせずに、政策の是非を学校に公表してその判断を任せたのである。したがって、人材を養成することは学校の一つの任務ではあるが、学校はただ人材を養成するためだけに設置されたのではなかった(政策の是非決定という任務も持っていたのである)。

夏・殷・周三代の理想的な治世が終わって以降、天下の是非決定はすべて朝廷によってなされるようになった。天子が喜んだことは群臣も駆け寄って正しいとみなし、天子が嫌ったことは群臣も投げ捨てて間違いだとみなす。そして世の人が学校と呼んでいるものは、科挙の合格を騒ぎ競い、富貴の獲得に心をこがすばかりになった。そして朝廷の権勢や利益の意向に従って、学校としての本来の役割を一変させてしまったのである。さらに才能や学力を身につけた人材は、しばしば自力で民間から身を起こし、学校に対して初めから関わりを持たなくなってしまった。結局(学校は)人材を養成するという大切な役割さえ失ってしまったのである。

解答　(三)は文科のみ

(一)　a　これだけではない
　　b　民間
　　c　関わりを持たない

(二)　政策の是非を独断で決定したりはしなかった。(～決定したりはせずに、)

(三)　朝廷の意向に合わせて、学校の本分を一変させているということ。

(四)　朝廷の意向によって、学校は政策の是非決定の役割だけでなく、人材養成の役割まで失ってしまったから。

二〇一八年

第三問（文理共通）

出典

宋の王安石の『新刻臨川王介甫先生文集』。

王安石（一〇二一～一〇八六）は、宋の撫州臨川の人。字は介甫。曾鞏《そうきょう》の推薦で欧陽修に認められて、進士に及第する。神宗皇帝の時、宰相として「新法」と呼ばれる改革を行ったが、司馬光らの「旧法」派の反対にあって失敗する。詩人・文人としても活躍し、「唐宋八大家」の一人にも数えられる。『新刻臨川王介甫先生文集』は、王安石の詩文集である。

解説（二）は文科のみ）

久しぶりの論説的な内容の文章で、それに慣れていないとやや難しさを感じる問題である。しかし、出題者も難しいと感じているからこそ、「人材登用などについて皇帝に進言した上書の一節」だというリード文がつけられている。このリード文の内容をしっかり意識して取り組むことが、文章全体を読み解く上でも、どの設問を解く際にも非常に大切である。

送り仮名の省略された解釈問題が、今年も出題された。返り点や送り仮名が省略されても、語順や接続・文脈などから、正しく読解できる力も求められている。小さな解答欄に合わせて要約して答えることが必要な設問が、今年も出題された。漢文としての読解力はもちろん、適切に情報を処理して簡潔に解答をまとめるトレーニングも、受験対策として欠かせない。

文系の問題では今年も反語が問われて、これで反語の出題が七年連続となった。理・文を問わず、句形についての東大の攻略目標の第一は反語である。反語の解釈と解答のしかたを十分に確認しておくことが大切である。

（一）〈現代語訳・語意〉

a　「患」は頻出動詞である。「わづらフ」と「うれフ」の二つの読み方があるが、漢文では「うれフ」が多く使われる。ここでは、文中に何度も繰り返し使われているので、その送り仮名に着眼する。たとえば同じ文中一行目の「不レ患ヘ」を見れば、「うれへず」と読んでいることがわかる。よって「心配する」「憂慮する」のように答えればよい。

b　「尊爵」は、「尊い爵位」だが、文中では「善行」「美名」「尊爵」「厚利」と連続して使われていることに着眼する。さらにこれらが、「人之情所願得者」という文頭部の具体内容に該当することも考慮する。「善行（立派な行い）」「美名（すばらしい名声）」「厚利（豊かな利益）」が他の三つであることは明らかだ。「人之情所願得者（人情として手に入れたいと願うもの）」の残る一つ「尊爵」は何かと考える。「高い地位」のように解答すれば正解である。

c「已」は、副詞としては「すでニ」、動詞としては「やム」、文末の助詞としては「のみ」と読む多義語である。ここは送り仮名から「やム」と読んでいることがわかる。文末の「矣」は置き字である。

動詞「やム」は、他動詞「やめる」の意と自動詞「おわる」の意があり、ここは後者である。直前部の「士不能則」につなげて「役人が（政治的な貢献が）できないならば、（その場合はそれで）おわりだ・おしまいだ・それまでだ」の意味である。これなら、後文の「かりにもできるならば～」に矛盾なくつながる。

㈡〈条件に従っての内容説明〉

「孰《たれカ》不《ランヤ》～」が「～しない者は（誰も）いない」のように訳す反語であることは、送り仮名からもわかる。「才」は、「才能」の他に、ここのように「才能ある人材」の意味でつかわれる場合がある。リード文の「人材登用」からも明らかである。よって傍線部は、「自分が手に入れたいと願うものを捨てて優秀な人材となるように努力しない者は（誰も）いない」の意味である。

これを、設問の条件「誰がどうするはずだということか」に従って解答する。

「誰が」は少々注意を要する。「誰が」＝「孰」（傍線部）ではないということだ。傍線部の「～しない者は（誰も）いない」という態度をとるのは、文中で具体的には「誰が」なのかと問われているのだ。それが確かめられれば、四行目の「天下之士」＝前文の「士」だとわかる。

「どうするはずだ」については、傍線部を正しく訳せればすでに答えは出ている。「～しない者は（誰も）いない」の意なので、「～するはずだ」の形にそのままあてはめられる。〈反語＝否定〉〈否定詞のある反語＝肯定〉と考えて、簡潔に解答することを求めてくるのが、例年の東大であることも忘れてはならない。

まとめて、「天下の士は、得たいと願うもののために、優れた人材となるよう努めるはずだということ。」のように解答すれば正解である。

㈢〈平易な現代語訳〉

送り仮名が省かれているから、どう読むかも問われている。「待レ人」は、〈動詞＋目的語〉で「人を待つ」。「所以」は、下の動詞から返読して「～する方法・手段、～する原因・理由」のように訳す。動詞「待」は、ここのように「待遇する」の意味で使われることが多い。よって、「所以待人者」は「人を待つ所以の者」と読んで「人材を待遇する手段（となるもの）」のような意味になる。

やや難しいのが「尽矣」である。不用意に「つく」と読んで、「人材を待遇する手段が尽きていた」などと訳しては、文脈にまったく矛盾する。そこで改めて文章全体を見てみる。設問㈠のbを含む文「人之情～厚利也」と次の「而先王能操之以臨天下之士」が、この設問の傍線部を含む「先王～尽矣」の一文の言い換えになっている。「人之情～厚利也」＝「所以待人者」であり、「而先王能操之以臨天下之士」＝「先王之法～尽矣」である。これに気づけば、「尽矣」は「つクス」「つクセリ」のように読んで、「完備していた」「行き届いていた」のように訳すことになる。つまり、現代語の「至れり尽くせり」の意だ。

「人材を待遇するための手段（制度）が行き届いていた（完備していた）」のように訳せばよい。

㈣〈全文の趣旨にかかわる内容説明〉

傍線部自体にはさほど難解な表現は含まれていないが、前後を見ただけでは「誰がどうすべきだということか」という設問の条件に対しては迷うことになってしまう。

そこで、改めて全体を見直す。特に最後の設問は、全文の趣旨を含めて問うものだという国語の常識を思い出す。第一段で「先王」の政治について一言し、第二段と第三段でそれを詳しく具体的に解説しているというのが、文章全体の展開である。さらに、この文章が「人材登用などについて皇帝に進言した上書の一節」だというリード文の内容ももう一度確認する。

これで解答の方針は決まるはずだ。「皇帝が」「人材登用を正しく行うべきだ」という意図があって「進言した上書」なのだ。その具体的なあるべき姿を、「『先王』はこうでした」と説いているのがこの文章なのである。

以上のことを意識した上でもう一度傍線部を訳し、設問の条件に従って解答する。スペースが小さく、簡潔に要約しての解答が求められてくるのも、東大の漢文問題の特徴の一つでもある。

「皇帝がまず誠意とあわれみの心を尽くし、人材が応募するよう登用に努めるべきだということ」のように解答する。

読み方

先王《センノウ》の天下《テンカ》を為《をさ》むるや、人《ひと》の為《な》さざるを患《うれ》へずして人《ひと》の能《あた》はざるを患《うれ》へ、人《ひと》の能《あた》はざるを患《うれ》へずして己《おのれ》の勉《つと》めざるを患《うれ》ふ。

何《なに》をか人《ひと》の為《な》さざるを患《うれ》へずして人《ひと》の能《あた》はざるを患《うれ》ふと謂《い》ふ。人《ひと》の情《ジョウ》の得《う》るを願《ねが》ふ所《ところ》の者《もの》は、善行《ゼンコウ》・美名《ビメイ》・尊爵《ソンシャク》・厚《コウ》利《リ》なり。而《しか》して先王《センノウ》能《よ》く之《これ》を操《と》り以《もつ》て天下《テンカ》の士《シ》に臨《のぞ》む。天下《テンカ》の士《シ》、能《よ》く之《これ》に遵《したが》ひて以《もつ》て治《をさ》むる者《もの》有《あ》れば、則《すなは》ち悉《ことごと》く其《そ》の得《う》るを願《ねが》ふ所《ところ》の者《もの》を以《もつ》て以《もつ》て之《これ》に与《あた》ふ。士《シ》能《あた》はざれば則《すなは》ちち已《や》む。苟《いや》しくも能《よ》くすれば、則《すなは》ち孰《たれ》か肯《あ》へて其《そ》の得《う》るを願《ねが》ふ所《ところ》を舍《す》てて自《みづか》ら勉《つと》めて以《もつ》て才《サイ》と為《な》らざらんや。故《ゆゑ》に曰《い》はく、人《ひと》の為《な》さざるを患《うれ》へず、人《ひと》の能《あた》はざるを患《うれ》ふと。

何《なに》をか人《ひと》の能《あた》はざるを患《うれ》へずして己《おのれ》の勉《つと》めざるを患《うれ》ふと謂《い》ふ。先王《センノウ》の法《ホウ》、人《ひと》を待《ま》つ所以《ゆゑん》の者《もの》は尽《つ》くせり。下愚《カグ》にして移《うつ》るべからざるの才《サイ》に非《あら》ざるよりは、未《いま》だ赴《おもむ》く能《あた》はざる者《もの》有《あ》らざるなり。然《しか》り而《しかう》して之《これ》を謀《はか》るに至誠惻怛《シセイソクダツ》の心《こころ》を以《もつ》て力行《リキコウ》して之《これ》に先《さき》んぜざれば、未《いま》だ能《よ》く至誠惻怛《シセイソクダツ》の心《こころ》を以《もつ》て力行《リキコウ》して之《これ》に応《オウ》ずる者《もの》有《あ》らざるなり。故《ゆゑ》に曰《い》はく、人《ひと》の能《あた》はざるを患《うれ》へずして己《おのれ》の勉《つと》めざるを患《うれ》ふと。

通釈

古代の帝王が天下を治めたときには、他人が実行しないのを心配せずに他人ができないのを心配し、他人ができないのを心配せずに自分が努力しないのを心配しました。

どんなことを、「他人が実行しないのを心配せずに他人ができないのを心配する」というのでしょうか。世の人情が手に入れたいと願うものは、立派な行い・すばらしい名声・高い地位・豊かな利益です。そして古代の帝王はこの四つを(褒賞として)上手に操作して天下の人材を処遇したのです。天下の人材の中に、自分の指令を遵守して政治を行うことができる者があれば、惜しげなくその人材が手に入れたいと願っているものを褒賞として与えました。その人物が帝王の指令どおりの政治ができないならば、それまでのことです。かりにもできるのであれば、自分が手に入れたいと願うものを捨てて優れた人材になるために努力したがらない者などおりはしません(誰しもが自分が欲するもののために優れた人材になろうと努力するはずです)。ですから、(帝王は)「他人が実行しないのを心配せず、他人ができないのを心配する」というのです。

どんなことを、「他人ができないのを心配せず、自分が努力しないのを心配する」というのでしょうか。古代の帝王の法では、人材を待遇するための制度が行き届いていました。何によっても変わらないきわめて愚かな才能の持ち主でないかぎり、(帝王のもとに仕えようと)赴くことができない者などありはしません。しかしながら、(帝王が)先手を打って誠意とあわれみの心を尽くして(天下の人材を思いやって)人材の登用・待遇に努めなければ、誠意とあわれみの心を尽くして登用に応じようと努める人材などありはしないのです。ですから(帝王は)「他人ができないのを心配せず、自分が努力しないのを心配する」というのです。

解答（(二)は文科のみ）

(一)　a　心配する。
　　b　高い地位
　　c　それまでだ。

(二)　天下の士は、得たいと願うもののために、優れた人材となるよう努めるはずだということ。

(三)　人材を待遇するための制度が行き届いていた。

(四)　皇帝がまず誠意とあわれみの心を尽くし、人材が応募するよう登用に努めるべきだということ。

二〇一七年

第三問（文理共通）

出典

明の劉元卿《りゅうげんけい》の『賢奕編《けんえきへん》』。

劉元卿（一五四四～一六〇九）は、明の江西安福の人。礼部主事の職を退いた後、様々な著作を残した。『賢奕編』は、旧聞・逸事などを雑録した小説集である。

解説（㈡は文科のみ）

昔話「ねずみの嫁入り」を想起したくなる話であり、読み難い文章ではない。しかし、いざ解答をまとめようとするとなかなか答え難い設問も多い。読み難い文章ではないが答え難い設問、これは東大の漢文問題の特徴の一つでもある。

二〇一七年度の答え難さは、送り仮名の省略と解答欄の短さに起因している。

送り仮名の省略された解釈問題が二問出され、その○×がはっきりと分かれた。どちらも生半可な句形の理解では対処できない設問だった。返り点や送り仮名が省略されても、語順や接続・文脈などから、正しく読解できる力が求められている。

また解答欄が短い設問ばかりで、例年以上に要約力がものを言う問題だったと言える。漢文としての読解力はもちろん、適切に情報を処理して簡潔に解答をまとめるトレーニングも、受験対策として欠かせない。

句形の面では、反語の出題が六年連続となった。反語の解釈と解答のしかたを十分に確認しておくことが大切である。

㈠〈現代語訳の問題〉

a　送り仮名が省かれての出題なので、どう読むかが大きなポイントになっている。

「神」は、同じ二行目で「神《シン》なり」と形容動詞として読まれている。さらに後文に「尚㆓於龍㆒」という明らかな対応表現があり、そこには「龍より」という比較の読み方が送り仮名で示されている。よって傍線部「神㆓於虎㆒」は、「虎より（も）神なり」と読むものと判断する。

「神」は、「奇」（一行目）＝「神」＝「尚」という言い換えに着眼して、「すぐれている」のように訳す。傍線部のみにとらわれて「神様だ」のような直訳をしてはいけない。

b　こちらも送り仮名が省かれている。

「須㆓浮雲㆒」は〈動詞＋目的語〉の語順であり、「浮雲を須《もち》ふ」と読む。直前部の「龍昇㆑天」（龍が天に昇るときには）からのつながりも確認して、「浮き雲を必要とする」のように訳せば正解である。

ところが実際には、「須」は再読文字であると決めつけて、「雲に浮くことが必要だ」「雲に浮かばなければならない」のように訳した答案が多かったようである。これは語順や返り点を無視した解答であり、0点になったはずである。二〇一七年度の漢文問題では、合否を分けた設問であった。

機械的・表層的な句形の理解は、大怪我のもとになる。語順や接続などもチェックしながら、確かな理解に努めることが大切である。

c　送り仮名がついているので、「名づけて雲と曰ふに如《し》かず（と）」と読んでいることはわかる。「不レ如二～一」は一般には「Aハ不レ如カ二Bニ一」のような形になり、「AはBに及ばない」「AよりもBの方がよい」のように訳す比較の形である。「虎誠猛、不如龍之神」（一～二行目）は、「虎は確かに猛々しいが、龍のすばらしさには及ばない」のように訳すのが適切である。

ところがこの設問部は、「不如名曰雲」だけでの一文で、前半部が省略されている。省略が「龍と名づけるのは」のような内容であることは自明であるが、これを補わずに「雲と名づけるには及ばない」と訳すと、「雲と名づける必要はない」のニュアンスだと誤解される恐れがある。誤解を受ける解釈・伝わらない訳では、正解とは認められない。よって「雲と名づけた方がよい」が正解となる。

あくまでも文章中での傍線部としての正しい解釈が求められている。それをしっかりと意識して解答しなければ正解が得られない部分を出題するのが、東大漢文の大きな特徴の一つでもある。

㈡〈理由説明の問題〉

傍線部は、「猫に名づけて塀猫と呼べばよいのだ」のような内容である。その理由は直前部「大風～牆何」に示されている。ここを訳すポイントは三つ。①「以」は手段・方法の用法で、「以レ牆」は「塀を使って」の意。②「足」が後の動詞から返る可能形であって、「足レ蔽」は「さえぎるのに十分だ、さえぎることができる」の意。③「如レ～何」が反語の形で、「如レ牆何」は「塀をどうすることもできない」の意。

以上をふまえて理由部を訳してみると、一行のスペースには納まらない。「簡潔に説明」することが求められているから、要約が必要となる。「大風も塀に阻まれては、猛威をふるうことができないから」のようにまとめれば正解である。

㈢〈平易な現代語訳の問題〉

「如レ～何」は、㈡でも見たように「～をどうすることもできない」の意の反語形である。よって「塀は鼠をどうすることもできない」のように直訳するのは簡単だ。しかし、傍線部の直訳だけで終わるような問題は出さないのが、東大の漢文である。

㈠では「現代語訳せよ」と問われているが、こちらでは「平易な現代語に訳せ」と問われている。これは「わかりやすく現代語訳せよ」と問われるケースと同じである。そこで「塀は鼠をどうすることもできない」という直訳を、より「平易に＝わかりやすく」する。そのためには前の文の要素を加えればよいはずだ。「強固な塀も、鼠が穴を空けて崩すのをどうすることもできない」のように解答できれば正解である。

㈣〈全文の趣旨にかかわる内容説明の問題〉

「東里丈人」の主張は「噫嘻〜真哉」に示されている。ここには「胡為〜哉」という反語が含まれているが、訳すのに苦労する要素はない。

まず注意すべきは、「丈人」と傍線部直後「嗤」の〔注〕である。ここから、筆者が敬意を払う老人が嘲笑して言っている内容であることを確認する。

次に、最後の設問は文章全体の趣旨にかかわるものとして出題されるのが普通であるから、ここではもちろん第一段の人々のやりとりに対して、「東里丈人」が嘲笑してコメントしているのが、「噫嘻〜真哉」部であることを確認する。

「猫は猫であるという本質を忘れて命名にこだわるのは、馬鹿げているということ」のように解答すればよい。

読み方

斉奄《セイアン》家《いへ》に一猫《イチビョウ》を畜《やしな》ひ、自《みづか》ら之《これ》を奇《キ》とし、人《ひと》に号《ゴウ》して虎猫《コビョウ》と曰《い》ふ。客之《カクこれ》に説《と》きて曰《い》はく、「虎《とら》は誠《まこと》に猛《モウ》なるも、龍《リュウ》の神《シン》なるに如《し》かざるなり。請《こ》ふ名《な》を更《か》へ龍猫《リュウビョウ》と曰《い》はんことを」と。又客之《またカクこれ》に説《と》きて曰《い》はく、「龍《リュウ》は固《もと》より虎《とら》より神《シン》なるなり。龍天《リュウテン》に昇《のぼ》るに浮雲《フウン》を須《もち》ふれば、雲其《くもそ》れ龍《リュウ》より尚《たふと》きか。名《な》づけて雲《くも》と曰《い》ふに如《し》かず」と。又客之《またカクこれ》に説《と》きて曰《い》はく、「雲靄天《ウンアイテン》を蔽《おほ》ふも、風倏《かぜたちま》ちにして之《これ》を散《サン》ず。雲固《くももと》より風《かぜ》に敵《かな》はざるなり。請《こ》ふ名《な》を更《か》へ風《かぜ》と曰《い》はんことを」と。又客之《またカクこれ》に説《と》きて曰《い》はく、「大風飆起《タイフウヒョウキ》するも、維《た》だ屏《ふせ》ぐに牆《ショウ》を以《もつ》てせば、斯《すなは》ち蔽《おほ》ふに足《た》れり。風其《かぜそ》れ牆《ショウ》を如何《いかん》せん。之《これ》に名《な》づけて牆猫《ショウビョウ》と曰《い》はば可《カ》なり」と。又客之《またカクこれ》に説《と》きて曰《い》はく、「維《こ》れ牆固《ショウコ》なりと雖《いへど》も、維《こ》れ鼠之《ねずみこれ》に穴《うが》たば、牆斯《ショウすなは》ち圮《くづ》る。牆又鼠《ショウまたねずみ》を如何《いかん》せん。即《すなは》ち名《な》づけて鼠猫《ソビョウ》と曰《い》はば可《カ》なり」と。東里《トウリ》の丈人之《ジョウジンこれ》を嗤《わら》ひて曰《い》はく、「噫《あ》嘻《あ》、鼠《ねずみ》を捕《とら》ふる者《もの》は故《もと》より猫《ねこ》なり。猫《ねこ》は即《すなは》ち猫《ねこ》なるのみ。胡為《なんすれ》ぞ自《みづか》ら本真《ホンシン》を失《うしな》はんや」と。

通釈

斉奄は家に一匹の猫を飼っていて、飼い主ながらその猫をすぐれた猫だと考え、周りの人々に語るときには「虎猫」と呼んでいた。（ある時）客人が斉奄に説得して言った、「虎は確かに猛々しいものだが、龍のすばらしさには及ばない。どうか名を改めて龍猫と呼んでくれたまえ」と。(他の)客人は更に斉奄に説得して言った、「龍はもちろん虎よりもすぐれたものである。(だが)龍が天に昇るときには浮き雲を必要とするのだから、雲は恐らく龍よりもすぐれているのではないか。雲(雲猫)と名づける方がよい」と。さらに(他の)客人は斉奄に説得して言った、「雲や靄が天を隠しても、風が一瞬にしてそれを吹き飛ばしてしまう。雲はもともと風にはかなわないのだ。どうか名を改めて風(風猫)と呼んでくれたまえ」と。さらに(他の)客人は斉奄に説得して言った、「大風が猛威をふるっても、ただ塀を使って防げば、それで風を閉ざすのに十分なはずだ。風は塀を吹き飛ばすことなどできないはずだ。猫に名づけて塀猫と呼べばよいのだ」と。さらに(他の)客人は斉奄に説得して言った、「確かに塀は強固なものだが、鼠が(かじって)塀に穴を空ければ、塀はすぐに崩れてしまう。塀とて鼠をどうすることもできはしない。つまり鼠猫と名づければよいのだ」と。

東里の丈人がこのやりとりを嘲笑して言った、「ああ、鼠を捕らえるのは本来猫なのだ。猫はとりもなおさず猫である。わざわざその本質を忘れ(て名づけにこだわ)ることはあるまい」と。

解答（㈡は文科のみ）

㈠　a　虎よりもすぐれている。

b　浮き雲を必要とする。

c　雲（雲猫）と名づけた方がよい。

㈡　大風も塀に阻まれては、猛威をふるうことができないから。

㈢　強固な塀も、鼠が穴を空けて崩すのをどうすることもできない。

㈣　猫は猫であるという本質を忘れて命名にこだわるのは、馬鹿げているということ。

二〇一六年

第三問（文理共通）

出典

北宋の蘇軾の詩「寓居定恵院之東、雑花満山、有海棠一株、土人不知貴也」。

　蘇軾（一〇三六or七〜一一〇一）は、北宋を代表する文人・詩人で、「唐宋八大家」の一人。眉山《びざん》（今の四川省）の出身で、号を東坡という。科挙及第後まもなく、王安石の新法に反対したため地方官に左遷された。その後も政争や舌禍によって何度も左遷され、生涯の多くを地方官として過ごした。

解説（㈠a・㈢は文科のみ）

　一九九九年度以来五年ぶりに漢詩が出題された。リード文に示されたとおり、作者の蘇軾が「朝廷を誹謗した罪で黄州（湖北省）に流されていた時期に作ったもの」である。左遷をきっかけとして異境の地での孤独な滞在を余儀なくされた作者が、原産地を遠く離れて独り咲く海棠に共感を覚えるという趣旨の詩で、同様の境遇にあった作者（白居易）が捕らわれて帰れない雁に共感を覚えたという一九九九年度の漢詩と、ほぼ同じテーマである。このテーマについて直接問う設問も、一九九九年度と同様に設定された。

　句形の面では反語の出題が五年連続となり、単語の面でも過去問で出題歴のあるものが多く問われた。

　過去問への真摯な取り組みが、例年以上に大きくものを言う問題であった。

　設問㈠で現代語訳が三つ問われその他の設問で説明が求められるという、例年の古文のような出題形式であった。

㈠〈現代語訳〉

a　漢文で出会う「空」は、「人気がない」の意味である場合が多い。東大の過去問の漢詩でも、「空館」の意味が問われている。第十四句の「無レ人」がポイントにはなるが、設問の傍線部から大分離れた部分なので、これを利用するのはなかなか難しい。

c　漢文で出会う名詞の「事」は、「仕事」の意味である場合が多い。

　「朝廷を誹謗した罪で」「流されていた」というリード文の情報から、左遷されて閑職に就いていることが把握できていれば、「無一事」で「（なすべき）仕事が何もない」「何の仕事もない」のように訳せる。

　聯（＝連、奇数句と偶数句の関連・つながり）に着眼すべきことも、漢詩解釈の鉄則である。後の第十六句は、「（満腹した）

腹を撫でながらあちこち気ままに散歩する」という内容である。ここをしっかり意識すれば、「先生(作者)は腹一杯になって何の仕事もない」という解釈で矛盾なくつながるはずだ。

f　〈疑問詞…文末「ん(んや)」〉は反語の読み方である。ところがこの傍線部を、「どうして〜しようか、いや〜したりはしない」のように公式的な反語の解釈に当てはめようとすると、訳しにくいうえに解答スペースからもはみ出してしまう。そこで、漢文の反語は結局は強い否定と同じであることを思い出して、「那忍触」を「不忍触」と否定に置き換えてみる。ここから「触れるには忍びない」「かわいそうで触れることはできない」のように基本的な意味が確認できる。

あとは何に対して「触れるには忍びない」のかを補うが、これはタイトルを見ても詩全体を見ても「海棠」以外には見当たらない。

「海棠の花に触れるには忍びない」のようなコンパクトな答えで解答スペースに収める。

㈡　〈具体的な説明〉

詩題中の「海棠」について、「春に濃淡のある紅色の花を咲かせる」と〔注〕があることを確認していれば、海棠の花を「佳人」(第六句)に譬えたうえで、その艶やかさを具象的に表現しているのが傍線部なのだと気づく。

これで傍線部を直訳することはできそうだが、「暈」がやや難しい。「酒暈」という熟語があり「酒で顔を赤らめる」ことだが、これは入試で要求される語意ではない。そこで直後の偶数句との関連・つながり(つまり聯)に着眼する。文法構造から対句を構成していることから、「暈」＝「紅」だと把握すればよい。「(美人が)赤い唇から酒を飲んで頰を赤らめた」というのが傍線部の内容である。

最後に、これを「何をどのように表現したものか」という問いの条件に従って書き改める。「海棠が赤く咲く姿を、美人が酒で頰を赤らめたさまに譬えた」のように解答すれば正解である。

㈢　〈内容説明〉

まずは傍線部自体を正しくとらえる。「陋」がやや難しい。これは二〇〇一年度の設問の傍線部に含まれていた語で、それを意識したうえで出題されていることに間違いはない。「卑しい」というのが基本的な意味で、「陋邦」で「鄙びた町、辺境の村」のような意味になる。文中からは、後の「天涯」がこの言い換えであることに着眼する。「この片田舎の町はどこからこの海棠を手に入れたのか」というのが傍線部の意味である。

この傍線部の問いに対する回答は、もちろんまずは聯を構成する後の偶数句に求める。「好事家(趣味人)が原産地の西蜀から移植したのか」〈「西蜀」には〔注〕がある〉と推察している。しかしこの推察は次の句で「小さな根でもはるばるもたらすのは容易ではなかろう」と打ち消されている。そこでこれと聯を構成する次の句を見ると、「定～」（きっと～だろう）という推量表現が使われている。この部分をまとめればよい。

植物の由来が話題となっていることから「子」を「種子」と熟語に置き換えれば、「種をくわえて飛来したのはきっと大きな渡り鳥だったのだろう」と訳すのは難しくない。「大きな渡り鳥が種をくわえて運んで来たのだという考え」のように解答できれば正解である。

㈣〈全文の趣旨にかかわる理由説明〉

傍線部の中に「為」があるが、これがなくてもまずは聯を構成する奇数句に着眼する。「天涯（天の果て）の地に流れ落ちて来た境遇について作者も海棠もともに思うことがあるに違いない」のような内容である。

さらにリード文の内容から作者がこの地に「流されていた」ことと、直前の四句の内容から海棠も原産地から運ばれて独り咲いていることの共通点を考える。作者は、海棠に対して「同じ身の上だ」と共感を覚えているはずだ。それこそが「倶可念」の具体的な内容である。

前述のとおり、一九九九年度の出題が「雁」と「海棠」の違いこそあれ同様のテーマの漢詩であったことを理解していれば、一層解答しやすかったはずである。当然のことながら、過去問はしっかり学習しておく必要がある。

読み方

寓居定恵院《グウキョジョウエイン》の東《ひがし》、雑花《ザッカ》山《やま》に満《み》つ、海棠一株《カイドウイッシュ》有《あ》り、土人《ドジン》は
貴《たっと》きを知《し》らざるなり
江城地《コウジョウチ》は瘴《ショウ》にして草木《ソウモク》蕃《しげ》し
只《た》だ名花《メイカ》の苦《はなは》だ幽独《ユウドク》なる有《あ》り
嫣然《エンゼン》として一笑《イッショウ》す竹籬《チクリ》の間《カン》
桃李《トウリ》山《やま》に漫《み》つるも総《すべ》て粗俗《ソゾク》
也《ま》た知《し》る造物《ゾウブツ》深意《シンイ》有《あ》るを
故《ことさら》に佳人《カジン》をして空谷《クウコク》に在《あ》らしむ
自然《シゼン》の富貴《フウキ》天姿《テンシ》より出《い》づ
金盤《キンバン》もて華屋《カオク》に薦《すす》むるを待《ま》たず
朱唇《シュシン》酒《さけ》を得《え》て暈《ウン》瞼《ほほ》に生《ショウ》ず
翠袖《スイシュウ》紗《サ》を巻《ま》きて紅《くれなゐ》肉《ニク》に映《エイ》ず
林《はやし》深《ふか》く霧《きり》暗《くら》くして暁光《ギョウコウ》遅《おそ》く
日《ひ》暖《あたた》かく風《かぜ》軽《かろ》くして春睡《シュンスイ》足《た》る
雨中《ウチュウ》涙《なみだ》有《あ》り亦《ま》た悽惨《セイサン》
月下《ゲッカ》人《ひと》無《な》く更《さら》に清淑《セイシュク》
先生《センセイ》食《ショク》飽《あ》きて一事《イチジ》無《な》し
散歩《サンポ》逍遥《ショウヨウ》して自《みづか》ら腹《はら》を捫《な》づ
人家《ジンカ》と僧舎《ソウシャ》とを問《と》はず
杖《つゑ》を拄《つ》き門《モン》を敲《たた》き修竹《シュウチク》を看《み》る
忽《たちま》ち絶艶《ゼツエン》の衰朽《スイキュウ》を照《て》らすに逢《あ》ひ

嘆息《タンソク》無言《ムゴン》病目《ビョウモク》を揩《ぬぐ》ふ
陋邦《ロウホウ》何《いづ》れの処《ところ》にか此《こ》の花《はな》を得《え》たる
無乃《むしろ》好事《コウズ》の西蜀《セイショク》より移《うつ》せるか
寸根《スンコン》千里《センリ》致《いた》し易《やす》からず
子《シ》を銜《ふく》みて飛来《ヒライ》せるは定《さだ》めし鴻鵠《コウコク》ならん
天涯《テンガイ》流落《リュウラク》倶《とも》に念《おも》ふべし
為《ため》に一樽《イッソン》を飲《の》み此《こ》の曲《キョク》を歌《うた》ふ
明朝《ミョウチョウ》酒《さけ》醒《さ》めて還《ま》た独《ひと》り来《きた》らば
雪《ゆき》落《お》ちて紛紛《フンプン》那《なん》ぞ触《ふ》るるに忍《しの》びん

通釈

仮住まいしている定恵院の東に、様々な花が山いっぱいに
咲いている、（その中に）海棠が一株あり、土地の人はその
価値を理解していない。
長江に面した黄州の地は湿気が多くて草木が繁茂している
が、（その中に）とても静かに独り咲く素晴らしい花がある。
竹の垣根の中に一株にっこりと咲き誇ると、
山いっぱいの桃や李もすべて卑俗な花に見える。
造物主たる神には深い意図があったのだと理解される、
わざわざこの美人（海棠）を人気のない谷間に咲かせたのだ。
自然の豊かな美しさは天性の姿の中にこそ現われるもの、
贅沢な鉢に植えてきらびやかな宮殿に飾る必要などない。

赤い花びらは酒に酔った美人が頬を赤らめたようであり、
緑の葉には薄絹をまとった美人の血色のよい肌が照り映える。
林は深く霧も濃くて朝日が差し込むのは遅いが、
日差しは暖かく風は軽やかで春の睡眠は十分だ。
雨の中で海棠が涙を流しているのはなんともいたましく、
月の下で人影もなく一層清楚な美しさが際立っている。
先生（私）は満腹してなすべき仕事とてなく、
自分の腹を撫でながら気ままにあちこち散歩する。
民家と僧坊とを問はず、
杖をつきながら門を叩いているうちに竹の垣根を目にした。
突然絶世の艶やかな花がこの老体を照らすのに出くわし、
ため息をつきながら無言のまま病眼をこすっ（て見つめ）た。
辺境の町はどこからこの海棠の花を手に入れたのか、
あるいは趣味人が原産地の西蜀から移植したのだろうか。
小さな根でもはるばるもたらすのは容易ではなかろう、
種をくわえて飛来したのはきっと大きな渡り鳥であったはず
だ。
私も海棠も天涯の地に流れ着いたもの同士の共感を覚える、
そこで樽酒を飲みこの歌を歌うことにしよう。
明朝酒が醒めてまた独り訪ねてきたならば、
吹雪を受けた海棠に触れるには忍びないだろうから。

解答（㈠a・㈢は文科のみ）

㈠ a　人気のない谷間。

c　なすべき仕事もない。

f　海棠の花に触れるには忍びない。

㈡ 海棠が赤く咲く姿を、美人が酒で頰を赤らめたさまに譬えた。

㈢ 大きな渡り鳥が種をくわえて運んで来たのだという考えに至った。

㈣ 天涯の地に独り咲く海棠に、流されて来た孤独な身を重ね合わせて共感を覚えたから。

二〇一五年

第三問（文理共通）

出典　清の紀昀《きいん》の『閲微草堂筆記』。『閲微草堂筆記』は、筆者の紀昀が見聞した珍しい話を随録した書で、「閲微草堂」はその書斎の名である。

解説　（五は文科のみ）

リード文に示されたとおり、「清代の文人書画家、高鳳翰についての逸話」である。

第一段は、高鳳翰が夢のお告げの後に手に入れた司馬相如の玉印を肌身離さず大切にしたというエピソード、そして第二段は、「文人書画家」としての高鳳翰に対する筆者の評価、という構成である。

第二段にかかわる設問(五)がやや難しいが、全体をよく見て第一段の内容とつなげることで、「前輩」とは特に「司馬相如」を意識しているものと判断する必要がある。第二段の内容を第一段とうまくつなげることがカギになる文章からの出題は、二〇一四年度に続いてのものである。

(一)〈具体的な説明〉

まずは傍線部自体の意味を正しく把握する。「祥」は、「吉祥、瑞祥」という熟語があるとおり、「めでたい前触れ」。「瑞兆、前兆、予兆」のように訳してもよい。「莫悟何祥」で、「何の吉祥なのかわからなかった」のような意味になる。

設問の条件の「直前に高西園が経験したことを明らかにして」については、もちろん前文の内容を明らかにする。「一人の客人が来訪し、『司馬相如』と書かれた名刺を差し出した夢を見た」→「司馬相如が来訪する夢（を見たこと）」のようになる。

以上をまとめて、「司馬相如が来訪する夢が、何の吉祥なのかわからなかったということ」のように解答すればよい。

(二)〈空欄補充（抜き出し）〉

空欄補充は、東大でも時折出題されている。主語の補充や、対句・対応表現がポイントになるケースが多いが、ここは句形の知識が問われている。

空欄の前句の否定詞「非」に、「ザレバ」という送り仮名が施されていることに着眼する。一つの文に否定詞が二つあってしかも二重否定でないときは、前半の否定詞は条件を、後半の否定詞は結果を表す。「勉強しなければ、合格しない」「ご飯を食べなければ、大きくなれない」のように、日常会話の中でも当たり前に使われている論法である。空欄に否定詞「不」(三行目、同じ文の中)を入れれば、「ごく親しい間柄の者でなければ、(玉印を)見ることはできなかった」のように訳すことになり、意味の通る文が完成する。これなら、「廬丈」なる上司に、見せてほしいと頼まれた際に断ったという直後のエピソードにも矛盾しない。

なお、空欄には否定詞が入るとなれば、「莫」(一行目)や「無」(二行目)も候補にあがる。しかし、こちらを入れると「ごく親しい間柄の者でなければ、(玉印を)見ることのできる者はなかった」のような意味になり、前半部からのつながりがやや悪くなる。あるいは、部分点が許容されたであろうか。

㈢〈具体的な説明〉

まずは傍線部自体を正しくとらえる。「私(鳳翰)が(朋友と)共有してはならないものは」となる。「者」が、「人、もの、こと」のようにあらゆるものを受けることは、漢文の常識である。ここまでくれば、直後の「惟二物、此印及山妻也」を具体化すればよいことも、すぐにわかる。

「此印」については、指示語「此」の指示内容を明らかにして、「(いつも身につけている)司馬相如の玉印」のように答える。「山妻」は〔注〕に従えば「自分の妻」のようになるが、「述べよ」という説明問題なので、「西園(鳳翰)自身の妻」のように解答する方が望ましい。

まとめて、「常に身につけている司馬相如の玉印と、西園(鳳翰)自身の妻」のように解答すれば正解である。

㈣〈現代語訳〉

解釈上のポイントは、大きく三つある。

まず、「誰～者」を反語で訳すこと。この形は疑問と反語のケースがあって、どちらでも「誰か～者ぞ」と読むのが普通である(「誰か～者あらん(や)」のように反語らしく読んでくれる、親切な出題もある)。ここは文脈からも、後半部が明らかな反語であることからも、反語だと判断する。「誰が君の物を奪ったりするだろう、いやそんなことをする者はいない」が逐語訳である。

後半部は、「何の～爾せんや」という読み方が反語であることを明確に表している。もちろん文脈からも反語であることに間違いはない。「どのような愚か者がなんとそのようなことをするだろう、いやそんなことはするはずがない」が逐語訳である。

三つめに、「爾」が、前半では二人称の「なんぢ」(=汝)であり、後半では動詞「しかり、しかす」(=然)であることを、文脈や送り仮名から正しく判断することである。後半の「爾」は、一般には具体化すべきものだが、ここは前半の内容から「奪うこと」であるのが自明なので、強いて具体化する必要はない。

前半後半をまとめると、「誰が君の物を奪ったりするだろう、いやそんなことをする者はいない。／どのような愚か者がなんとそのようなことをするだろう、いやそんなことはするはずがない」のようになるが、これでは一行半というスペースにはとても収まらないし、もたもたした解答になってしまう。そこで「誰も君の物を奪ったりはしない。どんな愚か者でもそんなことをするはずがない」のようにまとめる。解答スペースに応じて、答え方を工夫しなければならないのが反語の解釈である。また、結論を簡潔にまとめて答えなければならないのが、東大の解答スペースの特徴でもある。毎年のように出題されている反語なので、とくに注意することが必要である。

㈤ 〈全文の趣旨にかかわる主語を補っての現代語訳〉

リード文をしっかり確認して、文章全体特に第二段を素直に読めば、設問の条件である主語を「高鳳翰」「高西園」のように答えるのは簡単である。

副詞の「猶」は、「まだ、やはり」のような直訳では不十分。そこで、直前部をふまえて「今の士大夫の中にありながら」のように補うことで、設問の条件の「わかりやすく」に応える。

「前輩」は、「現代語」の「先輩」とは少し異なる。そこで、第一段とのつながりを検討する。司馬相如の玉印を肌身離さず大切にしていたという内容に着眼したい。ここの「前輩」は、「清代の文人書画家、高鳳翰」（リード文）にとっての、「前漢の文章家」司馬相如〔注〕を特に意識しての言葉である。そこで「先人」のように言い換える。

「風流」は、ここでは「（先人の）遺風・余流」という意味だが、その知識がなくても現代語の「風流」ではオカシイことには気づく。第二段は、「文人書画家」（リード文）としての高鳳翰がどのような活動を行ったかを述べている。特に「画品絶高」「有別趣」「詩格亦脱灑」が、「文人書画家」としての高鳳翰に対する筆者の評価である。そこから「品」・「趣」・「格」が、すべて「風流」の言い換えであることに着眼する。「風趣」「風格」「品格」という、意味の近似する熟語を作ることが可能であるのも、解答のカギになる。

まとめて、「高鳳翰は、今の士大夫の中にありながらも、先人の遺風（風趣、風格、品格）を追慕（追求）することができた」のように訳せば正解となる。

読み方

高西園《コウセイエン》嘗《かつ》て一客《イッカク》の来《きた》り謁《エッ》し、名刺《メイシ》に司馬相如《シバショウジョ》と為《な》すを夢《ゆめ》む。驚《おどろ》き怪《あや》しみて寤《さ》むるも、何《なん》の祥《ショウ》なるかを悟《さと》る莫《な》し。越《こ》ゆること数日《スウジツ》、意《イ》無《な》くして司馬相如《シバショウジョ》の一玉印《イチギョクイン》を得《え》たり。古沢《コタク》斑駁《ハンバク》、篆法精妙《テンポウセイミョウ》、真《シン》に昆吾刀《コンゴトウ》の刻《コク》なり。恒《つね》に之《これ》を佩《お》びて身《ミ》より去《さ》らず、至《いた》つて親昵《シンジツ》なる者《もの》に非《あら》ざれば、一見《イッケン》すること能《あた》はず。塩場《エンジョウ》に官《カン》たりし時《とき》、徳州《トクシュウ》の盧丈両淮運使《ロジョウリョウワイウンシ》たり、是《こ》の印《イン》有《あ》るを聞《き》き、燕見《エンケン》せし時《とき》、偶《たまたま》之《これ》を観《み》んことを索《もと》む。西《セイ》園席《エンセキ》を離《はな》れ半《なか》ば跪《ひざまづ》き、色《いろ》を正《ただ》し啓《まう》して曰《い》はく、「鳳翰一生《ホウカンイッショウ》客《カク》を結《むす》び、有《ユウ》する所《ところ》は皆朋友《みなホウユウ》と共《とも》にすべし、其《そ》の共《とも》にすべからざる者《もの》は、惟《た》だ二物《ニブツ》のみ、此《こ》の印《イン》及《およ》び山妻《サンサイ》なり」と。盧《ロ》丈《ジョウ》笑《わら》ひ之《これ》を遣《や》りて曰《い》はく、「誰《たれ》か爾《なんぢ》の物《もの》を奪《うば》ふ者《もの》ぞ、何《なん》の痴《チ》か乃《すなは》ち爾《しか》せんや」と。

(以下、文科のみの出題)

西園画品絶高《セイエンガヒンゼッコウ》、晩《バン》に末疾《マッシツ》を得《え》て、右臂偏枯《ウヒヘンコ》するも、乃《すなは》ち左臂《サヒ》を以《もつ》て揮毫《キゴウ》す。生硬倔強《セイコウクッキョウ》なりと雖《いへど》も、乃《すなは》ち弥《いよいよ》別趣《ベッシュ》有《あ》り。詩格《シカク》も亦《ま》た脱灑《ダッシャ》たり。跡《あと》を微官《ビカン》に托《タク》すと雖《いへど》も、蹉跎《サタ》として以《もつ》て歿《ボッ》す。近時士大夫《キンジシタイフ》の間《カン》に在《あ》りても、猶《な》ほ能《よ》く前輩《ゼンパイ》の風流《フウリュウ》を追《お》ふなり。

通釈

高西園がかつて、一人の客人が来訪して「司馬相如」という名刺を差し出すのを夢に見た。驚き不思議に思って目を覚ましたが、(その夢が)何の吉祥であるかはわからなかった。数日後、思いがけずに司馬相如の玉印を一つ手に入れた。古めかしい光沢にまだらの色彩、素晴らしい篆書の文字で、まぎれもなく名刀の昆吾刀によって刻まれた玉印であった。(西園は)常にこの玉印を肌身離さず腰につけて、ごく親しい間柄の者でなければ、見せてもらえなかった。製塩場の役人であった時、徳州の盧丈が両淮の塩運使を務めていて、(西園が)この玉印を持っていることを聞き、宴席で会見した折りに、たまたまこれを見せてほしいと求めた。(すると)西園は席から立ち上がり半ばひざまずいて、かしこまった面持ちで申し上げた、「この鳳翰の一生涯客人と交わりを結んだからには、その持ち物はすべて朋友と共有してよいものです。私が朋友と共有できぬものはといえば、ただ二つだけ、この玉印と我が妻でございます」と。盧丈は笑って西園を下がらせて言った、「誰も君の物を奪ったりはせぬぞ。どんな愚か者でもそんなことは致さぬ」と。

(以下、文科のみの出題)

西園の絵画は飛び抜けて優れた格調を備えており、晩年には手足を病んで、右ひじの自由がきかなくなったが、なんと左手で書画の筆を執った。たどたどしく荒々しい作品となったものの、それがますます格別な風趣をたたえていた。詩の風格もまた洗練されたものであった。(役人としては)低い官職に身を置いたが、志を得ぬままに亡くなった。(しかし文人書画家としては)今の士大夫の中にありながらも、先人の遺風を追慕することができたのである。

解答 (五は文科のみ)

(一) 司馬相如が来訪する夢が、何の吉祥なのかわからなかったということ。

(二) 不

(三) 常に身につけている司馬相如の玉印と、西園自身の妻。

(四) 誰も君の物を奪ったりはしない。どんな愚か者でもそんなことをするはずがない。

(五) 高西園は、今の士大夫の中にありながらも、先人の遺風を追慕することができた。

二〇一四年

第三問（文理共通）

出典

宋の司馬光の『資治通鑑』（巻百九十四、唐紀十）。『資治通鑑』は、周の威烈王から五代後周の世宗の顕徳六年（九五九）までの千三百六十一年間の史実を、編年体で記した書であり、「為政者が政治を行う上での鑑戒に供する」という執筆意図がその書名となっている。

問題文として採り上げられたのは筋のはっきりした逸話である。臣下が君主を「諫」めるという、東大の漢文で最も多く出題（最近では二〇一二年）されているテーマの文章であった。過去問演習の大切さを、しっかりと認識しておきたい。

解説　（二）は文科のみ）

各段落にエピソードを一つずつ紹介した、二段落構成の文章である。

第一段は、皇后の娘を特別な計らいで嫁に出そうとした太宗皇帝を、臣下の魏徴が礼にかなった先例を持ち出して諫め、皇后も「魏徴こそは国家の忠臣であり、諫めは聞き入れなければなりません」と認めて、魏徴に褒美をとらせるよう太宗に求めたという内容。

第二段は、朝議を終えて「殺さねばならぬ」と怒りをぶつける太宗が皇后に、「魏徴が正直に諫められるのは陛下が賢明だからこそで、喜ぶべきことです」と諭されて、納得するという逸話。

二つの段落のつながりが、ややつかみにくいと感じた人もいることだろう。第一段が、東大漢文に頻出する「諫」（二行目）をテーマとしていることをしっかりと確認できるかどうかがカギになっている。第二段の太宗は、第一段と同様に魏徴に諫言されたからこそ腹を立てているのである。そしてどちらの段落のエピソードにも、太宗が皇后の言葉を聞くことで、魏徴がすばらしい忠臣であることを再認識するという共通点があるのだ。

(一)　〈内容を具体化しての現代語訳〉

「得《え》ンヤレ無《な》キヲ二〜一乎」は、「〜ではないですか（〜でしょう）」のように訳す、反語でもあり推量でもある表現。東大の過去問では頻出する句形の一つである。解釈問題では、句形はしっかり訳語に反映させることが大切である。傍線部は、「明帝の意向に相違するのではないですか（明帝の意向に相違することになるでしょう）」のように訳すことになる。

あとは設問の条件である「明帝之意」とは何かを具体化す

る。「昔漢明帝～淮陽」（二～三行目）の内容を、一～二行目の太宗の行動と対比しつつまとめればよいだろう。

以上をふまえて、「自分の子に領地を与える際に、先帝の子の半分とした明帝の意向と、相違しているのではありませんか。」のように解答すれば正解である。

㈡〈現代語訳〉

まずは指示語「其」を具体化するが、前文の「魏徴」を指すのは明らかである。

「礼義」は、現代語の「礼儀」とは違う。「礼と義（道義）」あるいは「礼にかなった道義」のような意味である。これを文脈から判断するには、魏徴は何を引き合いに出したのか（其引礼義）を考える。明帝の故事であることに、疑いの余地はない。「自分の子に領地を与える際、先帝の子と同等にするわけにはいかないと、先帝の子の半分とした」のが、設問㈠の「明帝之意」であった。こちらから意味を定めてゆく。

ここの「以」は、一般に「テ以テ」の「以」と呼ばれる接続詞化したものだが、わざわざ「そして」と訳すまでもない。「～を引き合いに出して、～を持ち出して」で十分だ。

「人主」は、「君主」「主君」。こういうものは意識して言い換えることが大切だ。

「情」が、「感情」「心情」であることに間違いはないが、ここでの「人主之情」（太宗の感情）とはどのようなものであったかを考えてみる。設問㈠でポイントになった一～二行目が具体的な中身であるから、「君主の私情（私情に流された行動）」のように訳せば、動詞「抑」の目的語としてもマッチするだろう。「抑人主之情」で、「君主の私情を抑える」のようになる。

「乃」は入試漢文での最頻出副詞で、東大の漢文でもしばしば解釈のポイントになっている。①「そこで」②「やっと」③「なんとまあ」の三つを覚えておく必要があるが、ここは傍線部の前文からのつながりを考慮して、「乃知」を「やっと（ようやく）わかった」のように訳す。

「社稷」は「国家」。漢文としてそこそこの頻出語であり、これは文脈から判断するのはやや厳しい。頻出語のチェックも怠りなきように。

以上をまとめて、「今、魏徴が礼の定めを持ち出して君主の私情を抑えるのを知って、ようやく真の国家の忠臣だとわかりました」のように訳せば完了。

㈢〈現代語訳〉

「況」は抑揚形を構成して「いはんや」と読むのが普通だが、ここでは「まして」という振り仮名が施されている。東大の漢文では、この種の振り仮名に時折出くわす。こういう「親切」には大人しく従って、読み方をそのまま訳語として使ってしまえばよい。

「人臣」は「臣下」だが、「以人臣之疎遠」がやや訳しにくいかも知れない。そこは「Aでさえ～だ。ましてBならなおさらだ」という抑揚形の解釈を思い出して、前文の内容から判断をつける。「陛下と夫婦の私でも、威厳を損ねないようにと言葉には気を使うのです」という趣旨の前文に矛盾なくつなげる。「まして夫婦より疎遠な立場の臣下ならば（なおさら気を使うはずです）」というニュアンスを把握したい。「以」に「資格、地位、身分」の用法があることを知っていれば、なお訳しやすいところである。

「乃」は、①「そこで」②「やっと」③「なんとまあ」のうち、ここは③。頻出語なので、しっかり訳したい。

「抗言」は「抗議（抵抗して）の発言」、つまり「反論」だが、文章全体のテーマを意識して「諫める、諫言する」でもよい。

「如是」の「是」は、解答スペースにこれを具体化する余裕はないし、その内容については設問㈠ですでに問われている。「そのように」「このように」で十分である。どこまで答えるべき設問なのかを判断するのも、東大で求められる読解力のうちである。

「まして身内でもない臣下の立場でありながら、なんとそのような反論ができたのです。」のように解答することになる。

㈣〈理由説明〉

傍線部自体の意味は難しくない。「此田舎翁」が「魏徴」を指すことも容易に判断できる。太宗が「どうしても殺さねばならぬ」と言うほどに、魏徴に対して「怒」（直前部）っている理由を答える問題である。

直接的な理由は、同じ行からの「魏徴毎廷辱我」（魏徴が朝廷での会議のたびに私に恥をかかせる）に示されている。しかしここだけでは、どのような意味で「恥をかかせる」のかが明らかになっていない。

それを解くカギは二つある。

まずは皇后が太宗を諭す言葉「妾聞～不賀」である。ここから、魏徴が臣下としての「直」（正直さ、率直さ、忠直さ）を発揮したことがきっかけだとわかる。

次にその「直」の文中での意味をより具体的に吟味する。それには、第一段とのつながり・共通点を考えてみる必要がある。全体とのバランスを検討しながら解釈を定めてゆくのが、東大の漢文で常に最も大切なことである。右記【解説】で述べたとおり、第一段の、そして文章全体のキーワードでありテーマでもあるのが「諫」であった。この点に気づけば、第二段のこの部分も魏徴が正直に諫めたことが太宗を怒らせたのだと判断できよう。

「魏徴が朝議のたびに直言して、太宗に恥をかかせるから。」

のようにまとめあげれば正解である。

㈤〈全文の趣旨にかかわる内容説明〉

白文での説明問題である。現代語訳や説明を、白文または送り仮名を省いた形で一問は出題するのが、東大漢文での定番の設問になっている。東大でも読み方が問われているのである。

まず傍線部「妾敢不賀」には、反語の「敢《あヘテ》不《ざランヤ》二～一」（～しないはずがない、～しないわけにはいかない）が含まれている。「妾」は女性が使う一人称で、「賀」は「祝賀」の「賀」なので、「私はお祝い（お喜び）申し上げなければなりません」が傍線部の基本的な解釈になる。白文での出題で、しかも「どのようなことについて『妾敢不賀』と言ったのか」という設問でもあるので、この傍線部自体のニュアンスも解答に盛り込んでおくのが望ましい。

ここで、この反語の「敢不」を否定の「不敢」（本文七行目に使われている）と混同してしまうと、「私は喜んだりはいたしません」のような誤訳となり、結果として正しい説明ができなくなる。東大の漢文でも、句形は解答の成否の決定的な別れ目になるものだ。

傍線部が正しく解釈できれば、「どのようなことについて」という設問の根拠部分を文中から探すのは難しくない。傍線部直前の二文で語られる皇后の言葉を吟味すればよい。「私は君主が賢明であれば臣下は忠直を尽くすものだと聞いています。今魏徴が忠直を尽くせるのは、陛下が賢明な君主であるからこそです」が、この部分の内容だ。

さらに、最後の設問なので、全文の趣旨にかかわる設問として出題されているはずであることも検討する。前述のとおり、第一段とのつながり・文章全体のテーマとの整合性を考えてみる。ここの「直」は、あくまでも「諫言」の「正直さ、率直さ」であることを確認し、解答で明らかにする。

「魏徴が正直に諫言できるのは、それを受ける太宗が明主である証《あかし》で、喜ばしいということ。」のようにまとめ上げれば正解となる。

読み方

長楽公主《チョウラクコウシュ》将《まさ》に出降《シュッコウ》せんとす。上《ショウ》公主《コウシュ》は皇后《コウゴウ》の生《う》む所《ところ》なるを以《もつ》て、特《とく》に之《これ》を愛《アイ》し、有司《ユウシ》に勅《みことのり》して資送《シソウ》すること永《エイ》嘉長公主《カチョウコウシュ》に倍《バイ》せしむ。魏徴《ギチョウ》諫《いさ》めて曰《いは》く、「昔《むかし》漢《カン》の明帝《メイテイ》皇子《コウシ》を封《ホウ》ぜんと欲《ほっ》して曰《いは》く、『我《わ》が子《こ》豈《あ》に先帝《センテイ》の子《こ》と比《なら》ぶを得《え》んや』と。皆楚《みなソ》・淮陽《ワイヨウ》に半《なかば》せしむ。今公主《いまコウシュ》に資送《シソウ》すること長《チョウ》主《シュ》に倍《バイ》するは、明帝《メイテイ》の意《イ》に異《こと》なること無《な》きを得《え》んや」と。上《ショウ》其《そ》の言《げん》を然《しか》りとし、入《い》りて皇后《コウゴウ》に告《つ》ぐ。后嘆《コウタン》じて曰《いは》く、「妾《ショウ》亟《しばしば》陛下《ヘイカ》の魏徴《ギチョウ》を称重《ショウチョウ》するを聞《き》くも、其《そ》の故《ゆゑ》を知《し》らず。今《いま》其《そ》の礼義《レイギ》を引《ひ》きて以《もつ》て人主《ジンシュ》の情《ジョウ》を抑《おさ》ふるを観《み》て、乃《すなは》ち真《まこと》の社稷《シャショク》の臣《シン》たるを知《し》るなり。妾陛下《ショウヘイカ》と結髪《ケッパツ》して夫婦《フウフ》と為《な》り、曲《つぶさ》に恩礼《オンレイ》を承《う》くるも、言《い》ふ毎《ごと》に必《かなら》ず先《さき》に顔色《ガンショク》を候《うかが》ひ、敢《あ》へて軽《かろがろ》しく威厳《イゲン》を犯《をか》さず。況《ま》して人臣《ジンシン》の疎遠《ソエン》なるを以《もつ》て、乃《すなは》ち能《よ》く抗言《コウゲン》すること是《か》くのごとし。陛下《ヘイカ》従《したが》はざるべからず」と。因《よ》りて中使《チュウシ》を遣《つかは》して銭絹《センケン》を齎《もたら》して以《もつ》て徴《チョウ》に賜《たま》ふを請《こ》ふ。

上嘗《ショウかつ》て朝《チョウ》より罷《かへ》り、怒《いか》りて曰《いは》く、「会《かなら》ず須《すべか》らく此《こ》の田舎《デンシャ》翁《オウ》を殺《ころ》すべし」と。后誰《コウたれ》と為《な》すかを問《と》ふ。上曰《ショウいは》く、「魏徴《ギチョウ》毎廷我《マイテイわれ》を辱《はづかし》む」と。后退《コウしりぞ》きて、朝服《チョウフク》を具《そな》へて庭《テイ》に立《た》つ。上驚《ショウおどろ》きて其《そ》の故《ゆゑ》を問《と》ふ。后曰《コウいは》く、「妾聞《ショウき》くならく主明《シュメイ》なれば臣直《シンチョク》なりと。今魏徴《いまギチョウ》の直《チョク》なるは、陛下《ヘイカ》の明《メイ》なるに由《よ》る故《ゆゑ》なり。妾敢《ショウあ》へて賀《ガ》せざらんや」と。上乃《ショウすなは》ち悦《よろこ》ぶ。

通釈

唐の太宗皇帝の娘の長楽公主が降嫁しようとしていた。皇帝は公主が長孫皇后の生んだ娘であることから、特別に公主を可愛がり、役人に詔勅を下して（先帝である高祖李淵の娘の）永嘉長公主の倍額の仕度金を与えさせようとした。魏徴が諫めて言った、「昔漢の明帝が皇子を領主として封じようとして言いました、『我が子を先帝の子と同等の待遇にするわけにはいかぬ』と。すべての面で（先帝である光武帝の子）楚王劉英と淮陽王劉延の半額の待遇にさせたのでした。ところが今（陛下が）公主に対する仕度金を永嘉長公主の倍額になさるのは、明帝の意向と相違するのではありませんか」と。皇帝は魏徴の諫言をもっともだと認め、部屋に入って皇后に告げた。皇后は嘆息して言った、「私は陛下が魏徴を称賛するのを何度も耳にしておりますが、その理由を理解しておりませんでした。今魏徴が礼の定めを引いて君主の私情を抑えるのを知って、ようやく真の国家の忠臣だとわかりました。私は陛下と結婚して夫婦となり、様々に恩恵を被って（親しく接して）おりますが、発言のたびに必ずまず陛下の顔色をうかがって、軽軽しく陛下の威厳を損ねたりしないよう努めております。まして魏徴は臣下という身内よりも疎遠な立場にありながら、なんとそのような反論ができたのです。陛下は従わなければなりませぬ」と。そこで（皇后は陛下に）使者を遣わして銭と絹を運ばせて魏徴に褒美として賜るよう要請したのである。

皇帝がかつて朝廷からもどると、怒って言った、「あの田舎じじいはどうしても生かしてはおけぬ」と。皇后が（皇帝の怒りに触れたのは）誰なのかを尋ねた。皇帝は言った、「魏徴が朝議のたびに（直言して）私に恥をかかせるのだ」と。皇后は（いったん）退いて、正装を身につけて朝廷に現れた。皇帝は驚いてその訳を尋ねた。皇后は言った、「私は聞いております、『君主が賢明であれば臣下は忠直を尽くすものだ』と。

今魏徴が忠直を尽くして諫言できるのは、（それを受ける）陛下が賢明だからこそでございます。私はお喜び申し上げないわけにはまいりません」と。皇帝はそこで（怒りが解けて）喜んだのであった。

解答（㈡は文科のみ）

㈠　自分の子に領地を与える際に、先帝の子の半分とした明帝の意向と、相違しているのではありませんか。

㈡　今、魏徴が礼の定めを持ち出して君主の私情を抑えるのを知って、ようやく真の国家の忠臣だとわかりました。

㈢　まして身内でもない臣下の立場でありながら、なんとそのような反論ができたのです。

㈣　魏徴が朝議のたびに直言して、太宗に恥をかかせるから。

㈤　魏徴が正直に諫言できるのは、それを受ける太宗が明主である証《あかし》で、喜ばしいということ。

二〇一三年

第三問（文理共通）

出典

『三国史記』。『三国史記』は、朝鮮の古代三国（新羅・高句麗・百済）に関する唯一の体系的史書で、高麗時代の仁宗二三（一一四五）年、金富軾らの撰。司馬遷の『史記』の紀伝体の形式にならって編纂されたので、『三国史記』と名付けられた。

朝鮮の漢文が入試に採り上げられるのは珍しいが、内容的には筋のはっきりしたオーソドックスな文章である。

解説（四は文科のみ）

高句麗の平岡王の娘が幼少期に泣いてばかりいたので、王は泣き止ませようと「愚温達（当時の世間でバカにされていた人物）に嫁にやってしまうぞ」とからかっていた。娘が年頃になると、王は良家に嫁がせようとするが、娘は「王のような身分高貴なお方が嘘をつくことはないはず」と、愚温達のもとに嫁ぐと言ってきかなかった。「勝手にしろ」という王の許しを得た娘は温達のもとを訪ね、「心が通い合っていれば、富貴かどうかは結婚の条件にはならないはず」と説得して…。

長文だが読みやすい文章である。ただし、設問にはかなりやっかいな表現が多く問われていて、それをどう切り抜けていくかが正解のカギになっている。東大らしい漢文の問題だが、例年以上に語彙力がものを言う問題だったとも言える。

㈠〈現代語訳〉

まずは句形を確認する。「猶」「況」「乎」の三文字が抑揚の形を構成している。よって、

匹夫スラ猶《なホ》不《ず》レ欲《ほつセ》二食言一（スル）ヲ、況《いはンヤ》至尊ヲ乎《や》。

と読んで、「匹夫でさえ食言したいとは思わない、まして至尊ならばなおさらだ」のような基本的な解釈が定まる。

次に「匹夫」「食言」「至尊」を訳す（言い換える）。

「匹夫」は、「身分の低い男」のような意味で使われる漢文の基本単語である。その知識がない場合は、抑揚形の効果に着眼する。「匹夫でさえ〜、まして至尊ならばなおさらだ」というのが基本的な解釈だから、「匹夫」と「至尊」を対比させることで判断するのだ。「至尊」は文中の「大王」を受ける語なので、「この上なく尊い身分の人」のような意味である。それと対比させれば、「匹夫」は「身分の低い男（人）」のように訳せばよいだろう。

最後に「食言」である。「嘘をつく」という意味だが、こちらは滅多に出会うことのない単語だろうから、問題文中で

の文脈で判断する。もちろん前文の「改前言」が大きなカギになる。「前言を撤回する」ことこそ「食言」の文中での意味であり、これなら「愚温達に嫁にやるぞ」と言い続けてきたのに反して高氏に嫁がせようとしているという王の行動にも矛盾しない。後文の「王者無戯言」という諺からの引用も参考にはなる。しかしこちらだけで訳そうとすると、「戯れ言を言わない」→「冗談を言わない」のような意味になって、現代語の感覚では「王者はジョークを言うことも許されない」のようなニュアンスにも受け取られてしまうきらいがある。諺の部分は参考にしつつも、問題文全体の中での解釈として矛盾のない訳語を探すことも、「平易な現代語に訳」す作業のうちである。

以上をまとめて、「身分の低い男でも嘘はつくまいと思うものです。まして大王様のような高い身分の方ならなおさらそうです」のように訳すことになる。

(二)〈内容説明〉

再読文字「宜」と形式名詞「所」は漢文法の基礎知識なので、動詞「適」の読み方がポイントになっている。「適」を「ゆく」と読むのは、漢文としてはそこそこの頻出語である。また「適」には「とつぐ」という読み方もあり、「適帰」は同義の語を重ねた熟語である。語意からの判断がやや困難だとしても、文脈からの判断はさほど難しくないはずだ。二行目の「当帰之愚温達」の「帰」(「とつぐ」と読むことが振り仮名で示されている)と、三行目の「欲下嫁於高氏」に着眼したい。

「適」の見当がついたことに気をよくして解釈を急ぐと、「宜従」という表現にとらわれて、「お前の嫁ぐべき相手に嫁がなくてはいけない」→「王の決めた嫁ぎ先に従わなくてはいけないこと」のような文脈無視の解答になってしまうので注意しよう。常に全体を見て、最も整合性の高い解釈を求めることが大切だ。傍線部の外にこそ決め手がある。娘に自分の非を指摘された王が、怒って「勝手にしろ」と言っているのがこの傍線部なのだ。父である王の許しを、まがりなりにも得たからこそ、「そこで娘は宮殿を出て温達の家を訪ね…」と続くのが直後の部分なのである。

そこで、「お前自身の嫁ぐと決めた心に従うがよいということ」→「公主の気のすむようにしろということ」のように解答することになる。やや訳し難い傍線部だが、現代語訳ではなく「どういうことか、簡潔に説明」する設問なので、訳し方にこだわる必要はない。問題文中での傍線部の内容(役割)が正しく明らかにされればよいのだ。右記の前者後者いずれの答え方でも正解として認められることになる。

(三)〈具体的な説明〉

「具体的に説明」することが求められているので、指示語

「之」ももちろん具体化する。前文・後文いずれを見ても、「温達」を指すことに疑いの余地はない。

「言懐」は、「懐」の字面にとらわれて「懐しいと言いました」のような解釈をすると、文脈に合わない解答になってしまう。「本懐」「所懐」のような熟語があるとおり、「懐」とは「(深い)思い」である。この時の公主の「思い」とは具体的に何かとなれば、文章全体を見て判断に迷うものではない。

「公主が温達に、妻になりたいという思いを告げたということ」のように解答すれば正解である。

㈣〈現代語訳〉

句形・語意・省略された送り仮名(つまりは読み方)、すべてについて、知識の有無と文脈からの判断力が問われている。文脈については、もちろん直後の文と対句を構成していることが一番大きなポイントになる。

「吾息」は「吾家」と比較することで、「私の息子」(「息」自体が「むすこ」)だと判断する。

「至陋」は、「至窶」に合わせて「至って陋《いや》しく」と読めれば理想的だが、これはやや難しい。温の母が、「貴人」である「公主」には息子はとても釣り合わないと結婚を辞退している部分であることを、対句全体の内容から見極めたい。公主と釣り合わないのは、「窶(貧しさ)」のほかに何なのかを考えてみる。さらに設問㈤の傍線部の「富貴」にも着眼する。この部分は、温達の母の言葉に対しての公主の反論になっているからだ。温達の母が、「陋(賤しさ)」と「窶(貧しさ)」を理由に辞退しているからこそ、「結婚の条件として富貴は必要ない」と説得しているのだ。

「不足」は、ここでは動詞「為」から返っているので、「〜するのに十分でない、〜する価値がない」というニュアンスで「〜できない」ことを表す可能形を作っている。「足りない」「不足だ」のような解釈では認められない。対句の部分の「固不宜」と比べることで大体の意味は判断できるものの、解釈問題では基本句形の理解は厳しく問われるものと心して解答しなくてはいけない。

最後に「貴人匹」だ。この「匹」をどう処理するかが、この設問の成否を分けるカギになる。ここは設問㈠の「匹夫」では意味が通らない。苦しまぎれに「匹敵」と熟語に置き換えてみても、「貴人に匹敵することはできません」のような妙な解釈になってしまう。ここの「匹」は「匹偶」「匹配」の「匹」で、「つれあい」「配偶者」つまりは「結婚相手」の意味である。これを語意から判断するのは少々厳しい。やはり対句を頼りにする。後文は「私の家はこの上なく貧しく、貴人の住まいには全くふさわしくありません」と言っている。これと矛盾しないように傍線部の意味を定めれば、「私の息子はこの上なく賤しく、貴人の結婚相手(夫)にはなれません」

のようになる。「家－居」「息子－夫」のどちらも、「貴人」である公主にはふさわしくないと言っているのだ。

まとめて、「私の息子はひどく賤しい人間なので、身分の高いお方の夫にはとてもなれません」のように訳すことになる。

㈤ 〈全文の趣旨にかかわる内容説明〉

難解な語は含まれていない。逆にやや訳し難い句形が含まれている。最後の設問なので、全文の趣旨が理解できているかをも試す説明問題の形で出題されているが、解釈問題としての要素が多分に含まれた設問である。

前半の「苟《クモ》～《バ》」は仮定の形で「かりにも～ば」のように訳すが、これは漢文の基本句形である。「為同心」も、「心が通い合っていれば」のように訳せばよく、難しいものではないはず。

問題は後半の「何《ゾ》必《ズシモ》～《ンヤ》」の訳し方だ。反語なので、否定の「不必《ズシモ》～」と同じ意味になる。この形には、「必ず～とは限らない」のように訳す部分否定のほかに、「～する必要はない」のように訳さなければならない場合があり、ここは後者でなければ文脈に合わない。「陋（賤しさ）」と「窶（貧しさ）」を理由に息子温達の結婚を辞退している母に対して、「結婚に富貴という条件は必要ない」と反論している部分だからである。この点を踏まえて後半を訳せば、「（相手が）富貴であってその後で（そこではじめて）結婚してよいなどと考える必要はない」→「結婚する相手が富貴である必要はない」のようになる。

前後半をまとめて、「心が通じ合ってさえいれば、結婚する相手が富貴である必要などないということ」のように解答スペースに収める。この答えが全文の趣旨と照らして矛盾しないものであることを確認して、終了となる。

読み方

温達《オンタツ》は、高句麗平岡王《コウクリヘイコウオウ》の時《とき》の人《ひと》なり。破衫弊履《ハサンヘイリ》して、市井《シセイ》の間《カン》に往来《オウライ》す。時人之《ジジンこれ》を目《モク》して愚温達《グオンタツ》と為《な》す。平岡王《ヘイコウオウ》の少《ショウ》女児《ジョジ》好《よ》く啼《な》く。王戯《オウたはむ》れて曰《いは》く、「汝《なんぢ》常《つね》に啼《な》きて我《わ》が耳《みみ》に聒《かまびす》し、当《まさ》に之《これ》を愚温達《グオンタツ》に帰《とつ》がしむべし」と。王毎《オウつね》に之《これ》を言《い》ふ。女年《むすめとし》二八《ニハチ》に及《およ》び、王高氏《オウコウシ》に下嫁《カカ》せしめんと欲《ほつ》す。公主対《コウシュこた》へて曰《いは》く、「大王常《ダイオウつね》に汝必《なんぢかなら》ず温達《オンタツ》の婦《つま》と為《な》れと語《つ》ぐ。今何故《いまなにゆゑ》に前言《ゼンゲン》を改《あらた》むるや。匹夫《ヒップ》すら猶《な》ほ食言《ショクゲン》するを欲《ほっ》せず、況《いは》んや至尊《シソン》をや。故《ゆゑ》に曰《いは》く『王者《オウジャ》に戯言無《ギゲンな》し』と。今大王《いまダイオウ》の命《メイ》謬《あやま》れり。妾敢《ショウあ》へて祗《つつし》みて承《う》けず」と。王怒《オウいか》りて曰《いは》く、「宜《よろし》く汝《なんぢ》の適《ゆ》く所《ところ》に従《したが》ふべし」と。是《ここ》に於《お》いて公主宮《コウシュキュウ》を出《い》で独《ひと》り行《ゆ》きて、温達《オンタツ》の家《いへ》に至《いた》る。盲《モウ》たる老母《ロウボ》に見《まみ》え、拝《ハイ》して其《そ》の子《こ》の在《あ》る所《ところ》を問《と》ふ。老母対《ロウボこた》へて曰《いは》く、「惟《こ》れ我《わ》が息《むすこ》飢《う》うるに忍《しの》びず、楡皮《ユヒ》を山林《サンリン》に取《と》る。久《ひさ》しくして未《いま》だ還《かへ》らず」と。公《コウ》主《シュ》出《い》で行《ゆ》きて山下《サンカ》に至《いた》り、温達《オンタツ》の楡皮《ユヒ》を負《お》ひて来《きた》るを見《み》る。公主《コウシュ》之《これ》と懐《カイ》を言《い》ふ。温達《オンタツ》悖然《ボツゼン》として曰《いは》く、「此《これ》幼女子《ヨウジョシ》の宜《よろし》く行《おこな》ふべき所《ところ》に非《あら》ず、必《かなら》ず人《ひと》に非《あら》ざるなり」と。遂《つひ》に行《ゆ》きて顧《かへり》みず。公主《コウシュ》明朝《ミョウチョウ》更《さら》に入《い》り、母子《ボシ》と備《つぶさ》に之《これ》を言《い》ふ。温達《オンタツ》依違《イイ》して未《いま》だ決《ケツ》せず。其《そ》の母《はは》曰《いは》く、「吾《わ》が息《むすこ》至《いた》つて陋《いや》しく、貴人《キジン》の匹《ヒツ》と為《な》るに足《た》らず。吾《わ》が家《いへ》至《いた》つて窶《まづ》しく、固《もと》より貴人《キジン》の居《キョ》に宜《よろ》しからず」と。公主《コウシュ》対《こた》へて曰《いは》く、「古人《コジン》言《い》ふ『一斗《イット》の粟《ゾク》猶《な》ほ舂《つ》くべく、一尺《イッシャク》の布《ぬの》猶《な》ほ縫《ぬ》ふべし』と、則《すなは》ち苟《いやし》くも同心《ドウシン》たれば、何《なん》ぞ必《かなら》ずしも富貴《フウキ》にして然《しか》る後《のち》に共《とも》にすべけんや」と。乃《すなは》ち金釧《キンセン》を売《う》りて、田宅牛馬器物《デンタクギュウバキブツ》を買得《バイトク》す。

通釈

温達は、高句麗の平岡王の時代の人である。破れた上着と穴のあいた靴を身につけて、町の中を行き来していた。当時の人々は彼を目にすると「愚温達だ」と呼んだ。平岡王の幼い娘は泣き虫だった。王はからかって言った、「お前は泣いてばかりいて、私の耳にはやかましい。(泣き止まないと)お前を愚温達に嫁にやるぞ」と。王は(娘が泣くたびに)いつもこの言葉を口にしていた。娘が十六歳になると、王は高氏のもとに嫁がせようとした。公主(王の娘)はお答えして言った、「大王様はいつも、お前は必ず温達の妻になれとおっしゃっておいででした。今回に限ってどうしてこれまでと違うことをおっしゃるのですか。身分の低い男でも嘘はつくまいと思うものです。まして大王様のような身分の高いお方ならなおさらそうでございましょう。ですから『王者に戯言無し』と言うのです。いま大王様のご命令は誤っておいでです。わたくしはお受けするわけにはまいりません」と。王は怒って言った、「お前の勝手にするがよい」と。そこで公主は宮殿を出て独りで出かけて行き、温達の家にやって来た。(温達の)盲目の老母にお会いし、拝礼してその息子(温達)の所在を尋ねた。老母はお答えして言った、「うちの息子はひもじさに耐えかねて、楡の皮(ニレの樹皮は、漢方では薬用とされる。ここではこれを食用にするということ)を山林に採りに参りました。出かけてしばらくしましたが、まだ戻っておりません」と。公主が温達の家を出て山のふもとにやってくると、温達が楡の皮を背負って戻って来るのが見えた。公主は温達に対して、妻になりたいという思いを告げた。温達は怒りに表情を変えて言った、「いきなり相手に求婚するとは、若い娘のすることではない。きっとお前は人間ではないな(何かの化け物ではないか)」と。そのまま先に行って振り向きもしなかった。公主は翌朝もう一度温達の家を訪ね、母子に対して詳しくこれまでの事情を語って求婚した。温達はぐずぐずと心を決めかねていた。彼の母は言った、「私の息子はひどく賤しい人間ですから、身分の高いお方の夫にはとてもなれません。私の家はひどく貧乏ですから、身分の高いお方が住むにはとても向きません」と。公主はお答えして言った、「昔のお方が言っています、『一斗ほどのわずかな穀物でもうすづいてよいし、一尺ほどのわずかな布でも縫ってよい（わずかな衣食でも、生活のためにはためらうことはない）』と。とすれば、心さえ通い合っていれば、結婚する相手が富貴である必要などございませんでしょう」と。そこで（身につけていた）金の腕輪を売って、畑や家、牛馬や生活道具を買いそろえ（て結婚生活が始まっ）たのである。

＊補注

(1) 本文三行目「欲下嫁」の返り点は、「欲三下二嫁」の誤りである。

(2) 本文四行目「何故」は、漢文では「何故《なんノゆゑニ》」と読むのが普通である。

(3) 本文六行目傍線部b及び九行目の再読文字の送り仮名は、「宜《シク》《シ》」のようにつけるのが普通である。

(4) 本文九行目「言《フ》レ懐《ヲ》」は「言《フ》レ懐《ヒヲ》」（懐《おも》ひを言ふ）と読むのが普通である。

(5) 本文九行目の会話文の文頭「此」は、「此《レ》」のように送り仮名をつけるのが普通である。

(6) 本文十一行目の「寠」の振り仮名は、「寠《まづシク》」の誤りである。

(7) 本文十二行目「一斗粟《ノ》猶《ホ》」は漢文では「一斗粟《ノスラ》（又は粟《モ》）猶《ホ》」と読むのが普通である。次の「一尺《ノ》布猶《ホ》」も同じ。

解答（四は文科のみ）

(一) 身分の低い男でも嘘はつくまいと思うものです。まして大王様のような高い身分のお方ならなおさらそうです。

(二) 公主の気がすむようにするがよいということ。

［別解］ 公主が嫁ぎたい相手に勝手に嫁げばよいということ。

(三) 公主が温達に、妻になりたいという思いを告げたということ。

(四) 私の息子はひどく賤しい人間なので、身分の高いお方の夫にはとてもなれません。

(五) 心が通じあっていさえすれば、結婚する相手が富貴である必要などないということ。

二〇一二年

第三問（文理共通）

出典

『春秋左氏伝』昭公二十年の一節。『春秋左氏伝』は五経の一つ『春秋』の注釈書で、撰者には諸説あって定かでない。

問題文として採り上げられたのは、春秋時代の名臣晏子が政治思想を説く場面で、『晏子春秋』にも同様の逸話が収録されている。

解説（三は文科のみ）

景公が「梁丘拠だけが私と調和している」と言ったのに対して、晏子は「拠は同調しているだけで、調和してはいない」と答え、そのわけを調理や音楽を例えに説明する。君主の誤りを正さずに認めているのは同調・雷同しているだけであり、誤りを正すのが君臣間の調和である。そしてそのような君臣関係が築かれてこそ善政の施行が可能となる、というのが晏子の主張である。

東大の漢文では、政治にかかわる文章が出題されることが多い。臣下が君主を諫めることの必要性を説く文章も、近くは二〇〇五年の理科の漢文で出題されている。

今回の問題文は修辞的には対句や比喩、句形では反語を多く含む文章で、それが解釈上のポイントになっている。

あらゆる面で、東大の漢文らしい問題である。

一　〈内容説明〉

まずは、文章全体の中における傍線部の役割を確認してみる。文中のキーワードである「和」と「同」のうちの、肯定されるべき「和」について、晏子が「羹」（スープ）の調理法に例えて説明している部分であることがわかる。直接的には、晏子の言葉のうち本文の二～三行目をまとめることになる。

次に、傍線部の確認。「済」と「洩」・「不及」と「過」がそれぞれ対義の関係にあり、指示語の「其」はスープの味を調えるために加える種々の調味料を受けている。ここを直訳すれば「調味料のうち足りないものを増やして、多すぎるものを減らす」のようになる。

最後に、この傍線部を二～三行目全体の内容を踏まえて、「どういうことか。簡潔に説明せよ」という設問に対しての解答に仕立てる。「調味料の量を加減して、スープの味を調えるということ。」のようにまとめればよい。「和」の説明として矛盾のない内容になっていることを確認して、完了。解答スペースが一行なので、どう要約するかも問われている。

㈡　㈠〈現代語訳〉

設問㈠で問われた、「和」をスープの調理法で例えた部分が終わり、前文から本題である君臣関係における「和」の説明に入っている。比喩と本題なので、設問㈠とこの傍線部には、もちろん密接な関連がある。

次に、後文が傍線部の文と対句を構成していることに着眼する。対句は、主張したいことを言葉を換えて連続させる強調表現である。共通の趣旨と語意の関連性を確かめながら訳す必要がある。

設問で条件になっている「可」と「否」は、傍線部の中からも対句の部分と比較しても、対比的に使われている語であることがわかる。そこで、漢文で出会う「可」には「可能」と「許可」の二つのニュアンスがあることを思い出した上でここは後者だと判断し、「よし」「よい」「よろしい」のように訳語を定める。これに対しての「否」は、「否定すべきこと」「よくないこと」「誤り」のような意味になる。君臣関係における「和」と「同」が話題となっていることに照らしても、これなら問題ない。

以上の点を踏まえて逐語訳すると、傍線部は「君主がよいと言うことでも誤りがあれば、臣下はその誤りを指摘して、君主の考えを正しいものにする」、対句の後文は「君主が誤りだと言うことでもよい点があれば、臣下はその正しさを指摘して、君主の考えの誤りを正す」のようになる。対句の要件に照らしても矛盾しない。

最後に、「わかりやすく現代語訳せよ」という問いと解答スペースを考慮して、右記の逐語訳を整理する。「君主がよしとしたことに誤りがあれば、臣下は進言して君主の考えを正す。」のような答案になれば正解である。

㈡〈該当部分の抜き出し〉

㈠で訳した傍線部が提示されて、「この君臣関係からどのような政治が期待されているか」と問われている。しかし、前述のとおり傍線部はその後の文と対句を構成しているから、この設問は「この対句の部分に示された君臣関係から〜」と問われているのと同じことだと考える。すると、その対句部分の後に「是以」(「このことが理由となって」→「だから」)という表現があって、その後に明らかに政治のあり方について述べられた「政平而不干、民無争心」という部分があることに気づく。これなら解答スペースにもピッタリである。念のため文章全体を見渡してみても、この問いに対しての答えとしてこれ以上適切な部分は他にはない。

㈢〈現代語訳〉

まず、設問㈡で問われた「和」の状態にある(つまりは「調和」のとれた)君臣関係だと期待される政治についての説明が終わり、七行目の「今拠不然」以後最後までが「拠」が「同」

（つまり君主に「同調」「雷同」している）の状態であるのを説明している部分であることを把握する。対句を構成している前文「君所謂可、拠亦曰可、君所謂否、拠亦曰否」がその具体的な中身である。

それを「味」（＝調理）に例えたのが傍線部であり、「声」（＝音楽）に例えたのが傍線部と対句を構成する後文である。もちろん対句の前半部として矛盾のない解釈が求められている。

「若以水済水」は、「水を使って水を増すようなものだ」と直訳できるが、動詞「済」が設問㈠の傍線部にも含まれていたので、そことの対応も意識して訳せば「水で水を調味するようなものだ」のようになる。

「誰能食之」は反語だが、「誰がこれを食べることができようか、いや誰にも食べることはできない」のような悠長な逐語訳では、これだけで解答スペース一行を使いきってしまう。東大の漢文では反語が頻出するが、例年その解答スペースは結論のみをコンパクトにまとめなければならないように設定されている。そこで「誰にも食えたものではない」のように答えることになる。

まとめて、「水で水を調味するようなもので、誰にも食えたものではない」のように解答すれば正解である。

㈣〈全文の趣旨にかかわる内容説明〉

七～八行目の対句部分「君所謂可、拠亦曰可、君所謂否、拠亦曰否」が、「拠」の態度の具体的な内容である。「君主がよしと言うことは拠もやはりよしと言い、君主がダメだと言うことは拠もやはりダメだと言う」と訳すことは難しくないが、そのままでは答えにならない。

対句の説明では、その部分に共通の趣旨を抽象的な言葉で明らかにすることが求められるので、傍線部の「同」を「同調」「雷同」のように熟語に置き換えて、「君主に同調（雷同）するばかりで、その誤りを正そうとしない態度」のようにまとめる。この答えなら、問題文全体の趣旨（特に、君臣関係の理想的な状態「和」を説明した前半部や、設問㈡の傍線部b）と照らして矛盾しないはずだ。

読み方

公《コウ》曰《い》はく、「唯《た》だ拠《キョ》と我《われ》と和《ワ》するかな」と。晏子《アンシ》対《こた》へて曰《い》はく、「拠《キョ》も亦《また》同《ドウ》するなり。焉《いづ》くんぞ和《ワ》と為《な》すを得《え》んや」と。公《コウ》曰《い》はく、「和《ワ》と同《ドウ》と異《こと》なるか」と。対《こた》へて曰《い》はく、「異《こと》なり。和《ワ》は羹《コウ》のごとし。水火《スイカ》醯醢《ケイカイ》塩梅《エンバイ》以《もつ》て魚肉《ギョニク》を烹《に》て、之《これ》を燀《た》くに薪《たきぎ》を以《もつ》てす。宰夫《サイフ》之《これ》を和《ワ》し、之《これ》を斉《ととの》ふるに味《あぢ》を以《もつ》てし、其《そ》の及《およ》ばざるを済《ま》して、以《もつ》て其《そ》の過《す》ぐるを洩《へ》らす。君子《クンシ》之《これ》を食《く》らひて、以《もつ》て其《そ》の心《こころ》を平《たひ》らかにす。君臣《クンシン》も亦《また》然《しか》り。君《きみ》の可《カ》と謂《い》ふ所《ところ》にして否《ヒ》有《あ》らば、臣《シン》其《そ》の否《ヒ》を献《ケン》じて、以《もつ》て其《そ》の可《カ》を成《な》す。君《きみ》の否《ヒ》と謂《い》ふ所《ところ》にして可《カ》有《あ》らば、臣《シン》其《そ》の可《カ》を献《ケン》じて、以《もつ》て其《そ》の否《ヒ》を去《さ》る。是《ここ》を以《もつ》て、政平《セイたひ》らかにして干《をか》さず、民争《たみあらそ》ふ心無《こころな》し。先王《センノウ》の五味《ゴミ》を済《ととの》へ、五声《ゴセイ》を和《ワ》するや、以《もつ》て其《そ》の心《こころ》を平《たひ》らかにして、其《そ》の政《セイ》を成《な》すなり。声《セイ》も亦味《またあぢ》のごとし。君子《クンシ》之《これ》を聴《き》き、以《もつ》て其《そ》の心《こころ》を平《たひ》らかにす。今拠《いまキョ》は然《しか》らず。君《きみ》の可《カ》と謂《い》ふ所《ところ》は、拠《キョ》も亦可《またカ》と曰《い》ひ、君《きみ》の否《ヒ》と謂《い》ふ所《ところ》は、拠《キョ》も亦否《またヒ》と曰《い》ふ。水《みづ》を以《もつ》て水《みづ》を済《ま》すがごとし。誰《たれ》か能《よ》く之《これ》を食《く》らはん。琴《キン》瑟《シツ》の専一《センイツ》なるがごとし。誰《たれ》か能《よ》く之《これ》を聴《き》かん。同《ドウ》の可《カ》ならざるや是《か》くのごとし」と。

通釈

景公が言った、「ただ梁丘拠だけが私と調和できる人物だなあ」と。晏子がお答えして言った、「拠もやはり同調しているだけです。調和しているとみなすことなどできません」と。景公が言った、「調和と同調とは違うのかね」と。（晏子が）お答えして言った、「違います。調和とはスープの調理のようなものです。水・火・酢・塩辛・塩・梅を使って魚や肉を煮ますが、その燃料として薪をたきます。料理人がこれらを程よく調和させて、味を調え、足りないものを増やし、多すぎるものを減らしてスープを仕上げます。君子がそれを食べて、その心を安らかにします。君主と臣下の関係も同じことです。君主がよしと認めたことでも誤りがあれば、臣下は進言してその誤りを正します。君主が否定したことでもよい点があれば、臣下は進言してその誤りを正します。だからこそ、政治が公平で道理に背くことがなく、民も争う心を持ちません。上古の優れた君主は、五味と五声を調和させたことで、自身の心を安定させて、その善政を成就させたのです。音階の調和も味の調和と同じようなものです。君子はそれを聴いて、その心を安定させます。ところが拠はそうではありません。殿様がよしと認めることは、拠もやはりよしと言い、殿様が否定することは、拠も否定しています。（これは、料理の際に）水で水を調味するようなものです。誰にも食えたものではございません。琴と瑟との音色に違いがないようなものです。誰にも聴けたものではございません。同調（雷同）はこのようによろしくないのでございます」と。

解答（三は文科のみ）

㈠　調味料の量を加減して、スープの味を調えるということ。

㈡　(ア)　君主がよしとしたことに誤りがあれば、臣下は進言して君主の考えを正します。

(イ)　政平而不干、民無争心。

㈢　水で水を調味するようなもので、誰にも食えたものではありません。

㈣　君主に雷同するばかりで、その誤りを正そうとしない態度。

二〇一一年

第三問（文理共通）

出典

中唐の詩人白居易の七言古詩「放旅雁」（『白氏文集』所収）。散文を含まない漢詩のみの出題は、二〇〇〇年度の入試改革以来初めてである。

解説　㈠は文科のみ

南方に左遷されている作者白居易が、同じ土地に飛来中に捕らわれた雁を見かける。自分も雁もどちらも捕らわれて帰れぬ旅人の身だと共感した作者は、雁を買い取って大空へ放してやる…。渡り鳥である雁や燕を旅人に喩えて自分の身の上と重ね合わせるのは、漢詩にはよくあるテーマである。

久しぶりの漢詩のみでの出題ということもあってか、受験生にも無理なく取り組める平易なものが選ばれた。しかし、漢詩は出ないだろうと対策を怠った受験生が、動揺した結果ミスを重ねた問題ともなった。

あらゆる分野に油断なく対策を講じておくことが、東大に限らず入試突破のために不可欠であることは、もちろん言うまでもない。

㈠〈空欄補充（抜き出し）〉

まずは、解答選びの方針をしっかりと立てることだ。答えを焦って、「第一句から第四句の中」をなんとなく探るばかりでは正解は得られない。

設問には親切な条件がついている。「花」と「月」は、「花月」という熟語になるとおり、関連性の密な「対応関係」にある。同様な「対応関係」のある語を、空欄aとbに収めることになる。

次に漢詩の読解で最も大切なことを思い出す。漢詩は奇数句と偶数句が聯を構成しており、この二句が密接な関連性を持っている。第五句が問われているので、第六句を確認しなければならない。「翅冷…」とあることに着眼する。第五句が原因となって、第六句「翅冷…」と続いているのだ。この流れに矛盾しないものが、空欄に入るはずである。

以上の二点が確認出来れば、aには第一句の「雪」を、bには第二句の「氷」を収めることになる。「氷雪」という熟語があるとおり、「雪」と「氷」はもちろん関連性の密な語であり、「雪中…」と「氷上…」ならば「対応関係」にあることは明らかである。また第六句の「翅冷…」にも無理なくつながるであろう。

㈡〈現代語訳〉

指示語「之」が指すものを明らかにすることが条件になっ

ているが、これは「捕らえた雁」のように答えればよく、迷うものではない。

「売レ之」は〈動詞＋目的語〉なので、「之を売る」と読めば解釈できる。

「生」は、ここでは直後の動詞「売」にかかる副詞で、「生きながら」と読むケースである。この副詞の知識がなくても、「放旅雁」というタイトルと詩全体を見れば、「生きたまま」のように訳すことはさほど難しくはない。

㈢〈心情説明〉

作者の心情を説明する問題だが、まずは傍線部の意味を確かめる。漢文で出会う「客」が、「旅人」の意味であることが多いのは入試漢文の基礎知識であり、二〇一〇年度の東大でもポイントになっている。ただし、今現在移動の途中でなくても、故郷を離れていればすべて「旅」であり「旅人」になることも押さえておく必要がある。ここでは、タイトルや第四句の「旅雁」もヒントになる。「同是客」で、傍線部は「どちらも旅人だ」と言っている。

「どちらも」が、直前部から「人」と「鳥」であることはすぐにわかる。その「人」と「鳥」を具体化すれば、より「わかりやすい説明」になる。「鳥」は、言うまでもなく「雁」。「人」については、第九句に着眼して「(北方から)左遷されている作者自身」であると把握する。漢詩は奇数句と偶数句が聯を構成していて、密接な関連を持つ。偶数句が問われたら、奇数句を確認するのが鉄則だ。

渡り鳥である雁が捕らわれていて、作者も左遷されて帰れない捕らわれの身。作者は「同じだなあ」と共感の情を抱いているのである。

㈣〈内容説明〉

「汝」が、「同じ旅人だ」と共感を持った「雁」を指すことは明らかである。「贖」は、設問㈡の傍線部で、子どもが雁を売っていたことを思い出して、「買う」のだと判断する。「贖罪」の「贖」だなどと難しく考えて苦労する必要はない。雁を売っている(「売レ之」)のだから、その雁を買う(「贖レ汝」)までのことだ。

他の部分に迷う要素はない。「雁を買い取って、雲の彼方に解き放つ」のような内容で解答すればよい。

㈤〈具体的説明〉

「お前に及ぼうとする、お前に及ぶことになる」というのが傍線部「将及汝」の基本的な意味である。「汝」が「雁」であることは、前の設問でわかっている。あとは主語を補って、「及」の内容を具体化すればよいだろう。

主語は、直前の一句から「(戦いに疲れた)兵士」だとわかる。傍線部直前の「食尽兵窮」とその〔注〕も加味して、「食料も兵器も底をついた兵士が」のようにまとめる。

「及」の具体的な内容は、傍線部後の二句に表現されており、〔注〕もついているので難しいところはない。「食料と矢羽を確保するために雁を射落とす」のような内容が示されればよいだろう。

読み方

旅雁《リョガン》を放《はな》つ　元和十年冬《ゲンナジュウネンふゆ》の作《サク》

九江十年冬大《キュウコウジュウネンふゆおほ》いに雪《ゆき》ふり
江水《コウスイ》は氷《こほり》を生《ショウ》じ樹枝《ジュシ》は折《を》る
百鳥食《ヒャクチョウショク》無《な》くして東西《トウザイ》に飛《と》び
中《なか》に旅雁《リョガン》有《あ》りて声最《こゑもっと》も飢《う》ゑたり
雪中《セッチュウ》に草《くさ》を啄《ついば》みて氷上《ヒョウジョウ》に宿《やど》り
翅《はね》は冷《ひ》えて空《そら》に騰《のぼ》れども飛動《ヒドウ》すること遅《おそ》し
江童網《コウドウあみ》を持《ジ》して捕《と》らへ将《も》ち去《さ》り
手《て》に携《たづさ》へて市《いち》に入《い》り生《い》きながら之《これ》を売《う》る
我《われ》は本北人《もとホクジン》にして今《いま》は讁謫《ケンタク》せらる
人《ひと》と鳥《とり》と殊《こと》なると雖《いへど》も同《おな》じく是《こ》れ客《カク》なり
此《こ》の客鳥《カクチョウ》を見《み》るは客人《カクジン》を傷《いた》ましむ
汝《なんぢ》を贖《あがな》ひ汝《なんぢ》を放《はな》ちて飛《と》びて雲《くも》に入《い》らしむ
雁《ガン》よ雁《ガン》よ汝《なんぢ》は飛《と》びて何処《いづこ》にか向《む》かふ
第一《ダイイチ》に飛《と》びて西北《セイホク》に去《さ》ること莫《な》かれ
淮西《ワイセイ》に賊《ゾク》有《あ》り討《う》つも未《いま》だ平《たひ》らかならず
百万《ヒャクマン》の甲兵《コウヘイ》久《ひさ》しく屯聚《トンシュ》す
官軍《カングン》と賊軍《ゾクグン》と相《あ》ひ守《まも》りて老《つか》れ
食尽《ショクつ》き兵窮《ヘイきは》まりて将《まさ》に汝《なんぢ》に及《およ》ばんとす
健児《ケンジ》は飢餓《キガ》して汝《なんぢ》を射《い》て喫《くら》ひ
汝《なんぢ》の翅翎《シレイ》を抜《ぬ》きて箭羽《センウ》と為《な》さん

通釈

旅の雁を解き放つ　元和十年冬の作品

九江は元和十年の冬大雪となり、
川の水は凍り木の枝も折れた。
すべての鳥が食べものがなくてあちこち飛び回ったが、
中には旅の雁もいてその鳴き声が最もひもじげだった。
雪の中に(食を求めて)草をついばんで氷の上に眠り、
翼は凍えて空に飛ぼうにもろくに動けない有様だった。
川べりに住む子どもが網を張って雁を捕らえて連れ去り、
手にぶらさげて市場に入り生きたまま雁を売りにだす。
私はもと北方出身で今は左遷された身、
人と鳥と類は異なるがどちらも捕らわれて帰れぬ旅人だ。
この旅の雁を見れば旅の身の自分には悲しみが増すばかり、
お前を買い取って雲の彼方に解き放ってやった。
雁よ雁よお前はどこに向かって飛んで行くのか、
決して西北に向かって飛んではいけない。

淮西の地には反乱軍が蜂起して討伐もまだかなっておらず、
百万の軍隊が久しく駐屯している。
官軍と賊軍がにらみ合って疲弊し、
食料も兵器も底をついていてお前に手をのばすだろう。
飢えた兵士はお前を射落として肉を喰らい、
お前の羽を抜いて矢羽にしてしまうだろうから。

解答（㈠は文科のみ）

㈠ a 雪　b 氷

㈡ 子どもが捕らえた雁を生きたまま売ろうとしている。

㈢ 異郷に左遷された自分も雁も帰れぬ旅人なのだという共感の情。

㈣ 子どもから雁を買い取って、雲の彼方へ放してやったということ。

㈤ 食料も兵器も底をついた兵士が、この雁を射落として肉を喰らい、羽を矢羽にするだろうということ。

二〇一〇年

第三問（文理共通）

出典　宋の文瑩《えい》の『玉壺清話』巻六。『玉壺清話』は、筆者の文瑩が見聞した種々の雑事を随録した書で、『玉壺野史』とも呼ばれる。

問題文は、『玉壺清話』の原文から数箇所の字句を省略して出題されたものである。

解説（二は文科のみ）

賢いオウムを大切に育てていた商人が、事件に巻き込まれて収監されるが、ようやく釈放されて帰宅すると、オウムから「オウムにとっての籠の中での暮らしは、お前にとっての監獄暮らしと同じように堪え難いものだった」と知らされる。ショックを受けた商人は、オウムを遠隔の地で放してやる。ところがオウムは主人恋しさから、行きかう旅人に、「主人に会ったら、オウムが恋しがっていると伝えてくれ」と頼むというお話。東大の漢文でも時折出題される、動物と人間の交流がテーマとなる文章である。

(一)〈内容説明〉

「主人」は、直前部に「客人」とあるのでそのままですませたくなるが、それでは「わかりやすく説明せよ」という設問の要求に応えたことにはならない。「(鸚鵡の)飼い主の段生(または段氏)」のように、具体化して説明することが肝要である。

「惜」は、「惜しみ」と直訳しただけでは、段氏が倹約家・けちであったかのような内容となってしまって、文脈に合わない。「愛惜する」と熟語に置き換えて、「愛して、可愛がって、大切にして」のように訳せば、「惜之」を「(賢い)鸚鵡を愛して」のように説明できる。

後半の「加意籠豢」も、「意識を籠と餌に加えた」のような直訳では、日本語としていかにも不自然である。ここでは、ペットを可愛がる飼い主はそのペットにどのように接するものか、という常識的な判断も多少役立ちそうだ。「籠と餌に気を配って(育てた)」のように説明する。

(二)〈現代語訳〉

送り仮名が省略されているので、正しい読み方を判断する力も試されている。

「家人餧飲」は、「飼い主の段氏が留置されて半年間不在だった」という直前部の内容から、段氏に代わって「家の者が(鸚鵡に)餌や水をやる」ことだと判断する。

「否」は、文中の「安否」や現代語の「賛否」などから、「〜やいなや」と読んで「〜かどうか」の意味だと判断できる。「無失時」は、傍線部だけを見て「時を失うことがない」のように読んだままの直訳をしたのでは、何のことだかわからない。冒頭から傍線部までを大きく見渡せば、鸜鵒を可愛がっていた段氏が、留守中、家人が鸜鵒をどのように世話していたかを心配して発した言葉なのだとわかる。つまり、家人の餌やり水やりについて「時間どおりにきちんと行われていたか」という内容である。

以上をまとめれば、「家の者が、餌や水を時間どおりにくれたかどうか」のように解答することになる。

㈢〈理由説明〉

理由説明問題は、①まずは傍線部自体を正しく把握し、②その理由部分を探し出して正しく解釈し、③傍線部の理由を説明した内容となる体裁に整えて解答する、という手順で解くことになる。

ここでは、①傍線部の意味に迷うことはない。②理由部分も、直前の鸜鵒の言葉であることはすぐにわかり、その解釈に迷う部分はない。③解答の体裁は、素直に「鸜鵒が『〜』と言ったから」と答えても減点にはならないだろう。しかし文章全体を見て傍線部の意味合い（位置付け）を検討すれば、より適切な解答ができることも多い。「飼い主の段氏は可愛がって大事に育てていたつもりだった。ところが鸜鵒にとっては監獄の中の日々同然だった。そのことを段氏は今になって、鸜鵒の言葉でやっと気づかされた」という展開を把握したいところだ。「鸜鵒の言葉から、鸜鵒にとっての籠の中の歳月が、自分の獄中の苦しみと同じだったと悟ったから」のような解答になれば申し分ない。

㈣〈主語と目的語についての具体的説明〉

「誰が」は、前文の主語「客」に着眼する。ただし、これをそのまま安易に利用して「客が、客人が」などと答えては、「具体的に説明せよ」という設問の条件にそぐわない。ここで思い出したいのが、漢文の頻出名詞「客」には「旅人」の意味があることだ。「旅人」とは具体的に誰かと考えれば、「呉から来た商人が」と解答できる。

「誰に会う時」かは、文中の語では前文の「我段二郎」。これもそのまま「私の（主人だった）段二郎」のような解答では「具体的に説明」する問題の解答としては不適切。説明問題で「私の」あるいは「自分の」と書けば、それは受験生にとっての「私の」「自分の」ということになってしまう。そこで「私」「自分」とは誰なのかを「具体的に」明らかにして解答する。「鸜鵒の主人だった段二郎に会う時」のように答えれば正解である。

(五) 〈全文の趣旨にかかわる現代語訳〉

送り仮名が省かれているので、どう読むかが解釈上のポイントである。

「為」は多くの用法を持つ多品詞語だが、ここは前後の文脈や「我」という目的語から、「我が(我の)為に」と読むのは難しくない。

一番大きなポイントになるのは「道」の解釈。返り点と語順から、動詞だと判断する。「道《い》ふ」は漢文に頻出する動詞であり、「報道」という熟語で認識しておかなければいけない。注意を要するのは、「道へ」と命令形に読んで「伝えてくれ」のように訳すべきこと。鸚鵡が旅人(呉から来た商人)に、主人だった段氏への伝言を頼んでいる部分であることを把握しなければいけない。

「鸚哥甚憶二二郎一」が〈主語＋副詞＋動詞＋目的語〉の語順であることは、返り点からも判断できる。動詞「憶」は、文脈から「追憶」という熟語に置き換えて、「懐かしむ」のように訳したい。「鸚鵡がとても段二郎を懐かしんでいる」のような解釈になる。これを、「記憶」という熟語から「覚えている」などと軽く訳してはいけない。

最後の設問なので、全文を見渡して答えを確認することが大切だが、四行目の段の言葉「惟-只憶レ汝」に着眼したい。オウムの「甚憶二二郎一」という言葉は、段の言葉への返答になっており、〝あの時言えなかったあの一言〟なのである。

読み方

一巨商《イチキョショウ》姓段《セイダン》なる者《もの》、一鸚鵡《イチオウム》の甚《はなは》だ慧《ケイ》なるを蓄《やしな》ふ。能《よ》く李《リ》白《ハク》の宮詞《キュウシ》を誦《ショウ》し、客至《カクいた》る毎《ごと》に則《すなは》ち茶《チャ》を呼《よ》び、客人《カクジン》の安否《アンピ》寒《カン》暄《カン》を問《と》ふ。主人之《シュジンこれ》を惜《をし》み、意《イ》を籠檻《ロウカン》に加《くは》ふ。一旦段生事《イッタンダンセイこと》を以《もっ》て獄《ゴク》に繋《つな》がる。半年《ハンとし》にして方《はじ》めて釈《ゆる》されて家《いへ》に到《いた》り、籠《かご》に就《つ》きて与《とも》に語《かた》りて曰《いは》く、「鸚哥《オウカ》、我獄中《われゴクチュウ》より半年《ハンとし》出《い》づる能《あた》はず、日夕《ニッセキ》惟《た》只《だ》汝《なんぢ》を憶《おも》ふのみ。家人《カジン》の餧飲《イイン》、時《とき》を失《シッ》すること無《な》きや否《いな》や」と。鸚哥《オウカ》語《かた》りて曰《いは》く、「汝禁《なんぢキン》に在《あ》ること数月《スウゲツ》にして堪《た》へざるは、鸚哥《オウカ》の籠閉《ロウヘイ》せられて歳久《としひさ》しきに異《こと》ならず」と。其《そ》の商大《ショウおほ》いに感泣《カンキュウ》し、乃《すなは》ち特《とく》に車馬《シャバ》を具《そな》へ、携《ケイ》して秦隴《シンロウ》に至《いた》り、籠《ロウ》を掲《かか》げて泣《な》きて放《はな》つ。其《そ》の鸚哥《オウカ》羽《はね》を整《ととの》へ徘徊《ハイカイ》し、去《さ》るに忍《しの》びざるに似《に》たり。後《のち》に聞《き》くならく官道《カンドウ》の隴樹《ロウジュ》の末《すゑ》に止巣《シソウ》し、凡《およ》そ呉商《ゴショウ》の車《くるま》を駆《か》りて秦《シン》に入《い》る者《もの》あれば、巣外《ソウガイ》に鳴《な》きて曰《いは》く、「客還《カクまた》我《わ》が段二郎《ダンジロウ》の安否《アンピ》を見《み》るや。若《も》し見《まみ》ゆる時《とき》あれば、我《わ》が為《ため》に鸚哥《オウカ》甚《はなは》だ二郎《ジロウ》を憶《おも》ふと道《い》へ」と。

通釈

ある豪商の段という姓の者が、一羽の大変利口なオウムを飼っていた。（そのオウムは）李白作の宮女の愁いを詠んだ詩を暗誦することができ、来客があるたびに茶を出すように促し、客人の日常の様子や天候の寒暖を尋ねるなどした。飼い主の段氏は賢いオウムを可愛がり、籠や餌にも気を配った。ある日段氏は事件に巻き込まれて監獄に繋がれた。半年たってやっと釈放されて家に戻り、籠の前にやってきてオウムにこう話した、「オウムよ、私が獄中から半年間出られないでいた時、日夜ただひたすらお前のことを懐かしむばかりだった。家の者は餌や水を時間どおりにくれたかどうか」と。（すると）オウムはこう話した、「お前が獄中にいた数か月間の堪え難さは、オウムが長年籠に閉じこめられている苦しみと同じだね」と。その商人はひどくショックを受けて泣き、それからわざわざ車馬の準備をして、オウムを連れて中国西部の秦隴地区までやって行き、籠を掲げて泣きながらオウムを解き放った。オウムは羽繕いをしながら歩き回り、飛び去るに忍びないような素振りを見せた。後で聞いたところによると、オウムは公道の丘の上の木の枝に巣を構え、馬車を駆って秦に入ってくる呉の商人があれば片っ端から、巣の外で鳴いてこう言ったのである、「旅人も私の（主人であった）段二郎の様子をご存じか。もし会う機会でもあれば、私のために『オウムはとても段二郎を懐かしんでいる』と伝えてくれ」と。

解答　（二）は文科のみ

㈠　飼い主の段生が賢い鸚鵡を愛して、籠や餌に気を配って育てたということ。

㈡　家の者が、餌や水を時間どおりにくれたかどうか。

㈢　鸚鵡の言葉から、鸚鵡にとっての籠の中での歳月が、自分にとっての監獄での苦しみと同じだったと悟ったから。

㈣　呉から来た商人が、地元に戻って鸚鵡の主人だった段氏に会う時。

㈤　私のために、鸚鵡はとても段二郎を懐かしんでいると伝えてくれ。

二〇〇九年

第三問（文理共通）

出典

室町時代末期の僧、万里集九の詩文集『梅花無尽蔵』。万里集九は、臨済宗の僧であったが、五山文学者としても知られている。万里は字《あざな》、集九は諱《いみな》、出典である詩文集『梅花無尽蔵』は、彼の号をそのままタイトルとしたものである。

解説　㈤は文科のみ

筆者万里集九のもとに、友人が掛け軸を持ち込んで、画賛を書くよう依頼した。絵に梅と松と亀が描かれていたことから、筆者は中国北宋の趙抃の故事に結びつけて「趙抃一亀図」と名づけ、画賛として七言絶句を作ったという内容である。しかし、趙抃の故事を記録した『宋史』の「趙抃伝」には、「以一琴一鶴自随」とあり、「鶴」は出てくるものの「亀」は描かれていない。「梅」を「鉄面御史趙抃」に、「松」を「松風の音」→「琴」と解釈したことも、いささか牽強なものと言える。当時のわが国で、画に賛を付けることが尊ばれ、画賛は故事をふまえて作るのが重んじられていたことがうかがい知られるエピソードとなっている。

漢詩を含む出題は、二〇〇一年度以来八年ぶり。押韻にかかわる設問が出題されたのは、東大ではきわめて珍しいことである。

㈠　〈理由説明〉

傍線部の直前に「不知為何図」とあるので、「何の絵かわからなかったから」のように解答した受験生が多かったようだ。これは大切な要素ではある。しかし東大の問題はそんなに簡単ではない。傍線部自体が結構難しい内容になっているのだ。傍線部の意味を正しくとらえていなくては、その理由を正確に答えることなどできない。傍線部があっての理由説明であるから、傍線部自体を正しく把握していることが読み取れる解答の方が、高く評価されるのは言うまでもない。「ひと月以上も壁に掛けて、毎日折に触れてこれ（何を描いた絵なのか）を明らかにしようとした」というのが傍線部の意味。これをもとに解答したいところである。どこまで求められている設問なのかを判断するのも、東大入試に必要な読解力である。

㈡　〈現代語訳〉

「豈」は基本的には反語。ただし本文中のように「豈非～邪」の形をとると、「（なんと）～ではないか、（～だろう）」のように同意を求めるニュアンスを含む反語であり、同時に詠嘆の意を表す表現になる。解釈問題なので句形の知識も厳しく問われるところである。傍線部を直訳すると「一つの琴ではないか」となり、句形についてはこれでクリア。

しかし、これだけでは「わかりやすく現代語訳せよ」（例年の設問では「平易な現代語に訳せ」）という設問に十分応えた解答にはなっていない。傍線部を含む文の前半の内容（「屋頭〜声者」）を明らかにすれば、何について「一つの琴ではないか」と読者に同意を求めているのかがハッキリして、わかりやすい解釈になるはずだ。「家の軒先に長い松の枝がくねくね曲がっていて、風雅な風音を響かせているのは」というのが、この部分の内容。つまり「松風（の音）＝琴」という理屈を明らかにして訳せば正解となるわけである。前後から言葉を補うことが、「わかりやすく」するためのポイントとなるケースは少なくない。

㈢〈指示内容の抜き出し〉

設問㈡の傍線部aの後から、この設問の傍線部cの前までが、三つの文からなっている。三つの文が、それぞれ皆「絵事」についての筆者の解釈を示す内容である。各文が、具体的には何について述べているかを確認していけばよい。一字ないし二字が入るものと見える解答スペースも、ヒントの一つになっている。最初の文はもちろん「梅」。次の文と三つ目の文は、それぞれ「長松」あるいは「松」、「一亀」あるいは「亀」のどちらで解答するかと少し迷うところ。画賛の詩にも、「長松」「一亀」が使われているので、こちらを正解としたい。しかし「松」「亀」でも許容されたものとも考えられる。

㈣〈空欄補充〉

漢詩の句末の空欄補充はまず押韻で判断する、そして七言の詩は第一句と偶数句の句末に押韻するのが原則、これは入試漢文の常識。第二句の「音」は、「on」と「in」の二つの音読みがあるが、第四句の「心」（shin）から、ここでは後者の読み方だと判断できる。「文中から抜き出」す文字として適切なのは、「琴」（kin）以外には見当らない。

㈤〈具体的な説明〉

第三句に「主人鉄面」とあるから、「誰の」は「鉄面御史」こと「趙抃」だとわかる。「どのような心か」については、同じく第三句の「楽」の内容を具体化する。御史として剛直であったがために、「趙鉄面」とあだ名のついた趙抃にも、琴を楽しむ風雅の心があったのである。

読み方

宋《ソウ》の神廟《シンビョウ》趙鉄面《チョウテツメン》に謂《い》ひて曰《いは》く、「卿《ケイ》の蜀《ショク》に入《い》りたるとき、一琴一亀《イッキンイッキ》を以《もつ》て自《みずか》ら随《したが》へ、政《セイ》を為《な》すこと簡易《カンイ》なり」と。一《イチ》日《ジツ》余《ヨ》の友人《ユウジン》、小画軸《ショウガジク》を袖《シュウ》して来《きた》り、賛語《サンゴ》を需《もと》めらる。何《なん》の図《ズ》たるかを知《し》らず。壁間《ヘキカン》に掛《か》くること月《つき》を逾《こ》え、坐臥《ザガ》に焉《これ》を質《ただ》す。梅《うめ》は則《すなは》ち花中《カチュウ》の御史《ギョシ》、趙抃《チョウベン》の鉄面御史《テツメンギョシ》たるを表《あらは》す。屋頭《オクトウ》に長松《チョウショウ》の屈蟠《クツバン》して、大雅《タイガ》の風声《フウセイ》有《あ》るは、豈《あ》に一張《イッチョウ》の琴《こと》に非《あら》ずや。一亀《イッキ》も亦《ま》た水上《スイジョウ》に浮游《フユウ》す。神廟《シンビョウ》の片言《ヘンゲン》、頗《すこぶ》る絵《エ》の事《こと》と符《フ》を合《ガッ》す。之《これ》を名《な》づけて「趙抃一亀図《チョウベンイッキズ》」と曰《い》へば、則《すなは》ち可《か》ならんか。

怪《あやし》む莫《なか》れ床頭《ショウトウ》に琴《こと》を置《お》かざるを
長松《チョウショウ》毎日《マイニチ》遺音《イイン》を送《おく》る
主人《シュジン》の鉄面《テツメン》に何《なん》の楽《たの》しみ有《あ》りや
唯《た》だ一亀《イッキ》をして此《こ》の心《こころ》を知《し》らしむるのみ

通釈

　北宋の神宗皇帝が、「趙鉄面」こと趙抃に、「そなたが蜀の地に赴任したとき、一つの琴と一匹の亀を携えて行き、行政も簡要を得ていた(と聞いておる)」と言った(という故事がある)。ある日わたしの友人が、小さな軸物を携えて来て、画賛を添えるよう頼んだ。(一目では)何を描いた絵なのかわからなかった。(そこで)ひと月以上も壁に掛けて、毎日折にふれて絵の意味を明らかにしようと試みた。梅は(その凛とした咲き姿がまさに)花々の中の御史にも匹敵するもので、趙抃が「鉄面御史」であったことを表している。家の軒先に長い松の枝がくねくねと曲がって伸びていて、正統的な音楽とも思える風音を響かせているのは、一つの琴を暗示しているのではないか。一匹の亀もやはり水面を泳いでいる。神宗皇帝の発した一言は、この絵の内容とぴったり一致している。この絵に名づけて「趙抃一亀図」とでも呼んだら、よいのではないだろうか。

不思議に思ってはいけない、枕元に琴が置かれていないのを。
長い松の梢が毎日風雅な残響を送っているのだ。
主人の「趙鉄面」にはどんな楽しみがあったのか。
ただ一匹の亀に、役人として剛直である一方で琴を楽しむ風雅を忘れなかった自分の心を理解させるまでのことである。

解答　(五)は文科のみ

(一)　毎日観察することで、何を描いた絵なのか判断しようとしたから。

(二)　風雅な松風は、趙抃の琴の音を暗示しているのではなかろうか。

(三)　梅、長松、一亀

(四)　琴

(五)　趙抃の、役人として剛直な一方で、琴を楽しむ風雅を忘れなかった心。

二〇〇八年

第三問（文理共通）

出典

清の兪樾の『右台仙館筆記』。『右台仙館筆記』は兪樾が見聞した神怪奇異な事件を雑録した書で、「右台仙館」は彼の住んだ杭州西湖の右台山の住居の名である。

解説（(二)は文科のみ）

何度も科挙に落第していた周鉄厓が、船で帰郷する途中、ある村落の家の二階の窓の外で亡霊が冥界から人間界に戻るために人を取り殺そうとしているのを目撃した。「亡霊は人に気付かれると、ターゲットをその人に代えてしまうので、声を立てないように」と船頭から注意されたが、「人を見殺しにはできない」と、周鉄厓はその家に入って事情を説明して助けようとする。その家では姑と喧嘩した嫁が泣きながら二階に登ったところだったので、驚いて階上に登ってみると、嫁が首をくくろうとして茫然と立ちすくんでいた。家族全員がなだめてやっと事無きを得た。翌日家に戻った周鉄厓は、不思議な夢を見る。科挙合格を望む周鉄厓に対して、老人の示した三文字「何可成」の意味は？

珍しく書き下しが問われたのが、二〇〇八年度の大きな特徴である。その設問の傍線部が、実は二つの読み方が可能な部分になっており、文章全体を見てその両方を正しく把握できるかどうかが、合格点を確保できるか否かのカギにもなっている。基本的な句形・語彙・修辞法の理解はもとより、常に文章全体との整合性を見極めて解答しなければならない設問が並ぶ点は、東大の例年どおりの出題だと言ってよいものである。

(一)〈理由説明〉

傍線部の直後の「鬼為人所覚、且移禍於人」を中心にまとめる。「為A所～」が受身の慣用表現であることと、「且」が「～しようとする」という意味の再読文字であることは、漢文の句形の常識。「わかりやすく説明せよ」という設問なので、「鬼」や「禍」もそのままではいけない。ともに「求代」の〔注〕に着眼して解答すればよい。

(二)〈理由説明〉

傍線部直前の「告以故（周鉄厓がわけを告げたので）」と、傍線部直後の「蓋姑婦方勃谿、婦泣涕登楼（姑と嫁がちょうどけんかをして、嫁が泣きながら階上に登った）」とに着眼する。つまり、周から首をくくろうとしている者がいると告げられて、嫁のことが思い当たったものだから驚いたのである。

㊂〈言葉を補っての現代語訳〉

「挙家」は「家を挙げて」と読むこともできる。「挙家共」で「家中の者が皆」。指示代名詞「之」は、首をくくろうとしていた「婦」。「勧慰」は、「勧め慰める」つまり「なだめる」こと。副詞の「乃」には、「①そこで②なんとまあ③やっと」の意味があるが、ここは「やっと、ようやく」が妥当。「已」には、副詞の「すでニ」や助詞の「のみ」もあるが、ここは動詞の「やム」。「必要な言葉を補って」という設問の条件に応えるためには、何が「止んだ」のかを明らかにする。前の文の「神已痴矣」から、「(嫁の)精神の錯乱がおさまった」→「正気に返った」のようにまとめればよい。「自殺をやめた」のような解答も出てきそうだが、それでは不十分。前文の「神已痴矣」の理解もポイントになっている設問だと考えるのが妥当である。

㊃〈書き下し〉

「何」には一般に疑問の場合と反語の場合があるが、「何可～」の形は「なんゾ～ベケンヤ」と読む反語になることが多い。これは句形の基礎知識。設問に「周鉄厓の最初の解釈に沿って」とのヒントがあるから、周鉄厓が直後の文で「科名無望矣」とため息をもらしていることに着眼する。文脈からも反語であることは疑う余地がない。最後に動詞の「成」。「科挙合格の望みが成就する」という意味なので、「なル」と自動詞として読むべきケースだが、「科挙合格の望みを成就させる」と考えて「なス」と他動詞に読んでも許容されるはずである。

㊄〈全文の趣旨にかかわる具体的な説明〉

傍線部の意味は「夢のお告げがぴたりと当たったことにようやく気づいた」。あとは傍線部直前の「其明年、竟登賢書。是科主試者為何公」を、三つの〔注〕をふまえて正しく解釈して、これを夢のお告げの「何可成」と結びつける。最後の設問なので、全文の趣旨も意識して、前半のエピソードとの整合性も確認する。人を救ったことの報いとして合格が与えられたという話である。

読み方

周鉄厓《シュウテツガイ》屢《しばしば》秋闈《シュウイ》を試《う》くるも售《う》からず。一日《イチジツ》他処《タショ》より帰《かへ》り、夜《よる》船《ふね》を村落《ソンラク》の間《カン》に泊《とど》む。水《みづ》に臨《のぞ》む一家《イッカ》を望見《ボウケン》するに、楼窓《ロウソウ》の外《そと》に碧火《ヘキカ》の環《カン》なるがごとき有《あ》り。舟人《シュウジン》見《み》て駭《おどろ》きて曰《いは》く、「縊鬼《イキ》代《タイ》を求《もと》むるに、多《おほ》く此《こ》の状《ジョウ》を作《な》す。此《こ》の家《いへ》必《かなら》ず将《まさ》に縊《くび》りて死《し》なんとする者《もの》有《あ》らん。慎《つつし》んで声《こゑ》する勿《なか》れ、鬼《キ》人《ひと》の覚《さと》る所《ところ》と為《な》れば、且《まさ》に禍《わざはひ》を人《ひと》に移《うつ》さんとす」と。周奮然《シュウフンゼン》として曰《いは》く、「人《ひと》の死《し》なんとするを見《み》て救《すく》はざるは、夫《フ》に非《あら》ざるなり」と。岸《きし》に登《のぼ》り、門《モン》を叩《たた》きて大呼《タイコ》す。其《そ》の家《いへ》出《いで》て問《と》ひ、告《つ》ぐるに故《ゆゑ》を以《もつ》てすれば、大《おほ》いに驚《おどろ》く。蓋《けだ》し姑《コ》婦《フ》方《まさ》に勃谿《ボッケイ》し、婦泣涕《フキュウテイ》して楼《ロウ》に登《のぼ》る。周《シュウ》の言《ゲン》を聞《き》き、亟《すみ》やかに共《とも》に楼《ロウ》に登《のぼ》り、闥《タツ》を排《ひら》きて入《い》るに、婦《フ》手《て》に帯《おび》を持《も》ちて牀前《ショウゼン》に立《た》ち、神《シン》已《すで》に痴《チ》たり。之《これ》を呼《よ》ぶこと踰《ユ》時《ジ》にして始《はじ》めて覚《さ》め、挙《キョ》家《カ》共《とも》に之《これ》を勧慰《カンイ》すれば、乃《すなは》ち已《や》む。周《シュウ》次《ジ》日《ジツ》家《いへ》に抵《いた》る。夢《ゆめ》に一老人《イチロウジン》之《これ》に謂《い》ひて曰《いは》く、「子《シ》善《ゼン》を為《な》すに勇《ユウ》なり、宜《よろ》しく其《そ》の報《ホウ》を食《う》くべし」と。周《シュウ》曰《いは》く、「他《タ》は敢《あ》へて望《のぞ》まず、敢《あ》へて問《と》ふ我《われ》科《カ》名《メイ》に於《お》いて何如《いかん》」と。老人《ロウジン》笑《わら》ひて示《しめ》すに掌《たなごころ》を以《もつ》てす。掌中《ショウチュウ》に「何《カ》可《カ》成《セイ》」の三字《サンジ》有《あ》り。寤《めざ》めて歎《タン》じて曰《いは》く、「科《カ》名《メイ》望《のぞみ》無《な》からん」と。其《そ》の明年《ミョウネン》、竟《つひ》に賢書《ケンショ》に登《のぼ》る。是《こ》の科《カ》の主試者《シュシシャ》は何公《カコウ》たれば、始《はじ》めて夢語《ムゴ》の巧合《コウゴウ》を悟《さと》るなり。

通釈

周鉄厓は何度も省での科挙を受験していたが、合格しなかった。ある日、よそに出かけての帰り、夜船をある村落に停泊させることになった。川岸のとある家を眺めてみると、二階の窓の外に輪のような形の青い火が見えた。船頭がそれを見て驚いて言った、「首をくくった者の亡魂が、冥界から人間界へもどるために交代する者を求めているときに、しばしばこのような形になるのでございます。この家にはきっと今まさに首をくくって死のうとしている者がいるはずです。決して声を発してはなりません。亡魂は他人に気づかれると、災いをもたらす相手をその人に代えようとするものです」と。周は興奮した様子で言った、「人が死のうとしているのを目にして助けないのは、男ではない」と。川岸に上がり、門をたたいて大声で(家の者を)呼んだ。その家の者が出てきてわけを尋ね、(周が)事情を説明すると、(家の者は)たいそう驚いた。というのも、姑と嫁がちょうどけんかをして、嫁が泣きながら階上に登ったところだったのである。周の説明を聞くと、すぐに家族みんなで二階に登り、寝室のドアを開けて入ってみると、嫁は手に帯を持ってベッドの前に立ちすくんで、すでに魂の脱け殻のような状態になっていた。しばらくの間嫁の名を呼ぶとやっと目を覚まし、家中の者が全員でなだめると、嫁はようやく正気に返った。周は翌日家に戻った。(その晩)夢の中で一人の老人が彼に言った、「君は勇気を持って善行を行った。その報いを受ける資格があるのぅ」と。周は言った、「特に望みがあるわけではありませんが、思い切ってお尋ねしたい、私の科挙合格はどうなるでしょうか」と。老人は笑って手のひらを見せた。手のひらの中には「何可成」の三文字が書かれてあった。(周はこれを「その願いは成就しない」と解釈し、)目をさますとため息をついて言った、「科挙合格はかなわぬようだなぁ」と。(ところが)その翌年、とうとう省での科挙に合格した。その試験の総責任者は何公であったので(夢のお告げは「何公が合格させてくれる」の意味だと知り）、夢のお告げが見事に当たったことにようやく気づいたのであった。

＊補注

(1) 本文二・五・六行目の「楼」は、この民家の「二階、階上」の意味。村落の民家に別棟としての「楼閣」（高殿）があるとは考えにくい。五行目の「登楼」は、姑とけんかした嫁が泣きながら「階段を登って二階に上がった」のであり、「楼を登る」と読むべきところである。

また、本文六行目の「闥」の〔注〕に、「小門」とあるのは「寝室」の誤り。嫁は泣きながら二階に登り、自分の寝室に入って行ったのであり、だからこそ「牀前」（ベッドの前）にたたずんでいたのである。

(2) 本文三行目「死なんと」は、「死せんと」と読むのが望ましい。漢文では、「死ぬ」というナ変は使わずに、「死す」とサ変で読むのが普通である。

(3) 本文五行目「出《いで》て」は、「出《い》でて」の誤り。ただし、書き下しは出題者の読み方に従った。

解答（(二)は文科のみ）

(一) 人にとりつこうとしている亡魂は、他人に気づかれると今度はその人にとりつこうとするから。

(二) 姑とけんかした嫁が泣きながら階上に登ったので、首をくくってもおかしくはない状況だったから。

(三) 家族あげて嫁をなだめたところ、やっと正気に返った。

(四) なんぞなるべけんや（と）

(五) 当初失望した言葉だが、実は「主試者の何公が合格させてくれる」という意味で、夢のお告げどおりになったということ。

二〇〇七年

第三問（文理共通）

出典

元末明初の陶宗儀《とうそうぎ》の『輟耕録《てっこうろく》』。『輟耕録』は、陶宗儀が、元代の法制・兵乱・旧聞逸事・訓詁・書画などについて随録した書。その号を冠して『南村輟耕録』とも呼ばれている。

解説（二は文科のみ）

木八剌（西瑛）の妻が、金のかんざしに刺した細切れ肉を口に運ぼうとしていた時に来客があり、食事を中断して接待の準備をした。戻ってみるとかんざしが消えていた。妻は召使いの少女が盗んだものと決めつけて拷問を加え、召使いを死なせてしまった。ところが一年余りの後、屋根瓦を掃除した折に一塊の白骨とともにかんざしが落ちてきた。このことから、妻が中座したすきに猫が肉を盗もうとしてかんざしごと飲み込み、かんざしをのどに刺したまま逃げて命を落としたのだとわかった。筆者は、このような冤罪者を出さぬよう後世の人々を戒めるために、この文章を書き記した。

社会的あるいは政治的な問題を読者に投げかけようとする文章が選ばれている点は、まさに東大の漢文らしいものになっている。

(一)〈現代語訳〉

前置詞「以」に方法・手段を表す用法があることや、再読文字「将～」を「～しようとする」と訳すべきことは漢文の基礎の基礎。「方」には「あたりて」と読みが示されているから、「～したときに」と訳すのは容易。「木八剌（西瑛）」と主語を補うことも忘れてはいけない。

(二)〈主語を補っての内容説明〉

「其」は動詞「取」の主語になっているので、「小婢」を指す。設問の条件である「誰が」は、動詞「意」の主語になるはずであり、ここでは省略されているから、「木八剌（西瑛）の妻が」と補う。「木八剌（西瑛）の妻が、召使いの少女が金のかんざしを盗んだのだと思った」のようにまとめれば正解。

(三)〈指示語を具体化しての現代語訳〉

「其」は「歳余～同墜」の内容の要点をまとめる。「所以」は、ここでは「原因」。「原」は「根本・原因などを探求する」こと。「たづぬ」と読みが示されているが、これをそのまま「原ねる」「たずねる」「尋ねる」などと答えては、「平易な現代語」にならない。動詞「帯」は一般には「身につける」の意味だが、ここはそれでは不十分。一年余りの後に猫の白骨とともにかんざしが発見されたことをよく考える必要がある。猫が肉を盗んだ時にかんざしごと飲み込み（あるいはくわえて）、かんざしをのど（口）に刺したまま逃げ、猫はそのために死んだのだと判断できるだろう。

㈣〈空欄補充（抜き出し）〉

設問に「『含レ冤以死』の主語」と条件が付けられているから、（木八剌または西瑛の）「妻」と答えて失敗することはない。冤罪で死んだのはもちろん召使いの少女である。注意したいのは本文中からの抜き出し方である。「婢」あるいは「小婢」が正解（原典では「婢」になっている）で、「一小婢」では正解とは認められない。文中で二度目以降の登場となるときに、「一人の、とある」などという言葉は使わないからである。

㈤〈執筆意図の説明〉

文章全体の筋を意識しつつ、最後の二文「世之事～後人鑑也」を中心にまとめる。「如レ此」の「此」は、召使いの少女が冤罪で死んだことを受ける。「後人鑑」の「鑑」は、「鑑賞」や「鑑定」では意味が通らない。ここでは「鑑戒」の「鑑」（つまり「戒め」の意味）として使われている。「卑近な例を挙げ、弱者を冤罪に陥れることがないよう後世の人々を戒めること」のように説明すれば正解である。

読み方

木八剌《ボクハツラツ》、字《あざな》は西瑛《セイエイ》、西域《セイイキ》の人《ひと》なり。一日《イチジツ》、妻《つま》と対飯《タイハン》し、妻《つま》小金鎞《ショウキンヘイ》を以《もつ》て臠肉《レンニク》を刺《さ》し、将《まさ》に口《くち》に入《い》れんとするに方《あた》りて、門外《モンガイ》に客《カク》の至《いた》る有《あ》り。西瑛出《セイエイいで》て客《カク》を粛《すす》む。妻啖《つまくら》ふに及《およ》ばず、且《しばら》く器中《キチュウ》に置《お》き起《た》ちて去《ゆ》き茶《チャ》を治《をさ》む。回《かへ》るに比《およ》び、金鎞《キンヘイ》を覓《もと》むる処《ところ》無《な》し。時《とき》に一小婢《イチショウヒ》側《かたはら》に在《あ》りて執作《シッサク》す。其《そ》の窃《ひそ》かに取《と》るを意《おも》ひ、拷問《ゴウモン》すること万端《バンタン》なれど、終《つひ》に認《みと》むるの辞《ジ》無《な》く、竟《つひ》に命《いのち》を隕《おと》すに至《いた》る。歳余《サイヨ》ありて、匠者《ショウシャ》を召《まね》きて屋《オク》を整《ととの》へ瓦瓴《ガレイ》の積垢《セキコウ》を掃《はら》ふに、忽《たちま》ち一物石上《イチブツセキジョウ》に落《お》ちて声有《こゑあ》り。取《と》りて之《これ》を視《み》るに、乃《すなは》ち向《さき》に失《うしな》ひし所《ところ》の金鎞《キンヘイ》なり。朽骨一塊《キュウコツイッカイ》と同《とも》に墜《お》つ。其《そ》の所以《ゆゑん》を原《たづ》ぬるに、必《かなら》ず是《こ》れ猫来《ねこきた》りて肉《ニク》を偸《ぬす》み、故《ゆゑ》に帯《お》びて去《さ》る。婢《ヒ》偶《たまたま》見《み》るに及《およ》ばず、而《しか》して冤《エン》を含《ふく》みて以《もつ》て死《シ》す。哀《かな》しいかな。世《よ》の事此《ことかく》のごとき者甚《ことはなは》だ多《おほ》し。姑《しばら》く焉《ここ》に書《ショ》し、以《もつ》て後人《コウジン》の鑑《かがみ》と為《な》すなり。

通釈

木八剌は、字を西瑛といい、西域の人である。ある日、妻と二人で食事をしていて、妻が小さな金のかんざしで細切れ肉を刺し、いままさに口に入れようとした時に、戸外に来客があった。西瑛は部屋から出て客を家に招き入れた。妻は肉を食べるのをやめ、とりあえずかんざしを食器の中に置いて立ち上がり、その場を離れて茶の支度をした。もどってみると、置いておいたはずの金のかんざしが見当たらなかった。その時一人の召使いの少女がそばにいて家事の雑用をしていた。(西瑛の妻は)召使いの少女がかんざしをこっそり盗んだのだと思い、あらゆる拷問で責め立てたが、(召使いの少女は)最後まで罪を認める言葉を発することなく、とうとう命を落とすことになってしまった。一年余りの後、大工を呼んで屋根を修理し屋根瓦に積もったちりを掃除した折に、突然ある物が(地上の)石の上に音をたてて落ちてきた。拾ってそれを見てみると、なんとまあ一年前になくなった金のかんざしであった。ひとかたまりの白骨とともに落ちてきたのである。その原因を考えてみると、猫が肉を盗んだ時にかんざしごとくわえ込んで、のどか口にかんざしを刺したまま逃げ(猫はそのために死んでしまっ)たのに違いない。召使いの少女はたまたまそれを見逃して(釈明できなかったために)、冤罪を着せられたまま死んでしまったのだ。傷ましいことだなあ。世間にはこのように弱者が濡れ衣を着せられる事件が大変に多い。とりあえずここに書き記し、後世の人々への戒めとするのである。

＊補注

(1) 本文二行目の「出《テ》」は「出《デテ》」(「出《い》づ」の連用形+て)が正しい。また、「粛」は「すすム」と読まれているが、「客を家の中に招き入れる」という意味なので、「みちびク」と読むべきところである。

(2) 本文四行目「万端《ナレド》」は、「万端《ナレドモ》」と読むのが正しい。漢文訓読では逆接の接続助詞「ど」は用いないからである。

(3) 設問(二)について。「誰が」「思ったのか」というと、前文までの文脈からすれば前記のとおり「西瑛の妻」となるが、直後に「拷問万端」とあることや本文が「木八剌」家の事件として記述されていることからすると、次の二つの答えもあり得るとも考えられる。

(a) 西瑛がそう思った

(b) 西瑛とその妻がともにそう思った

小婢に対する拷問は、西瑛夫妻が同じ思い込みをした結果行われたに相違ない。すると、出題者は(b)を正解としているのだろうか。疑問の残る設問である。

解答（(二)は文科のみ）

(一) 西瑛が妻と二人で食事をしていて、妻が小さな金のかんざしで細切れ肉を刺して口に入れようとした時、戸外に来客があった。

(二) 西瑛の妻が、召使いの少女が金のかんざしを盗んだのだと思った。

(三) 屋根の上からかんざしと猫の白骨が落ちてきた原因を考えてみると、猫が肉を盗んだ時にかんざしがのどに刺さったまま逃げたのに違いない。

(四) 婢（小婢）

(五) 卑近な例を挙げ、弱者を冤罪に陥れることがないように後世の人々を戒めること。

二〇〇六年

第三問〈文理共通〉

出典

宋・彭乗『続墨客揮犀』。『続墨客揮犀』は、宋代の遺聞逸事および詩話文評等を記した『墨客揮犀』の続編である。

解説（四は文科のみ）

声を出すたびに腹の中でそれを復唱する音が聞こえるという奇病「応声虫」を患った人が、道士のアドバイスで雷丸という薬を飲んで治癒した。同じ病気を患ったものごいに筆者が雷丸を勧めると、ものごいは、「観客を集めることができて飯の種になっている病気が治ってしまえば、唯一の生活手段がなくなってしまうから」と薬をことわったという話。

㈠〈現代語訳〉

「毎㆓～㆒、輒…」は「～するたびに、そのつど…」の意味の慣用表現。「発言」「応答」は現代語でも使う言葉だが、そのまま「発言応答する」と書いたのでは訳したことにならない。傍線部後半の「有小声効之」から判断して、「声を出して話をする」のように「声を発する」ことを明らかにしてまとめれば、設問文中での「平易な現代語」に訳したことになるだろう。

㈡〈内容説明〉

再読文字「宜」「当」は漢文の常識。形式名詞「所―」と「者」の理解があって、「本草」の〔注〕を見ていれば、「遇虫所不応者」は、「腹の虫が復唱しない薬材に出会ったら」の意味だとわかる。したがって「服之」は「その薬を服用すること」である。最後に「読本草」にも注意する。文字通り「本草を読む」と直訳しただけでは、問題文中での傍線部を説明したことにはならない。設問㈠と同様に「声を発する」ことを明らかにして、「『本草』を朗読する、『本草』の内容を読み上げる」のようにまとめてこそ、はじめて意味のある説明となる。東大の漢文では、常に問題文全体のなかでの傍線部であることを意識して解答することが大切である。

㈢〈空欄補充〉

冒頭から空欄cを含む4行目までの登場人物は、「余」つまりは筆者、その友人の「劉伯時」、そして「劉伯時」が会った「楊勔」の三人である。空欄cには、道士に言われた通りにして病気を治した人物が入ることは、直後の内容から明らかである。とすれば、答えは「楊勔」となろう。筆者は、「楊勔」の経験を友人の「劉伯時」から聞いたのである。そうでなければ、この文章で「楊勔」を登場させる意味がなくなってしまうというのが、出題者の言い分だろう。原典を見ると、空欄cの位置には「動」の一字があるが、解答としては「楊」または「楊動」も認められたはずである。

㈣〈様子と理由についての具体的説明〉

近年頻出している送り仮名を省略しての設問。傍線部は「環りて観る者甚だ衆し」と読む。「環」の読みに迷っても「様子」は推測できるだろう。休日の広場で大道芸を披露しているジャグラーのように、観客がその周りを取り囲んでいるのである。「そうなったわけ」は、ものごいの「応声虫」がもの珍しいので、自然と人だかりができたからということになるはずだ。

㈤〈字義を明らかにしての理由説明〉

「謝」は、筆者の勧めた「雷丸」を断っている内容から「謝絶」の「謝」と判断できる。その理由は直後の「　」部をまとめればよい。その際注意したいのは、「求衣食於人」である。これをそのまま「衣食を人に求める」と直訳したのでは、ものごいが「応声虫」を聞かせる対価として、観客に「衣食」を直接求めていることになってしまう。大道芸人は観客から銭を得て暮らしているのである。「衣食」は「生活」の象徴であり、東大でも頻出しているものだ。

読み方

余《よ》が友劉伯時《ともリュウハクジ》、嘗《かつ》て淮西《ワイセイ》の士人《シジン》楊動《ヨウベン》に見《まみ》ゆ。自《みづか》ら言《い》へらく中年《チュウネン》にして異疾《イシツ》を得《え》、発言応答《ハツゲンオウトウ》する毎《ごと》に、腹中《フクチュウ》輒《すなは》ち小声《ショウセイ》の之《これ》に効《なら》ふ有《あ》り。数年《スウネン》の間《カン》、其《そ》の声浸《こゑやうやく》大《ダイ》なり。道士《ドウシ》有《あ》りて見《み》て驚《おどろ》きて曰《いは》く、「此《こ》れ応声虫《オウセイチュウ》なり。久《ひさ》しく治《チ》せざれば、延《ひ》きて妻子《サイシ》に及《およ》ばん。宜《よろ》しく本草《ホンゾウ》を読《よ》むべし。虫《むし》の応《オウ》ぜざる所《ところ》の者《もの》に遇《あ》はば当《まさ》に取《と》りて之《これ》を服《フク》すべし」と。動言《ベンゲン》のごとくす。読《よ》みて雷丸《ライガン》に至《いた》れば、虫忽《むしたちま》ち声無《こゑな》し。乃《すなは》ち頓《とみ》に数粒《スウつぶ》を餌《ジ》せば遂《つひ》に愈《い》ゆ(と)。余始《ヨはじ》め未《いま》だ以《もつ》て信《シン》と為《な》さず。其《そ》の後《のち》長汀《チョウテイ》に至《いた》り、一丐者《いちカイシャ》に遇《あ》ふ。亦《ま》た是《こ》の疾《シツ》有《あ》り。環《めぐ》りて観《み》る者甚《ものはなは》だ衆《おほ》し。因《よ》りて之《これ》に教《をし》へて雷丸《ライガン》を服《フク》せしめんとす。丐《カイ》者謝《シャシャ》して曰《いは》く、「某《それがし》貧《ヒン》にして他技《タギ》無《な》し。衣食《イショク》を人《ひと》に求《もと》むる所以《ゆゑん》の者《もの》は、唯《た》だ此《これ》を借《か》るのみ」と。

通釈

私の友人の劉伯時が、以前淮西の君子楊動にお会いしたことがある。(その折楊動が)自分で語ったことには、中年になって奇病を患い、声を出してものを言うたびに、腹の中からそれを真似して復唱する小さな声が聞こえてくるようになった。数年のうちに、その声は次第に大きくなった。とある道士(道教の修行者)がそれを知って驚いて言った、「これは応声虫だ。長い間治療しないでおいては、妻子にまで移ってしまう。『本草』を声を出して読み上げてみなされ。腹の中の応声虫がその声に反応しない薬材に出会ったら、それを取り寄せて服用しなくてはならぬ」と。動は言われたとおりにした。『本草』を読み上げていて雷丸という薬になると、応声虫が突然声を発しなくなった。そこで急いで(その薬を取り寄せて)数粒服用すると、それきり病気は治ってしまったのだ、(と)。私は最初この話を信用しなかった。その後長汀に赴いた折、一人のものごいに出会った。このものごいもやはり同じ病気を患っていた。(応声虫のもの珍しさから、)彼を取り巻く人だかりができてたいへん多くの観客が集まっていた。(私は)そこでものごいに事情を説明して雷丸を服用させようとした。(ところが)ものごいはそれを謝絶してこう言った、「私は貧乏で他に仕事もありません。生活の糧を得る手段といえば、ただこの奇病の助けを借りるだけなのです」と。

＊補注

(1) 本文一行目の「自言」以後の楊動の言葉は、四行目「遂愈」までである。「言へらく」と読んだからには、引用の終わりを示す助詞の「と」を送るべきである。「読み方」・「通釈」ではこれを補った。

(2) 本文四行目「餌《セバ》」とあるが、という読み方は、出題者のミスである。ここは仮定条件ではありえないので、「餌《スレバ》」と読むのが正しい。

解答 (四は文科のみ)

(一) わたしが声を出して何か言うたびに、そのつど腹の中からそれを真似して言う小さな声が聞こえてくる。

(二) 『本草』に載っている薬材を次々と読み上げてゆき、腹の中の虫が復唱しない薬材に出会ったら、それを服用せよということ。

(三) 動(あるいは楊動、楊)

(四) ものごいの応声虫の声がもの珍しかったので、人だかりができて多くの見物人が集まっている様子。

(五) 貧乏で他に仕事もないものごいにとって、応声虫は生活の糧を得るための唯一の手段なので、雷丸を服用するわけにはいかないと謝絶したということ。

二〇〇五年

第三問（文科）

出典

清・陳其元『庸間斎筆記』。『庸間斎筆記』は、清代の政治・軍事・風俗・旧聞・逸事等を雑記した書であり、「庸間斎」は筆者陳其元の号である。

解説

人として清廉潔白を守り通すことの困難さそして尊さを、孟子の言葉と一人の役人の逸話を引用して説いた随筆である。

文章そのものや話の内容はさほど難解なものではない。しかし、傍線部にやや特殊な語法や象徴表現が含まれていて、いざ答えを書く段になって迷うものも少なくない。答案をまとめる上での表現力が重視された問題だと言ってもよいだろう。

㈠〈内容説明〉

「苟」が仮定の副詞であり、「非」が否定的判断を示す語であることは、句形の常識。よって前半の「苟非其人」を直訳すれば、「かりにそんな人ではないならば」となる。

問題は「其人」をどう処理するかだ。一見すれば「好名之人」を受けるともとれる。ただし「好名之人」とは、「名誉を好む人（欲しいという感情を隠してまで名誉を求める見栄っぱりの人、つまりは名誉欲の旺盛な人）」という悪い意味にも解釈できてしまい、これでは問題文中の傍線部の内容として矛盾する。ここで、「其」に「それにふさわしい」と訳すべき用法があることを思い出せれば、「それにふさわしい人→それ相当な立派な人→本当に無欲な人」と解釈することになる。また最後の設問の傍線部fに着眼すれば、「其人」＝「賢」（賢者）と言い換えることもできる。答えを急がずに全体を見るのも、東大漢文の鉄則である。「本当に無欲な人でなければ」「それ相当の賢者でなければ」が前半の内容である。

さて、後半。「色」が「顔色、様子」であり、「見」が「現」と同義になることは、漢文用語の常識であり、「簞食豆羹」には〔注〕がある。ただし「わずかな食物も顔色に現われる」と直訳しただけでは、意味が通らない。そこで、文章全体を見て「わずかな食物を見ても欲しいという気持ちが顔色に現われる」と言葉を補えば、ずいぶん分かりやすい説明になる。さらに、「簞食豆羹」が、問題文中では「わずかな利益」を象徴する語として使われていることに気付けば、「わずかな利益を目の前にしてもそれを欲しがる気持ちが顔色に現れてしまう」のようにまとめることになろう。

(二)〈内容を具体化しての現代語訳〉

「成例」は「慣例」。「請」は「請求・請願・要請すること」。「請」の内容が設問の条件になっているが、これを傍線部前後から補うのは容易であろう。

(三)〈指示語の具体化(抜き出し)〉

c　傍線部を含む文は「命じて之を帰らしむ」と読める。桐山が誰を帰そうとしているのかは、前後を見れば迷わずに決まる。

e　「却」を「返却」と熟語に置き換えれば、傍線部は「之を却す」と読むことになる。もちろん「之」は直前の「三千金」を指す。文中に、「三千金」と同内容の語として「羨」があるが、桐山の妻は「羨」という語を口にしていない。許容されたかどうかは、採点の仕方しだいというところであろう。

(四)〈内容を明らかにしての現代語訳〉

「春申」が桐山の「故里」であるから、「晩」は「晩年に」と訳すべきである。「饘粥不継」は、「かゆが継がなかった、かゆが継続しなかった」と直訳しただけでは何のことやら分からないし、「どういうありさまを示す」言葉かという設問の条件に応えたことにもならない。そこで傍線部の文章全体の中での意味(役割)を確認する。「かゆ」といえば日々の常食であり、決して贅沢な食事ではない。その「かゆが続かない」というのは「日々の食にも事欠くほど貧乏であった」ことを象徴する表現である。衣・食・住は「生活」を象徴する表現だが、東大の漢文でも頻出事項である。

(五)〈全文の趣旨にかかわる理由説明〉

「可~乎」は反語。よって「可不謂賢乎」は「不可不謂賢」と同様に「賢者だと言わざるをえない」の意味になる。あとは設問の条件に応えて、全文の趣旨をふまえてその理由を説明する。冒頭の孟子の言の引用や、当時「羨」を受け取ることが「成例」となっていた点などが、ポイントとしてあげられよう。

読み方

「名《な》を好《この》むの人《ひと》、能《よ》く千乗《センジョウ》の国《くに》を譲《ゆづ》るも、苟《いやし》くも其《そ》の人《ひと》に非《あらざ》れば、簞食豆羹《タンシトウコウ》も色《いろ》に見《あらは》る」と。此《こ》れ真《まこと》に孟子《モウシ》の世故《セコ》に通達《ツウタツ》する語《ゴ》なり。余《ヨ》嘗《かつ》て慷慨《コウガイ》の士《シ》の千金《センキン》を揮斥《キセキ》して毫《ゴウ》も吝《リン》惜《セキ》せざるに、一二金《イチニキン》の出納《スイトウ》に於《おい》て、或《ある》いは齗齗《ギンギン》たるを免《まぬか》れざる者《もの》を見《み》るに、事《こと》過《す》ぐるの後《のち》、己《おのれ》に在《あ》りて未《いま》だ嘗《かつ》て失笑《シッショウ》せずんばあらざるなり。五茸《ゴジョウ》の葉桐山《ショウトウザン》河間《カカン》の通判《ツウハン》たり、宣《セン》府《ブ》に治餉《チショウ》す。更代《コウタイ》の日《ひ》に当《あ》たり、積資《セキシ》三千金《サンゼンキン》を余《あま》す。桐山《トウザン》悉《ことごと》く置《お》きて問《と》はず。主《つかさど》る者《もの》一吏《イチリ》をして持《ジ》して中途《チュウト》に至《いた》らしめ、成例《セイレイ》を以《もつ》て請《こ》ふ。桐山曰《トウザンいは》く、「羨《セン》を受《う》けざるは、即《すなは》ち吾《わ》が例《レイ》なり」と。命《メイ》じて之《これ》を帰《かへ》らしむ。晩《バン》に春申《シュンシン》の故里《コリ》に居《を》るに、饘粥《センジュク》継《つ》がず。一日梅雨《イチジツバイウ》の中《うち》、童子《ドウジ》網《あみ》を張《は》りて一大《イチダイ》魚《ギョ》を失《シッ》す。桐山為《トウザンため》に呀嘆《ガタン》す。其《そ》の妻之《つまこれ》を聞《き》きて曰《いは》く、「三千《サンゼン》金《キン》すら之《これ》を却《かへ》す、一魚《イチギョ》能《よ》く幾何《いくばく》に値《あた》ひせん」と。桐山《トウザン》も亦《ま》た掌《てのひら》を撫《ブ》して大笑《タイショウ》す。然《しか》りと雖《いへど》も、今《いま》の世《よ》に居《を》れば、桐山賢《トウザンケン》と謂《い》はざるべけんや。

通釈

「名誉を好む人は、(名誉を守るために時には)大国を譲ることもできようが、本当に無欲な人でなければ、わずかな食物を目の前にしてもそれを欲する気持ちが顔色に出てしまうものだ」。これはまさしく、孟子が世間の事情をよく理解していればこその言葉である。わたしはかつて、とある意気がった男が千金をしりぞけて惜しむ素振りなど微塵も見せないのに、(一方で)わずかな金の出し入れに関して争いを避けられずにいる場合があるのを目撃しているが、(その男は)事件が落着したのち、自分自身に対していつも失笑していたものである。五茸の葉桐山は、河間府の副長官をしていて、宣府鎮の軍用資金を管轄していた。任務交代の日になって、余剰金を三千金蓄えていた。桐山はその金をすべて残して(役所を去り)まったく関心も示さなかった。担当の役人が下役に三千金を持って桐山の道中を追わせて、慣例によって余剰金を引き取ってほしいと求めた。桐山は、「余剰金など受け取らないことこそ、俺のしきたりだ」と言って、その下役を帰らせたのである。桐山は晩年郷里の春申に隠居した際、日々の食にも事欠くほど貧乏であった。梅雨時のある日のこと、幼い使用人が川に網を張っていて、大きな魚を逃してしまった。桐山はそのために大きなため息をもらした。彼の妻がそれを知って言った、「三千金もの大金さえ(惜し気もなく)返してしまわれたのです。一匹の魚に一体どれほどの価値があるというのですか」と。桐山もやはり手をたたいて大笑いしたものである。しかしながら、このご時世にあって、桐山は賢者だと言わざるをえないであろう。

解答

㈠ 本当に無欲な人でなければ、わずかな利益を前にしたときでもそれを欲しがる気持ちが顔色に出るということ。

㈡ 慣例によって余剰金を引き取ってほしいと求めた。

㈢ c＝一吏　e＝三千金

㈣ 晩年に故郷の春申に隠居した際、日々の食にも事欠くほど貧乏であった。

㈤ 日常の卑近なものにとらわれることもあるが、公金三千を未練なく捨て去った態度に、賢者の人格が感じられるから。

第三問（理科）

出典

宋の蘇洵の著作集、『嘉祐集』。蘇洵は北宋の政治家また文人。子の蘇軾・蘇轍とともに唐宋八大家の一人に数えられる。書名の「嘉祐」は、蘇洵の晩年の年号である。

解説

君主が臣下の諫言を聞き入れることは大切だが、臣下にしてみれば君主を諫めることには非常な困難がともなう。そこで、君主は賞罰を設けることによって、臣下が積極的に諫言を行う環境を整えるべきだと説く文章である。

頻出している送り仮名を省略しての解釈問題が出題されており、傍線部にとらわれることなく、文章全体を見て正しく読み解くことが求められている問題である。

㈠〈指示語を具体化しての内容説明〉

一貫して諫言を聞き入れる君主と諫める臣下との関係について述べた文章である。とすれば、「選耎阿諛」（注がある）の主語である「其」は何を指すのか。「自分の過失を聞く」という意味になる「聞其過」の、「其」の指すものは何か。どちらも容易に判断できよう。傍線部には、他にポイントとなるようなものは見当らない。

㈡〈現代語訳〉

「墨」には〔注〕があるので、設問のポイントは「臣下不正」をどう解釈するかの一点のみだと言ってよい。送り仮名が省略されているので、当然ながらまず読み方を検討することになる。「臣下正しからざれば～」と読みたくなるが、それでは問題文中での傍線部として意味のある解釈が出来ない。問題文のテーマである「諫」とは、臣下が君主の過失を「正す」ことである。「正す」と動詞に読めば、「諫む」とほぼ同義になる。「臣下正さざれば～」と読めば、矛盾のない解釈ができる。送り仮名が省略されている場合でも、決して傍線部にとらわれてはいけない。常に問題文全体を見すえて、正しく読み解いていく平衡感覚が求められているのだ。

最後に「臣下が君主の過失を正さなければ～」のように、目的語を補うことも忘れてはいけない。言葉を補うことによって、東大の要求する「平易な現代語」に変わるケースも多いものだ。

㈢〈空欄補充〉

送り仮名が省略されているが、「未だAを避けてBに就く者有らず」と読むのは難しくない。正しく読めれば解釈に迷うような部分ではない。あとは、A・Bワンセットで問われていることから、対になる語が入るはずだと見当をつけ、前後をよく探していけばよい。

㈣〈現代語訳〉

「自非～」は、「～でないかぎりは」の意味の慣用表現。「誰」は、文脈と原文の送り仮名から反語だと判断する。あとは、「悦」→「喜悦」、「畏」→「畏怖」、「博」→「賭博」のように、熟語に置き換えて語意を定めていく。句形や語意がポイントになるのは、東大漢文とて同じことである。

最後の設問なので、全文の趣旨と照合して矛盾のない答えに仕上がっているかの確認も忘れないこと。

読み方

君《きみ》能《よ》く諫《カン》を納《い》るるとも、臣《シン》をして必《かなら》ず諫《いさ》めしむる能《あた》はずんば、真《まこと》に能《よ》く諫《カン》を納《い》るるの君《きみ》に非《あら》ず。夫《そ》れ君《きみ》の大《ダイ》は、天《テン》なり、其《そ》の尊《ソン》は、神《シン》なり、其《そ》の威《イ》は、雷霆《ライテイ》なり。人《ひと》の天《テン》に抗《コウ》し神《シン》に触《ふ》れ雷霆《ライテイ》に忤《さから》ふ能《あた》はざるは亦《ま》た明《あき》らかなり。聖人《セイジン》其《そ》の然《しか》るを知《し》る。故《ゆゑ》に賞《ショウ》を立《た》てて以《もっ》て之《これ》を勧《すす》む。伝《デン》に曰《いは》く、「興王《コウオウ》は諫臣《カンシン》を賞《ショウ》す」と。是《これ》なり。猶《な》ほ其《そ》の選耎阿諛《センゼンアユ》して一日《イチニチ》も其《そ》の過《カ》を聞《き》くを得《え》ざらしむるを懼《おそ》る。故《ゆゑ》に刑《ケイ》を制《セイ》して以《もっ》て之《これ》を威《おど》す。書《ショ》に曰《いは》く、「臣下《シンカ》正《ただ》さざれば、其《そ》の刑《ケイ》は墨《ボク》なり」と。是《これ》なり。人《ひと》の情《ジョウ》、風《フウ》を病《や》み心《こころ》を喪《うしな》ふに非《あら》ずんば、未《いま》だ賞《ショウ》を避《さ》けて刑《ケイ》に就《つ》く者《もの》有《あ》らず。何《なに》を苦《くる》しんで諫《いさ》めざらんや。賞《ショウ》と刑《ケイ》とを設《まう》けずんば、則《すなは》ち人《ひと》の情《ジョウ》、又《また》何《なに》を苦《くる》しんで天《テン》に抗《コウ》し神《シン》に触《ふ》れ雷霆《ライテイ》に忤《さから》はんや。性忠義《セイチュウギ》にして賞《ショウ》を悦《よろこ》ばず罪《つみ》を畏《おそ》れざるに非《あら》ざるよりは、誰《たれ》か言《ゲン》を以《もっ》て死《シ》を博《ハク》せんと欲《ほっ》する者《もの》あらん。人君《ジンクン》又《また》安《いづく》んぞ能《よ》く尽《ことごと》く性忠義《セイチュウギ》なる者《もの》を得《え》て之《これ》に任《ニン》ぜん。

通釈

君主が諫言を聞き入れることができても、臣下にどんな場合でも必ず諫めさせることができないようでは、本当に諫言を聞き入れられる君主だとはいえない。そもそも、(臣下にとって)君主の偉大さは天にも匹敵し、その尊さは神にも相当し、その威風は雷霆にも伍するものだ。人が天に抗《あらが》い神に触れ雷霆に逆らうことなどできないのは、やはり明らかなことであろう。古の聖王はこのような君臣の関係を理解していた。だから賞を設けて臣下の諫言を奨励したのである。『国語』に、「国を興隆させる王は、諫言する臣下に褒美をつかわす」とあるのがこれである。(古の聖王とて)やはり臣下が自分に恐れおもねて、一日たりとも君主としての過失を聞く機会が得られなくなってしまうことを憂慮していた。だから刑罰を制定して臣下が諫言を怠らぬよう威圧したのである。『書経』に、「臣下が君主の過失を正さなければ、入れ墨の刑に処す」とあるのがこれである。人の情として、精神を病み正常な心を喪失しているのでもなければ、賞を避けて刑罰を受けるような行動を取る者などありはしない。なんでわざわざ諫めないことなどあろうか（諫めない理由などないはずだ）。賞と罰とを設定しなければ、人の情として、またなんでわざわざ天に抗い神に触れ雷霆に逆らうような行動を取るだろうか（そんなバカなまねをする者はいないはずだ）。忠義心旺盛な性格で賞を喜ばず罪を恐れないような者でもないかぎり、命がけで諫言しようとする者などいないだろう。君主のほうもまた忠義心旺盛な臣下ばかりを採用して政治を任せることなどできはしないのだ。

＊補注

(1)　設問(二)の傍線部、『書経』の引用部「正」の字は、本来は「匡」となっている。送り仮名を省いて出題する都合上、「正」の字に改められたものである。

(2)　文中に二箇所見られる「何苦」という表現は、「何ぞ苦しんで」と読んで「どうしてわざわざ」と訳すのが普通である。一九八九年度の東大でも、この読み方をとっていた。

解答

(一)　臣下が自分に恐れおもねて、一日たりとも君主としての過失を諫められないようになってしまうのを憂慮したということ。

(二)　『書経』に「臣下が君主の過失を正さなければ、入れ墨の刑に処す」とあるのがこれに相当する。

(三)　A＝賞　　B＝刑

(四)　忠義な性格で賞を喜ばず罪を恐れない者でないかぎり、命がけで諫言しようとする者はいないだろう。

二〇〇四年

第三問（文科）

出典

明・田汝成（生没年未詳）『西湖遊覧志余』。『西湖遊覧志余』は西湖およびその周辺の名勝旧蹟を記した書。その続編である『西湖遊覧志余』は、南宋時代の逸聞を収録したものである。

解説

地方官として赴任することになったある役人が、辞令を受ける際に皇帝から下問された。文才に自信のなかった役人は、神のお告げにあった杜甫の詩（『子規』という題の五言律詩中の二句）を引用して答えた。感心した皇帝は、彼を中央の役人として取り立てようとする。不信の念を抱いた宰相がわけを問いただすと、役人は正直に事実を告げた。宰相は、役人が中央にいては、再度下問を受けた際に化けの皮が剥がれて失脚の憂き目を見るだろうと心配し、当初の地方官として赴任させる。後日皇帝がこの役人について尋ねると、宰相は「あの男は中央にとどまることを望んでおりませんでした」と切り抜ける。事情を知らぬ皇帝はさらに感心して、地方官として昇進させようとした、という話。

特別に難解な表現も特殊な思想も含まれていない、平明な文章である。問いに対して十分に答えることが要求されている問題だといえよう。

㈠〈内容を具体化しての現代語訳〉

「何以」の「以」は、原因・理由の場合と方法・手段の場合とがあるが、ここは前者。「爾」には、断定・限定の助詞「のみ」や二人称代名詞の「なんぢ」のほかに、「然」と同じく「しかリ」と読む用法がある。ここでは問題文中の二～四行目の内容を受けている。あとは、解答スペースに合わせて、この部分をコンパクトにまとめる。

㈡〈内容説明〉

傍線部の「隠し立てなどしなかった」とは、直前の設問㈠の問い掛けに対する「守」の反応である。よって「何を隠さなかったのか」も、設問㈠と同様に二～四行目に着眼し、すばらしい返答が出来たからくりを説明すればよい。

㈢〈理由説明〉

「不若～」は入試に頻出する基本句形だから、傍線部を「蜀に帰って郡の長官として赴任したほうがよい」と訳すのは造作もない。設問で問われているその理由が、傍線部直前に説明されていることも明らかである。「上」が皇帝を指していることや、この場合の「敗」が「失敗」の「敗」であり、具体的には「皇帝から再度の下問があったときに満足な答えが出来ずに失脚するであろうこと」を意味していることなどに注意して解答をまとめる。

㈣ 〈抜き出し〉

「聖意」は「天子のみ心」の意の尊敬語。ここでは対話の相手である皇帝に対して「陛下のご意向」というほどの意味で使っている語。直後を見れば、中央の役職に昇進させてやろうとしたことが、その具体的内容だとわかる。それに相当する部分を皇帝自身の言葉から見つける。解答スペースもヒントのうちである。

㈤ 〈全文の趣旨にかかわる内容説明〉

まずは傍線部自体を正しく把握する。副詞「尤」は、「もっとモ」と読み、「とりわけ」の意。「嘉（よみス）」は「誉める、称賛する」ことである。併せて「とりわけ称賛に値することだ」のように訳すことになる。つぎにその傍線部根拠部分「恬退乃爾」。「恬退」は「栄利を求めず謙虚である」こと。「爾」は直前の宰相の言の内容を受ける。傍線部と根拠部分をまとめれば、「栄利を求めない謙虚な人物で、称賛に値する」のような答えになる。ところがこれでは解答スペースが一行余ってしまう。文章全体の趣旨を考慮した解答が求められている問題である。

読み方

孝宗《コウソウ》の時朝《ときチョウ》に辞《ジ》するの法《ホウ》甚《はなはだ》だ厳《ゲン》にして、蜀人《ショクひと》の蜀《ショク》の郡《グン》を守《まも》ると雖《いへど》も、万里《バンリ》を遠《とほ》しとせず来見《ライケン》す。蜀守《ショクシュ》の当《まさ》に朝辞《チョウジ》すべきもの有《あ》り、素《もと》より文《ブン》を能《よ》くせず、以《もっ》て憂《うれ》ひと為《な》す。其《そ》の家素《いへもと》より梓潼神《シトウシン》に事《つか》ふ。夜夢《よるゆめ》むるに神之《かみこれ》に謂《い》ひて曰《いは》く、「両辺山木合《リョウヘンサンボクガッ》し、終日子規啼《シュウジツシキな》く」と。覚《さ》めて其《そ》の故《ゆゑ》を暁《さと》る莫《な》し。朝《チョウ》に会《カイ》して対《こた》ふるに、上問《ショウと》ふらく、「卿《ケイ》は峡中《キョウチュウ》より来《き》たるか、風景如何《フウケイいかん》」と。守即《シュすなは》ち前《さき》の両語《リョウゴ》を以《もっ》て対《こた》ふ。上《ショウ》首肯《シュコウ》すること再三《サイサン》なり。翌日宰相《ヨクジツサイショウ》の趙雄《チョウユウ》に謂《い》ひて曰《いは》く、「昨蜀人《きのふショクひと》の対《こた》ふる者有《ものあ》り。朕峡中《チンキョウチュウ》の風景《フウケイ》を問《と》ふに、彼杜詩《かれトシ》を誦《ショウ》して以《もっ》て対《こた》ふ。三峡《サンキョウ》の景《ケイ》、宛《あたか》も目中《モクチュウ》に在《あ》り。善《よ》く詩《シ》を言《い》ふものと謂《い》うべきなり。寺丞《ジジョウ》・寺簿《ジボ》を与《あた》ふべし」と。雄朝《ユウチョウ》を退《しりぞ》きて召《め》して之《これ》に問《と》ひて曰《いは》く、「君何《きみなに》を以《もっ》て能《よ》く爾《しか》る」と。守敢《シュあ》へて隠《かく》さず。雄曰《ユウいは》く、「吾固《われもと》より君《きみ》の此《ここ》に及《およ》ぶ能《あた》はざるを疑《うたが》へり。若《も》し中《うち》に留《とど》まれば、上再《ショウふたた》び問《と》ひ、敗《やぶ》れん。蜀《ショク》に帰《かへ》り郡《グン》に赴《おもむ》くに若《し》かず」と。他日上復《タジツショウま》た其《そ》の人《ひと》を問《と》ふに、雄対《ユウこた》へて曰《いは》く、「臣嘗《シンかつ》て聖意《セイイ》を以《もっ》て之《これ》に語《つ》ぐるも、彼留《かれとど》まるを願《ねが》はず」と。上嘆《ショウタン》じて曰《いは》く、「恬退《テンタイ》なること乃《すなは》ち爾《しか》る、尤《もっと》も嘉《よみ》すべし。憲節使《ケンセツシ》を予《あた》ふべし」と。

通釈

南宋の孝宗皇帝の時代のことである。地方官が任地に赴任する際に、皇帝に謁見して辞令を受けるしきたりが厳格に守られており、蜀(四川省)の人間が蜀の郡の長官として赴任する場合であっても、遠方であることをいとわずに来朝し謁見していた。蜀の郡の長官として赴任することになり、皇帝に謁見しなければならない役人があった。平素詩文を得意とせず、(皇帝に下問された際にうまく返答が出来るかどうかを)心配していた。その男の家では、日頃から梓潼神を信仰していた。ある夜、夢の中で神が彼にこう告げた、「両辺山木合し、終日子規啼く(川の両岸の山々には木が生い茂り、一日中ホトトギスが鳴き続けている)」と。目が覚めても、どうしてそのようなお告げがあったのかはわからなかった。朝廷で皇帝に謁見した際に、皇帝が下問された、「君は三峡を通って来たのか。風景はいかがであった」と。長官は即座にお告げにあった二句でお答えした。皇帝は(感心して)しきりにうなずいた。翌日(皇帝は)宰相の趙雄にこう言った、「昨日蜀の人間が謁見してまいった。わたしが三峡の風景を問うと、その男は杜甫の詩をそらんじて答えてくれた。三峡の風景が目に浮かぶようであった。詩を語ることにすぐれた者と言ってよかろう。寺丞・寺簿の職を与えてつかわそう」と。趙雄は朝廷を退いて長官に質問した、「君はどうして当意即妙に杜甫の詩を引用してお答えすることが出来たのかね」と。長官はその事情を隠さずに伝えた。趙雄は言った、「わたしは当初から、きみにはあれほどのことは出来ないのではないかと疑っていたのだ。もし君が中央に留まっていれば、皇帝が再度下問なさったときに、(化けの皮が剥がれて)失脚することになってしまうだろう。蜀に戻って郡の長官として赴任するほうがよかろう」と。後日、皇帝がまたその役人について質問すると、趙雄はお答えして言った、「わたくしは、あの折、(中央の役人として取り立てようという)陛下のお気持ちをあの男に伝えましたが、あの男は中央に留まることを望んでおりませんでした」と。皇帝はため息をついて言った、「(当意即妙に杜甫の詩を引用できるような風雅な人物こそ)そのように栄利を慕わず謙虚な態度を保つことが出来るものだ。とりわけ称賛に値することだ。憲節使の地位を与えてつかわそう」と。

＊補注

(1)　一行目の「雖㆔モ蜀《しょく》人ノ守㆓ルト蜀ノ郡㆒ヲ」は「雖㆔モ蜀人ノ守《しゅ》㆓タリト蜀ノ郡㆒ニ」(または「～守トナルト～」)と読むべきところであろう。「(遠い)蜀の地に居住する者がその蜀の(ある)郡の長官に任命される場合でも」の意。

(2)　二行目の「夢ムルニ」の「夢むる」はマ行上二段活用の連体形。

「夢を見る」の意の古語の動詞は本来「夢みる」（マ行上一段活用）であるが、近代文語では「夢む」（マ行上二段活用）の形で用いられることも多い。

解答

㈠ あなたは陛下のご質問に対し、どうして杜甫の詩をふまえて当意即妙に返答できたのか。

㈡ 皇帝にお答えした二句は、夢の中で神から告げられたものであること。

㈢ 中央の役職にとどまっていては、皇帝から再度下問されたときに満足な答えができず、失脚することになるだろうから。

㈣ 可与寺丞・寺簿

㈤ 当意即妙に名詩句を引用できるような風雅な人物こそ、栄利を求めない謙虚な人間で、称賛に値すると考えて。

第三問（理科）

出典

蘇軾『東坡志林』巻三の一節。蘇軾（一〇三六〜一一〇一）は、北宋の政治家または文人。父の蘇洵、弟の蘇轍とともに唐宋八大家の一人に数えられる。『東坡志林』は、蘇軾がその当時の雑多な説を集めて編纂した書であり、東坡は彼の号である。

解説

作者蘇軾が、先輩の欧陽修と語った言葉を記録した一節である。出題に当たって、原文の一部が省略されている。

欧陽修が、医師の気まぐれな処方が奏功する場合があることは、不可解ながらも否定できない事実だと真面目に語った。作者は、それを拡大解釈すればとんでもない結論に達する危険性があることを巧みなたとえで指摘して、欧陽修を大笑いさせたという話。

一読して、欧陽修と蘇軾の他愛もない笑話とも理解されよう。しかし作者蘇軾には、不可解なことに信を置くことが大きな危険をはらんでいる点を、教訓として書き残そうとの意図もあったものと考えられる。

(一) (ア)〈内容説明〉

問題は「意」をどう処理するかである。「医以意用薬」の例が二つあげられているから、ここから判断する。医師の「その時の判断」(「気ままな思いつき」、さらに悪く言えば「気まぐれ」)などと解釈することになる。許容範囲の広い採点となったはずである。

(イ)〈要約しての内容説明〉

例が二つ示されていることは一見して明らかなはずだ。一つめは一～三行目の欧陽修自身が聞いた話。二つめは三～四行目の『本草注別薬性論』からの引用である。どちらを選ぶにしても、解答スペースに収めるのに一苦労する問題である。設問の条件にある通り、要約力が試されているとも言える。

(二)〈内容を具体化しての現代語訳〉

まずは基本漢語の知識がものをいう。「似」は「如(ごとシ)」と同様に使われるケースがあること、「或」は多くの場合「ある場合に、時として」の意味で用いられること、「殆(ほとんド)」が、ここでは「おそらく～だろう」の意味の副詞であることなどである。

設問の条件である「致詰」の目的語が、「或有験」についての理由であることはすぐ気づくだろう。あとは、この場合の「験」が「効験、つまり薬の効き目」であることに注意して解答すればよい。

(三)〈全文の趣旨にかかわる理由説明〉

作者の蘇軾があまりにもばかばかしいたとえを持ち出したから、という程度では足りない。傍線部前の蘇軾の言葉の中に、「推此而広之」とあることに着眼すべきである。「全文の趣旨をふまえて」という設問の条件も、ヒントになるだろう。

欧陽修が医師の不可解な処方にまで信を置こうとしており、蘇軾はそれを否定しようとしているというのが全文の流れである。蘇軾は、不可解なものを信用する態度が大きな危険をはらんでいること(一例を元に拡大解釈していくことの危険性)を、巧みなたとえで見事に指摘したのであり、欧陽修はその見事さに「大笑」したと考えるべきであろう。

読み方

欧陽文忠公《オウヨウブンチュウコウ》嘗《かつ》て言《い》ふ、「疾《シツ》を患《わづら》ふ者《もの》有《あ》り。医《イ》其《そ》の疾《シツ》を得《う》るの由《よし》を問《と》ふ。曰《いは》く、『船《ふね》に乗《の》りて風《かぜ》に遇《あ》ひ、驚《キョウ》して之《これ》を得《え》たり』と。医《イ》多年《タネン》の柁牙《ダカ》の柁工《ダコウ》の手汗《シュカン》の漬《つ》くる所《ところ》と為《な》る処《ところ》を取《と》りて、刮《けづ》りて末《マツ》となし、丹砂《タンサ》・茯神《フクシン》の流《たぐひ》を雑《まじ》ふ。之《これ》を飲《の》みて癒《い》ゆ」と。今《いま》、『本草注別薬性論《ホンゾウチュウベツヤクセイロン》』に云《い》ふ、止汗《シカン》には、麻黄《マオウ》の根節《コンセツ》及《およ》び故《ふる》き竹扇《チクセン》を用《もち》ひて末《マツ》と為《な》し之《これ》を服《フク》すと。文《ブン》忠《チュウ》因《よ》りて言《い》ふ、「医《イ》の意《イ》を以《もつ》て、薬《くすり》を用《もち》ふること此《こ》の比《たぐひ》多《おほ》し。初《はじ》めは児戯《ジキ》に似《に》たれども、然《しか》るに或《ある》いは験《ケン》有《あ》り、殆《ほとん》ど未《いま》だ致詰《チキツ》し易《やす》からざるなり」と。予《ヨ》因《よ》りて公《コウ》に謂《い》ふ、「筆墨《ヒツボク》を以《もつ》て焼《や》きて灰《はひ》となし学《まな》ぶ者《もの》に飲《の》ますれば、当《まさ》に昏惰《コンダ》を治《なほ》すべけんや。此《これ》を推《お》して之《これ》を広《ひろ》むれば、則《すなは》ち伯夷《ハクイ》の盥水《カンスイ》を飲《の》めば、以《もつ》て貪《タン》を療《リョウ》すべく、樊噲《ハンカイ》の盾《たて》を舐《な》むれば、以《もつ》て怯《キョウ》を治《なほ》すべし」と。公遂《コウつひ》に大笑《タイショウ》す。

通釈

欧陽文忠公がかつてこんなことを言った、「病気を患っている者があって、医師が病気になったわけを尋ねた。(患者が)言うには、『船に乗った折に風に吹かれ、そのショックでこの病気になりました』と。医師は、船頭の汗が長年にわたってしみついた舵の握りの部分を取り寄せ、削って粉末にし、丹砂・茯神などの薬草にまじえた。(患者は)これを飲んで治癒した」と。今、『本草注別薬性論』には、「汗止めには、麻黄の根節と古い竹の扇を粉末にして服用する」とある。文忠公はそこで(さらに)こう言った、「医師がその時々に判断で薬を処方する際には、この例のよう(に不可解)なものが多い。一見子どもだましのようだが、時として効果を現すことがあり、その理由を見極めることはおそらく簡単なことではあるまい」と。わたしはそこで公に言った、「筆の炭を焼いて灰にして学生に飲ませたとして、愚かさや怠惰を治すことができましょうか(できはしますまい)。あなたのおっしゃることを推して拡大解釈すれば、伯夷の手洗い水を飲めば欲張りを治すことができ、樊噲の盾を舐めれば臆病を治すことができることになりますよ」と。公はとうとう大笑いしたのである。

解答

㈠ (ア) 医者はその時の判断に基づいて薬を使い分けるものだということ。

(イ) 船で発病したものには船頭の汗がしみ込んだ舵の粉末入りの薬を用いる。

[別解] 汗止めには古い竹の扇の粉末入りの薬を用いる。

㈡ 一見子どもだましのような処方が時として効果をあらわすことがあるが、その処方が効果を上げる理由について見極めることは困難である。

㈢ 一見不可解な処方にも信頼を置こうとする欧陽公をたしなめた筆者の巧みなたとえ話が、一例を元に拡大解釈することの危険性を見事に突いたから。

二〇〇三年

第三問（文科）

出典

マテオ＝リッチの『畸人《きじん》十篇』の「君子希言而欲無言第五」による。ただし一部省略し、また用字を改めるなどしている。

作者のマテオ＝リッチ（Matteo Ricci 一五五二～一六一〇）は、イタリアのイエズス会宣教師で、中国名は利瑪竇《リマトウ》。近世中国におけるカトリック布教の祖である。一五八二年にマカオに到着、中国語を習得して布教を開始し、一六〇一年には北京に進出して、明の万暦帝から北京に定住することを許された。西洋の学術をあまた中国語に翻訳したが、中でも『幾何原本』と『坤輿《こんよ》万国全図』は有名。『畸人十篇』は、マテオ＝リッチが多くの寓話の類を例証として挙げつつ、自らの宗教的信条を説いたもので、中には例の「王様の耳はロバの耳」などの話も出てくる。

なお、東大の文科では時に珍しい書物から出題することがあり、一九九九年には朝鮮高麗《こうらい》朝の文人李奎報《りけいほう》の詩文集『東国李相国集』から出題したが、今回の『畸人十篇』は更に特異な出典である。

解説

一読、イギリスの思想家・歴史家トーマス＝カーライル（一七九五～一八八一）の「雄弁は銀、沈黙は金」（Speech is silver, silence is golden）という格言を想起させる寓話である。常人の枠からはみ出た人を畸人（＝奇人）と言うが、本文の主人公責煖氏は凡俗を超越した高邁な人物で、渦巻く雄弁の中で無言に終始したその人格・識見は歴史書にも書き留められた、というのである。能弁・雄弁に対置することによって、無言というもののもつ意味や価値を考えさせようとした一編――と読み取れれば、各設問とも大きくずれることなく解答できよう。語注が皆無というのは東大としては珍しいことであるが、導入文で内容の大枠を紹介しているので、後は判読できるはず、というのであろう。

なお、「亜徳那」はギリシアのアテネ、「責煖」はストア学派の開祖ゼノン（前三三五？～前二六三？）を指しているとみられる。

㈠〈現代語訳〉

三文《センテンス》、二十三字と東大としては珍しく長い部分にわたる現代語訳であるが、特に難解な語句もないので、比較的容易に訳せよう。二行の解答枠内にすっきり納められるかどうかが問題である。「莫《シ》レ非《ザル》二～一」はもちろん二重否定で、「～でないものはない、すべて～である」の意。「如《ク》レ雲《ノ》如《ク》レ雨《ノ》」は自在で勢いがあることの形容。「湜《シウス》」は「思う存分に～する」の意で、よく「想像を――」と使われる。「終席」は「宴席が終わるまで」。なお、「不レ言《ハ》」は「言《もの い》はず」と読まれることがあるが、ここもそう読むほうが情景にふさわしい。

(二)〈現代語訳〉

これも十八字とかなり長文。「無レ他」は「ほかにはない、特にどうということはない」の意の慣用語。「大饗」[*1]には幾つかの意味があるが、ここは「来朝した諸侯の使者を慰労する宴会」のこと。「能《ク》無《シ》レ言《フコト》」は「発言することがなくていられた」、つまり責煖は意識して主体的に「無言を貫いた」ということであって、「無《シ》二能《ク》言《フコト》一」（うまく言えなかった）ではない。ここは語順を正確に押さえないと誤訳に陥ることになる。なお、「亜徳那《ニ》有《リテ》二老者一」と「於《テ》二大饗時《ニ》一能《ク》無《シ》レ言《フコト》」とは（原文の語順どおりに訳しても、もちろん差しつかえないが）、上下入れ替えて訳すほうが日本語としてはすっきりする。

(三)(ア)〈現代語訳〉

「祇《ただ》」[*2]は「惟・唯・只」などと同じ限定の副詞。「一語」は「一言、ごく短いことば」の意味であって、「一単語」ということではない。これは常識でわかることで、日本語でも「うまく一語では言えない」などと言う。ポイントは「三奇」の「奇」で、これはしばしば高い価値評価を意味する語として用いられる。例えば、「奇才」と言えば「すばらしい才能」という意味である。なお、「蘊」は「たくわえる」「つつむ」などの意味を持つ語で、今でも「蘊蓄《うんちく》を傾ける」（自分の学識や技能を精いっぱい発揮する）などと用いられる。

(イ)〈内容説明〉

「三奇」が何を指すかは、以下具体的に列記されているから、その要点をまとめればよい。つまり、①口達者なはずの老人なのに黙っていたこと、②酔うほどに口数が多くなるはずなのに黙っていたこと、③弁の立つ者の多い亜徳那の者なのに黙っていたこと、の三つである。ただ、東大では列記させるときにはそれに見合う解答枠（行数）を設けるのが普通であるのに、今回は二行なので、かなり厳しい。要約力が試される設問である。

(四)〈現代語訳〉

「三之一」は先に挙げた「三つの条件のうち（どれか）一つ」という意味である。（矧（＝況）～乎」はいわゆる抑揚形で、「まして～はなおさら（そう）だ」という意味。これは、東大を目指している諸君なら先刻承知のはずのことである。

読み方

敝郷《ヘイキョウ》の東《ひがし》に、大都邑《ダイトユウ》有《あ》り、名《な》は亜徳那《アトクダ》と曰《い》ふ。其《そ》の昔時《セキジ》に在《あ》りて、学《ガク》を興《おこ》し教《キョウ》を勧《すす》め、人文《ジンブン》甚《はなは》だ盛《さか》んなり。責煖氏《サクダンシ》は、当時《トウジ》大学《ダイガク》の領袖《リョウシュウ》なり。其《そ》の人徳《ひとトク》有《あ》り文《ブン》有《あ》り。偶《たまたま》四方《シホウ》の使者《シシャ》、事《こと》に因《よ》りて廷《テイ》に来《きた》る。国王《コクオウ》使者《シシャ》の賢《ケン》なるを知《し》り、甚《はなは》だ之《これ》を敬《うやま》ひ、則《すなは》ち大《おほ》いに之《これ》を饗《もてな》す。是《こ》の日《ひ》に談《ダン》ずる所《ところ》、高《コウ》論《ロン》に非《あら》ざる莫《な》し。雲《くも》のごとく雨《あめ》のごとく、各《おのおの》才智《サイチ》を逞《たくま》しうす。独《ひと》り責煖《サクダン》のみ終席《シュウセキ》言《い》はず。将《まさ》に徹《をは》らんとして、使《シ》之《これ》に問《と》ひて曰《いは》く、「吾《わ》が儕《ともがら》帰《かへ》りて寡君《カクン》に復命《フクメイ》す、子《シ》を謂《イ》ふこと如何《いかん》」と。曰《いは》く、「他《タ》無《な》し、惟《ただ》亜徳那《アトクダ》に老者《ロウシャ》有《あ》りて、大饗時《ダイキョウジ》に於《おい》て能《よ》く言《い》ふこと無《な》しと曰《い》へ」と。祇此《ただこ》の一語《イチゴ》、三奇《サンキ》を蘊《ふく》む。老者《ロウシャ》は四体衰劣《シタイスイレツ》にして、独《ひと》り舌《した》弥《いよいよ》強毅《キョウキ》なり、当《まさ》に言《ゲン》を好《この》むべし。酒《さけ》の言《ゲン》に於《お》ける、薪《たきぎ》の火《ひ》に於《お》けるがごとし、即《たと》ひ訥者《トツシャ》といへども是《ここ》に於《おい》て中変《チュウヘン》して譁《かまびす》し。亜徳那《アトクダ》は、彼《か》の時賢者《ときケンジャ》の出《い》づる所《ところ》、佞者《ネイシャ》の出《い》づる所《ところ》なれば、則《すなは》ち言《ゲン》を售《う》る大市《ダイシ》なり。三《サン》の一《イツ》有《あ》るも、言《ゲン》を禁《キン》じ難《がた》し、矧《いは》んや三《サン》之《これ》を兼《か》ぬるをや。故《ゆゑ》に史氏《シシ》は諸偉人《ショイジン》の高論《コウロン》を誌《しる》さずして、特《トク》に責煖氏《サクダンシ》の言《い》はざるを誌《しる》すなり。

通釈

わたしの郷里の東に、亜徳那という大きな都がある。この都はその昔、学問を振興し教育を奨励して、文化が甚だ盛んだった。責煖氏は、当時（この都の）大学の総長だった。この人は人格と教養を兼ね備えた人だった。たまたま諸侯からの使者が、任務を帯びて来朝した。国王はこの使者が賢人であることを知って、甚だこれを敬い、大いにもてなした。この日の（宴席での）談論は、すべて高尚なものだった。雲や雨のように、（列席した）各人が自在に才智を発揮して論じた。ただ責煖だけは宴が終わるまでずっと無言だった。宴が終わろうとするときに、使者が責煖に尋ねた、「私どもが帰国して主君に復命するにあたって、あなたのことを何と言ったものでしょうか」と。すると責煖は言った、「格別なことはありません、ただ『亜徳那には使者をもてなす宴席で沈黙を通した老人がいた』とだけお伝えください」と。このたった一語の中に、三つのすばらしい含蓄が込められている。（まず）老人は両の手足は衰えているが、舌だけはいよいよ達者だから、当然話し好きになる。（次に）酒と発言との関係は、薪と火との関係のようなもので、たとえ口下手な者でも酒を飲むうちに様変わりして口うるさくなる。（三つめに）亜徳那は、当時賢者が出た所、弁の立つ者の出た所だから、（言わば）自分の弁舌を売り込む一大市場だった。（だから）先に挙げた三つの条件のうちの一つでも該当すれば、黙ってはいられないはずで、まして三条件がそろっていればなおさらそうである（のに、責煖は終始無言だった）。だから歴史家は多くの優れた人たちの立派な議論を書き記さないで、特に責煖氏が何も発言しなかったことを(高く評価して、史書に)書き付けたのである。

＊補注

参考までに、やや難解そうな語句に注釈する。

① 敝郷…自分の郷里の謙称。「敝」は自分のことをいう謙譲の接頭語。今でも「敝社」「敝屋」などと言うことがある。

② 大都邑…大きなみやこ。大都市。大きなものを「都」小さいものを「邑」というが、ここは「都邑」と熟した形。

③ 四方…四方の国々。諸国。諸侯。

④ 因レ事…職務によって。「事」は（政治や外交などの）仕事。

⑤ 寡君…臣下が他国の人に対して自分の君主を言う謙称。わが君。

⑥ 訥者…口が重い人。口べた。

⑦ 佞者…口先がうまい人。弁舌の立つ人。「佞」には「おもねる、おべっかを使う」の意味もあるが、ここではその意味はこめられていない。

解答

(一) この日の宴席での談論はすべて高尚なものだった。雲や雨のようにおのおの自在にその才知を発揮した。ただ責煖だけは終始無言だった。

(二) 特別なことはありません。ただ「亜徳那には使者をもてなす宴席で沈黙を通した老人がいた」とだけお伝えください。

(三) (ア) このたった一言の中にすばらしい含蓄が込められている。

(イ) 口達者なはずの老人が黙っていたこと、酔えば饒舌になるはずなのに黙っていたこと、弁が立つ者の多い亜徳那の者なのに黙っていたこと。

(四) 三つの条件のうち一つでもあれば無言ではいられない。まして三条件そろっていて発言を控えるのは至難の業だ。

第三問（理科）

出典

戦国時代の韓非の『韓非子』外儲説右下。

『韓非子』は、戦国時代という状況下における、富国強兵のためには法によって権力を強化し、賞罰によって臣下を操縦することが不可欠であるとする法家思想を述べた書である。

出題にあたって、「…媿不敢言」の後の七十三字と、「以吾勢之為我用者也」の後の二十一字が省略されている。

解説

秦の襄王の病気治癒を願って村人が祭祀を行ったのに対し、襄王の臣下は聖天子の尭や舜にもなかったすばらしいことだと賞賛した。ところが襄王は、民が自分のために働くのは自分が王として権勢を保っているからこそだとして、民がいたずらに親愛の情を通わせるのを断つために村人を罰したという話。

比較的平易な文章で、難問も含まれていない。出典が『韓非子』であることを意識できれば、さらに読み易くなったはずである。

㈠　㋐〈主語の抜き出し〉

五～六行目に、「以王為過尭舜」とある。あとは「人名を記せ」という設問の要求に従って、「襄王」あるいは「秦襄王」と答えればよい。

なお、本文一行目「襄王」のふりがなが「しやうわう」となっているのは、出題校のミスである。この本の「読み方」では、「じやうわう」と正しい読みに改めた。

㋑〈理由説明〉

直後で王が「何謂也」と理由を問うている。よって、これに対する答えの部分（「尭舜～舜也」）をまとめればよい。

㈡〈内容を具体化しての現代語訳〉

「因」は「そこで」と訳す頻出副詞。「問之」の「之」は直後の「　」部を指す。設問の条件である「為之」の内容は、話のきっかけを示した書き出し部分（「秦襄王……塞禱」）、民の言葉（「人主……塞禱」）、そして臣下による説明（「今王病……塞禱」）に示されている。

㈢〈全文の趣旨にかかわる説明〉

㋐〈理由説明〉

直前に「故」とある。よってその前の二文「彼民……者也」が理由説明になっているはずである。

㋑〈具体的説明〉

王が具体的にとった行動は、「訾其……二甲」に示されている。しかし、ここのみを書いたのでは不十分。その行動のどんな点が傍線部の「絶愛道」に結びつくのか明らかにして、答えをまとめたいところである。

読み方

秦《シン》の襄王《ジョウオウ》病《や》む。百姓《ヒャクセイ》之《これ》が為《ため》に禱《いの》る。病愈《やまひい》え、牛《うし》を殺《ころ》して塞禱《サイトウ》す。朗中《ロウチュウ》の閻遏《エンアツ》、公孫衍《コウソンエン》出《い》でて之《これ》を見《み》る。曰《いは》く、「社臘《シャロウ》の時《とき》に非《あら》ざるに、奚《なん》ぞ自《みづか》ら牛《うし》を殺《ころ》して社《シャ》を祠《まつ》るや」と。怪《あやし》みて之《これ》を問《と》ふ。百姓曰《ヒャクセイいは》く、「人主《ジンシュ》病《や》み、之《これ》が為《ため》に禱《いの》る。今病《いまやまひ》愈《い》え、牛《うし》を殺《ころ》して塞禱《サイトウ》す」と。閻遏《エンアツ》、公孫衍説《コウソンエンよろこ》び、王《オウ》に見《まみ》え、拝賀《ハイガ》して曰《いは》く、「尭舜《ギョウシュン》に過《す》ぐ」と。王驚《オウおどろ》きて曰《いは》く、「何《なん》の謂《い》ひぞや」と。対《こた》へて曰《いは》く、「尭舜《ギョウシュン》は其《そ》の民未《たみいま》だ之《これ》が為《ため》に禱《いの》るに至《いた》らざるなり。今王病《いまオウや》みて、民牛《たみうし》を以《もつ》て禱《いの》り、病愈《やまひい》え、牛《うし》を殺《ころ》して塞禱《サイトウ》す。故《ゆゑ》に臣窃《シンひそ》かに王《オウ》を以《もつ》て尭舜《ギョウシュン》に過《す》ぐと為《な》すなり」と。王因《オウよ》りて人《ひと》をして之《これ》を問《と》はしむ。「何《なん》の里《リ》か之《これ》を為《な》す」と。其《そ》の里正《リセイ》と伍老《ゴロウ》とを訾《シ》すること、屯《みな》二《ニ》甲《コウ》なり。閻遏《エンアツ》、公孫衍《コウソンエン》媿《は》ぢて敢《あへ》て言《い》はず。王曰《オウいは》く、「子《シ》何《なん》の故《ゆゑ》に此《これ》を知《し》らざる。彼《か》の民《たみ》の我《わ》が用《ヨウ》を為《な》す所以《ゆゑん》の者《もの》は、吾之《われこれ》を愛《アイ》するを以《もつ》て我《わ》が用《ヨウ》を為《な》す者《もの》に非《あら》ざるなり。吾之《われこれ》に勢《セイ》あるを以《もつ》て我《わ》が用《ヨウ》を為《な》す者《もの》なり。故《ゆゑ》に遂《つひ》に愛《アイ》の道《みち》を絶《た》つなり」と。

通釈

秦の襄王が病気になった。（ある村の）民が王のために祈った。病気が治ると、牛を供えて神の霊験に感謝する祭祀を行った。侍従官の閻遏と公孫衍が、外出した際にこの様子を目にして、「土地神の祭祀をする時期でもないのに、どうしてあの者たちは牛を供えて土地神を祭っているのか」と言った。不思議に思ってそのわけを問うた。民が言うには、「ご主君が病気になったので、そのために祈りました。今病気から回復されたので、牛を供えて感謝の祭りをしているのです」と。閻遏と公孫衍は喜んで、王に謁見して拝礼祝賀して言った、「（王の徳は）聖天子の尭や舜にも勝っておいでです」と。王が驚いて「どういうことだ」と問うた。（二人は）お答えして言った、尭や舜の場合は、民が彼らの為に祈ったという例はありませんでした。ところが今王が病気になられると民が牛を供えて祈り、病気が回復なさると牛を供えて感謝の祭りをしました。ですから私どもは心中、王は尭や舜にも勝っておいでだと思ったのです」と。王はそこで人を遣わして、「どの里の者が祭りを行ったのか」を調査させた。（そして）その里の里長と五人組の頭とを罰し、集落ごとによろい二領を取り立てた。閻遏と公孫衍は（自分たちの判断を）恥じて何も言えなかった。王は言った、「君たちにはどうしてこれが分からないのか。あの人民どもが私のために働くわけは、私が彼らを愛するから働くのではない。私が彼らに対して権勢を持っているからこそ(それを畏れて)働いてくれるのだ。だから私はけっきょく人民が私に愛情を通わせるのを断ち切ったのだ」と。

解答

(一) (ア) (秦) 襄王

(イ) 民が主君の病気平癒を願って神に祈り、回復後にも感謝の祭りを行うという事例は、尭や舜の世にもなかったことだから。

(二) 襄王はそこで配下の者に、「牛をいけにえにした祭祀がどこで行われたのか」と尋ねさせた。

(三) (ア) 民を使役するには愛情ではなくて、権勢によるべきであるから。

(イ) 民がむやみに王の身を気遣って祭祀を行うことを禁じ、里長と五人組の頭を罰した。

［別解］ 祭祀を行った里長と五人組の頭を罰することで、民が親愛の情を通わせるのを断ち切った。

二〇〇二年

第三問（文科）

出典

龔自珍《きょうじちん》の「病梅館ノ記」。ただし、読みやすくなるようかなりの節略を施し、また字句を改めるなどしている。ちなみに、本文は筆者が四十八歳のとき、官を辞して帰郷する途中での作である。龔自珍の詩文を集めたものには各種あるが、夏田《かでん》藍《らん》編『龔定盦《ていあん》全集類編』（十八巻）では、本文は巻十「雑記類上」に収められている。「定盦」は龔自珍の号である。

筆者の龔自珍（一七九二～一八四一）は、清末の学者・詩人。早熟の天才であったが、科挙にはなかなか合格せず、三十八歳でようやく進士となり、以後微官のまま過ぎて辞任し、阿片戦争のさなかに五十歳で没した。その詩文は七百余編にのぼり、近代の思想・文学の先駆けとして大きな影響を及ぼした。

解説

全文二〇四字の長文であるが、適切な語注も施してあるので、比較的容易に論旨を読み取ることができるはずである。漢文を読解するに当たって忘れてならないのは、対句や対句的表現である。本文も対句的の類に着目すれば、文脈がすっきり見えてくる。

㈠　〈現代語訳〉

(1)　ここは「以テレ曲ヲ為シレ美ト、以テレ直ヲ為スレ無シトレ姿」とすればごく普通の表現であるが、それを少しひねって「以テレ曲ヲ為シレ美ト、直ナレバ則チ無シレ姿」と各四字句にそろえたもの。そこまで細かな検討は加えなくても、「曲」と「直」とが対比されていることから「曲」のほうがよくて「直」のほうはよくないという見当はつくはずである。

(2)　ただ、「無シレ姿」の意味するところがもう一つ釈然としない。そこで次の文を見ると、この傍線部と対句になっており、「無シレ姿」に対しては「無シレ景」となっている。これなら、容易に「目にとめるほどの美景はない」ぐらいの意味と判断できる。「姿」がここでは「景」の類義語なのだとわかれば、あとはこの傍線部をどう「平易な現代語に訳」すかだけである。「無シレ姿」の訳は、「姿がよくない」「梅らしい風情に欠ける」など人それぞれになるだろうが、ひどく見当違いでなければ許容、ということになろう。

㈡　〈理由説明〉

「文人画士ノ弧癖之隠」の部分を含む一文はかなりの長文であるが、きちんと読み取っていけば、このことが原因で、「天下之梅皆病《ム》」という結果をもたらしたのだと言っていることが判断できる。言わば需要と供給の関係で、高値で売れる奇形の梅が作り出される風潮を招いたと言うのである。「鬻」は「売る」の意。難しそうな字であるが、例の「矛盾」の故事に「楚人《ニ》有《リ》下鬻《グ》二盾《ト》与《ヲ》レ矛者上」と出てくる。「斫」(音はシャク)は「たちきる、きりおとす」の意。「遏」(音はアツ)は「とめる、絶つ」の意。「重価」は「高価」と同じ。

㈢〈現代語訳〉

「三百盆」は「三百鉢」。「購《フニ》」の「に」は「～が、～に、～ところ」の意(単純接続を表す助詞)。「病《メル》者——全《キ》者」をどう訳すかとまどうところであるが、「生気をなくしたもの——健全なもの」あるいは「樹形の損ねられたもの——樹形のまともなもの」といった意味に訳してあれば可、とされよう。字面のまま「病気になっているもの——健全なもの」と訳したものは、もちろん不可である。

㈣〈具体的な内容説明〉

「具体的に説明せよ」は東大問題の定番であるが、これは単なる字面の解釈に終わらず述べられている内容が具体的に把握できているか否かを確かめることを意図しているのである。さて、「文人画士」は一般に、広い教養と豊かな趣味を身につけている人と見られており、その文人・画士が賞美する盆栽仕立ての梅を筆者は「病《メル》者」とし、それを本来の梅、言わば野生のままの姿に戻してやろうというのだから、これは当然世人から「風流を解さない無粋な奴という非難」を受けることになるだろう、というのである。

㈤〈全文の趣旨にかかわる内容説明〉

筆者が「病梅之館」を開設する直接の目的は「予購《フニ》二三百盆《ヲ》一、～必《ズ》復《シ》レ之《ヲ》全《クセントス》レ之《ヲ》」に述べられているので、その要点をまとめればよい。すると、およそは解答例のようなものとなるだろう。ただし、筆者は最後に「嗚呼。安《ンゾ》得《ン》乙～以《テ》療《スルヲ》甲梅《ヲ》也哉」と、「天下之病梅」に寄せる熱い思いを吐露している。すると「病梅之館」を設けたのは、単に自分の購入した三百鉢の梅を救うだけでなく、天下の病める梅すべてを救うことが最終の目的なのだ、ということになる。もちろんそんなことがたった一人でできるはずはないから、これは自分の考えに共鳴し協調する人が多数出現することを期待して揚言したもの、と解される。［別解］は、この観点からまとめたものである。これら両様の解答、採点にあたってはいずれも可とされるのであろう。

読み方

或《ある》ひと曰《いは》く、「梅《うめ》は曲《キョク》を以《もつ》て美《ビ》と為《な》し、直《チョク》なれば則《すなは》ち姿《すがた》無《な》し。欹《かたむ》くを以《もつ》て美《ビ》と為《な》し、正《セイ》なれば則《すなは》ち景《ケイ》無《な》し」と。此《こ》れ文人画士《ブンジンガシ》、心《こころ》に其《そ》の意《イ》を知《し》るも、未《いま》だ明詔大号《メイショウタイゴウ》して以《もつ》て天下《テンカ》の梅《うめ》を縄《ジョウ》すべからざるなり。又以《またもつ》て天下《テンカ》の民《たみ》をして直《チョク》を斫《き》り正《セイ》を鋤《のぞ》き、梅《うめ》を殀《ヨウ》し梅《うめ》を病《や》ましむるを以《もつ》て業《ギョウ》と為《な》して、以《もつ》て銭《ぜに》を求《もと》めしむべからざるなり。文人画士《ブンジンガシ》の孤癖《コヘキ》の隠《イン》を以《もつ》て、明《あき》らかに梅《うめ》を鬻《ひさ》ぐ者《もの》に告《つ》ぐるもの有《あ》りて、其《そ》の正《セイ》を斫《き》り其《そ》の直《チョク》を鋤《のぞ》き、其《そ》の生気《セイキ》を遏《とど》めて、以《もつ》て重価《ジュウカ》を求《もと》めしむ。而《しか》して天下《テンカ》の梅皆病《うめみなや》む。文人画士《ブンジンガシ》の禍《わざはひ》の烈《レツ》なること此《ここ》に至《いた》れるかな。予《ヨ》三百盆《サンビャクボン》を購《あがな》ふに、皆病《みなや》める者《もの》にして、一《イッ》の完《まつた》き者無《ものな》し。既《すで》に之《これ》を泣《な》くこと三日《みっか》、乃《すなは》ち之《これ》を療《リョウ》せんことを誓《ちか》ふ。其《そ》の盆《ボン》を毀《こぼ》ち、悉《ことごと》く地《ち》に埋《う》め、其《そ》の縛《いましめ》を解《と》き、五年《ゴネン》を以《もつ》て期《キ》と為《な》し、必《かなら》ず之《これ》を復《フク》し之《これ》を全《まつた》くせんとす。予《ヨ》本《もと》より文人画士《ブンジンガシ》に非《あら》ざれば、甘《あま》んじて詬厲《コウレイ》を受《う》け、病梅《ビョウバイ》の館《やかた》を闢《ひら》きて以《もつ》て之《これ》を貯《たくは》ふ。嗚呼《ああ》。安《いづく》んぞ予《ヨ》をして暇日《カジツ》多《おほ》く、又閑田《またカンデン》多《おほ》からしめ、以《もつ》て広《ひろ》く天下《テンカ》の病梅《ビョウバイ》を貯《たくは》へ、予《ヨ》が生《セイ》の光陰《コウイン》を窮《きは》めて以《もつ》て梅《うめ》を療《リョウ》するを得《え》んや。

通釈

ある人がこう言った、「梅は（幹や枝が）曲がっているのが美しく、真っすぐでは趣がない。傾いているのが美しく、きちんと整っていては風情がない」と。これは文人や画家（といった風流人士）がその意味を理解していることではあるが、（だからといって）はっきり告示して天下の梅をこの基準に当てはめ（て規制す）るわけにはいかない。また、天下の人民に真っすぐな枝を切り落とし、姿の整った木を取り除いて、梅を若死にさせたり痛めつけたりすることを生業にして、銭をかせごうとするようにし向けるわけにはいかない。（ところが）文人や画家の中にはそのひそかな好みから、はっきり梅を扱う業者に告げる者がいて、姿の整ったものを切り、真っすぐに伸びたものを取り除き、その生気を止めて、高い売り値を求めさせようとしている。文人や画家の及ぼす災害のひどさはこれほどまでになったのだ。私が三百鉢の梅を買ったところ、すべて不自然な姿のものばかりで、まともなものは一本もなかった。私は（痛ましくて）三日泣いたあと、そこでこれを治してやろうと誓った。鉢を壊してすべて土に埋め戻し、（幹や枝を）しばった縄を解いて、五年を期限として、必ず完全に元どおり健全な木にしてやろうというのである。私は本来文人や画家ではないから、甘んじて（無粋な人だという世間の）非難を受け入れ、「痛む梅の（ための）屋敷」を設けてこれらの梅を収容したのである。ああ、何とかしてこの身を暇な日が多く、また空いていた農地が多くあるようにして、広く天下の病む梅を収容し、私の人生のあるかぎりの時間を尽くして梅を治療してやりたいものだ。

＊補注

(1)「互文《ごぶん》」について

漢文には、互文という修辞法がある。互文とは「前後の二句または二文の意味が相互に補い合って全体の意味を完全にするもの」を言う。例えば、「天ハ長ク地ハ久シ」(＝天地ハ長久ナリ)、「秦時ノ明月漢時ノ関」(＝秦漢ノ時ノ明月ト関ト)など。本文の冒頭の「梅ハ以テレ曲ヲ為シレ美ト、直ナレバ則チ無シレ姿」も互文で、つまり「梅ハ以テレ曲ヲ為シ二美姿一ト、直ナレバ則チ無シ二美姿一」の意なのである。同様に、次の文は「以テレ欹ヲ為シ二美景一ト、正ナレバ則チ無シ二美景一」の意である。

(2)　「安得〜」について

「安ンゾ得ン〜(哉)」は本来反語(どうして〜することができようか)であるが、転じて、時に願望を表すことがある。「どうにかして〜したいものだ」の意。例えば、頼山陽の詩の「安ンゾ得ン下類シテ二古人一ニ、千載列スルヲ中青史上ニ」(どうにかして古人の仲間入りをして、千年の後までも歴史に名を列ねられるようになりたいものだ)など。本文の末尾の「安ンゾ得ン乙使メ下予ヲシテ〜」も願望文である。

(3)　「記」について

「病梅館ノ記」の「記」とは文体(文種)の一種で、事実をありのままに記述した文章、記事文を言うが、これには例えば柳宗元の「永州八記」や范仲淹《はんちゅうえん》の「岳陽楼ノ記」のように、体験した事実を記述するのに合わせて所感や主張を述べるものも多い。また、中には陶潜の「桃花源ノ記」のように、事実の記録を装った虚構《フィクション》の作品もある。

本文も、三百鉢の盆栽を本来の姿に戻してやろうとして「病梅之館」を設けたというのは、恐らく事実ではあるまい。作者はこの作り話に託して、人間の本性を抑圧し台なしにしてしまう社会の体制や時代の風潮といったものを指弾したのだろうと思われるが、全文隠喩で通しているので、その寓意は推測するほかない。

解答

(一)　梅は(幹や枝が)曲がっているのが美しく、真っすぐだと趣がない。

(二)　文人や画家が変わった姿の梅を高く買うので、梅を栽培する者がこぞって不自然な形の梅を育てるから。

(三)　私が三百鉢の梅を買ったところ、すべて不自然な姿のものばかりで、まともなものは一本もなかった。

(四)　文人や画家が愛好する梅の姿を好まないために、世間から受ける無粋な人だという非難。

(五)　文人や画家の好みによって失われた梅の元気を回復させること。

[別解]　梅の健全な栽培を、せめて一人でも多くの人に知らせたいため。

第三問（理科）

出典

後漢の応劭《おうしょう》の『風俗通義』第九巻「怪神」。『風俗通義』は、事物や名称の意義に検討を加え、俗説や邪教を糾正した書。前漢末から盛んに行われた神秘的な諸説に対して、事実主義の立場に立つ作者が、その非合理性を排斥することを目的に著したものである。

解説

杯に映る蛇を恐れながら、無理にその酒を飲んで病気になった杜宣《とせん》に対して、上司の応郴《おうちん》が事実を解明して誤解を解いた。不安から解放された杜宣は気が晴れて、病気も治ってしまった、という話。

比較的読み易い文章で、難問も含まれない。問いに対して十分に答えることが求められた問題である。

㈠ (ア)〈現代語訳〉

送り仮名が省略されているので、正しく読めるかどうかが正解に大きくかかわってくる。「之」は言うまでもなく酒杯に映る蛇を指す。「然《しかレドモ》」は逆接の接続詞で、「不《ず》二敢《あヘテ》不《ずンバアラ》レ～」は「～しないわけにはいかない」と訳す二重否定の慣用句。どちらも漢文法の基礎である。東大とて句形は大きなポイントとなるのだ。

(イ)〈理由説明〉

一行目とその〔注〕をしっかり読めば、応郴は杜宣にとって上司であったことが把握できる。上司に賜った酒はおいそれと断われるものではない。よって、杜宣は蛇を恐れたものの、「酒を飲まないわけにはいかなかった」のである。情報処理を正しく行うために、〔注〕は初めにまとめて目を通しておきたい。

㈡〈理由説明〉

ポイントとなるのは二箇所。まず設問㈠の傍線部――蛇の映った酒を無理に飲み込んでしまったこと。次に応郴の問いかけに対して、「畏此蛇。蛇入腹中」（四行目）――腹中に蛇が入ったと恐れていること。この二つを解答スペースに合わせてまとめればよい。

㈢〈具体的な内容説明〉

指示語の「是」はもちろん「弩」を指す。その「弩」については「北壁上～形如蛇」（一～二行目）に詳しい説明があった。さらには傍線部の直後で、応郴が杜宣に種明かしをしている部分があるのも忘れてはならない。

㈣〈全文の趣旨にかかわる理由説明〉

直前の「宣意遂解、甚夷懌」を「わかりやすく説明」すればよい。「意」「解」とあると、受験生は「意味」を「理解」したと訳したくなるが、ここはそうではない。漢文の「意」は「意思」=「心」であることが多く、ここも「畏」（2行目、4行目）である。最後の設問で解答の方針に迷ったときは、他の設問部を見直すべきである。ここでは㈠と㈢をしっかり確認するのが答えにつながる。

読み方

応郴汲《オウチンキュウ》の令《レイ》為《た》り。夏至《ゲシ》の日《ひ》を以《もっ》て主簿杜宣《シュボトセン》を見《み》、酒《さけ》を賜《たま》ふ。時《とき》に北壁《ホクヘキ》の上《うへ》に赤弩《セキド》を懸《か》くる有《あ》り、盃中《ハイチュウ》に照《うつ》り、其《そ》の形《かたち》蛇《へび》のごとし。宣《セン》畏《おそ》れて之《これ》を悪《にく》む。然《しか》れども敢《あへ》て飲《の》まずんばあらず。其《そ》の日《ひ》便《すなは》ち胸腹《キョウフク》の痛切《ツウセツ》なるを得《え》て、飲食《インショク》を妨損《ボウソン》し、大《おほ》いに以《もっ》て羸露《ルイロ》す。攻治《コウチ》すること万端《バンタン》なるも、癒《い》ゆることを為《な》さず。後《のち》、郴《チン》事《こと》に因《よ》りて過《よぎ》りて宣《セン》の家《いへ》に至《いた》り、窺《うかが》ひ視《み》て、其《そ》の変故《ヘンコ》を問《と》ふに、云《い》ふ、「此《こ》の蛇《へび》を畏《おそ》る。蛇《へび》腹中《フクチュウ》に入《い》れり」と。郴聴事《チンチョウジ》に還《かへ》り、思惟《シイ》すること良久《ややひさ》しくして、顧《かへり》みて弩《ド》を懸《か》くるを見《み》るに、「必《かなら》ず是《こ》れなり」と。則《すなは》ち鈴下《レイカ》をして徐《おもむろ》に輦《かご》を扶《かつ》ぎ宣《セン》を載《の》せしめ、故処《コショ》に於《おい》て酒《さけ》を設《まう》くれば、盃《ハイ》中《チュウ》に故《もと》より復《ま》た蛇《へび》有《あ》り。因《よ》りて宣《セン》に謂《い》ふ、「此《こ》れ壁上《ヘキジョウ》の弩《ド》影《エイ》なるのみ、他怪《タカイ》有《あ》るに非《あら》ず」と。宣《セン》の意《イ》遂《つひ》に解《と》け、甚《はなは》だ夷懌《イエキ》し、是《こ》れ由《よ》り瘳《い》え平《たひ》らぐ。

通釈

応郴が汲県の長官であった(時のことである)。夏至の日に、(部下である)主簿の杜宣に会って酒を賜った。その当時(役所の座敷の)北側の壁には、赤いおおゆみがかけてあり、(それが)杯の中の酒に映って、その形が蛇のように見えた。杜宣はこれを恐れ嫌った。しかしながら酒を飲まないわけにもいかなかった。その日のうちに早速胸や腹に激しい痛みを覚え、飲食を妨げて、大変に衰弱してしまった。あらゆる治療を施したが、治すことはできなかった。しばらくして、応郴が仕事の折りに杜宣の家に立ち寄り、彼の様子をうかがってこの不可解な一件について尋ねると、(杜宣は)言った、「この蛇を恐れているのです。蛇が腹の中に入ってしまったのです」と。応郴は役所に戻り、しばらくの間考え込んでいたが、(ふと)壁にかけてあるおおゆみを振り返り、「きっとこのせいだ」と思い当たった。そこで護衛兵を遣わして杜宣を車に載せゆっくりと連れて来させて、先日と同じ場所に酒席を設けると、杯の中に先日と同様に蛇が映った。そこで杜宣に言った、「その蛇は壁にかけてあるおおゆみの影に他ならない。他に怪しむべきものがあるわけではない」と。杜宣の蛇への恐れが消え、気もすっかり晴れて、それきり病気もけろりと治ってしまったのである。

解答

(一) (ア) 杜宣は杯の酒に映る蛇を恐れ嫌ったが、さりとて酒を飲まぬわけにもいかなかった。

(イ) 上司の応郴からせっかく賜った酒だったから。

(二) 蛇の映った酒を無理に飲んで、蛇まで飲み込んだと思ったから。

(三) 北の壁にかけてある赤いおおゆみが酒杯に映り、蛇のように見えたのだということ。

(四) 蛇を飲み込んだと思ったのが誤解だとわかって安心し、気も晴れたので病も治った。

二〇〇一年

第三問(文科)

出典

李賀(字は長吉《ちょうきつ》)は、昌谷《しょうこく》(河南省洛陽市の西方)の出身で、中唐の詩人。唐の王室の末孫であるが、家運はすでに傾き、父は地方官で終わった。七歳で早くも詩才を現したが、わずか二十七歳で死んだ。文字どおり早熟の天才詩人で、漢詩には珍しい幻想的な作品が多いところから、古来〝鬼才〟と称されてきた。その詩は『李長吉集』『昌谷集』『李賀詩集』などに収められている。なお、東大文科では、一九九五年度にも李賀の詩「題《ス》二帰夢《ニ》一」を出題している。

曾益《そうえき》(字は子謙)は明末の人で、明の滅亡に殉じて死んだ。『李賀詩解』は、『昌谷集』四巻に収める一七五首の詩のそれぞれに注解を施したもの。問題本文は、「李小小墓」の注解の一部(中ほどの部分で、字数にして全体の約半分)であるが、若干手が加えられている。

解説

この詩の鬼気迫る情景描写は、実に見事である。それでつい、これは作者が蘇小小の墓に詣でたときに詠んだものと速断した人もいるかもしれないが、実は全くの虚構である。ちなみに、李賀はその短い生涯のうちに蘇小小の墓のある西陵(今の浙江省杭州市)を訪れた形跡はない。

(一)〈内容を具体化しての現代語訳〉

「幽」の〔注〕と、Bの「幽蘭《ノ》露《トハ》、是《レ》墓《ノ》蘭《ノ》露《ナリ》、是《レ》蘇小《ノ》墓《ナリ》」とから、「眼」が蘇小小のそれを指すことは容易に押さえられよう。「墓地に咲く蘭の花に宿った露が、蘇小小の瞳の涙のようだ」というのである。

(二)〈内容を具体化しての現代語訳〉

「煙」(烟《えん》とも書く)がしばしば「きり・もや・かすみ」を意味することは、漢文の常識である。さて「何のために剪るのか」というと、Bの「生時《ハ》解二結《シ》同心《ヲ》一、今《ハ》無《シ》二物《トシテ》可《キ》レ結《ブ》矣」と「結《ブ》二同心《ヲ》一」の〔注〕の「物を贈って誓うこともある」がヒントとなり、変わらぬ愛のしるしとして贈るのだということがわかる。次に、「不レ堪《ヘ》～」には、①「～にたえられない」、②「～にしのびない」、③「～することができない」などの意味があり、ここは②・③のどちらにも解せるところであるが、Bでは③、つまり「せっかくもやの中に咲く花も、死者となった今は自分では剪ることができない」と解している。

ところで、「不レ堪《ヘ》レ剪《ルニ》」と思ったのは誰なのか。①「蘇小小がそう思った（あるいは、そう思う彼女の心情を代弁した）」、②「蘇小小を哀れに思う作者が、しかしもやにふけぶる蘭の花は剪るにしのびないと思った」のどちらとも解せる。Bは①と解しているとみられるので、解答例はこれに従ったが、②と解する専門家もいる。この解釈に立って訳したものが［別解］である。詩の鑑賞には幅があるから、採点にあたってはいずれでも可とするのであろう。

㈢〈内容説明〉

「草《ハ》 如《ク》レ茵《ノ》、松《ハ》 如《シ》レ蓋《ノ》」に相当するBは「時《ニ》 則《チ》 墓草《ハ》～偃《ヒテ》而如《シ》レ蓋《ノ》 矣」の部分である。この点が押さえられれば「茵」と「蓋」には語注があるのだから、容易に答えられよう。Aの詩句を散文で説明すれば、いかにもBのようになるわけである。

㈣〈指示語を具体化しての現代語訳〉

Aの「草《ハ》 如《ク》レ茵《ノ》」と「松《ハ》 如《シ》レ蓋《ノ》」、「風《ハ》 為《リ》レ裳《ト》」と「水《ハ》 為《ル》レ珮《ト》」が対句であるのに対応させて、Bの「墓草《ハ》～如《ク》レ茵《ノ》 矣」と「墓松《ハ》～如《シ》レ蓋《ノ》 矣」、「奚 以《ヲテ》～為《ル》レ裳《ト》」と「奚 以《ヲテ》～為《ル》レ珮《ト》」も対句に仕立てられている――と押さえられれば、「其《ノ》 裳」「其《ノ》 珮」の「其」が蘇小小を指すことは明らかである。そこでこの傍線部を直訳すると、「何によって蘇小小の玉飾りの音を思い浮かべるかといえば、川の水が近くで鳴っている玉飾りのような音を立てているのがそれである」ぐらいになるのだろうが、これではいかにも硬い。あるいはこれでも減点はされないかもしれないが、やはり「平易な現代語に訳」したいものである。

「奚 以《ヲテ》（＝何 以《ヲテ》）」は「何によって、何で」の意。この「以」は方法・手段を表す前置詞であるが、目的語が「何・誰」のように疑問詞であるときは語順が逆になる――ということは、漢文の常識。次に、「髣髴」は、①本来は「ほのかなさま、よく似ているさま」を表す擬態語（「髣髴《タリ》」と形容動詞で読む）であるが、②転じて、「思い浮かべる」の意の動詞（「髣髴《ス》」とサ変で読む）としても用いられるようにもなった語。ここでは、前文中の「想象」に対応している。ついでに言うと、「想象」とは「見たことのない象の姿を思い浮かべる」ことを言ったことから生まれた語であるが、後には一般に「想像」と表記されるようになった。

㈤〈内容説明〉

やはり、B文がヒントになる。「壁車如《ク》レ故《ノ》～労《ラス》二光彩之白照《ラスヲ》一」の部分がそれである。これを踏まえて答えれば、およそは解答例のようなものとなるだろう。「労《ラス》二光彩《ヲ》一」とは「いたずらに光を放つだけだ、光を放っても徒労に終わっている」ということ。

㈥〈詩の形式の効果についての説明〉

例えば俳句のように、簡潔な表現は無駄がないので引き締まり、情景や心情の展開を鮮明にする。また、極力説明をカットするところから含意性が豊かになり、読者の想像力を引き出す。簡潔な表現のもつこのような表現効果を、「三言の句を多用している」この雑言古詩に即してまとめればよい。すると、例えば解答例のようなものとなろう。かなりの許容範囲を前提とした設問である。

読み方

A　蘇小小《ソショウショウ》の墓《はか》

幽蘭《ユウラン》の露《つゆ》　啼《な》ける眼《め》のごとし
物《もの》として同心《ドウシン》を結《むす》ぶ無《な》く　煙花《エンカ》は剪《き》るに堪《た》へず
草《くさ》は茵《イン》のごとく　松《まつ》は蓋《ガイ》のごとし
風《かぜ》は裳《ショウ》と為《な》り　水《みづ》は珮《ハイ》と為《な》る
油壁車《ユウヘキシャ》　久《ひさ》しく相待《あひま》つ
冷《ひや》やかなる翠燭《スイショク》　光彩《コウサイ》を労《つか》らす
西陵《セイリョウ》の下《もと》　風雨《フウウ》晦《くら》し

B　幽蘭《ユウラン》の露《つゆ》とは、是《こ》れ墓《はか》の蘭《ラン》の露《つゆ》なり、是《こ》れ蘇小《ソショウ》の墓《はか》なり。生時《セイジ》は同心《ドウシン》を解結《カイケツ》し、今《いま》は物《もの》として結《むす》ぶべき無《な》し。煙花《エンカ》は已《すで》に自《みづか》ら剪《き》るに堪《た》へざるなり。時《とき》に則《すなは》ち墓草《ボソウ》は已《すで》に宿《とし》へて茵《イン》のごとく、墓松《ボショウ》は則《すなは》ち偃《おほ》ひて蓋《ガイ》のごとし。奚《なに》を以《もっ》て其《そ》の裳《ショウ》を想象《ソウゾウ》せん、則《すなは》ち風《かぜ》の前《まへ》に環《めぐ》りて裳《ショウ》と為《な》る有《あ》り、奚《なに》を以《もつ》て其《そ》の珮《ハイ》を髣髴《ホウフツ》せん、則《すなは》ち水《みづ》の左右《サユウ》に鳴《な》りて珮《ハイ》と為《な》る有《あ》り。壁車《ヘキシャ》故《もと》のごとく、久《ひさ》しく相待《あひま》てども来《き》たらず。翠燭《スイショク》に寒生《カンショウ》じ、光彩《コウサイ》の自《みづか》ら照《てら》すを労《つか》らす。西陵《セイリョウ》の下《もと》、則《すなは》ち維《こ》れ風雨《フウウ》の相吹《あひふ》き、尚何《なほなん》の影響《エイキョウ》の見《み》るべけんや。

通釈

A　蘇小小の墓

ひそやかに咲く蘭に宿った露は、
蘇小小の眼にうるむ涙のよう。
変わらぬ愛のしるしに贈る物も今はなく、
夕もやの中の花は贈ろうにも剪るすべがない。
草が車のしとねとなり、
松が車のほろとなっているかのよう。
風がもすそのようにひるがえり、
せせらぎが玉飾りの音のようだ。
華やかな車が、
ずっと待ちつづけているかのように、
冷たい鬼火が、
空しく光を放っている。
蘇小小の墓のほとり、
雨まじりの風は暗い。

B　（この詩を解釈すると――）「幽蘭の墓」とは、墓地に咲く蘭の花に宿った露で、墓とは蘇小小の墓である。彼女は生前には愛の誓いが破れてしまい、死後の今は愛のしるしに贈る物もない。夕もやの中に、咲く花はもはや剪るすべもないのだ。今や墓の草は年を経て茵《しとね》のようになっており、墓の松は蓋《ほろ》のように覆っている。彼女のスカートを想像するよすがとなるものは何かといえば、墓の前でくるめいて吹く風がそれであり、彼女の玉飾りの音を思い浮かべるよすがとなるものは何かといえば、近くの川のせせらぎがそれである。彼女の乗った華やかな車は昔のまま、ずっと愛する人を待ちつづけているが、その人は来ない。青い鬼火が冷たく燃えて、空しく光を放つばかりである。墓の辺りには、風雨が吹きつけて、もはや物の気配は何も見てとれない。(――となろう)。

＊補注

Bの末尾の「何ノ影響之可レ見ケンル哉」は「可レ見ケンル二何ノ影響ヲカ一哉」(反語)の倒置強調形で、「何ノ影響ヲカ之レ可レ見ケンル哉」と読むのが正しい読み方である。

解答

(一) ひそやかに咲く蘭に宿った露は、蘇小小の眼にうるむ涙のようだ。

(二) 変わらぬ愛のしるしに贈りたいと思っても、もやにかすむ花をこの手で剪るすべはないのだ。

[別解] あなたの愛のしるしとなる物を墓前に供えたいのだが、もやにかすむ花を剪るのはしのびない。

(三) 蘇小小が葬られてから長い年月がたち、放置されるままに草や松が生い茂っているさま。

(四) 蘇小小の腰の玉飾りの音をしのぶよすがとなるものは何かといえば、近くの川のせせらぎがそれだ。

(五) 生前から死後の現在に至るまで、変わらぬ愛を誓う相手を求め続けてきて、やつれ果ててしまったありさま。

(六) 簡潔な表現によって話題を次々と展開させて緊張感をかもし、蘇小小の切迫した心情を表すとともに、読者の想像力を引き出す効果。

第三問（理科）

出典

唐の韓愈（七六六〜八二四）の「対禹問（禹《う》の問《と》ひに対《こた》ふ）」（『唐宋八家文読本』所収）の前半部分。なお、原文には見られる「……慮民也深」の後の八十字ほどを省略しての出題であった。

解説

堯は王位を舜に禅譲し、舜は王位を禹に禅譲した。ところが禹は王位を自分の子に伝えた。禹はなぜ堯舜のように禅譲しなかったのかという疑問に対して、王位を子に伝えることの利点を説く文章である。論理的内容の問題文であるから、対句や対応表現等に注意しながら論理的に読むことが重要である。

(一)　〈内容を具体化しての現代語訳〉

設問の条件である〝「伝賢」の内容〟は「堯」と「舜」の〔注〕「王位を禅譲」に示されている。解釈に迷うのは「天下之得其所」であろう。これには傍線部との対応表現「堯舜之利民也大」が大きなヒントとなるはずである。

(二)　〈内容を具体化しての現代語訳〉

〝「伝之子」の内容〟といえば、「之」の指示内容がポイントになる。そしてこれは、(一)と同様に「堯」と「舜」の〔注〕から「王位」だと判断できる。「当不淑」については、文中の同種表現「当賢」から「淑」＝「賢」だと把握する。「奈何」は「いかんセン」と読んで方法を問うケースが多い。しかしここでは単に「いかん」と読まれているので、「どのようか、どう思うか」と状況・意見を問う、「何如」と同じ働きである。

(三)　〈空欄補充〉

漢文で空欄補充が問われたら、まずは対句や対応表現をチェックする。Aを含む文は次の文と対句になっていることから、「子」に対して何を入れるべきかと考える。「伝之（王位を伝える）」の対象として適する語を丁寧に探してゆけば、七行目の「伝諸人」が目につくはず。他に迷うものはない。Bを含む文は前の一文と対句になっている。対応する表現を比較すれば、「不当賢」が「不遇B」と同内容だと気づくであろう。

(四)　〈語意を明らかにしての現代語訳〉

〝「前定」の意味〟が条件となっているので、何が「前もって定まっている」のかを明らかにする必要がある。文脈から、王位を伝えるべき相手（王位継承者）だと判断するのは難しくない。「雖」には仮定逆接と確定逆接とがあるが、ここは前者。「猶可以守法」は、傍線部が直後の一文と対句になっていることに着眼し、「則争且乱」と対立内容であることを考慮してまとめる。

㈤〈全文の趣旨にかかわる内容説明〉

文章全体の論旨にも関わる問題だが、最後の二文が結論であり設問の要求にも答えた部分となっているので、ここを中心にまとめればよい。もちろん、この二文が対句を構成していることも見逃してはならない。

読み方

或《あ》るひと問《と》ひて曰《いは》く、「堯舜《ギョウシュン》は之《これ》を賢《ケン》に伝《つた》へ、禹《ウ》は之《これ》を子《こ》に伝《つた》ふ、信《まこと》なるか」と。曰《いは》く、「然《しか》り」と。曰《いは》く、「然《しか》らば則《すなは》ち禹《ウ》の賢《ケン》は堯《ギョウ》と舜《シュン》とに及《およ》ばざるか」と。曰《いは》く、「然《しか》らず。堯《ギョウ》舜《シュン》の賢《ケン》に伝《つた》ふるは、天下《テンカ》の其《そ》の所《ところ》を得《え》んことを欲《ほっ》すればなり。禹《ウ》の子《こ》に伝《つた》ふるは、後世《コウセイ》之《これ》を争《あらそ》ふの乱《ラン》を憂《うれ》ふればなり。堯《ギョウ》舜《シュン》の民《たみ》を利《リ》するや大《ダイ》なり、禹《ウ》の民《たみ》を慮《おもんぱか》るや深《ふか》し」と。曰《いは》く、「禹《ウ》の慮《おもんぱか》るや則《すなは》ち深《ふか》きも、之《これ》を子《こ》に伝《つた》へて淑《よ》からざるに当《あた》らば、則《すなは》ち奈何《いかん》」と。曰《いは》く、「之《これ》を人《ひと》に伝《つた》ふれば則《すなは》ち争《あらそ》ふ、未《いま》だ前《さき》に定《さだ》まらざればなり。之《これ》を子《こ》に伝《つた》ふれば則《すなは》ち争《あらそ》はず、前《さき》に定《さだ》まればなり。前《さき》に定《さだ》まれば賢《ケン》に当《あた》らずと雖《いへど》も、猶《な》ほ以《もつ》て法《ホウ》を守《まも》るべし。前《さき》に定《さだ》まらずして賢《ケン》に遇《あ》はざれば、則《すなは》ち争《あらそ》ひ且《か》つ乱《みだ》る。天《テン》の大聖《タイセイ》を生《ショウ》ずるや数《しば》しばせず、其《そ》の大悪《ダイアク》を生《ショウ》ずるも亦《ま》た数《しば》しばせず。諸《これ》を人《ひと》に伝《つた》ふるは、大聖《タイセイ》を得《え》て、然《しか》して後《のち》に人《ひと》敢《あへ》て争《あらそ》ふ莫《な》し。諸《これ》を子《こ》に伝《つた》ふるは、大悪《ダイアク》を得《え》て、然《しか》して後《のち》に人《ひと》其《そ》の乱《ラン》を受《う》く」と。

通釈

ある人が質問して言った、「(古代の聖人君主である)堯と舜は王位を(子以外の)賢者に伝えたが、禹は王位を自分の子に伝えた(と言われている)、本当のことなのか」と。(私は)言った、「その通りだ」と。(ある人が)言った、「だとすれば、禹の賢明さは堯や舜とには及ばないということか」と。(私は)言った、「それは違う。堯と舜が王位を賢者に伝えたのは、天下の人民すべてが望ましい幸せな生活が得られるようにと願ったからである。禹が王位を子に伝えたのは、後世に王位をめぐっての混乱が起こることを心配したからである。堯・舜が人民にもたらした利益は大きなものであり、禹は人民のために考えたことは深いものであったのだ」と。(ある人が)言った、「禹の考えは確かに深いものであったが、王位を子に伝えてその子が賢者ではなかったとすれば、どうなのだろうか」と。(私は)言った、「王位を他人に伝えれば争いが起こるのは、後継者があらかじめ決まっていないからである。王位を子に伝えれば争いが起こらないのは、継続者があらかじめ決まっているからである。王位継承者があらかじめ決まっていれば、それが賢者でなくても既制の法を守ることで国家の混乱は防げる。王位継承者があらかじめ決まっていない上に、後に即位した者が賢者でなかったならば、(王位をめぐっての)争いが起こる上に(即位後に)国家の混乱も起こるのである。天が天下に偉大な聖人をもたらすのはしばしばあることではなく、大悪人をもたらすのもやはりしばしばあることではない。王位を他人に伝えれば、偉大な聖人が継承した場合のみ人は争いを起こさない。王位を子に伝えれば、大悪人が継承してはじめて人はその混乱を蒙るのである」と。

解答

(一) 堯と舜が王位を賢者に譲ったのは、人民すべてが望ましい幸せな生活が得られることを願ったからである。

(二) 王位をわが子に譲ったものの、子が賢者でなかったらどうなのでしょうか。

(三) A 人　B 賢

(四) 王位継承者があらかじめ決まっていれば、それが賢者でなくても、法を守ることで国の混乱は防げる。

(五) 王位を他人に伝えれば、継承者が余程の聖人でない限り争いは免れないが、子に伝えれば、継承者が余程の悪人でない限り混乱は発生しないと考えている。

二〇〇〇年

第三問（文科）

出典

何喬遠《かきょうえん》の『閩書《びんしょ》』（福建省に関する地方志、一五〇巻）巻四十六「文莅志《ぶんいし》」による。ただし、冒頭と途中の一部が省略されている。なお、原文には本文の後に後日談が記されている。筆者の何喬遠は明代の人で、万暦十四年（一五八六）に進士となり、累進して南京工部右侍郎に至った。博覧にして、編著書に『閩書』のほか『明十三朝遺事』がある。

解説

この年、東大の入試改革が行われ、これまでずっと二題であった文科の漢文問題が一題のみとなった。ただし試験時間と配点は変更されなかったので、問題文の字数と設問数とが若干増やされることになった。

一九九九年度の文科の散文問題は『東国李相国集』という珍しい書物からの出題であったが、今回も『閩書』という地方史からの出題となった。本文の内容は、明・清代に流行した公案故事（主に名裁判官を主人公とする裁判説話）の一種であるが、構成・叙述は余り周到ではない。

㈠〈条件に従っての内容説明〉

前文中に、まず「悉ク逮フ㆓官吏邏卒五十人ヲ於獄ニ㆒」とあり、次いで「盗多キモ不㆑過ギ㆓三人ニ㆒」とあるから、答えは至って簡単である。「即」には「若シ・如シ」と同様に仮定条件を表す副詞の用法がある。これは東大の受験生なら当然の常識であろうが、親切に読み仮名まで振られているのだから、迷う余地はない。「盗」の訳は「盗賊・盗人・泥棒・犯人」のいずれでもよい。「冤」は、国語でも「冤罪」（無実の罪、ぬれぎぬ）という熟語で用いられている。

なお、後文中にはこの窃盗事件の関係者として「鉄工（従犯）」「某家（偽証人）」「吏舎奴（主犯）」が出てくるので、大順はそこまで明察してこう言ったのだと答えることを求めているのではないかと考える人もいるかもしれない。しかし、大順は「犯人は三人だ」と断定したのではなくて「犯人は多くても三人を超えることはない」と言っているのであり、何よりも「簡潔に説明せよ」と言っているのだから、ここはさらりと答えることを求めているものとみられる。

㈡〈内容を具体化しての現代語訳〉

あらぬ嫌疑をかけられた者以上に、真犯人を突き止めようと必死になる者はいない。そこを見越して、大順は思い切った手を打ったのである。「第」は「只・唯・惟」などと同義の限定・強調の副詞で、ここは「ただただ、ひたすら」の意。

「往」は「(目的地を目指して)ゆく」、「跡」は「追跡する」の意。「旬」は「上旬・中旬・下旬」の「旬」で「十日間」。

なお、東大ではここの「誰に何を言うのかを明らかにして」や「必要な言葉を補いつつ」のような指示をして訳させることが多い。単なる言い換えでなく、内容が正確につかめているかどうかをチェックしようとしているわけである。

(三)〈送り仮名を省いての現代語訳〉

送り仮名が省かれているから、訓読力が試される設問である。まず「諸(音、ショ)」は「之於(音、シオ)」の合字で、「これを〜」の意。次に「某家(ボウカ・ボウケどちらで読むも可)」は「なにがしの家、だれそれさんち」の意であるが、ここでの実質的な意味は「だれそれ、ある人」。最後に「貸」がいちばんの曲者で、ここでは「かりる」の意。実は、漢語の「貸」は「かス」(次の行にはこちらが出てくる)と「かル」の対立する両義を併せ持つ語なのである。同様の語に「仮(かス・かル)」「售(音はシュウで、うル・かフ)」「逆(さかラフ・むかフ)」「離(はなル・あフ)」などがある。

さてそこで通して訓読すると、「諸を某家に(某家より)貸る」となる。あとは「諸」の指すものを「この銀貨は」「溶かした銀塊は」などと具体化して訳せばよい。

(四)〈抜き出し〉

「首」はもと「あたま」を表した象形文字で、そこから「かしら(党首)」「はじめ(首位)」「詩歌の助数詞(古詩十九首)」その他種々の意味が派生し、時には「もうす、つげる」の意味を表すこともあり、国語でも「自首する」と用いられているが、漢文では「告発する」の意味にも用いる。ここの「首者」は、文脈からして「首《つグル》者」と読むべきところであるが、「首《はじめナル》者」と読まれているので、意味するところが不明瞭になってしまった。しかし、続いて「以《テ》レ誣《ヲ》坐《ス》矣」とあり、「誣」と「坐」には語注もつけられているので、答えは容易に出せる。「誣」「坐」は、国語でも「誣告(罪)」「連座(制)」などと用いられている。なお、常用字では「坐(座の本字)」を用いず、画数の多い「座」のほうを用いている。

(五)〈理由説明〉

理由の説明問題は、時には文章全体から帰納しなければ正解が得られないようなこともあるが、本問はそんな高級なものではない。本文ではわかりきったこととしてふれていないが、当然「鉄工」の身辺調査が行われ、その結果「貧人游食」のならず者であることがわかったのである。すると「誰《カ》有《ラン》下以《テ》二五十金《ヲ》一貸《ス》者上」ということになるから、大順は「此《レハ》是《レ》盗《ナラン》也」と判断したのである。要するに、この傍線部に先行する「鉄工《ハ》〜貸《ス》者上」の部分を要約して答えればよい。「誰《カ》有《ラン》下〜」が反語であることに注意。

㈥〈全文の趣旨(謎解き)にかかわる抜き出し〉

末尾の「輒《チ》輸《ゲテ》曰《ク》」以下を踏まえて判断すれば、答えは明らかである。本問は、この末尾の部分を正確に読み取れるかどうかをみることを意図したものであろう。ただし、「それでは余りにも簡単すぎる。これには裏があるのではないか」と疑念を持った人もいるかもしれない。すると、偽証した「某家」が浮かんでくる。「どうも怪しい。この男こそこの事件を画策した張本人ではないか。すると、正解は〈某家〉だ」ということになりそうである。しかし、この「某家」については偽証したということ以外、本文には何も書かれていないのだから、到底「主犯」と断定する根拠とはなりえない。

もっとも、この「某家」がなぜ偽証したことでどのように裁かれたのかは書かれていないので、釈然としないものが残ることも確かである。実は原文の、問題文では省略された部分にも、この件については何も書かれていないのである。本文は、素材の面白さはともかく、説話としては未完成品ということになろう。

読み方

閩藩司《ビンハンシ》の庫蔵《コゾウ》飭《ととの》はず、大順《タイジュン》左使《サシ》に語《つ》げて之《これ》を治《をさ》めしむ。聴《き》かず。已《すで》に果《は》たして大《おほ》いに庫銀《コギン》を亡《うしな》ひ、悉《ことごと》く官吏《カンリ》邏卒《ラソツ》五十人《ゴジュウニン》を獄《ゴク》に逮《とら》ふ。大順《タイジュン》曰《いは》く、「盗《トウ》多《おほ》きも三人《サンニン》に(↓三人《サンニン》を)過《す》ぎず、而《しか》るに五十人《ゴジュウニン》を繋《つな》ぐ。即《も》し盗《トウ》在《あ》るも、是《こ》れ亦《ま》た四十七人《シジュウシチニン》は冤《エン》なり」と。代《か》はりて獄《ゴク》を治《をさ》むるを請《こ》ふ。左使《サシ》喜《よろこ》びて大順《タイジュン》に属《ショク》す。大順《タイジュン》悉《ことごと》く之《これ》を遣《や》り、戒《いまし》めて曰《いは》く、「第《ただ》往《ゆ》きて盗《トウ》を跡《あと》づけ、旬日《ジュンジツ》にして来《きた》り言《い》へ」と。

福寧《フクネイ》の人《ひと》鉄工《テッコウ》と隣居《リンキョ》す。夜《よる》銷声《ショウセイ》を聞《き》き、之《これ》を窺《うかが》ふに、銷《と》かす所《ところ》は銀《ギン》の元宝《ゲンポウ》なり。以《もつ》て官《カン》に詣《いた》る。工《コウ》曰《いは》く、「諸《これ》を某家《ボウカ》に貸《か》る」と。某家《ボウカ》之《これ》を証《ショウ》して曰《いは》く、「然《しか》り」と。首《はじめ》なる者《もの》(↓首《つ》ぐる者《もの》)誣《ブ》を以《もつ》て坐《ザ》す。大順《タイジュン》曰《いは》く、「鉄工《テッコウ》は貧人《ヒンジン》游食《ユウショク》、誰《たれ》か五十金《ゴジッキン》を以《もつ》て貸《か》す者《もの》有《あ》らん。此《こ》れは是《こ》れ盗《トウ》ならん」と。令《レイ》して索《もと》めて(↓索《もと》めしめて)之《これ》を得《え》、一訊《イチジン》するに輒《すなは》ち輸《つ》げて曰《いは》く、「盗《トウ》は、吏舎《リシャ》の奴《ド》なり。某《それがし》をして庫鐍《コケツ》を開《あ》けしめ、我《われ》に酬《むく》ゆるのみ」と。捜《さが》して奴《ド》を捕《とら》へ、具《つぶさ》に贓《ゾウ》を得《え》て、五十人《ゴジュウニン》皆《みな》釈《と》かる。

通釈

閩藩司の官庫の安全管理がきちんとなされていなかったので、右使の淘大順はこのことを(管理担当の)左使に告げて整備してもらおうとした。(しかし、左使はその提言を)聞き流した。やがて果たして庫内の銀貨が大量に紛失したので、(左使は配下の)官吏から警備の兵士まで五十人を悉く逮捕した。大順は言った、「盗賊は多くとも三人を超えることはないのに、五十人を収監なさいましたね。その中に犯人がいたとしても、四十七人は無実ですよ」と。そして自分が代わって（本件の）裁判を担当したいと申し出た。左使は喜んでこれを大順に委嘱した。（すると早速）大順はこれらの者をすべて解き放し、「徹底的に探し回って犯人を追跡し、十日後には戻って来て結果を報告しなさい」と命じた。

　福寧の人で鍛冶屋の隣に住んでいる者がいた。男は夜金属を溶かす音を耳にし、その様子をそっとのぞいて見ると、溶かしているのは元宝銀だった。それでこのことを役所に訴え出た。（取調べを受けた）鍛冶屋は、「これはだれそれから借りたものです」と言い、そのだれそれも、「そのとおりです」と証言した。それで先の証人は誣告罪となった。大順は言った、「その鍛冶屋は怠け者の貧乏人（とのこと）だから、誰も五十金もの大金を貸す者はおるまい。これこそ犯人だろう」と。そこで命令して捜索させて犯人を捕らえ、一たび訊問するとたちまちこう白状した、「犯人はお役所の下男です。わたしに官庫の錠前を開けさせ、報酬としてあの銀貨をくれたのです」と。捜索してその下男を捕らえ、贓品をすべて押収して、先の五十人は全員釈放された。

＊補注

　先に「首者」の読み方が適切でないことについてふれたが、同様の例がもう二箇所ある。

(1)　「不レ過二三人一」（二行目）は「三人を超えることはない」の意味であるから、「不レ過《ギ》二三人《ヲ》一」と読むのが妥当。「不レ過《ギ》二三人《ニ》一」と読むと、「三人にすぎない、たった三人である」という意味に誤解されかねない。

(2)　「令索」（七行目）の「令《シテ》」は使役を暗示する動詞であるから、これに呼応する「索」は使役動詞となり、「索《メシム》」と読むことになる。使役を暗示する動詞には、この「令《シテ》」のほか「詔《シテ》・召《シテ》・命《ジテ》・教《ヘテ》・戒《メテ》・勧《メテ》」などがある。

解答

(一)　盗賊はせいぜい三人以下だから、投獄した五十人の中に犯人がいたとしても、四十七人は無実だということ。

(二)　十日後には戻って来て、私に犯人についての調査結果を報告しなさい。

(三)　溶かした銀塊はだれそれから借りたものです。

(四)　福寧人

(五)　その鉄工は遊んで暮らしている貧乏人であり、五十金もの大金を貸す者などいるはずがないから。

(六)　吏舎奴

第三問（理科）

出典

司馬遷（前一四五～前八六？）の『史記』酷吏列伝の冒頭部分。酷吏とは、「人よりも法を重んじて人民を厳しく取り締まった、冷酷非情な役人」という意味である。なお、出題にあたって、原文中の四十二字が省略されている。

解説

孔子と老子の言葉を引用した上で、昔（秦の時代）のように法令によって厳しく取り締まる政治では人民の邪悪な行いを止めることはできない、逆に漢初のように、法の網の目を疎《あら》くして人心を教化する政治が必要なのだと説く。その裏には、李陵を弁護して宮刑に処せられてしまった司馬遷の、漢初の政治に返るべきだという憤りが読み取れる内容の文章である。

㈠〈内容を具体化しての現代語訳〉

「治之具」は「政治の道具」と熟語に置き換える。「非」が、「～ではない」と否定的判断を示す語であることは、句形の基礎知識。問題は、設問の条件の「清濁」である。引用されている孔子の言葉を見れば、人心の清濁であり、つまりは道徳的なことを意味しているものと判断できる。太史公すなわち司馬遷自身の言葉の中では、「姦」という字が二度使われていて、これに〔注〕が施されていることがヒントになるだろう。

㈡〈現代語訳〉

基本句形の知識がポイントとなる問題。「非」は、㈠でも問われていた。「悪《いづくンゾ》」は「安」と同じく反語の副詞であるから、「悪能～乎」は「どうして～できようか、いや～できはしない」のように訳すことになる。あとは、指示語「其」が「吏治」あるいは「吏」を指していることを明らかにしてまとめればよい。

㈢〈比喩の説明〉

東大で頻出する比喩の問題。この場合は、「網」という語が四行目にも使われていることに気づくかどうかが大きなカギになる。こちらには「天下之網」とあるから、「人民を取り締まるために天下に張りめぐらされる法の網」だと分かる。さらに三行目の「昔」（実は秦の時代を意識した表現）以後の内容が、六行目の「漢興」に始まる記述（もちろん傍線部も含む）と対比的に描かれていることにも着眼する。「漏於呑舟之魚（舟を呑み込むほどの大きな魚を漏らす）」とは、「密」（「細密・疎密」の「密」で、網の目が細かいこと）に対する、網の目があらいことを意味する表現である。

㈣〈全文の趣旨にかかわる説明〉

漢文の「彼」が、英語の「he」のような人称代名詞ではなく、「此《これ》」に対する「彼《かれ》」（現代語の「かれこれ」の「かれ」）であり、指示代名詞にすぎないことは常識である。とすれば、「彼」と「此」がそれぞれ何を指しているかを見きわめることが一番のポイントとなる。冒頭で孔子と老子の言葉を、「信哉是言也」と是認しているから、「昔」の政治と「漢興」の政治のどちらがこの内容に合致しているかを検討すればよい。

読み方

孔子《コウシ》曰《いは》く、「之《これ》を導《みちび》くに政《セイ》を以《もつ》てし、之《これ》を斉《ととの》ふるに刑《ケイ》を以《もつ》てすれば、民免《たみまぬか》れて恥無《はぢな》し。之《これ》を導《みちび》くに徳《トク》を以《もつ》てし、之《これ》を斉《ととの》ふるに礼《レイ》を以《もつ》てすれば、恥有《はぢあ》りて且《か》つ格《ただ》し」と。老氏《ロウシ》称《いは》く、「法令《ホウレイ》滋《ますます》章《あきら》かにして盗賊多《トウゾクおほ》く有《あ》り」と。太史公《タイシコウ》曰《いは》く、信《まこと》なるかな是《こ》の言《ゲン》や。法令《ホウレイ》なる者《もの》は、治《チ》の具《グ》にして清濁《セイダク》を制治《セイチ》するの源《みなもと》に非《あら》ざるなり。昔天下《むかしテンカ》の網嘗《あみかつ》て密《ミツ》たり。然《しか》るに姦偽萌起《カンギボウキ》して、其《そ》の極《きは》まるや、上下《ジョウゲ》相《あ》ひ遁《のが》れ、振《すく》はざるに至《いた》る。是《こ》の時《とき》に当《あた》り、吏治《リチ》は火《ひ》を救《すく》ふに沸《わ》くを揚《あ》ぐるがごとし。武健厳酷《ブケンゲンコク》に非《あら》ざれば、悪《いづく》んぞ能《よ》く其《そ》の任《ニン》に勝《た》へて愉快《ユカイ》ならんや。道徳《ドウトク》を言《い》ふ者《もの》は其《そ》の職《ショク》に溺《おぼ》る。漢興《カンおこ》り、觚《コ》を破《やぶ》りて圜《エン》と為《な》し、雕《チョウ》を斲《けづ》りて朴《ボク》と為《な》し、網《あみ》は呑舟《ドンシュウ》の魚《うを》を漏《も》らす。而《しか》して吏治《リチ》は烝烝《ショウショウ》として姦《カン》に至《いた》らず、黎民艾安《レイミンガイアン》す。是《これ》に由《よ》りて之《これ》を観《み》れば、彼《かれ》に在《あ》りて此《これ》に在《あ》らず。

通釈

孔子は言った、「（法令などの）政治によって導き、刑罰によって統制すれば、人民はその網から逃れようとして恥じる気持ちを持たない。道徳によって導き、礼によって統制すれば、恥じることを知ってそのうえ正しい道を踏み行う」（『論語』為政篇）と。老子は言った、「法令が明らかに完備すればするほど、盗賊が多くなる」（『老子』第五十七章）と。太史公（筆者の司馬遷本人）が思うに、これらの言葉は全くもって真実である。法令というものは政治の道具であって、正義と邪悪を裁定する根拠となるものではない。昔（秦代のこと）、天下の（人民を取り締まる法の）網がくまなく張りめぐらされていた時期があった。ところが（人民には）詐偽や邪悪な挙動が芽生え、その極致では、上も下もどんな立場の者も法の網の目を逃れ、収拾できない状態になった。その当時、役人の政治は、沸騰した湯をかけて火を消すように切迫したものであった。勇猛で冷酷な役人でなければ、楽しく自分の任務を遂行することなどできはしなかった。道徳を口にする者は、その職務の深みにはまって身動きができなくなっていた。漢初の時期には、四角いものを円くして、余分な飾りを取り去って素朴にしたため、法の網は舟を呑み込むほどの大魚を逃すほどであった。ところが役人の政治は、純良で悪事に走ることもなく、人民もよく治まったのである。以上の点から考えてみれば、肝要なのは道徳によって人心を教化することであって、法令によって厳しく取り締まることではない。

解答

(一) 法令とは政治の道具であって、正義と邪悪を裁定する根拠となるものではない。

(二) 勇猛かつ冷酷な役人でなければ、楽しく自分の任務を遂行することなどできはしない。

(三) 法の網をゆるやかにすることのたとえ。

(四) 法令や取り締まりを厳しくするのではなく、人心を教化することが政治の要訣であるという主張。

一九九九年

第四問(文科)

出典

李奎報《りけいほう》の『東国李相国集』所収の「舟路《しうろ》ノ説」の全文。ただし、二字省略されている。作者の李奎報(一一七七～一二四〇)は朝鮮、高麗《こうらい》朝の文人で、白雲山人と号した。諫議大夫翰林学士となり、元の侵入に際し元の皇帝太宗に上書して撤兵させることに成功し、その功によって枢密副使吏部尚書、及び集賢殿学士参知政事に任ぜられた。

『東国李相国集』(全集四一巻・後集一二巻)は李奎報の詩文集で、本文は全集の巻二十一に収められている。「説」とは文体(文種)の一ジャンルで、ある事柄について自分の意見を述べた文章をいう。巻二十一には、本文のほか「鏡ノ説」「忌ムノレ名ヲ説」「七賢ノ説」など、十二の説が収められている。

解説

前年度の文系第四問は清代の方苞の書簡文という珍しいものであったが、今回は更に特異な出典からの出題である。大学入試で中国及び日本以外の国の人の書いたものが取り上げられるのは珍しい。ただし、内容はいかにもいわゆる士大夫的な処世観を述べたものであり、表現も平明達意で、非常に好ましい問題文である。

(一)〈具体的な内容説明〉

東大で、送り仮名が省かれての訳や説明が問われることは少なくない。まれに書き下しが問われることもある。基本的な文法力と語彙力が身についていないと、これには太刀打ちできない。東大でも、正しい読み方が問われることを意識しての出題があるものと心得ておきたい。

さて、ポイントは「幾」である。「幾」はある状況に近いことを表す副詞で、「ほとんど」と読む。このことさえ知っていれば文意は容易に解せるだろうが、念のために付言すると、「衆寡」は「多少」と同義で、つまり「(人馬の)数」ということ、「相ヒ類ス」は「相互に類似している、似たり寄ったりだ」ということである。

なお、「幾」は「ちかし」と形容詞でも読まれるが、意味に変わりはない。例えば、「溺死スル者幾ド半バナリ」＝「溺死スル者幾《ちか》シレ半バニ」(列子)など。ここも「幾シ二相ヒ類スルニ一」と読むこともできる。

(二)〈現代語訳〉

「其ノ舟」が自分が乗ったのではないほうの舟を指していることは、容易に判断できよう。ただし、訳にあたっては注意が必要で、不用意に「その舟」と訳すと減点されることになる。「相手の舟、向こうの舟、あちらの舟」などが適訳であろう。「彼《ノ》岸」が「向こう岸、対岸」を意味していることは、前文中に「渡《ルニ》二江《ヲ》一」とあることから明らかである。漢文で出会う「彼」が英語のheではなくて、「此(これ、この)」に対しての「彼(かれ、かの)」であり、「あれ、あちら」のように訳すべきことも覚えておく必要がある。

「ところが突然、あちらの舟が飛ぶような速さで遠ざかり、もう向こう岸に停泊したのが目に入った」のように逐語訳し、スペースに納まるように要約する。

なお、「如《クシテ》レ飛《ブガ》」は「如《クニシテ》レ飛《ブガ》」と読むのが正しい。ここは「A《スルコト》如《シ》レB《ガ(ノ)》」という句形(例えば「花散《ルコト》如《シ》レ雪《ノ》」など)であるから、この「如」は「ごとし→ごとくにして」であって、「ごとくす→ごとくして」ではない。

㈢　〈具体的な内容説明〉

「具体的に説明せよ」という問い方は、東大の問題の定番の一つである。述べられている内容や情景が、具体的にしっかり把握できているかどうかをみようとしているわけである。「一葦」はもちろん一隻の小舟のたとえ(比喩を取り上げるのも東大の定番)である。例えば、蘇軾の『前赤壁《ノ》賦』に「縦《ほしいままニス》二一葦之所《ヲ》レ如《ク》一」とある。「所レ如」は、直訳すれば「進むこと」。漢文の「所」が後の動詞を名詞化する働きであるのは入試の常識であり、「如」は次の文で「進」と言い換えられている。

㈣　〈全文の趣旨にかかわる説明〉

「異日」はほとんどの人が初見の語であろうが、文脈から「後日、将来」といった意味だろうと推定できよう。直訳すれば「別の日」ということで、今日以外の日を指し、過去にも未来にも用いる。類語に「他日」があり、こちらはよく出てくる語なので、これを思い出せた人は「異日は他日と同じ」と判断できただろう。「観」には「戒め、参考、手本」という意味がある――と知っていればほとんど即答できる設問であるが、「たぶん受験生にはそんな知識はない」と出題者はみたうえで、敢えて発問したものであろう。つまり本文の内容から推して、この結語にどういう思いを込めたのかを読み取ることができるかどうかをみようとしているのである。いかにも東大らしい設問である。

なお、傍線を付した「書《シテ》以《テ》為《ス》二異日《ノ》観《ト》一」全体の意味するところを問うのが普通の問い方であろうが、ここでは「異日《ノ》観」についての説明だけを求めている。これは恐らく、簡潔に答えられるように(そして採点もしやすくなるように)と配慮したことによるものであろう。ところで「異日《ノ》観＝後日の戒め」とは自らへの戒めなのか、それとも他者への戒めなのか一見判然としないが、これは自他両者にわたっての戒めと解するのが妥当であろう。本文は、（出題者は伏せているが）「舟路ノ説」と題した一文である。例えば日記などではなくて「説」というからには、自らへの戒めであるだけでなく、当然読者を予想して書かれたものとみられるのである。

読み方

李子《リシ》南《みなみ》のかた一江《イッコウ》を渡《わた》るに、与《とも》に舟《ふね》を方《なら》べて済《わた》る者《もの》有《あ》り。両舟《リョウシュウ》の大小《ダイショウ》同《おな》じく、榜人《ボウジン》の多少《タショウ》均《ひと》しく、人馬《ジンバ》の衆寡《シュウカ》幾《ほとん》ど相《あ》ひ類《ルイ》す。而《しか》るに俄《にはか》に其《そ》の舟《ふね》の離《はな》れ去《さ》ること飛《と》ぶがごとく(に)して、已《すで》に彼《か》の岸《きし》に泊《と》まるを見《み》る。予《ヨ》の舟《ふね》猶《な》ほ邅廻《テンカイ》して進《すす》まず。其《そ》の所以《ゆゑん》を問《と》へば、則《すなは》ち舟中《シュウチュウ》の人曰《ひといは》く、「彼《かしこ》に酒《さけ》有《あ》り以《もつ》て榜人《ボウジン》に飲《の》ましめ、榜人力《ボウジンちから》を極《きは》めて槳《かい》を蕩《うご》かすが故《ゆゑ》のみ」と。予《ヨ》愧色《キショク》無《な》き能《あた》はず、因《よ》りて嘆《タン》じて曰《いは》く、「嗟乎《ああ》。此《こ》の区区《クク》たる一葦《イチイ》の如《ゆ》く所《ところ》の間《カン》すら、猶《な》ほ賂《まひなひ》の有無《ウム》を以《もつ》て、其《そ》の進《すす》むや疾徐先後《シツジョセンゴ》有《あ》り。況《ま》して宦海競渡《カンカイキョウト》の中《うち》、吾《わ》が手《て》に金《かね》無《な》きを顧《かへりみ》れば、宜《むべ》なるかな今《いま》に至《いた》るも未《いま》だ一命《イチメイ》に霑《うるほ》はざるや」と。書《ショ》して以《もつ》て異日《イジツ》の観《カン》と為《な》す。

＊補注

東大では、時折り、伝統的な訓を捨てて新しい平易な訓を用いることがある。今回の問題文でいえば、次の二語の訓がそれである。

(1)「彼」三行目（かしこに←かれに）

(2)「況」五行目（まして←いはんや）

通釈

私李子が南の方へある川を渡るときに、一緒に舟を並べて渡る者がいた。両方の舟の大きさは同じであり、漕ぎ手の数も同じで、乗った人馬の数もほとんど似たようなものであった。ところが(間もなく)急に向こうの舟は飛ぶように(こちらの舟から)離れ去って行き、見ると早くも対岸に到着した。(一方)私の舟はまだ行きなやんで進まない。その訳を尋ねると、同乗者はこう言った、「先方には酒があって漕ぎ手に飲ませるので、漕ぎ手は力の限りかいを漕ぐからですよ」と。私は(自分がいかに世間知らずであるかを思い知らされて)恥ずかしい顔をせずにはいられず、それでため息をついて、「ああ。このちっぽけな舟が対岸目指して行くときでさえ、やはり袖の下のあるなしで、進み方には早い遅いの差が生じる。まして官僚社会の出世争いの中で、わが手に金が無いことを思えば、今に至っても官途に就けないのはもっともなことだ」と言った。(それで、この出来事を)ここに書き留めて後日の戒めとする。

解答

(一) 乗った人や馬の数は、どちらの舟もほとんど同じだということ。

(二) ところがふと見ると、向こうの舟はあっという間に対岸に着いていた。

(三) 小さな（渡し）舟を対岸まで進めるようなささいなこと。

(四) （賄賂についての自他に対する）後日の戒めということ。

第七問(文科)

出典

杜甫の七言古詩「百憂《ノ》集《マル》行」。換韻格の詩で、「孩《ガイ》・来《ライ》・廻《カイ》／十《ジュウ》・立《リュウ》・集《シュウ》／空《クウ》・同《ドウ》・東《トウ》」が韻字。

杜甫の詩文をまとめたものには、『宋本杜工部集』以来いろいろあるが、現在最も詳細な注釈本である『杜詩詳注』(本文二五巻)ではこの詩は第十巻に収められている。

作者の杜甫(七一二～七七〇)は改めて述べるまでもなく、李白(七〇一～七六二)と共に盛唐をというよりも中国を代表する詩人で、二人は李白が詩仙、杜甫が詩聖と称され、併せて李杜と呼ばれている。

解説

「行」とは古詩の一体で、同類の詩に「歌・歌行・引・吟・曲」などと題するものがある。いずれも、もと民間の歌曲に由来する詩題である。

安史の乱を避けて放浪の旅に出た杜甫が蜀(四川省)の成都にたどり着いたのは乾元二年(七五九)の歳末であった。翌上元元年(七六〇)の春、杜甫は親戚や知人の援助によって成都の郊外にささやかな草堂(わらぶきの家)を建てた。詩中に「已《ニ》五十」とある。すると、この詩が詠まれたのは草堂を建てた翌年の建元二年(七六一)、五十歳の時のこととなる(「五十」というのはあるいは概数かもしれないが、一般に実数とみられている)。そこで、「主人」とは誰を指すのかが無視できない問題となり、大きく分けて、(1)援助の手を差し伸べてくれた人たちを指す、(2)上元二年三月から十一月までの間成都の長官であった崔《さい》光遠という俗物を指す、という二説がある。うち(2)の説は、詩(文学)の表現を史実と短絡させているきらいがある。それで出題者は「この詩が作られた時、杜甫の一家は成都(四川省)の友人のもとに身を寄せていた」という語注を付けたのであろう。「身を寄せていた」という表現は「寄寓していた、友人宅に厄介になっていた」ともとれる説明なので、あるいはそう解した人もいるかもしれないが、事実は先にふれたようにともかくも一家を構えたのである。とは言え、貧乏のどん底にあったことは作品に明らかである。

なお、この詩には（それは杜甫の詩に一貫する特色の一つであるが）随所に対比の妙が発揮され、それがこの詩を印象鮮明なものとしている。⑴内容の面では、少年時代の自分と現在の自分の、また少年時代の自分と今のわが子の落差が際立っており、一方自分と老妻とは同じく百憂を集めた顔色なのである。⑵用語の面では、特に数詞が極めて効果的に多用されている。「百憂」「十五」「八月」「一日」「千廻」「五十」「百憂」「四壁」がそれである。

㈠〈現代語訳〉

「憶」は「追憶」の憶、つまり「回想すると、思い起こせば」、もっと簡単に言えば「思えば（想えば）」ということ。これさえわかれば、後は容易に訳せる。「健《ナルコト》如《ク》二黄犢《ノ》一」は「如《ク》二黄犢《ノ》一健《ニシテ》」と同義である。比況の「如・若」に導かれる副詞句は後置されるのが普通で、そのときには「美《シキコト》如《シ》レ花《ノ》」（＝如《ク》レ花《ノ》美《シ》）のように「〜こと〜の（が）ごとし」という慣用の読み方をする。これは、漢文の常識である。「健《ナルコト》如《ク》二黄犢《ノ》一」を「健康なことはあめ色の牛のようで」と棒訳したら、（それでもたぶん減点はされないかも知れないが）漢文の基礎が出来ていないうえに、国語のセンスもないことを自らさらけ出してしまうことになる。

㈡〈条件に従っての内容説明〉

「依《リテ》レ旧《ニ》」は「元のまま、相変わらず、依然として」の意味の慣用句。「四壁空《シ》」（単に「四壁《ノミ》」また「四壁立《ツノミ》」ともいう）とは「室内はむきだしの壁だらけで家具は置かれていない」ということで、つまり貧乏暮らしを象徴する。象徴を取り上げるのは、東大の定番の一つであるが、「衣・食・住」が現代語でも「生活」を象徴する語として使われているのはご存じのはず。解答例では「室内にろくな家財もない〜」と、少し具体的な説明を加えたが、単に「相変わらず貧乏暮らしが続いていることがうかがわれる」と答えても十分である。

㈢〈全文の趣旨にかかわる説明〉

「痴児」は「天真無知な子供、頑是ない子供たち、聞き分けのない子ら」の意。「父子《ノ》礼」は礼（社会生活上の規範）の基本である。子供らは（躾ができていないので）その父子の礼もわきまえていない、というものである。「啼《ク》」は「泣きわめく」。それがなぜ「門東」でなのかというと、まず押韻（空・同・東）の都合からということが考えられるが、単にそれだけでなく、「庖厨の門」つまり台所への出入り口（勝手口）は通例屋敷の東側に設けられるからだという説がある。そうだとすると、「叫怒《シテ》索《メ》レ飯《ヲ》」る様子が一段と鮮明になる。

さて設問は、この二句には、「杜甫の自分自身に対するどのような思いが込められているのか」である。あくまでも「自分自身に対する」思いであって、わが子や社会に対する思いではない。この点をきちんと押さえていれば、解答はある程度の幅をもって可とするものとみられる。解答例では「～無念の思いが込められている」としたが、ほかに「～情けなく思っている」「～腑甲斐ないという思いが込められている」などでもよいだろう。

読み方

　百憂《ヒャクユウ》の集《あつ》まる行《うた》
憶《おも》ふ年十五《としジュウゴ》心《こころ》尚《な》ほ孩《ガイ》にして
健《ケン》なること黄犢《コウトク》のごとく走《はし》りて復《ま》た来《きた》る
庭前《テイゼン》八月《ハチガツ》梨棗《リソウ》熟《ジュク》すれば
一日《イチジツ》樹《き》に上《のぼ》ること能《よ》く千廻《センカイ》なりき
即今《ソクコン》倏忽《シュクコツ》として已《すで》に五十《ゴジュウ》
坐臥《ザガ》只《た》だ多《おほ》くして行立《コウリツ》少《すくな》し
強《し》ひて笑語《ショウゴ》を将《もっ》て主人《シュジン》に供《キョウ》す
悲《かな》しみ見《み》る生涯百憂《ショウガイヒャクユウ》の集《あつ》まるを
門《モン》に入《い》れば旧《キュウ》に依《よ》りて四壁《シヘキ》空《むな》し
老妻《ロウサイ》我《われ》を睹《み》る顔色《ガンショク》同《おな》じ
痴児《チジ》は知《し》らず父子《フシ》の礼《レイ》
叫怒《キョウド》して飯《ハン》を索《もと》めて門東《モントウ》に啼《な》く

通釈

　あまたの心配が集まることを詠んだうた
思えば十五歳のころのわたしの気持ちはまだまるで子供で、
あめ色の小牛のように健やかであちこち走り回っていた。
秋八月になって庭の梨やなつめの実が熟《う》れると、
一日に千回もその木に登ったものだった。
それがたちまちにして今やもう五十歳、
座ったり寝たりだけが多く立ったり歩いたりは少なくなった。
暮らしの世話をしてくれる人には無理な作り笑いをするが、
己の生涯に百もの憂いが集まるのを悲しく見ている。
門を入れば相変わらず四方に壁が立っているだけであり、わたしを見詰める老妻の顔はわたし同様さえない。
幼い子供たちは親子の礼もわきまえておらず、
大声をあげて門の東の台所でご飯をせがんで泣いている。

解答

㈠　思えば十五歳のころのわたしの心はまだまるで子供で、あめ色の子牛のように元気にあちこち走り回っていた。
㈡　室内にろくな家財もない貧乏暮らしがずっと続いていること。
㈢　わが子を飢えさせ、満足な躾もできない自分に対する無念の思いが込められている。

第四問（理科）

出典

『梁書《りょう》』巻四十四、列伝第三十八、世祖二子伝より。『梁書』五十六巻は、唐の姚思廉《ようしれん》が編集した南朝梁の歴史書。唐の太祖の詔を受けて完成されたため官撰の体裁を取り、正史に数えられるが、実質的には姚思廉が梁・陳二史を作るという父姚察の遺志を継いで書き上げたもので、私撰の性格を持つ。本文は、第三代皇帝である世祖（元帝）の長子方等の伝に収録されている方等の論文の全文である。

解説

皇子といえども身の浮沈は免れがたい乱世において、世祖の長子でもある方等は、母の徐妃が世祖の寵愛を失ったこともあって、父の心を測りかね、いつ自分の身が危うくなるかも知れぬと、戦々兢々として日を送っていたという。本文には、そうした、命の不安を覚えつつ人間世界に生きる辛さと対比しつつ、自由に水を泳ぎ、空を飛ぶ魚鳥の生への憧れが述べられている。しかし、リード文や〔注〕でのそのような事情についての説明がないので、受験生としてはある筆者の「人生処世」についての随想と受け止めて読み進めればよい。

㈠〈比喩についての内容説明〉

比喩の意味を問う問題は、東大では頻出している。「人生処世、如《キ》二白駒《ノ》過《グルガ》レ隙《ヲ》耳」は、「人生天地之間、若《ク》二白駒《ノ》過《グルガ》レ郤《げきヲ》、忽焉《こつえんタル》而已《のみ》」（人がこの天地の間に生きているのは、駿馬が隙間を走り過ぎるように、あっと言う間の出来事である）という『荘子』の言葉にもとづく。人生が短く、はかないことを表しているが、さて、その典拠を知らずに、どの程度想像できるものか？　センスが必要だろう。

㈡〈現代語訳〉

送り仮名なしの出題なので正しく訓読する力も問われているが、傍線部は次の一文の内容上対になっているから、比較して訓読と併せて意味を考えるという方針で望むのがよかろう。

ポイントは、次の二点。

①「当」は、ここでは再読文字では意味が通らない。次の一文に合わせて、「当二其夢一也」を「其の夢みるに当たりてや」と読み、「私が夢見ていたときには」のように訳す。「其」はここは一人称である。

②「何楽如レ之」、「何憂斯類」はいずれも反語であり、「如《ごとシ》レ之《かくノ》」は「斯《ニ》類《ス》」と同じく「それと同等である」という意味だから、「何《ノ》楽《シミカ》如《クナラン》レ之《ノ》」と「何《ノ》憂《ヒカ》斯《ニ》類《セン》」は、それぞれ「楽《シミ》莫《シ》レ如《シクハ》レ之《ニ》」（これにまさる楽しみはない）と「憂《ヒ》

莫《シ》㆓斯《ニ》類《スル》㆒」（これにまさる苦しみはない）に同義である。「何《ノ》楽《シミカ》如《しカンこれニ》㆑之」と読むことも可能である。

以上の二点を押さえた上で、平易な訳を心掛ければよい。

㈢〈内容説明〉

「任《ス》㆓其《ノ》志性《ニ》㆒」とは、自分の「志性」のままにしているということ。「志」は「こころ」、「性」は「天性」だから、「任《ス》㆓其《ノ》志性《ニ》㆒」で「天性のままに自由にしている」ということを表す。「魚鳥《ノ》飛浮」は、「魚が水に泳ぎ、鳥が空を飛ぶ」ことだが、傍線部の表している内容を簡潔に説明することが求められているのであり、いちいち訳し起こす必要はあるまい。

㈣〈対句部の内容説明〉

対句の説明が求められているので、前・後半に共通の趣旨を、抽象的な言葉で明らかにする。

「挙《グルニ》㆑手《ヲ》～、搖《カスニ》㆑足《ヲ》…」は、「一挙手一投足」という言葉が浮かべば、言いたいことはわかるはず。「懼《ル》㆑触《ルルヲ》」「恐《ル》㆑堕《ツルヲ》」は、「失敗を恐れる」「過ちを犯すのではないかとびくつく」こと程度で理解できればよい。解答は「何をするにも咎めだてを受けぬよう、神経をつかうということ」としたが、前文からのつながりを考えて矛盾のない答えを作り上げることが大切である。

㈤〈全文の趣旨にかかわる説明〉

結びの文が「若《シ》使《メバ》吾《ヲシテ》～」（もし私が～であったならば）という仮定形で始まっているので、「作者の望んでいること」という設問の要求にも応えられそうだ。

前半の「若㆔吾終得㆓魚鳥同遊㆒」は、直訳すれば「もしも私が魚や鳥と同じように遊ぶことができたならば」となるが、「魚鳥同遊」は設問㈡や㈢の傍線部と結びつけて「自由に生きること」のように言い換えることができる。

後半の「人間《じんかん》」は、「人の世」の意味。どのような「人間」であるかは設問㈣で確認できている。そこから「如㆑脱㆑屣」という比喩の意味も、「（くつを脱ぐように）惜しげもなく捨て去ること」のような内容だと判断する。後半の「去㆓人間㆒如㆑脱㆑屣耳」は、「人の世を捨て去ることなど何も惜しくない」ということを表している。

前半「若使～」が条件で、後半「則～」が条件のもとの結果を表すから、全体として〈魚鳥のように自由に生きたい＝人の世から逃れたい〉というのが、作者の望んでいることである。これをまとめれば合格点は得られるが、「この一文（＝文章全体）で」という設問の要求にも注意する。「全文の趣旨を考慮して」という要求と同じである。最後の設問で全文の趣旨を考慮する必要があるとき、他の設問の傍線部を見直してみるのが手っとり早い方法となることが多い。ここではすでに㈡・㈢・㈤を確認しているので、㈠の傍線部も考慮してみる。「人生が短い」ことは加える価値のある内容である。

まとめて、「短い人生、ままならぬ人の世を逃れて、自分の思うように生きたい」のように解答できればよい。スペースが一行なので、うまく要約することも必要な設問である。

読み方

人生処世《ジンセイショセイ》、白駒《ハック》の隙《ゲキ》を過《す》ぐるがごときのみ。一壺《イッコ》の酒《さけ》、以《もつ》て性《セイ》を養《やしな》ふに足《た》り、一簞《イッタン》の食《シ》、以《もつ》て形《かたち》を怡《よろこ》ばしむるに足《た》る。生《い》きては蓬蒿《ホウコウ》に在《あ》り、死《シ》しては溝壑《コウガク》に葬《はふ》らる。瓦棺石槨《ガカンセキカク》、何《なに》を以《もつ》てか茲《これ》に異《こと》なる。吾嘗《われかつ》て夢《ゆめ》みて魚《うを》と為《な》り、化《カ》に因《よ》りて鳥《とり》と為《な》る。其《そ》の夢《ゆめ》みるに当《あ》たりてや、何《なん》の楽《たの》しみか之《か》くのごとくならん。乃《すなは》ち其《そ》の覚《さ》むるや、何《なん》の憂《うれ》ひか斯《これ》に類《ルイ》せん。良《まこと》に吾《われ》の魚鳥《ギョチョウ》に及《およ》ばざる者の遠《とほ》きに由《よ》る。故《ゆゑ》に魚鳥《ギョチョウ》の飛浮《ヒフ》は、其《そ》の志性《シセイ》に任《まか》す。吾《われ》の進退《シンタイ》は、恒《つね》に掌握《ショウアク》に存《ソン》す。手《て》を挙《あ》ぐるに触《ふ》るるを懼《おそ》れ、足《あし》を搖《うご》かすに堕《お》つるを恐《おそ》る。若《も》し吾《われ》をして終《つひ》に魚鳥《ギョチョウ》と同遊《ドウユウ》するを得《え》しめば、則《すなは》ち人間《ジンカン》を去《さ》ること屣《くつ》を脱《ぬ》ぐがごときのみ。

通釈

人がこの世に生きるのは、駿馬がわずかな隙間を一瞬にして駆け抜けるように、短くはかないものである。一壺の酒があれば、十分心を和ませることができるし、一椀の飯があれば、十分腹を充たすことができる。よもぎの生えた草むらに生き、死んでは谷間に葬られる。素焼きの棺桶、石の外ひつぎに入れて埋葬されるのも、それと何の違いがあろうか。私はかつて夢の中で魚になり、また鳥になったことがある。私が夢見ていたとき、その楽しさは何にも勝った。いざ目覚めてみると、その苦しさは比類ない。それは私という存在が魚や鳥にも遠く及ばないことによる。それというのも、魚や鳥は、天性に従い、心のままに水に泳ぎ空を飛んでいるのに、私の進退は常に他人の手中にあるからだ。手を挙げるにも何か触るのではないかとびくつき、足を動かすにも転落するのではないかと怯えている。もし私が魚や鳥とともに自由に生きることができるなら、人の世など捨て去るのに、何の未練もありはしない。

解答

㈠ 人生は短く、はかないものだということ。
㈡ 私が夢見ていたときは、これに勝る楽しみはなかった。
㈢ 魚や鳥は天性のまま、自由に生きているということ。
㈣ 何をするにも咎めだてを受けぬよう、神経をつかうということ。
㈤ 短い人生、ままならぬ人の世を逃れて、自分の思うように生きたい。

一九九八年

第四問（文科）

出典

方苞《ほうほう》の『方望渓遺集』中の一文。

方苞（一六六八〜一七四九）は望渓と号し、清の桐城（安徽省）出身の学者・文人。康熙《こうき》年間の進士で、官は礼部侍郎に至った。古文を推重し、桐城派と呼ばれる古文復興を唱えたグループの先導者となった。多くの著作があり、その晩年に刊行された『方望渓先生全集』にまとめられているが、これから漏れた遺稿を文体（文種）別にまとめたものが『方望渓遺集』で、本文はそのうちの「書牘《しょとく》（＝書簡）類」に収められている「与《フル》二沈立夫《ニ》一書」と題するものである。ただし、かなりの部分にわたって訂正や削除を施し、読みやすくしてある。

解説

書簡文が取り上げられるのは極めて稀である。手紙というものは特定の人間関係の中でしたためられるものなので、私的で特殊な事柄が大半を占めることが多く、入試問題には向かないのがふつうだからである。その点、今回の問題文にはそのような難点がなく、非常に好ましい問題文である。平明簡潔で、しかも意を尽くした表現なので、筆者の心情は一読しただけで読み取れるはずである。

㈠　〈現代語訳〉

「贏」「療」には読み仮名がつけられているので、注意すべきはほとんど「必」（副詞）の一語だけである。「必」には、大きく分けて次の二つの用法がある。

(1)　確定的判断を表す。「きっと／どうしても」の意。例えば「十室之邑《ニモ》、必《ズ》有《ラン》二忠信如《キ》レ丘《ノ》（＝孔子）者一焉」（論語）など。

(2)　必要性を表す。「〜しなくてはならない」の意。例えば「王即《もシ》不《ンバ》レ聴《カ》レ用《フルヲ》レ鞅《ヲ》（＝法家の商鞅）、必《ズ》殺《セ》レ之《ヲ》。無《カレ》レ令《ムル》レ出《ダサ》レ境《ヲ》」（史記）など。

ここは、もちろん(2)の用法である。ところで解答スペースが一行半なので、正直に逐語訳したのではたぶん納まりきらない。出題者は、要約力もみようとしているようである。要点を押さえてすっきり訳したい。

㈡　〈内容説明〉

何を「常《ニ》有《シ》」「常《ニ》費《ヤス》」のか、その「何」に当たるものを正しく押さえて補えるかどうかがポイントである。ここは「或《ヒト》」が「冬日之……不レ茂《ラ》」と言ったのを受けての発言であるから、この「有《シ》」「費《ヤス》」ものは天地が「長《ズル》二草木《ヲ》一」力、文中の語を用いれば「精気」、つまり「天地の活力」、今ふうに言えば、「自然の生命力」を指しているわけである。いかにも東大らしい内容説明問題である。

㈢〈現代語訳〉

およその意味は容易に読み取れるはずであるが、いざ訳すとなるとちょっとてこずるかもしれない。解答スペースがわずか一行なのだから、これも㈠と同じようにあまり細部にはこだわらず、内容本位にこなれた訳を心がけたい。

「為《レバ》レ子《ト》、則《チ》」（「為《リテハ》レ子《ト》、則《チ》」と読むのがふつう）は、「人の子であるからには／子というものは／子としては」などと訳すのが適当。この「則《チ》」は主題を提示し強調する用法で、国語の「〜は」（係助詞）に当たる。例えば「弟子入《リテハ》則《チ》孝、出《デテハ》則《チ》弟」（論語）など。「為《ニ》二父母《ノ》一」の「為《ニ》」は対象を表す用法で、「〜に（対して）」の意。「其《ノ》養《ヒ》」とは「父母が（自分を）養育してくれたこと」、つまり「育ててくれた父母の恩」ということである。ここの「顧《ミル》」は「心にとめる／よく考える」の意で、「顧念」と熟する。

㈣〈全文の趣旨にかかわる理由説明〉

「両者の間柄を考えながら」という指示にどう対応するかがポイントの設問である。幸い、直前に「人生最《モ》難《キ》レ遇《ヒ》者《ハ》……重《ク》有《リ》レ望《ムコト》焉」とあり、(1)二人が最良の学友であること、(2)筆者もまた病身であることがわかる。そこで、この点を踏まえて答えればよいのだな、と判断できる。

「賢者」とは、ここではもちろん沈立夫を指す。「賢明なあなた」ということ。「不《シテ》レ覚《エ》」（「不レ覚《エ》」がふつうの読み方）とは「思わず」ということ。

読み方

僕《ボク》聞《き》く、足下《ソッカ》比日《ちかごろ》復《ま》た疾《やま》ひに臥《ふ》せりと。凡《およ》そ疾《やま》ひは、必《かなら》ず微《ビ》なるに慎《つつし》む。体《からだ》既《すで》に羸《おとろ》ふれば、則《すなは》ち療《いや》すことを為《な》し難《がた》し。足下《ソッカ》書《ショ》を読《よ》むこと鋭敏《エイビン》にして、事《こと》に応《オウ》じて人《ひと》の与《ため》に言《い》ふに、精気《セイキ》を嗇《をし》まず。或《ある》ひと曰《いは》く、「冬日《トウジツ》の閉凍《ヘイトウ》するや固《かた》からざれば、則《すなは》ち春夏《シュンカ》の草木《ソウボク》を長《チョウ》ずるや茂《しげ》らず」と。天地《テンチ》も常《つね》に有《ユウ》し常《つね》に費《つひ》やす能《あた》はず、而《しか》るを況《いは》んや人《ひと》をや。身《み》は吾《わ》が有《ユウ》に非《あら》ざるなり。子《こ》と為《な》れば、則《すなは》ち当《まさ》に父母《フボ》の為《ため》に其《そ》の養《やしな》ひを顧《かへり》みるべし。人《ひと》と為《な》れば、則《すなは》ち当《まさ》に天地《テンチ》の為《ため》に其《そ》の生《セイ》を貴《たつと》ぶべし。人《ジン》生《セイ》最《もつと》も遇《あ》ひ難《がた》き者《もの》は、共《とも》に学《まな》ぶの友《とも》なり。僕《ボク》病《や》み且《か》つ衰《おとろ》へて、賢者《ケンジャ》に於《おい》て重《おも》く望《のぞ》むこと有《あ》り。故《ゆゑ》に覚《おぼ》えずして、之《これ》が危苦《キク》を言《い》へり。惟《た》だ時《とき》に之《これ》を思《おも》ひて、異日《イジツ》の悔《く》い無《な》ければ、則《すなは》ち幸《コウ》甚《ジン》なり。

通釈

聞くところによると、あなたは近ごろまた病床に伏しておられるとのこと。およそ病気というものは、軽いうちに大事をとらなければいけません。体力が衰えてからでは、治しにくいものです。あなたの学問ぶりは気鋭で、（更には）物事に応じて人のために精根を尽くして助言なさいます。（ところで）ある人が、「冬の日に天地の精気がしっかり閉じて凍りきらないと、春・夏に草木は茂るほど育たない」と言いました。天地でも常に精気を保ち、その力を発動することができるわけではないのですから、人間はなおさらそうです。この身は自分だけのものではありません。子としては、父母のために自分を養育してくれた恩を忘れてはなりません。人としては、天地のために授かった生命を大事にしなくてはなりません。人生でいちばん会いがたいのは、共に学ぶ友です。僕は病弱なので、賢明なあなたに大きな期待を寄せております。それで思わず、こんな苦言を呈しました。ぜひ時には僕の言ったことを思い起こしてくださり、将来後悔するようなことがなければ、甚だ幸いです。

解答

(一)　病気というものは軽いうちに治すべきもので、体力が衰えてからでは治すのは難しい。

(二)　天地でも常に精気を保ち、その力を発動することができるわけではないということ。

(三)　子としては、育ててくれた父母の恩を忘れてはならない。

(四)　筆者自身が病気がちなので、信頼している学友の沈立夫に寄せる期待が大きいから。

第七問（文科）

出典

『元氏長慶集』第九巻所収の「三《タビ》遣《やル》㆓悲懐《ヲ》㆒」と題する三首（いずれも七言律詩）中の第一首。

『元氏長慶集』六十巻、補遺六巻は、中唐の詩人元稹（字は微《び》之《し》）の詩文をまとめたもので、「長慶」は年号。作者の元稹は元和元年（八〇六）の科挙に首席合格し、途中曲折はあるが、宰相に至った。白居易との親交は有名で、両者には千余篇もの応酬詩がある。二人の詩体は共に平易を旨としたので「元白体」と称され、また「元軽白俗」（元稹と白居易の詩は軽薄卑俗だ）とも評された。なお、諸君の中には『与《フル》㆓微之《ニ》㆒書』（白居易が元稹に送った手紙）を読んだことのある人もいるだろう。

解説

亡き妻を悼む詩を詠むのは、晋の潘岳《はんがく》が『悼亡詩《とうぼうし》』を作って以来の伝統である。「糟糠之妻、不《ハ》㆑下《サ》㆑堂《ヨリ》」（貧苦を共にした妻は、夫が出世したのちも、表座敷から下ろさないように大切にする）という故事（『後漢書』宋弘伝）があるが、名門の、しかも末娘として慈しまれた妻が、貧苦をしのいでくれ、ようやく高禄を賜る身分となった今先立ったのであるから、作者の妻を悼む思いは一しお深かったわけである。ちなみにこの妻は太子少保韋夏卿《いかけい》の娘で、名を叢《そう》といい、二十歳で作者に嫁ぎ、二十七歳で亡くなった。

「謝公」「黔婁」などの典故が用いられているが、丁寧な語注もつけられているので、内容は至って読み取りやすい。ただし、「釵」は「さい」と読むのがふつうである。「釵」にはサイ(漢音)、サ(慣用音)の二つの音があるが、ここは「乖《カイ》・釵《サイ》・槐《カイ》・斎《サイ》」が韻字(——ai の韻)である。

(一) 〈内容を具体化しての現代語訳〉

律詩の頷聯(三・四句)の頸聯(五・六句)は対句に仕立てるのが原則——ということを知らない人はいないだろうが、その知識を実際の作品の理解・鑑賞に活かせなければ、本物ではない。事実、この詩の第三句と第四句は(そして第五句と第六句も)きちんと対句に仕立てられている。この点を押さえれば、迷うことなく第三句の主語(主体)は妻、第四句の主語(主体)は夫つまり作者自身と決められよう。後は、いかに要領よく訳すかである。

「顧《ミル》」(この語は第四問の文中にもあった)とは、ここでは「顧慮する」こと、つまり「気づかう」ことである。「捜《ス》二藎篋《ヲ》一」とは、もちろん「妻が、金に換える(または質ぐさにする)のに適当なものはないかと、自分の衣装箱の中をかきまわす」ということ。「泥」は、動詞としてはふつう「なづむ」(とどこおる/こだわる、の意)と読まれる語であるが、ここでは「やんわりと求める」の意。それで(ほかに適当な訳語が見当たらないことから)「ねだる」と読んだもの。「他」は三人称で、「彼女」つまり妻を指す。ちなみに現代の中国語では、男性には「他」を用い、女性には「她」を用いる。「沽」は「売る」と「買う」の両義のある語であるが、特にここのように「酒を買う」ことに用いることが多い。

(二) 〈条件に従っての説明〉

内容から、両句を通して妻が主語(主体)であることは容易に押さえられよう。もっとも、第五句が菜食に甘んじていることを詠んだものであることは簡単にわかるが、第六句はどういうことなのか見当がつかない、という人もいるかもしれない。これは「落ち葉をかまどで焚く薪の足しにしようとして、槐(マメ科の落葉高木で、庭木や街路樹にされる)の古木を仰ぐこともあった」ということなのである。

(ア)・(イ)・(ウ)に分けて述べよという指示は親切であるが、(イ)と(ウ)については答え方にかなりのばらつきが出てくることが予想される。後記の解答例のほか、例えば、「貧しい家計を上手にやりくりして、明るくふるまった」など。主旨が見当外れでなければ、解答はかなりの幅で許容されるとみられる。

(三) 〈全文の趣旨にかかわる説明〉

頸聯(五・六句)と尾聯(七・八句)を対比すれば、この尾聯に込められた夫としての悲痛な感慨は十分察せられよう。後に残された者としては、できるかぎりの供養をするほかになすすべはない。けれども今やそれができる身分となっただけに、その日を待たずに世を去った妻はなお悼まずにいられないのである。本問も、答え方は人それぞれになるだろうが、主旨さえ見当違いでなければ、広く許容されるとみられる。後記の解答例のほか、例えば「高禄を賜る身分となる前に亡くなった妻を、心から悼む気持ち」など。

なお、「斎」は仏教語で、本来は「僧の食事」のことであるが、転じて「法事の食事」に用いるようになった。国語では「とき」と言う。

読み方

謝公《シャコウ》の最少偏憐《サイショウヘンリン》の女《むすめ》
黔《ケン》婁《ル》に嫁《か》してより百《ヒャク》事《ジ》乖《たが》ふ
我《われ》の衣《イ》無《な》きを顧《かへり》みて藎篋《ジンキョウ》を捜《さが》し
他《タ》に酒《さけ》を沽《か》ふを泥《ねだ》りて金釵《キンサイ》＊を抜《ぬ》かしむ
野《ヤ》蔬《ソ》膳《ゼン》を充《み》たして長藿《チョウカク》を甘《あま》しとし
落葉《ラクヨウ》薪《たきぎ》に添《そ》へんとして古槐《コカイ》を仰《あふ》ぐ
今日俸銭十万《コンニチホウセンジュウマン》を過《す》ぐ
君《きみ》が与《ため》に奠《テン》を営《いとな》み復《ま》た斎《サイ》を営《いとな》む

＊「釵」は、読み方を改めた。

通釈

謝公がこよなくいとおしんだ末娘も、
黔婁に嫁いでからは何事も思うようにいかなくなった。
彼女は着物のないわたしを気遣って自分の衣装を手放し、
わたしは彼女に酒をねだって金のかんざしを抜かせた。
野菜ばかりの食膳でも豆の葉をおいしいと言い、
落ち葉を薪の足しにしようと槐の古木を見上げてもいた。
今やわたしの俸給は十万銭を超えたというのに――、
あなたの霊前に供物を供え参会者に斎《とき》を勧めよう。

解答

㈠　妻は着物のない夫の私を気遣って自分の衣装を手放してくれ、私は妻に酒が欲しいとねだって金のかんざしを売らせたりした。

㈡　(ア)　元稹の妻が、
(イ)　野菜を食べ、落ち葉拾いをするような行為を、
(ウ)　少しも厭わなかった健気な心持ち。

㈢　貧しかった時を共に耐えた妻に、今の経済的に恵まれた生活を味わわせてやりたかったという感慨。

第四問（理科）

出典

『東坡《とうば》題跋《だいばつ》』所収「書ス二李伯時ノ山荘図ノ後ニ一」。原文の末尾三十八字を省略している。『東坡題跋』は北宋の文人・政治家である蘇軾《そしょく》の題跋を集めた書で、「東坡」は蘇軾の号、「題跋」とは書物の最初に書きつける序文（「題」）と、最後に書きつける跋文のこと。自他の書画に、それにまつわる詩文を書き込む題跋は唐代になって盛んになったが、宋代には一つの詩文のジャンルとして確立し、そこにさまざまな書画論が展開されることとなった。蘇軾のこの文章も、そういうものの一つである。蘇軾は自分自身文人画の描き手としても名高いが、それ以上に、題跋のうちに展開した絵画論には内容・表現ともすぐれたものが多い。李伯時は北宋の画家で、今の安徽省の出身の人。名は公麟。「伯時」は字である。官職を退いてから龍眠山に住まい、「龍眠居士」と号した。蘇軾や黄庭堅（詩人）、米芾《ふつ》（画家）とも親交があり、山水画に巧みなことで知られている。

解説

受験生にとってかなり難解だと感じられたはずである。しかも後述するとおり、訓読や注に不適切な箇所が散見され、そのためよけいい内容がわかりにくくなっているので、単に言葉の上の意味を考えるだけでなく、筆者のものの見方そのものをとらえようとしないと全く理解できずに終わるだろう。ただし、東大の漢文で、これほど〝難解〟な文章での出題は他に例を見ないので、出来具合に悲観することはない。

本文は、前半が龍眠居士の山荘図が実際の山荘そっくりに描かれていることに驚嘆した人の言葉、後半が龍眠居士が山荘図を描けた秘密を解きあかした筆者の言葉からなる。龍眠居士の山荘図が、道路や泉石草木、山にいる人々の姿に至るまで、実際の龍眠山そのままに描けていることに驚いた人が、こんなに細かく覚えておくことができるものだろうかと筆者に語った。つまりその人は、山荘図の卓越性の秘密は龍眠居士の記憶力にあると思ったというわけである。北宋以前の絵画では本物そっくりに描くということ（「形似」という）こそが第一と考えられていたが、北宋になって精緻な自然観察が強調される一方、対象の本質をとらえてそれを描ききることが最も重要なことだと考えられるようになった。そういう流れから見れば、「ある人」の考えは精細に対象をとらえるという点だけに目が向いているとも言えよう。それに対して筆者は龍眠居士がなぜ実際の山荘そのままの絵を描くことができたかを説明して、１「其ノ神与二万物一交ハリ、其ノ智与二百工一通ズ」（精神が何ものにも束縛されることなく、自由に万物と交流し、自然の巧みさをよくわきまえていたこと）、２「有レ芸」（自分のとらえたものを表現する技術を持っていること）の二点を取り上げる。1は、先にも書いた「本質把握」を重視する北宋の絵画論そのものであり、2は技術的な修練を積まなければ高度なものは表現できないという当時の新しい認識に基づくものである。そうしてみると、この短い文章には、革新的な絵画論により当時の絵画を理論的に方向づけた蘇軾の姿勢がよく表れていると言えよう。

㈠〈現代語訳〉

使役を単に「〜させる」と訳すのではなく、使役によって表されている内容を適切に表現することが求められている。使役の主体は龍眠居士の描いた山荘図であり、使役の対象は「後来入《ル》レ山《ニ》者」であるから、「使《ム》二後来入《ル》レ山《ニ》者《ヲシテ》〜」は「山荘図を見てから山に入った人は」と訳せばよい。「信《セテ》レ足《ニ》而行《クニ》」は「足任せに歩いてゆく」、「自《ヲ》得二道路《ヲ》一」は「自然に道がわかる」ということであるが、両者をつなげるには表現に一工夫必要で、「自《ラ》得二道路《ヲ》一」を「自然と道を間違えないで行ける」「道に迷わないで行ける」などとしたいところである。

傍線部の訓読が「〜道路を得しむること」として「〜ごとし」に続けられているので、訳しにくいことこのうえない。「〜道路を得しむ。」と、切って読むべきところである。

㈡〈理由説明〉

「或ひと」の言葉全体から考えることになるが、この問い自体がむしろ、傍線部までの「或ひと」の言葉を、「強記《シテ》不レ忘《レ》」と考える理由を明らかにしているところだと理解して読むようにという、誘導になっている。㈠で使役の意味するものがとらえられていれば、傍線部までの「或ひと」の言葉が、山荘図を見てから山に入った人は山のことがあらかじめよくわかっていることを表していると理解できよう。このことと「強記不レ忘者」とをどう結びつけるかだが、「強記不レ忘者」が「後来入《ル》レ山《ニ》者」のことではなく、龍眠居士のことを言っているのだと気づけば、山荘図が実際の山そっくりに描けているので「何とよく覚えたことか」と驚いているのだとわかろう。「強記《シテ》不レ忘《レ》」と考えた理由は何かという設問なので、「山荘図が実際の山そのままに描けているから」と答えておけばよい。

なお、ここの「豈〜乎」は反語ではない。「あに〜か」という読み方は「恐らく〜なのだろうか」という推量であることが多いが、「なんと〜なことか」という詠嘆になる場合もある。出題者は詠嘆と理解しているようである。

㈢〈内容説明〉

「強記《シテ》不レ忘《レ》」（努めて覚えて忘れないようにする）と反対の表現は五行目の「不《シテ》レ強《ヒ》而自《ラ》記《スル》也」（無理に覚えようと

しなくても自然に覚えられる）である。つまり筆者は、実際の山そのままに山荘図が描けた理由を、「或ひと」のように龍眠居士の「強記シテ不ルレ忘レ」ためだとは考えず、龍眠居士が山全体を細部にわたっておのずから記憶していたからだと考えているのである。そして「不シテレ強ヒ而自ラ記スル也」の前提条件が、一般論としては対象が「天機之所レ合スル」であるということであり、龍眠居士の場合で言えば、「其ノ神与三万物一交ハリ、其ノ智与二百工一通ズ」（精神が何ものにも束縛されることなく、自由に万物と交流し、自然の巧みさをよくわきまえていたこと）であったことだというのである。したがって龍眠居士は、心が一切のとらわれを脱して、自由に万物と通い合って、自然の巧みさをよくわきまえていたから、山の姿も強いて覚えようとしないでも自然に捉えることができ、そのようにして心に捉えたものをそのまま表現したのだ、これが筆者の見方だということになる。

「画家が絵を画いたのはどのようなことだと考えているのか」という問いかけは曖昧で、何を答えればいいのか迷うが、ほかの設問との関係で、明確な問いをたてにくかったものかと思われる。「龍眠居士が実際の山そのままに山荘図を描けたのはどういうことか」という設問だと読みかえて、「心が一切のものにとらわれず、天地自然のありのままの姿を心に納めることができたので、それをそのまま描いた」という程度にまとめておけばよい。ただし、「天機」「百工」の〔注〕が不適切なために、〔注〕をそのまま使って答えようとするとかなり苦労しそうである。

㈣　〈現代語訳〉

四問のうちでは最も素直な設問。「（物）形《あらはル》二於心ニ一」とは、物の姿が心に思い浮かぶということ。「不レ形レ二於手ニ一」の文字どおりの意味は、「手で表現できない」ということ。「有リレ道」がどういうことなのかわからなくても、「不レ芸アラ」は〔注〕から、絵を描く技術を持っていないことだとわかるから、「不レ形レ二於手ニ一」が「絵に描き表せない」ということを言っているのは、見当がつくだろう。

読み方

或《ある》ひと曰《いは》く、「龍眠《リュウミン》居士山荘図を作《つく》る。後来山《コウライやま》に入《い》る者《もの》をして、足《あし》に信《まか》せて行《ゆ》くに、自《おのづか》ら道路《ドウロ》を得《え》しむること、夢《ゆめ》みる所《ところ》を見《み》るがごとく、前世《ゼンセイ》を悟《さと》るがごとし。山中《サンチュウ》の泉石草木《センセキソウボク》を見《み》るに、問《と》はずして其《そ》の名《な》を知《し》り、山中《サンチュウ》の漁樵隠逸《ギョショウインイツ》に遇《あ》ふに、名《な》いはずして其《そ》の人《ひと》を識《し》る。此《こ》れ豈《あ》に強記《キョウキ》して忘《わす》れざる者《もの》か」と。曰《いは》く、「非《ヒ》なり。日《ひ》を画《ゑが》く者《もの》は常《つね》に餅《もち》を疑《うたが》はるるも、日《ひ》を忘《わす》るるに非《あら》ざるなり。酔中《スイチュウ》にも鼻《はな》を以《もつ》て飲《の》まず、夢中《ムチュウ》にも足《あし》を以《もつ》て捉《とら》へず。天機《テンキ》の合《ガッ》する所《ところ》、強《し》ひずして自《おのづか》ら記《キ》するなり。居士《コジ》の山《やま》に在《あ》るや、一物《イチブツ》をも留《とど》めず、故《ゆゑ》に其《そ》の神《シン》は万物《バンブツ》と交《まじ》はり、其《そ》の智《チ》は百工《ヒャッコウ》と通《ツウ》ず。然《しか》りと雖《いへど》も道《みち》有《あ》り芸《ゲイ》有《あ》り、道《みち》有《あ》りて芸《ゲイ》あらざれば、則《すなは》ち物《もの》心《こころ》に形《あらは》ると雖《いへど》も、手《て》に形《あらは》れず」と。

通釈

ある人が言った、「龍眠居士が山荘図を描きましてからは、(その山荘図を見た)後で山に入ると、足の向くままに歩いても自然と道を間違えることもなく、夢に見た情景を見ているような思いにかられ、前世で来たことのある所にやって来たかのような気がしますし、山の中の泉や石や草や木を見れば、尋ねなくともその名がわかり、山の中で漁師や木こりや隠者に会えば、名を告げなくとも誰だかわかる(ような気になる)のです。これは、これらすべてをいちいち覚えて忘れないでいようとしたということなのでしょうか。」私は言った、「そうではありません。お日様の絵を描くといつも丸い餅のようになってしまう人でも、お日様の姿を忘れているわけではありません。酒に酔っているときでも鼻で飲んだりはしませんし、夢を見ているときでも足で物をつかんだりはしません。天が人の心に与えた霊妙な働きでとらえた物事は、強いて覚えようとしなくとも、自然に覚えているものなのです。龍眠居士が山にいらしたときには、何ものにも心をとらわれることがなかったので、居士はあらゆるものと精神を通じ合い、天地自然の諸々の巧みさをよくわかっておいでで した。(だから山の中のことは、無理に覚えようとなさらなくとも自然にすべて心に納まり、山の姿を委細違わず描けたのです。)しかしながら、物事の真のありようを知っているということと、それを表現する技術を持っていることとは、別のことです。物事の真のありようを知っていても、それを表現する技術を持っていなければ、心にはものの姿が浮かぶかもしれませんが、絵に描き表すことはできません。」

＊補注

訓読途中に不適切なところがあるので、指摘しておく。

(1)　本文一行目「使」は、本来三行目の「識《ル》二其《ノ》人《ヲ》一」までかかる。かかる部分が長すぎるので途中で切って訓読するにしても、出題者の読み方では「如《ク》レ見《ルガ》レ所《ヲ》レ夢《ミル》、～」が使役自体についての形容だということになってしまい、無理。「信《セテ》レ足《ニ》而行《クニ》、自《ラ》得二道路《ヲ》一」についての形容だと考えるなら、

使《ム》下後来入《ル》レ山《ニ》者《ヲシテ》、信《セテ》レ足《ニ》而行《クニ》、自《ラ》得《ルコト》二道路《ヲ》一、如《ク》レ見《ルガ》レ所《ヲ》レ夢《ミル》、如《クナラ》上レ悟《ルガ》二前世《ヲ》一。

と読むことになる。

ただし「如《ク》レ見《ルガ》レ所《ヲ》レ夢《ミル》、如《シ》レ悟《ルガ》二前世《ヲ》一」の二句は、意味からいえば「～自《ラ》得二道路《ヲ》一」とは切り離した方が適当だから、

使《ム》三後来入《ル》レ山《ニ》者《ヲシテ》、信《セテ》レ足《ニ》而行《クニ》、自《ラ》得《え》二道路《ヲ》一。如《ク》レ見《ルガ》レ

所《ヲ》レ夢《ミル》、如《シ》レ悟《ルガ》二前世《ヲ》一。

と切って読むのがよい。そうすれば設問㈠も、もっとわかりやすくなった。

(2)　本文三行目から四行目にかけての「画《ク》レ日《ヲ》者《ハ》常《ニ》疑《ハルルモ》レ餅《ヲ》、非《ザル》レ忘《ルルニ》レ日《ヲ》也」は、与えられた読み方と〔注〕からでは、何を言っているのかさっぱりわからない。「疑」は「擬」と同じで似ていることを表すから、「疑レ餅」とはまるで餅のように描くこと。全体で、「誰かが、いつも餅のような太陽を描いているからといって、太陽の姿を忘れているわけではない」という意味になる。したがって、

画《ク》レ日《ヲ》者、常《ニ》疑《にタルモ》レ餅《ニ》、非《ザル》レ忘《ルルニ》レ日《ヲ》也。

と読むのがよい。出題者は「画《ク》レ日《ヲ》者」という主題を「画《ク》レ日《ヲ》者」全体を指していると受けとったようだが、それは誤読である。

(3)　本文四行目の「天機」に付けられた〔注〕も、適切さを欠く。「天機」を「人の心に自然にそなわっている能力」としたのでは、「人為的に作り上げた能力」と対比して「自然にそなわっている」と言っているように受け取れてしまい、「天機之所レ合《スル》」の意味がわからなくなる。せめて「天が人間の心にあたえた霊妙な力」ぐらいの説明をあたえておいて欲しい。

(4)　本文五行目「不レ留《メ》二於一物《ヲモ》一」は、こう読むと所有の放棄を言っているように受け取れてしまうが、ここは「不レ留《メ》二心《ヲ》於一物《ニモ》一」の略であるから「不レ留《とどメ》二於一物《ニモ》一」と読むべきところである。または、「不レ留《とらハレ》二於一物《ニモ》一」と読んでもよい。

(5)　本文六行目の「百工」の注は、明らかに誤り。ここの「工」を「技芸」としては、次に「雖《モ》レ然《リト》」（しかしながら）でつないで「芸」の話を切り出すとわけが分からなくなる。「工」はここでは「天工」の意味で、天地自然の諸々の巧みさのことを表している。なお「其神与二万物一交《ハリ》、其《ノ》智与二百工一通《ズ》」は「互文」というレトリックで表されており、意味は「其《ノ》神智与二万物・百工一交通《ス》」ということである。互文では同じ形の二句の中の対応する語句の意味は対になるか等しいかであるので、「百工」は「万物」と同じような意味を持つと理解するのが、解釈の基本である。

解答

㈠　山荘図を見て山に入った人は、足の向くままに歩いていっても自然と道を間違えない。

㈡　山荘図が、実際の山荘そっくりに描かれているから。

㈢　何物にもとらわれずに、天地自然のありのままの姿を心に納めることができたので、それをそのまま描いた。

㈣　心にはものの姿が浮かんでも、絵には描き表せない。

一九九七年

第四問（文理共通）

出典

清の趙翼《ちょうよく》の『甌北集《おうほく》』に収められている「後園居詩」中の一首（省略無し）。趙翼は、清代の学者で詩人。史学に精通し、歴代の正史（歴代の王朝によって正統と見なされてきた歴史書で、王朝の事業として前代の王朝の事績を記録するために編まれたものも多い）の矛盾を考証し、記述の誤りなどを指摘した『二十二史箚《さつ》記』、制度・言語・風俗などについて歴史的考察を加えた学問的随筆『陔余叢考』などの著書が知られる。詩も多数残しているが、いわゆる芸術的作品よりも、韻文による随筆とでも言うのか、日常生活や学問研究における感慨をそのまま詩に表したものが多い。

解説

本詩は形式上は五言古詩であるが、美的な世界の形象化を目指した作品ではなく、詩の鑑賞力が問われているわけではない。内容は、墓誌作成の依頼を受けた筆者が依頼主の要望通りに故人の事績を潤色した文章を書き上げた経験を振り返り、史料として用いられる文章自体が偽りを含むので、史料をそのまま信じて書いた歴史書は大半誤っているということに思いを致すというもの。趙翼は『二十二史箚記』の中で歴史資料について厳密な批判を試みているが、これはそのような学問的姿勢をそのまま表したような詩だと言えよう。

㈠　〈抜き出し〉

「客の具体的な用件は何か」という問い。客の頼みは第三句から第六句までで述べられているが、要は墓誌を書いて欲しいということであるから、第三句「乞《こ》ヒテ㆑我ニ作ラシメ㆓墓誌ヲ㆒」（私に墓誌を作ることを依頼する）を抜き出せばよい。

㈡　〈具体的な内容説明〉

「其」は「客」を指す。「須」は「もとむ」という読みが与えられているとおり、第四句の「要」と同じ意味である。「其ノ意ノ所㆑須《もと》ムル」は「その客人が（私に）して欲しいと思っていること」という意味で、故人に対して「工《たくみ》ニ為サシム㆑諛《へつら》ヒヲ」ということを指している。「諛」の具体的な内容は第五、六句に示されているのでそこを起こして答えることになるが、訓読からだと「言ヘバ㆑政ヲ必ズ龔黄／言ヘバ㆑学ヲ必ズ程朱」の意味は取りにくい。「言」は口に出して話すことではなく、「～について言えば」という意味なので、二句を直訳するなら、「政治について言えば絶対龔黄だ／学問について言えば絶対程朱だ」ということになる。これを故人に対する「諛」として解釈するなら、「故人は龔・黄のような優れた政治家であり、程・朱のような著名な学者であった」ということになろう。「諛」は、ここでは「故人を美化して書くこと」を表しているが、強いて訳出しなくても、「～と書いて欲しいという客人の要望」ぐらいにまとめれば十分である。

㈢　〈内容説明〉

〔注〕にもあるとおり「鈞」は「銖」の一万倍より重いのであり、「十鈞《ニ》無《シ》一銖《しゅモ》」で「ほんの僅かもないこと」を表す。直前の第十一句「核《ただスニ》諸《ヲ》其《ノ》素行《ニ》」を承けているので、たとえとしての内容は第十一句がわかれば解決する。第十一句は、「核」が「仔細に対照考察する」ということであり、「諸」は指示語で「これ」と読み、故人を美化して書いた墓誌を指し、「其《ノ》素行」が故人のありのままの行いを指しているので、全体で、「墓誌に書いた内容と故人のありのままの行いとを比べてみる」という意味になる。故人の事績を美化して書いて欲しいという客人の要望も合わせ考えるなら、「十鈞《ニ》無《シ》一銖《しゅモ》」は、墓誌の内容がほとんど事実ではないことを表しているということになる。

㈣　〈言葉を補って現代語訳〉

ここでは「賢愚」という言葉の内容をはっきりさせることが求められている。第十三句の方は、「此《ノ》文」を「この墓誌」に置き換えれば、そのまま口語訳になる。第十四句についてだが、「誰《カ》復《タ》知《ラン》～」が反語で、「誰に～がわかろうか」「もはや誰にも～がわからない」という意味であることは、いやしくも東大を受験する者にはわかって当然ということだろう。（蛇足ながらつけ加えておけば、「復」は反語として用いられると、「もはや～ない」という意味を表す。）問題は「賢愚」だが、ここでは「賢者と愚者」という並列ではなく、「（故人が）賢であるか、愚であるか」という疑問を表す。そこで全体を直訳するなら、「故人が賢者であったのか愚者であったのかはもはや誰にもわからなくなる」となる。しかし、作者は故人を墓誌に書いたような立派な人物ではないと見なしているのだから、実際には「賢愚」の「賢」の方にはほとんど意味はないと考えて、「故人がそんな立派な人物ではなかったとは、もう誰も思うまい」など、工夫して訳したいところである。

㈤　〈全文の趣旨にかかわる理由説明〉

第十七句の「乃」は「～してはじめて」という意味であり、「乃《チ》知《ル》」で、第十五、十六句を承けて、「それで～だとわかった」ということ。「青史《ノ》上／大半亦《タ》属《スルヲ》誣《いつはリニ》」は、「歴史書に書かれていることの大半もやはり偽りに入る」という意味である。作者がそのように考える理由の説明が求められているわけだが、「乃」の働きから考えて、第十五、十六句からまとめることになる。しかし、二句の意味は「（この墓誌を）根拠として引用して／史書に書き入れたならば」ということだから、そのまま答えても、一般論として「歴史書に書かれていることの大半もやはり偽りに入る」と考える理由の説明としては不十分である。つながりのついていない所は、常識によって補う必要がある。ここが、解答のポイントである。作者は、墓誌を書くに当たっては自分も事実を曲げたのだから、世にある文章もきっとかなり事実を潤色しているだろうと考えたのである。つまり歴史書が「引キテ為シレ拠ト」（典拠として引用し）ている文章には決して本当のことばかりが書いてあるわけではなくて、偽りが多いはずだと気づいたのである。だとすれば、そのような偽りに満ちた文章を根拠として書かれた歴史書に、事実に反する内容が記されているのも当然だということになろう。これが、第十五～十八句の内容である。高校で歴史を学んだ際に、歴史史料の信憑性という問題を多少なりとも考えたことのある諸君には、このへんのつながりがピンときたはずだ。そういう意味では、本問はただの受験生の漢文の知識を問うにとどまらず、常に自分から問題意識を持って学ぼうとしているかどうかを試す良問だと言えよう。

解答には、以上の点を踏まえた説明が要求される。単純に、「歴史を書くときにも事実を潤色するものだから」などとしないように。

読み方

客《カク》有《あ》り忽《たちま》ち門《モン》を叩《たた》き
来《きた》りて潤筆《ジュンピツ》の需《ジュ》を送《おく》る
我《われ》に乞《こ》ひて墓誌《ボシ》を作《つく》らしめ
我《われ》に要《もと》めて工《たくみ》に諛《へつら》ひを為《な》さしむ
政《セイ》を言《い》へば必《かなら》ず龔黄《キョウコウ》
学《ガク》を言《い》へば必《かなら》ず程朱《テイシュ》
吾《われ》聊《いささ》か以《もつ》て戯《たはむ》れを為《な》し
其《そ》の意《イ》の須《もと》むる所《ところ》のごとくす
補綴《ホテイ》して一篇《イッペン》を成《な》せば
居然《キョゼン》として君子《くんシ》の徒《ト》たり
諸《これ》を其《そ》の素行《ソコウ》に核《ただ》すに
十鈞《ジッキン》に一銖《イッシュ》も無《な》し
此《こ》の文《ブン》倘《も》し後《のち》に伝《つた》はらば
誰《たれ》か復《ま》た賢愚《ケング》を知《し》らん
或《ある》いは且《も》し引《ひ》きて拠《キョ》と為《な》し
竟《つひ》に史冊《シサツ》に入《い》れて摹《うつ》さば
乃《すなは》ち知《し》る青史《セイシ》の上《うへ》
大半《タイハン》亦《ま》た誣《いつは》りに属《ゾク》するを

通釈

一人の客人が不意にわが家を訪れ、
原稿料を持ってきた。
私に墓誌を作って欲しいと頼み、
故人を言葉巧みに飾りたててもらいたいと求めた。
(故人は)政治について言えば龔遂・黄覇にも肩を並べ、
学問について言えば程顥・程頤や朱熹にもひけを取らない、
と。
私はほんの冗談半分で、
客人の望むとおりにしてやった。
立派そうな古語を織りまぜ一編の墓誌を書き上げれば、
にわかに(故人は)君子の仲間入り。
(でも)その内容を生前のありのままの振る舞いに照らすなら、
十万分の一の真実もありはしない。
この文章がもしも後の世に伝わりでもしたら、
故人がそんな立派な人物でなかったとは、もう誰も思うまい。
またもし(この墓誌を)典拠として引用し、
歴史書の中に書き込みでもしたらどうなるか。
そうか、なるほど、歴史書に書かれていることも、
大半は偽りに入るのだ。

解答

(一)　乞我作墓誌
(二)　故人は龔・黄のような優れた政治家であり、程・朱のような著名な学者であったと書いて欲しいという客人の要望。
(三)　筆者が墓誌に書いた故人の立派な事績は、ほとんど事実ではないということ。
(四)　この墓誌がもしも後の世に伝わりでもしたら、故人がそんな立派な人物でなかったとは、もう誰も思うまい。
(五)　歴史書が史料とする文章の多くは、筆者の書いた墓誌同様に、事実を潤色しているはずだから。

第七問（文科）

出典

『古学先生文集』巻之五所収「同志会筆記」の中の一条。『古学先生文集』六巻は、伊藤仁斎（名は維楨《これえだ》、古学先生は諡号《おくりな》）の各種の文章を収めたもので、長男の東涯の編。

筆者の伊藤仁斎は、江戸時代の京都の儒学者。仁斎は初め朱子学を学んだが、のちこれに疑問を抱き、古義学と称する一派の学を建てた。その学問は仁義を道徳の根底として、ひたすら修徳の道を探り、実践躬行を求めるもので、京都の堀川に古義堂と称する塾を開いて講学すること四十余年、門弟は三千余人に及んだ。『論語古義』『孟子古義』『語孟字義』『童子問』その他多くの著書がある。

解説

この年は文理共通問題として詩が取り上げられたので、代わって文系のみの問題としてこの散文が出題された。

まず、人を善導するには刑罰によるよりも恩賞、憎むよりも愛するほうが勝ると説き、次いで『孟子』の言葉を踏まえて、不肖の子弟には親切に対処することが大切で、その根本は愛する心であると結んだ筆記（エッセー）である。対句を多用して論を進めているので、論旨が理解しやすい。

㈠〈現代語訳〉

「使《ム》」（使役）と、「不レ若《カ》」（比較）の語法は漢文の基礎なので、後はどれだけ「平易」に訳せるかである。「罰《シテ》レ之《ヲ》」「賞《シテ》レ之《ヲ》」の「之」の扱いにとまどう人もいるかもしれないが、これは句調を整えるために添えたまでのものであるから、いちいち訳出する必要はない。要するに、「之＝人」と押さえて、全体をすっきり訳すことである。なお、「能《ク》」（〜することができる）を訳し忘れてはならない。「能《ク》勧《ム》レ善《ニ》」で「善へと誘い導くことができる／善に導ける」の意。

㈡〈理由説明〉

まず傍線部の意味をしっかり押さえることが先決。「不肖」は「不才」と同義、「相去《ルコト》」は「互いに隔たっていること」、「間」は「間隔／開き」で、「其《ノ》間不レ能《ハ》レ以《テスル》レ寸《ヲ》」とは「その開きは寸という単位で測ることもできないほど小さい」つまり「その差はほとんどない」ということ。これでここの文意ははっきりした。そこで、ではどうしてそう言えるのかということになるが、その答えは前文中にある。つまり、「中庸の徳と才能を備えた人が不中・不才の人を養育してやるから、人は賢明な父兄を持っていることを喜ぶのである」から、その「中・才」の持ち主がもしも「不中・不才」の人を見捨てるようなことになれば、それはもはや「中・才」を放棄したことになり、したがって「賢・不肖の差はないに等しい」

というわけである。

なお、「其《ノ》間不レ能《ハ》レ以《テスル》レ寸《ヲ》」は、右のように「ほとんど差がないことのたとえ」と解するのが通説で、本文の仁斎もこの解釈に立ってここに引用しているのだが、一方「大きく隔たっていることのたとえ」とする説もある。すると、答えは「見捨てられた愚者はますます悪くなっていくと考えられるから」のようになるが、これはやはりまずいだろう。なぜなら、大きく隔たっていることのたとえなら「寸」ではなく「尺・丈・仞」などのほうが適語ということになるだろうし、何よりもそのように解したのでは孟子の、そして仁斎の趣旨と相反することになるからである。傍線部は、常に全文の趣旨や文脈に即してとらえなければならない、ということ。

㈢　〈全文の趣旨にかかわる現代語訳〉

「以《もつテ》レA《ヲ》為《なス》レB《ト》」は「AをBにする」「AをBだとみなす」のように訳す頻出句形で、「以《テ》レ和《ヲ》為《ス》レ貴《シト》」という『論語』

↓「十七条の憲法」のフレーズでもおなじみのもの。

格別難解な語句はないし、構文も平明なので、容易に訳せるはずであるが、念のためにふれると、「養《フ》」は「養育する／教え導く」、「処《ス》」は「対処する／はからう」「為《ス》レ要《ト》」は「肝要である／大事である」の意。「養《フ》～者《は》」の「者」は主題を提示し強調する用法で、ここでは「～に当たっては／～には」などと訳すのが適当であろう。

読み方

之《これ》を罰《バツ》して人《ひと》をして悪《アク》に懲《こ》りしむるは、之《これ》を賞《ショウ》して人《ひと》をして能《よ》く善《ゼン》に勧《すす》ましむるに若《し》かず。之《これ》を威《おど》して人《ひと》をして刑《ケイ》を畏《おそ》れしむるは、之《これ》を恩《オン》して人《ひと》をして能《よ》く徳《トク》に懐《なつ》かしむるに若《し》かず。之《これ》を悪《にく》みて人《ひと》をして悪《アク》に遠《とほ》ざからしむるは、之《これ》を愛《アイ》して人《ひと》をして能《よ》く心《こころ》に感《カン》ぜしむるに若《し》かず。孟子《モウシ》曰《い》はく、「中《チュウ》や不中《フチュウ》を養《やしな》ひ、才《サイ》や不才《フサイ》を養《やしな》ふ。故《ゆゑ》に人賢《ひとケン》父兄《フケイ》有《あ》るを楽《たの》しむなり。如《も》し中《チュウ》や不中《フチュウ》を棄《す》て、才《サイ》や不才《フサイ》を棄《す》つれば、則《すなは》ち賢不肖《ケンフショウ》の相去《あひさ》ること、其《そ》の間寸《カンスン》を以《もつ》てする能《あた》はず」と。世《よ》に兄賢《あにケン》にして弟不肖《おとうとフショウ》、之《これ》を悪《にく》むこと過《す》ぎて甚《はなはだ》しく、反《かへ》つて其《そ》の悪《アク》を激成《ゲキセイ》する者有《ものあ》り。豈《あ》に孟子《モウシ》の所謂賢不肖《いはゆるケンフショウ》の相去《あひさ》ること、寸《スン》を以《もつ》てする能《あた》はざる者《もの》に非《あら》ずや。故《ゆゑ》に不肖《フショウ》の子弟《シてい》を養《やしな》ふは、善《よ》く処《ショ》するを以《もつ》て要《ヨウ》と為《な》す。善《よ》く処《ショ》するは能《よ》く愛《アイ》するを以《もつ》て本《もと》と為《な》す。

通釈

人を罰して悪に懲りるように仕向けるより、褒めて善に導くことができるように仕向けるのがよい。人を脅して刑罰を恐れるように仕向けるよりも、恩恵を施して徳に懐くことができるように仕向けるのがよい。人を憎んで悪から遠ざからせるように仕向けるよりも、愛して心に感じることができるように仕向けるのがよい。『孟子』にこうある、「中庸の徳のある人が中庸の徳のない人を教え導き、才能ある人が才能のない人を教え導く（のが道理というものである）。だから、人は自分が才徳を備えた賢い父兄を持っていることを楽しみとするのである。もしも徳のある者が徳のない者を見捨てて、才能のある者が才能のない者を見捨てて教え導かないならば、（中や才は失われたも同然であるから、いわゆる）賢者と不肖者の差は一寸ほどもないことになってしまう」と。世間には、兄は賢く弟は愚かで、それでこれをひどく憎みすぎたために、かえって弟の悪を増長させてしまう例がある。これこそ孟子の言う「賢・不肖の相去ること、寸を以てする能はざるもの」ではあるまいか。そういう訳で、愚かな子弟を教え導くには、親切に扱うことが肝要なのである。そして親切に扱うことの根本は愛せることなのである。

＊補注

「人楽レ有二賢父兄一也」の「楽」には、「①たのしむ（音はラク）、②ねがう（音はゴウ）の二つの解釈がある。

仁斎は①を取っているが、②を取る人も多い。

解答

㈠ 人を罰して悪に懲りるように仕向けるよりも、人を褒めて善に導くことができるように仕向けるほうがよい。

㈡ 賢いはずの人が愚かな人を見捨てるのは賢いことではないから、結局愚かな人と差がなくなると考えている。

㈢ 愚かな子弟を教え導くには、親切に扱うことが肝要である。親切に扱うには、愛せることが根本である。

一九九六年

第四問（文理共通）

出典

『閲微草堂筆記』巻四の中の一編。ただし、途中五箇所にわたって併せて八十余字を節略し、話しの筋を簡略化している。『閲微草堂筆記』は、清の紀昀《きいん》がかつて見聞した珍談奇聞約一千二百編を記した短編小説集。作者の紀昀は「四庫全書」（勅命によって編集された十七万余巻に及ぶ一大叢書）の編集に当たった清代一流の学者である。

解説

本文は、狡猾《こうかつ》な巫女《みこ》が奸計を用いて村人から金を巻き上げるが、結局は真相がばれて身の破滅を招くというもの。『閲微草堂筆記』にはしばしば狐が登場し、人間との間に実にさまざまなかかわり合いを持つが、本文はその狐が巫女の口を借りて真相をばらしてしまうというところがユニークで、痛快などんでん返しになっている。

㈠〈内容説明〉

「婦《ハ》詰《ムルニ》以《テス》二神語無《キヲ》レ験」は「婦《ハ》以《テ》二神語《ノ》無《キヲ》レ験詰《ム》」と同義。前文にも「許《スニ》以《テス》レ男《ヲ》」（＝以《テ》レ男《ヲ》許《ス》）とあるように、漢文では「V＋以＋O」という語順で表現されることがよくあるが、このとき訓読では工夫して前置詞の「以」を「以《テス》」と動詞化して読むことにしている。

「婦」は「その婦人」「その妻」のどちらでもよく、あるいは「その嫁さん」などでもよい。「詰」は「問いつめる」の意で、「詰問・難詰」と熟す。「神語」とは「神様のお告げ」であるが、もちろんそれは実際には巫女の郝媼の口から発せられたものである。「験」（音ゲン、慣用音ケン）は「効験、ききめ」の意。国語でも「験が見えない」などと用いられている。以上のことを踏まえて、要点をまとめればよい。

㈡〈指示語を具体的にしての現代語訳〉

指すものを具体的に示せというのは東大で常用の問い方であるが、「此《ノ》事」が「某月某日～自《ラ》食《フ》」というさもしい行為を指すことは、文脈から容易に押さえられる。言うまでもなく、「為《ル》レ所《ト》レV《スル》」は受身の慣用句形。「偵」は「様子をさぐる」の意で、「偵察・探偵」などと熟す。「此《ノ》事」の指す内容をうまく要約しながら訳せばすむ、ごく素直な問題である。

㈢〈指示語を具体的にしての現代語訳〉

「媼」（音ウ、慣用音オウ）には語注があるので、巫女の「郝」という老婆であることはすぐわかる。「吾輩」とは（神格としての)狐、いわゆる「お狐さま」の自称(「我ら」という複数形)であるが、これも前文に「吾ハ乃チ真ノ狐神也」とあることから容易に押さえられる。「妖妄」は「怪しげな術」「けしからん技」ぐらいに訳せばよい。次にここの「乃」(前文の「後ニ乃チ生ム㆑女ヲ」の「乃」も同じ)は逆接(それなのに)や驚き・非難の気持ち(なんとまあ)を表す用法であるが、ちょっと難しい用法なので、あまり厳密な訳は求めていないと思われる。「託ス㆓其ノ名ヲ於吾輩㆒ニ」は「我らの名を騙《かた》る」が適訳であるが、「我らの名を使う」「我らの名に託す」などでも差しつかえない。

㈣〈内容を具体化しての、全文の趣旨にかかわる説明〉

「今日真ニ付キ㆓其ノ体㆒ニ」の意味するところが解せれば、それまでのことである。「狐憑《つ》き」という言葉があるように、狐が人に取り憑くという俗信はわが国でも広く行われてきた。なお、「姦」(＝奸)に語注はないが、「姦臣・姦計」あるいは「姦通罪」などの語の連想から、この巫女の「悪だくみ」という意味であることは容易に見当がつくはずである。

参考までに紹介すると、原文では「吾ハ乃チ真ノ狐神也」の後に「我らは人間と雑居してはいるが、実は各自神仙の術を修行している。こんな田舎の老婆と結託して、人の家のつまらぬことにかまけている暇などあるものか」という意味の言葉が続き、狐の憤慨ぶりが活写されている。

読み方

女巫《ジョフ》郝嫗《カクオウ》は、村婦《ソンプ》の狡黠《コウカツ》なる者《もの》なり。自《みづか》ら狐神《コシン》の其《そ》の体《からだ》に付《つ》くと言《い》ひ、人《ひと》の休咎《キュウキュウ》を言《い》ふ。凡《およ》そ人家《ジンカ》の細務《サイム》、一一周《イチイチシュウ》知《チ》す。故《ゆゑ》に之《これ》を信《シン》ずる者《もの》甚《はなは》だ衆《おほ》し。嘗《かつ》て孕婦《ヨウフ》の生《う》む所《ところ》の男女《ダンジョ》を問《と》ふ有《あ》り。郝《カク》は許《ゆる》すに男《をとこ》を以《もつ》てす。後《のち》に乃《すなは》ち女《をんな》を生《う》む。婦《フ》は詰《せ》むるに神語《シンゴ》の験《ゲン》無《な》きを以《もつ》てす。郝《カク》は目《め》を瞋《いか》らせ(瞋《いか》らし)て曰《いは》く、「汝《なんぢ》は本《もと》より応《まさ》に男《をとこ》を生《う》むべし。某月某日《ボウゲツボウジツ》汝《なんぢ》の母家《ボカ》餅《モチ》二十《ニジュウ》を饋《オク》るに、汝《なんぢ》は其《そ》の六《ロク》を以《もつ》て翁姑《オウコ》に供《キョウ》し、其《そ》の十四《ジュウシ》を匿《かく》して自《みづか》ら食《くら》ふ。冥司《メイシ》汝《なんぢ》の不孝《フコウ》を責《せ》め、男《をとこ》を転《テン》じて女《をんな》と為《な》す。汝《なんぢ》尚《な》ほ悟《さと》らざるや(か)」と。婦《フ》は此《こ》の事《こと》の先《さき》に偵《さぐ》る所《ところ》と為《な》るを知《し》らず、遂《つひ》に惶駭《コウガイ》して罪《つみ》に伏《フク》す。一日《イチニチ》方《まさ》に香《コウ》を焚《た》き神《かみ》を召《め》す(召《まね》く)に、忽《たちま》ち端座《タンザ》朗言《ロウゲン》して曰《いは》く、「吾《われ》は乃《すなは》ち真《まこと》の狐神《コシン》なり。此《こ》の嫗《オウ》は陰謀《インボウ》百出《ヒャクシュツ》し、妖妄《ヨウボウ》を以《もつ》て財《ザイ》を斂《あつ》め、乃《すなは》ち其《そ》の名《な》を吾輩《わがハイ》に託《タク》す。故《ゆゑ》に今日《コンニチ》真《まこと》に其《そ》の体《からだ》に付《つ》き、共《とも》に其《そ》の姦《カン》を知《し》らしめんとす」と。語《ゴ》訖《をは》りて、郝《カク》は霍然《カクゼン》として夢《ゆめ》から(夢《ゆめ》より)醒《さ》むるが如《ごと》し。狼狽《ロウバイ》して遁去《トンキョ》し、後終《のちをは》る所《ところ》を知《し》る莫《な》し。

通釈

巫女の郝という老婆は、ずる賢い田舎女であった。彼女はお狐様は自分の体に憑いていると自称し、人の吉凶を予言した。よその家の細かいことまで一々よく知っており、それで信仰する者も甚だ多かった。ある妊婦が、生まれるのは男か女か占ってもらったことがある。郝は男だと保証したが、後で生まれたのはなんと女であった。その婦人は、神様のお告げが当たらなかったことを責めた。すると郝は目をむいて、「お前は本来は男を生むはずだったのだ。ところが某月某日、お前の実家から餅を二十個贈ってきたときに、お前はそのうち六個を舅《しゅうと》姑《しゅうとめ》に差し出し、後の十四個は隠して自分が食べてしまった。それで冥界のお役人はお前の不孝を罰して、男を女に変えてしまったのだ。お前はまだそれを悟らないのか」と言った。婦人はこの一件が前もって探られていたとは気づかなかったので、驚き恐れて罪を認めた。

ある日、郝が香を焚いて神降ろしをしていたとき、急にきちんと座り直し、声高らかに、「我こそは真のお狐様であるぞ。この婆はさまざまな陰謀をめぐらし、怪しげな術を使って金を巻き上げながら、なんとまあ我らの名を騙っている。それで今日、本当にその体に取り憑いて、人々にその悪だくみを悟らせるのだ」と告げた。言葉が終わると、郝ははっと夢から覚めたようであった。そしてあわてて逃げ去ったきり、最後はどうなったか誰一人知る者はいない。

＊補注

(1)「瞋《ラセテ》」（三行目）は「瞋《ラシテ》」が正しい。「いからす」はサ行四段活用の他動詞である。

(2)「汝尚ほ悟らざるや」（五行目）は、文頭あるいは文中に「何ぞ」「何為れぞ」のような疑問詞がある場合の読み方である。ここでは、「汝尚ほ悟らざるか」と読むのが正しい。

(3)「召す」（七行目）は尊敬語だから、郝嫗に敬語を使うことになり不適当である。「神を召《め》す」は、「神を召《まね》く」と読む。

(4)「如《シ》二夢《カラ》醒《ムルガ》一」（最終行）は「如《シ》二夢《ヨリ》醒《ムルガ》一」と読むべきところ。「から」は口語である。

解答

(一) その婦人が、神のお告げが当たらなかったことを責めたということ。

(二) この婦人は、実家から二十個の餅を贈ってきたとき、六個だけを舅姑に差し出して残りを自分がくすねたことを、郝に前もって探られていたとは気づかなかった。

(三) この郝婆は、さまざまな陰謀をめぐらし、怪しげな術を使って金を巻き上げながら、なんとまあ我ら狐の名をかたっているのだ。

(四) 本当の狐神が、巫女の口を借りてその悪事をあばくという方法。

第七問（文科）

出典

曹植（一九二～二三二）の「雑詩六首」の第二首。曹植は三国時代魏の武帝（曹操）の第三子。字は子建。溢れるような詩才に恵まれたばかりに、兄の文帝（曹丕《ひ》）にねたまれ、しばしば封国に移されたり、殺されそうになったりしながら、不遇な一生を終えた。

解説

「魏の曹植の作品である」というだけのリード文は、何とも不親切なものである。漢詩の読み方に習熟していない受験生には、厳しい問題であった。

㈠〈抜き出し〉

「我」という代名詞は人を指すのが普通だから、それが少なくとも言葉の上では、「転蓬」を指していると納得するまでには幾らか時間を要するであろう。しかもそう納得してからでも、結局は次に出てくる「遊客子」の運命を象徴的に表現しているのだから、「遊客子」と答えないと得点出来ないのではないかと迷う人も出てくるはずである。設問の仕方に、もう一工夫欲しいところである。「転蓬」の〔注〕をしっかり意識して、ピンときた受験生があっさりと正解した設問だったかも知れない。

㈡〈現代語訳〉

「何ぞ意はん」は「こういうことになろうとは思ってもいなかった」という意味の反語。「安《いづくンゾ》 可《べケン(ヤ)》 ～」は反語で、「不レ可《カラ》レ～」と同意になる。とくに難しい部分はない。

㈢〈内容説明〉

「形」に「からだ」という意味があることを知らなければ悩むかもしれないが、「どんな状態か」という設問は無理ではない。しかし、「誰の」という問いに答えるのは難しい。もちろん「遊客子」にきまっているが、それが具体的に誰を指すのかということになると決め手がない。漢詩では自分のことを客体化して述べることが多い。例えば、旅の詩で自分のことを「遊子」と呼び「行子」と呼ぶ類である。しかし、そういうことが多いというだけのことであって、必ずそうだというわけではない。この詩の場合も「作者」を指すと解釈するのが普通らしいが、この詩の制作年代と推定されている時期には、猜疑心の強い兄の文帝によって何度も領地を移されたという記録はあるけれども、従軍したという記録はなく、むしろ従軍したくてもさせてもらえなかったのではないかと思われる状況証拠のほうが多いのである。課題の詩は《文選《もんぜん》》に『雑詩六首』としてまとめて載せられている中の第二首であるが、第五、第六首では呉との戦いに従軍したいのに従軍させてもらえない激しい慷慨の気持ちを歌っている。時期は前後するにしても、その作者が掌を返すように「運命の悪戯で従軍することになった、粗末な軍服を着ていつも腹を減らしている、言えば言うほどつらくなるから、もう何も言うまい」などと歌うであろうか。第一首では、遠く追放されて会えないある人のことを「この子」と呼び「遠人」と読んで思いを馳せ、心を痛めている。この詩も従軍している誰かのこと、あるいは兵士のことを思いやっているのかもしれないのである。

東大の漢文は、問題文を読んだだけでは解釈が決まらないような場合には、解釈の助けになる簡潔なリード文をつけてくれたり、〔注〕を詳しくしたり、行き届いた配慮があるのが普通であるが、今回は「曹植の詩である」というリード文だけが手がかりであった。

㈣〈全文の趣旨にかかわる説明〉

㈢と同様に、結構答えにくいが、「詩に達詁無し」(詩にはこれしかないという解釈などありえない)と言われるように、出題者の期待する答えでなくても、なるほどそういう解釈もあるのかと採点者を納得させる答えなら、それなりに得点できるものと思われる。詩が出題されれば、許容の幅は広がるものである。

解答にあたっては、まず最終聯の最後の二句を押さえる必要がある。ここの「人」は作者自身である。「全体」という要求に手際良く応えるためには、これまでの設問部をつなげて検討してみるのが有効である。詩に限らず、大切な部分だから設問で取り上げられるのだ。

読み方

転蓬本根《テンポウホンコン》より離《はな》れ
飄颻《ヒョウヨウ》して長風《チョウフウ》に随《したが》ふ
何《なん》ぞ意《おも》はん迴飆《カイフウ》の挙《あ》がり
我《われ》を吹《ふ》きて雲中《ウンチュウ》に入《い》れんとは
高《たか》く高《たか》く上《あ》がりて極《きは》まり無《な》く
天路《テンロ》安《いづ》くんぞ窮《きは》むべけん
此《こ》れに類《ルイ》す遊客《ユウカク》の子《こ》
軀《み》を捐《す》てて遠《とほ》く戎《ジュウ》に従《したが》ふ
毛褐形《モウカツかたち》を掩《おほ》はず
薇藿《ビカク》常《つね》に充《み》たず
去《さ》り去《さ》りて復《ま》た道《い》ふ莫《な》し
沈憂人《チンユウひと》をして老《お》いしむ

通釈

根から離れて転がって行く蓬《よもぎ》が、
遠く吹く風のまにまにふわりふわりと飛んで行く。

蓬は思ってもいなかったはずだ、つむじ風が巻き上がり
自分を雲の上まで吹き上げようとは。
どこまでも高く高く吹き上げられて、
大空の行き着く果ては知る由もない。
まるでこの蓬のように、旅人であるこの人は
遠く郷里を離れて軍役に従っている。
毛皮の軍服は擦り切れて肌がのぞき、
薇《わらび》や豆の葉まで食べながら腹をすかしている。
だが、行くほかないではないか、もう何も言うまい。
深い憂愁が、一段とわたしを老いさせるのだ。

解答

㈠ 転蓬

㈡ つむじ風に雲の上まで吹き上げられようとは思ってもいなかった。どこまでも高く高く吹き上げられ、行き着く果てもわからない。

㈢ 従軍する兵士の衣食もままならぬ苦しい旅路のさま。
[別解] 従軍中の作者の衣食もままならぬ苦しい状態。

㈣ 運命に翻弄されるかのように、兵役に駆り出された兵士の苦しい境遇に同情する気持ち。
[別解] 辺境の地に従軍した作者が、転蓬に託して自分の沈痛な思いを述べている。

一九九五年

第四問（文科）

出典

班固《はんこ》（三二〜九二）の『漢書《かんじょ》』巻二六「董仲舒《とうちゅうじょ》伝」による。

董仲舒（前一七九〜前一〇四）は、前漢の学者で、儒教を国教に指定することを武帝に進言して用いられ、儒教の思想が、その後二千年にわたって封建的な統治を神聖化し絶対視させることに利用される基礎を作った人物である。

解説

上に立つ役人としての生活を説く、一種の政治論である。読みにくい漢文ではないが、設問にはどう答えるべきか迷うものが含まれている。

㈠〈現代語訳〉

「所」は親切に受け身に読んでくれている。「所レ予レ禄者」は言うまでもなく「役人」である。「末」に「工業や商業」という注があるから、これと対句になっている「力」は「農業」を示唆する。しかし実際には「労働」とか「力仕事」と訳した人も多いであろう。役人が力仕事をしたって庶民にかなうわけもないからこの文脈ではおかしいのだが、受験生にそこまで要求するのは無理である。

㈡〈現代語訳〉

「夫」「不能」「況〜乎」などが含まれているが、どれも漢文の基礎である。「大・小」をそのままでいいのだろうかと迷う人も多いだろうが、抽象的な原則論を述べているのだから、そのままでよい。

㈢〈具体的な内容説明〉

「安能〜乎」は反語なので「不能」と同じだと考えればコンパクトに答えをまとめることができる。「当」はここでは「対抗する」という意味。「之」は直前部から「政治的な地位と資力を背景に農商工業に乗り出す政治家」を指すとわかればよい。

㈣〈全文の趣旨にかかわる抜き出し〉

①「受大者不得取小也」②「受禄之家、（食禄而已）不与民争業」の二つが該当する。「天人相応」という董仲舒の思想からすれば①と②は盾の裏表であり、どちらが基本であるとも言いかねる。しかし、設問の「基本的な」という言葉の意味はいろいろとれるから、①だけ挙げてもよいし、①と②を挙げてもよい。指示語「此」の指示内容が問われていると考えれば②だけを挙げる答えも考えられる。また、「文中の言葉で」という指定もあいまいで、原文のまま引用させる場合

には、「原文のまま引用せよ」と要求して「返り点送り仮名はいらない」と断るのが普通である（東大にも前例がある）ことを考えると、白文でも、文語文でも、口語文による直訳でもかまわないのであろう。

読み方

夫《そ》れ天《テン》は分《わ》け予《あた》ふる所《ところ》有《あ》り、之《これ》に歯《は》を予《あた》ふる者《もの》は其《そ》の角《つの》を去《さ》り、其《そ》の翼《つばさ》を附《つ》くる者《もの》は其《そ》の足《あし》を両《ふたつ》にす。是《こ》れ大《ダイ》を受《う》くる者《もの》は小《ショウ》を取《と》るを得《え》ざるなり。古《いにしへ》の禄《ロク》を予《あた》へらるる者《もの》は、力《ちから》に食《は》まず、末《すゑ》に動《うご》かず。是《こ》れ亦《ま》た大《ダイ》を受《う》くる者《もの》の小《ショウ》を取《と》るを得《え》ざることにして、天《テン》と意《イ》を同《おな》じくする者《もの》なり。夫《そ》れ已《すで》に大《ダイ》を受《う》け、又《ま》た小《ショウ》を取《と》れば、天《テン》も足《た》らしむる能《あた》はず、而《しか》るを況《いは》んや人《ひと》をや。此《こ》れ民《たみ》の囂囂《ゴウゴウ》として足《た》らざるに苦《くる》しむ所以《ゆゑん》なり。身《み》寵《チョウ》せられて高位《コウイ》を戴《いただ》き、家《いへ》温《あたた》かにして厚禄《コウロク》を食《は》み、因《よ》りて富貴《フウキ》の資力《シリョク》に乗《ジョウ》じて、以《もつ》て民《たみ》と利《り》を下《しも》に争《あらそ》はば、民《たみ》安《いづく》んぞ能《よ》く之《これ》に当《あ》たらんや。故《ゆゑ》に禄《ロク》を受《う》くるの家《いへ》は、禄《ロク》を食《は》むのみ、民《たみ》と業《ギョウ》を争《あらそ》はず。然《しか》る後《のち》利《り》は均《ひと》しく布《し》くべく、民《たみ》は家《いへ》足《た》るべし。此《こ》れ天《テン》の理《り》にして、亦《ま》た古《いにしへ》の道《みち》なり。

通釈

そもそも、天の神様が地上の生き物に生きる手段を与える場合にも、それなりの方針があって、歯を与える者には角を与えず、翼を与える者には足は二本しか与えない。これは、大きいものを与えられれば小さいものは与えられないということである。昔の、俸給を与えられる者――役人階級――は、農業や商工業に手を出そうとはしなかった。これもやはり大きいものを与えられれば小さいものは与えられないということであり、天の神様のやりかたと同じ精神である。

そもそも、大きいものを与えられながら、そのうえ小さいものまで得ようとすれば、天の神様だって要求を満たしてやることはできない。まして人間の力ではなおさら不可能である。これこそ、庶民が恨みと悲しみの声を張り上げて物の不足に苦しむ原因なのだ。自分は寵愛せられて高位高官となり、暖かい家に住み手厚い俸給をもらい、それをいいことにして地位と金のある彼らが自分たちの資力に物を言わせて、庶民と農商工業の分野でまで利益を争ったら、庶民がどうして対抗できよう。だから、俸給を貰う階級の者は、俸給だけで生活し、庶民と農商工業の分野で利益を争ったりしない。こういう節度が保たれてはじめて、利益は公平に行き渡り、庶民はどの家でも生活に困らないですむ。これこそ天の神様が定められた道理であり、昔の人が大切にした道理なのだ。

解答

㈠ 昔の俸給を与えられている階級である役人は、農業や商工業といった民衆の仕事には手を出さなかった。

㈡ そもそも、大きいものを与えられながら、そのうえ小さいものまで取ろうとすれば、天の神様だって要求を満たすことはできない。まして人間の力では不可能である。

㈢ 地位や資力を利用して、役人階級が農・工・商の分野に乗り出して来たら、庶民は対抗できない。

㈣ 大を受くる者は小を取るを得ず。／禄を受くるの家は、民と業を争はず。
[別解] または右の一方のみ。いずれも原文の抜き出しでも可。

第七問（文科）

出典

李賀《りが》（字は長吉、七九〇～八一六）は、七歳の時早くも詩才を表し、わずか二七歳で亡くなった中唐の詩人。多彩な表現力と豊かな想像力に恵まれ、漢詩には珍しい幻想的な作品も多く、古くから鬼才と呼ばれている。唐の皇室の遠い親戚に当たるが、早く父を失い母親に育てられた。

解説

科挙の受験生となった作者の李賀が、都の長安で故郷の昌谷に帰った夢を見て作った詩である。タイトルと〔注〕の情報をあらかじめまとめて確認しておくと、本文が読みやすくなるばかりか、どの設問にも答えやすくなる。

㈠ 〈具体的な説明〉
タイトルと第一・二句から「夢の中の情景」とわかれば、「怡怡」にも「中堂」にも〔注〕があるからやさしい。残るは「笑」が誰の笑いかということだけであるが、聯《れん》（漢詩は奇数句・偶数句が聯＝連を構成するから、その関連・つながりを見るのが解釈上のポイントになる）を構成する第四句から「家族」としておいてもよいし、「居間の情景」だと示せれば自明のことなので省いてもよい。

㈡ 〈現代語訳〉
この二句の解釈はよく考えるとなかなか難しい。「厚意」は「思いやり」であり、「厚重」も「人情に厚い」という意味に用いられるのが普通であることを考えると、「厚重意」も「思いやり」ととるのが自然であろうか。「飽飢腹」の部分も、「家族の飢腹を満たす」のか、それとも「自分飢腹を満たす」のかは、文法的にも決め手はなく、どちらともとれる。李賀自身とその故郷の家族の生活情況についての正確な理解がなくては決められない要素でもある。一般的には科挙に合格することが「故郷に錦を飾る」ことになり、一族の生活を豊かにすることが可能だったとされているので、その常識的な判断に基づいて解答としたが、［別解］も示しておいた。

昔から「詩に達詁《たつこ》無し」（詩には、これしかないという解釈はない）と言われるように、詩が出されれば許容の幅も広がるはずである。

㈢〈全文の趣旨にかかわる説明〉

家族の期待に応えたいという気持ちは、昔も今も変わらぬ受験生の気持ちである。時には不安になって眠れないことがあるのも同じであろう。そういう受験生の「心境」をまとめれば、わざわざ「どういう境遇」におかれていて、「どういう心境」であると答えなくても、自然に「境遇」の説明にもなっているはずである。

読み方

帰夢《キム》に題《ダイ》す　李賀《リガ》

長安風雨《チョウアンフウウ》の夜《よる》　書客昌谷《ショカクショウコク》を夢《ゆめ》む

怡怡《イイ》たる中堂《チュウドウ》の笑《わら》ひ　少弟澗菉《ショウテイカンロク》を裁《た》つ

家門厚重《カモンコウジュウ》の意《イ》　我《わ》が飢腹《キフク》を飽《あ》かしむるを望《のぞ》む

労労《ロウロウ》たり一寸《イッスン》の心《こころ》　灯花魚目《トウカギョモク》を照《て》らす

通釈

故郷に帰る夢を見ての作

長安の街に風まじりの雨が降る夜、受験生のわたしは郷里昌谷の夢を見た。居間には家族の和やかな笑いが満ち溢れ、弟は谷川でこぶなぐさを摘んでいた。一族の切実な期待の気持ち（やさしい思いやり）、わたしが任官して楽な暮らしをすることを望んでいるのだ。その期待が心の重荷になって、夜もおちおち眠れない。

解答

㈠　作者の故郷の家の居間での、家族の和やかな笑いが満ち溢れている居間の情景。

㈡　家族一同の厚く重い期待の気持ち、わたしが出世して一家の窮状を救ってくれるのを望んでいるのだ。

［別解］家族一同の優しい思いやり、わたしが腹一杯食べているのだろうかと遠くから気遣ってくれている。

㈢　科挙に合格して家族の期待に応えなければという気持ちが心の負担になって、夜もおちおち眠れない心境。

第四問（理科）

出典

兪正燮《ゆせいしょう》の詩文集『癸巳存稿《きしそんこう》』巻四「女」の条の後半部分。ただし、一部省略して、分かりやすくしてある。兪正燮は清朝の学者。博学で、経史百家に通じた。

解説

本文は、古来優れた為政者は社会的な弱者への思いやりを重視したものであることを、三つの例証を挙げて述べたもので、社会福祉政策の充実という現代の政治課題に即した問題文である。弱者救済は漢文の大きなテーマの一つであり、東大の漢文で頻出しているものでもある。

㈠〈比喩の説明〉

東大が好んで出す比喩問題であるが、この傍線部が前の「婦人一《タビ》喪《ヘバ》レ夫《ヲ》、終身守《ル》二孤子《ヲ》一」の比喩であることは容易に押さえられよう。もっとも、「一《タビ》折《ルレバ》不二重《ネテハ》生《ゼ》一、枯死《シテ》猶《ホ》抱《ク》レ節《ヲ》」とは、本来は竹にたとえられた夫のことであるはずなのが、ここでは「不二重《ネテハ》生《ゼ》一」は妻が再婚しないことのたとえ、「猶《ホ》抱《ク》レ節《ヲ》」は妻として貞節を貫くことのたとえになっている。比喩関係がずれているので、これは比喩になっていないととがめることもできようが、それは融通の利かないこだわりというもので、ここはもっと素直に、「妻の貞節」から「竹の節」への連想はごく自然なものと受け取るのが常識的なセンスであろう。平俗、これこそ白居易の詩の身上なのである。

㈡〈現代語訳〉

「能」はもちろんcanの意味だから、「～することができる、～られる」と訳すのがいちばん無難。「暫」は「しばし、わずかの間」の意。暫時と熟す。「傷《マシム》レ情《ヲ》」は「心を痛める、悲しい思いをする」の意。

ところで、何と薄情な夫かと不快に思う人もいるかと思われるので、一言。この詩の背景には、家の血筋を絶やさないことをモラルの核とし、したがって一夫多妻や妻を亡くした夫の再婚は非難されるべきことではなく、むしろ当然のこととする社会通念があったわけである。ただし当然なことながら、中国にも古来深い愛情で結ばれた夫婦はあまたあったのであり、「悼亡」（妻の死を悼む）という詩の伝統があったくらいである。

㈢〈指示語を具体化しての現代語訳〉

ポイントは次の三点。①「之」は「妻暨レ僕」を指す。「僕」は現代語のように一人称ではなく、「下僕」＝「召使い」。「暨」は「与《と》・及《び》」と同義。②「衣《せ》」「食《ハセ》」は、「着せ」「食べさせ」のような直訳では、「平易な現代語」ではない。ヘンな誤解も生みそうである。「衣食」が「生活」の象徴であることは日本語の常識なので、「生活の面倒を見て」「生活に不自由させず」のように訳す。象徴表現を好んで問うのも、東大漢文の特徴の一つである。③「命以レ所レ不レ能」は、「以《テ》レ所《ヲ》レ不《ル》レ能《ハ》命《ズ》」と同義。「能《よ》くす」と読んでいるときは、「上手にできる」という意味の動詞であるが、ここの「不レ能《クセ》（能くせず）」は、「不《ず》レ能《あたハ》」と同じと考えてよい。以上の三点を押さえれば、後は「平易」に訳せばよい。「所レ不《ル》レ能《クセ》」とは、「（妻や召使いが）できないこと、無理なこと」の意である。

㈣〈指示語を具体化しての、全文の趣旨にかかわる内容説明〉

「持《スル》レ世《ヲ》之人」とは「社会をきちんと維持して行く人」、つまり聖王や名君と呼ばれるような人や、これを補佐する賢臣を指す。一括して「優れた為政者」ぐらいに訳せばよかろう。「此」は、引用された詩文に出てくる「婦人・無告・窮民・孺子・妻・僕」など、つまり社会的な弱者を指す。これは文脈から容易に帰納できるはずで、後はいかに「簡潔に説明」するかである。

読み方

白居易《ハクキョイ》の「婦人苦《フジンク》」の詩《シ》に云《い》ふ、「婦人《フジンひと》一たび夫《をつと》を喪《うしな》へば、終身孤子《シュウシンコゲツ》を守《まも》る。林中《リンチュウ》の竹《たけ》のごとく、忽《たちま》ち風《かぜ》に吹《ふ》き折《を》らるる有《あ》り。一《ひと》たび折《を》るれば重《かさ》ねては生《ショウ》ぜず、枯死《コシ》して猶《な》ほ節《ふし》を抱《いだ》く。男児《ダンジ》若《も》し婦《フ》を喪《うしな》へば、能《よ》く暫《しばら》くも情《ジョウ》を傷《いた》ましめず。応《まさ》に門前《モンゼン》の柳《やなぎ》に似《に》て、春《はる》に逢《あ》へば発栄《ハツエイ》すること易《やさ》しかるべし。風吹《かぜふ》きて一枝《イッシ》折《を》るるも、還《ま》た一枝《イッシ》の生《ショウ》ずる有《あ》り。君《きみ》が為《ため》に委曲《イキョク》に言《い》はん、願《ねが》はくば（願《ねが》はくは）君再三《きみサイサン》聴《き》け。須《すべか》らく婦人《フジン》の苦《ク》を知《し》るべし、此《こ》れより相《あ》ひ軽《かろ》んずる莫《な》かれ」と。其《そ》の言尤《ゲンもつと》も藹然《アイゼン》たり。『荘子《ソウシ》』天道篇《テンドウヘン》に云《い》ふ、尭舜《ギョウシュン》に告《つ》げて曰《いは》く、「吾《わ》れ無告《ムコク》を虐《しひた》げず、窮民《キュウミン》を廃《す》てず。死者《シシャ》を苦《くる》しみ（苦《いた》み）、孺子《ジュシ》を嘉《よみ》して婦人《フジン》を哀《かな》しむ（哀《あは》れむ）。此《こ》れ吾《わ》が以《もつ》て心《こころ》を用《もち》ふる所《ところ》なり」と。此《こ》れ聖人《セイジン》の言《ゲン》なり。『天方典礼《テンポウテンレイ》』に謨罕墨特《マホメット》を引《ひ》きて云《い》ふ、「妻《つま》と僕《ぼく》とは、民《たみ》の二弱《ニジャク》なり。之《これ》に衣《き》せ之《これ》に食《くら》はせ、命《メイ》ずるに能《よ》くせざる所《ところ》を以《もつ》てする勿《な》かれ」と。蓋《けだ》し世《よ》を持《ジ》するの人未《ひといま》だ計《はか》りて此《こ》れに及《およ》ばざる者有《ものあ》らず。

通釈

白居易の「妻の苦しみ」と題する詩に、「妻はいったん夫を亡くしますと、一生独身を守り通します。それは林の中の竹のようなもので、突然風に吹き折られることがあります。竹はいったん折れますともう新しい芽を出すことはなく、枯死してもしっかりと節を残します。一方、男子は妻を亡くしても、（間もなく新婦を迎えて）さほど長くは悲しい思いをしないですませられます。それはちょうど門前の柳のように、春になると容易に枝を茂らせることでしょう。柳は風が吹いて一枝が折れても、また一枝が芽吹くのです。あなたに詳しく申しましょう。どうかあなたよくよくお聴き取りください。ぜひとも妻の苦しみをご理解なさって、これからは粗末にならさないでください」と。この言葉には(作者の、妻というものへの)深い思いやりが込められている。また、『荘子』の天道篇にはこうある。尭が舜に、「わたしは寄るべのない者を虐げず、貧しい民を見捨てない。死者を悼み、幼児を慈しんで、婦人を哀れむ。これがわたしの心掛けていることなのだ」と告げたという。これこそ聖人の言葉である。また『天方典礼』にはマホメットの言葉を引いて、「妻と召使いとは、民の中で弱い立場にある二者である。これらの者に衣食の不自由をさせず、無理なことを言いつけてはならない」と言っている。思うに、優れた為政者で、これら弱者への施策を忘れた者はいないのである。

＊補注

(1)　引用文の出典＝㋐「婦人苦」は『白氏文集』感傷篇所収の、三十二句から成る五言古詩で、本文はその後半部分。㋑『荘子』からの引用文は、天道第十三の一節。ただし、「不レ虐《ゲ》二無告《ヲ》一」は、現行本『荘子』では「不レ敖《おごラ》二無告《ニ》一」である。㋒『天方典礼』は清の劉智の著で、イスラム教（回教）の教義などについて解説したもの。「天方」(天堂ともいう)とは、アラビア、またイスラム教のこと。ちなみに「アラビアン・ナイト」は中国では『天方夜譚』と訳されている。

(2)　読み方＝「願《ハクバ》」(四行目)は「願《ハクハ》」が正しい。同様の読み方をする語に「恐《ラクハ》」「疑《フラクハ》」などがある。また、「苦《シミ》二死者《ヲ》一」は「苦《いたミ》二死者《ヲ》一」、「哀《シム》二婦人《ヲ》一」は「哀《あはレム》二婦人《ヲ》一」と読みたいところである。

(3)　語句の意味＝「婦人」は、古くは「士のつま」(↑妻＝民のつま)をいったが、後には広く「成年女性」をいう語となった。多くは既婚者を指す。

解答

(一)　妻はいったん夫に先立たれると、生涯寡婦を守り通すということ。

(二)　さほど長くは悲しい思いをしないですませられる。

(三)　妻と召使いには生活に不自由させず、無理なことを言いつけてはならない。

(四)　優れた為政者で、人民の中でもとりわけ弱い立場にある者たちへの施策を忘れた者はいない。

◆解答・解説執筆者

上野　一孝　（古文）

関谷　浩　　（古文）

三宅　崇広　（漢文）

土屋　裕　　（漢文監修）

東大《とうだい》入《にゅう》試《し》詳解《しょうかい》25年《ねん》　古典《こてん》〈第《だい》2版《はん》〉

編　　者	駿台予備学校
発　行　者	山　崎　良　子
印刷・製本	日経印刷株式会社
発　行　所	駿台文庫株式会社

〒101 - 0062　東京都千代田区神田駿河台1 - 7 - 4
小畑ビル内
TEL. 編集　03(5259)3302
販売　03(5259)3301
《第2版①－464 pp.》

ISBN978 - 4 - 7961 - 2362 - 4　　Printed in Japan

https://www.sundaibunko.jp
駿台文庫 web サイトはこちらです→